政治文化与政治文明书系 · 《政治思想史》十年精选

马基雅维利
政治思想新诠

刘训练 ◎ 编

天津出版传媒集团

天津人民出版社

图书在版编目（ＣＩＰ）数据

马基雅维利政治思想新诠 / 刘训练编. -- 天津：
天津人民出版社, 2023.7
（政治文化与政治文明书系.《政治思想史》十年精
选）
ISBN 978-7-201-15786-3

Ⅰ.①马… Ⅱ.①刘… Ⅲ.①马基雅维里(
Machiavelli, Niccol 1469–1527)—政治思想—研究 Ⅳ.
①D095.463

中国版本图书馆 CIP 数据核字(2020)第 019391 号

马基雅维利政治思想新诠
MAJIYAWEILI ZHENGZHI SIXIANG XINQUAN

出　　版	天津人民出版社
出 版 人	刘　庆
地　　址	天津市和平区西康路35号康岳大厦
邮政编码	300051
邮购电话	（022）23332469
电子信箱	reader@tjrmcbs.com

策划编辑	王　康
责任编辑	郑　玥
特约编辑	安　洁　武建臣
封面设计	春天·书装工作室

印　　刷	天津新华印务有限公司
经　　销	新华书店
开　　本	710毫米×1000毫米　1/16
印　　张	22
插　　页	2
字　　数	310千字
版次印次	2023年7月第1版　2023年7月第1次印刷
定　　价	88.00元

前　言

刘训练

在西方思想文化史上，马基雅维利（Niccolò Machiavelli，1469—1527）居于一种非常奇特的地位。一方面，他被公认为西方现代政治学的奠基人，或被称为现代第一人；另一方面，他在何种意义上是"奠基人""第一人"却又聚讼纷纭，见仁见智。

马基雅维利生活的时代是西方现代民族国家建构的关键时期，也是意大利文艺复兴由盛而衰的转捩点。在这个需要巨人并且产生了巨人的时代[①]，作为文艺复兴运动在政治思想领域最杰出的代表，马基雅维利在政治、军事、外交、史学和喜剧等领域留下了丰富的著述和大量信件。这些文字表明，他具有强烈的时代意识、浓郁的爱国情怀、深厚的古典学修养、敏锐的政治–心理分析能力和卓越的写作技巧，无愧于"治国术"大师和"最高写作艺术当之无愧的继承人"的称誉。就此而言，他的著作仍然值得我们认真对待和不断反思。

在马基雅维利生前，对于他及其著作的评价就已经产生了深刻而严重的分歧，数个世纪以来从未中断。马基雅维利之后几乎所有最重要的社会–政治思想家，都不得不对他的思想及其产生的影响表态，有些甚至还借助对其思想的批判或重构来表达自己的理论观点和政治主张。即使在更为纯粹的学术领域，各种方法流派和诠释进路，也会对马基雅维利的著作作出大相

---

① 参见［德］恩格斯：《自然辩证法》，人民出版社，1984 年，第 6 页。

径庭的释读。①

　　尤其引人注目的是,自 20 世纪后半叶以来,西方政治思想史和政治哲学史领域最为活跃的两个流派即施特劳斯学派(Straussian School)和剑桥学派(Cambridge School)不约而同地都将对马基雅维利的诠释作为各自理论事业的重点工作之一。不同的是,前者在古今之变与古今之争的视野中将马基雅维利视为西方现代性"第一次浪潮"的真正发起人,而后者则在自由主义与共和主义的想象对立中将马基雅维利视为共和主义的一个灵感来源。除此之外,晚近的马基雅维利研究中还出现了一次"民主转向",继以往西方马克思主义的解读之后,再次展现了其思想中激进主义的面向。②

　　虽然马基雅维利是西方政治思想家中最具争议性的人物之一,但他肯定不在曾经对现代中国产生过重大影响的西方思想家之列③,也不属于最受学界关注的西方思想家。事实上,1949 年后《君主论》的第一个中译本(潘汉典译)是 1985 年出版的,而《李维史论》中译本的出版则是 21 世纪之初的事情(台湾地区在 2003 年出版了吕健忠中译本,大陆地区在 2005 年出版了冯克利中译本)。

　　中文版《马基雅维利全集》从 2011 年开始出版,2013 年在《君主论》成书五百周年之际,《马基雅维利全集》八卷本出齐。正是在此前后,学界关于马基雅维利的研究开始走向繁盛,本书便汇集了这十年来马基雅维利研究的代表性成果。④

　　"马基雅维利政治思想总论"这一辑收入的论文主要围绕马基雅维利在西方现代政治思想中的定位展开。任剑涛教授的《驯服国家、驯化君主与臣服国家——理解西方现代国家的三个要旨》将马基雅维利置于西方现代国

---

　　① 早期的争论可参见伯林:《马基雅维利的原创性》,载《反潮流:观念史论文集》,冯克利译,译林出版社,2002 年;晚近的文献可参见刘玮:《近五十年来英语学界马基雅维利研究状况综述》,《清华哲学年鉴(2004 年)》,河北大学出版社,2006 年。

　　② 参见陈浩宇:《重新发现政治冲突:晚近马基雅维利研究中的"民主转向"》,《浙江学刊》,2022 年第 2 期。

　　③ 参见刘学浩、刘训练:《马基雅维利思想在近代中国的传播与影响》,《上海行政学院学报》,2016 年第 5 期。

　　④ 限于版权等原因,本书仅收入《政治思想史》杂志刊发的相关论文。标题和文章中马基雅维利的译名保留马基雅维里这一不同译法。

家的建构这一视角中加以考察,基于《君主论》与《李维史论》的张力,他断言:"在古典政治理论与现代建国难题之间的徘徊,让马基雅维利仅仅在政治思想上开辟出现代建国的地盘,而无法在实践上真正引导现代建国的进程";马基雅维利的贡献与局限需要参照霍布斯、洛克的思想才能给予恰当的评价。冯克利教授的《政治学的史学转向——马基雅维里的现代意义刍议》抓住"史学人本主义"(或者说"政治学的史学转向")这一特征来定位马基雅维利政治学的创新;借助博丹、柯克及其后思想家"援世俗史为建构现代政体助力的做法",可以看到马基雅维利所开创的政治学说史学化潮流对后世的深远影响。张广生教授的《新君主与新共和:马基雅维利的"新政治科学"》认为,马基雅维利通过回顾古典罗马时代政教风尚、反思基督教欧洲神学-政治困境,开创了一种全新的政治科学,这种政治科学以"必然性"的名义把"共和政体科学"和"新君主技艺"整合为一体;由此他不仅颠覆了基督教政教,而且背叛了古典文明,成为"新罗马"国家理论的首倡者。周春生教授的《近代以来西方国家政治理论与实践的路径——马基雅维里遗产评说》指出,马基雅维利政治哲学的基石是"人性-政治说",其整体的框架由人性、个体自由、国家政治特性、国家权力运作、权力制衡等内容构成;"人性-政治说"充分体现出人文主义思想文化的世俗性特征,这种世俗性特征为14、15世纪以降的西方文化刻上"近代性"的符号,并在西方伦理、政治及现实生活的各个方面引起巨大的反响。

　　"马基雅维利政治思想各论"收入的5篇论文,分别从政治秩序、命运、国家自主性、"新君主"的继承问题和群体心理学等五个议题对马基雅维利政治思想的具体方面展开了论述。萧高彦教授的《马基雅维利论政治秩序——一个形上学的考察》以"政治秩序"观念为核心,探讨了马基雅维利思想所预设的两组基本范畴(形式与质料的对立、超越常态与常态秩序的对立),以及如何由此范畴建构复杂的政治秩序理论;他进而指出,马基雅维利的政治秩序论与当代公民共和主义和政治决断论之间具有复杂的关联,应当考虑两者兼顾的综合性观点。陈华文教授的《命运与政治秩序——论马基雅维利的命运观及其政治意义》认为,马基雅维利对命运的理解是他把握政治世界乃至人类根本处境的基础,延续了命运与德性这一传统的叙事结构,但关于命运之多重隐喻的新理解也呈现出一个新的政治-道德世界;这是一个不需要诉诸善的理念或上帝的世界，因而也是一个无序的但能够为人类展现自己重建秩序的能力与自主性提供机会的世界。张弛教授的《论马基雅维利的"自主性"国家》指出，马基雅维利的国家观念带有强烈的自主性特征，而一个拥有强大"自主性"的国家与公民自由之间是不矛盾的。章永乐教授的《马基雅维利与"新君主"的继承问题》发现，《君主论》开启了以"新君主"为主体的新政治，但并没有讨论"新君主"如何通过继承让自己的新政治事业获得可持续性。这一困惑可以在《君主论》与《李维史论》的细致对勘中获得解答，即马基雅维利从罗马经验中提炼出来的共和体制——帝国扩张的模型，提供了一种使"新君主"前后相继成为可能的政治形态。笔者与博士生张家丹合作的《作为群体心理理论家的马基雅维利》，借助"现代群体心理学的开创者"勒邦关于群体的形成、群体心理的特征以及领袖对群体的控制等方面的描述和评论，反观马基雅维利对群体心理学的贡献，并得出如下结论："由于时代的局限，马基雅维利未能将他对于群体心理的观察和评论集中起来并将其体系化，更未将其置于自己政治思想的核心，但他毫无疑问可以被视为群体心理理论的先驱"。

"比较视野中的马基雅维利"这一辑收入的论文选取了中西思想比较、古典与现代思想比较、同时代人思想比较这三个具体的视角来展开对马基雅维利的研究。詹康教授的《韩非的际遇思想——兼与马基雅维利比较》以"际遇"概念来比较韩非与马基雅维利的思想，他指出，二人都认为个人的"德"是应付际遇的根本，不过韩非主张君主必须坚守客观的法度，不像马基雅维利提倡弹性，游走于善恶两边，同时韩非将君臣遇合当作最严重的问题来研究，加深了君主的危机感和孤寂感。刘玮教授的《为僭主出谋与为君主献策——亚里士多德与马基雅维利论政治现实主义》独辟蹊径，没有像通常的古今之争进路那样，关注于马基雅维利对亚里士多德等古典思想家的颠覆，而是更多地揭示他们在政治现实主义议题上的相似性，由此来反思施特劳斯关于马基雅维利在有意教导邪恶的意义上背离之前政治哲学传统的观点。朱兵教授的《马基雅维利与圭恰迪尼政治思想比较刍议》比较了马基雅维利与圭恰迪尼两位意大利文艺复兴时期标志性人物在政治思想方面的诸多议题，包括人性论、命运观、政治现实主义、共和主义和国家统一观等，并以"和而不同"来概括之，从而借助"他者"的视角来透视彼此政治思想的意蕴和内涵。

　　"马基雅维利的当代诠释"这一辑收入的三篇文章分别代表了中文学界对西方马基雅维利研究中剑桥学派的共和主义、西方马克思主义以及"民主转向"的回应。王寅丽教授的《马基雅维利与当代共和主义的两种典范阐释》指出,波考克和斯金纳对当代共和主义的论说,皆倚重于对马基雅维利的解读,但他们的解读存在明显的差异,比如,在定义公民身份时分别采取了"塑造"路线和"强制"路线。与斯金纳相比,波考克的诠释似乎为共和主义思想提供了更为一贯的理路,但也面临更大的困境和难题。王时中教授的《"革命的乌托邦"的政治宣言——阿尔都塞对马基雅维利的"另类"解读》注意到,阿尔都塞对马基雅维利的解读颇为"另类",即认为其著作是一种"革命的乌托邦"的政治宣言:之所以是"乌托邦"的,是因为实现意大利民族统一的"政治难题"与其"理论形态"之间出现了"脱节",使得"君主"与"人民"的角色之间始终无法重合;之所以是"革命"的,是因为马基雅维利基于政治实践的考量,提出了不同于黑格尔"否定之否定"辩证法的理论配置方式,以及不同于"君主暴政"的法律框架与意识形态运作策略。章永乐教授的《"马基雅维利式民主"还是"麦考米克式民主"?——评麦考米克著〈马基雅维利式民主〉》认为,麦考米克的《马基雅维利式民主》既深刻又片面:一方面,他通过解释马基雅维利,对选举民主的局限性进行了反思,建构出一个有助于平民制约本国经济精英之政治控制力的制度模型;另一方面,他使用了过于简单的解释方法,将说服"大人物"出身的青年接受更为平民主义的政治作为《李维史论》的写作目的,大大降低了帝国建构在马基雅维利理论中的地位,从而未能展现出有德性的"大人物"在政治共同体中的积极作用。

　　本书当然没有也不可能把 21 世纪以来学界关于马基雅维利研究的高水平论文悉数收入(所收论文的时间下限也是 2019 年),但这些论文有足够的代表性,反映了此一阶段学界关于马基雅维利研究的总体水平与整体面貌,它们也必将成为今后马基雅维利研究的起点与基线!

目　录

马基雅维利政治思想总论

驯服国家、驯化君主与臣服国家

——理解西方现代国家的三个要旨

任剑涛 *

现代国家是人类建构的最为复杂精巧的人造物(artificial things)。试图让国家这样的超级庞然大物成为其成员，也就是公民自保与互保的强有力建制，势必需要先期实现驯服国家的目标。为此，必须探明现代国家结构的两大构成面，也就是国家的制度运行机制，国家权力操纵者的政治作为方式，从而在制度与人之间，搭建起足以驯服国家的总体框架。就前者讲，立宪民主的制度架构是决定性的；就后者论，驯化掌权者，尤其是驯化国家元首，是首要任务。只有在现代公民面对国家的时候，保证公民仅臣服于立宪民主的至上法则，并以此作为臣服于国家的先决条件，才能进一步保证公民免于专制政治、暴戾君王的高压控制，从无条件臣服于国家变成有条件臣服于法律。这三个方面构成了理解现代国家的三大要旨。

一、利维坦与驯服国家难题

建构现代民族国家，不仅是一个现代政治实践难题，也是一个现代政治理论难题。从政治实践上讲，民族国家的建构，不仅存在一个处理世界社会、帝国建制与城邦政治遗产的先导性问题，以创造性地建构崭新的政治共同

---

* 任剑涛，清华大学政治学系教授，博士生导师，教育部长江学者特聘教授。

体形式；而且新生的民族国家，不仅需要建构民族，更需要建立国家①，如何
将民族与国家统合起来，是一个现代转变时期难以恰当处置的问题：试图将
寄载国家的族群肌体与担负民族政治责任的国家精巧地对接起来，对任何
尝试建构国家的民族都是一个政治智慧与政治行动力的严峻考验。之所以
说是严峻考验，从总体上讲，一是因为这样的政治理念与实践绝对是前无古
人的，因此得不断应对前所未遇的挑战。二是因为这样的政治实践不仅是一
个族群的国家建构，而且是在诸族群激烈的竞争性环境中展开建国尝试，这
就意味着建国的内外部事务交错涌现出来，让建国者手足难措。而从民族国
家的建国进程上看，各个民族的政治处境、政治经验、建国能力、建国技艺和
建国效果，相差可谓天渊之别。一个民族如何在建国的实际进程中把握建国
机遇，抓住建国运气，确实是一件难以保证效果的艰巨任务。

从政治理论上看，人类政治智慧的长久积累，确实为人类从事政治实践
提供了精神指引。但同时，十分丰厚的政治理论遗产，也捆住了人们的手脚，
以至于让人们很难因应于现实，直接而富有成效地处理当下面对的政治任
务。对现代民族国家的建构而言，人们在缺乏基本经验的情况下，常常受制
于既成的政治理论观念，将城邦国家(古希腊)、古典帝国(古罗马)、世界社
会(中世纪基督教社会)的政治组织建构思路，作为民族国家建构的理论基
础，结果就明显错置了现代建国实践的理论依托。对应民族国家建构的政治
理论创制，经历了一次次难产：国家的形式结构与实质结构的适配性，乃是
经过西方数代政治理论家的艰苦努力，才凸显出规范理论轮廓的。如果说现
代民族国家的建国实践是一个个具体政治叙事，以至于很难进行总体描述
的话，那么足以对现代民族国家建构进行总体概观的，就势必是论及民族国
家的现代政治理论了。

从理论渊源上讲，现代国家的理论建构脱胎于古代政治思想。古典共和

①　论者指出，在民族国家兴起的早期阶段，国家建构在主体民族基础上，让族群变成整体意义
的民族，进而借助国家将之转变为一个公民民族。而在民族主义时代，国家建构与民族建设成为双向
互动的状态，互塑着对方。参见 Anthony Simth, "State-making and Nation-building," in *States in History*, John A. Hall ed., Basil Blackwell, 1986, pp.228-263。

主义扮演着引导现代人构想国家的精神导师角色。①马基雅维利将帝国式的古罗马共和主义理念加以颠覆，想象为现代民族国家得以成功建构的理想国家观念。但是，马基雅维利面临一个民族国家在观念动力与政治动力上的两难：一方面，寻求现代民族国家的观念动力，意味着很难获得建国的政治动力。换言之，建国理想与建国现实的疏离，不得不让人慎对共和主义的理念。这正是马基雅维利的政治思想在《李维论》与《君主论》之间存在明显张力的缘故。另一方面，确定民族国家建构的政治动力，尤其是将之限定在君主的政治决断上，就不得不暂时放下共和主义的国家理想，让君主施展自己的政治抱负。这正是马基雅维利尽力张扬"君主"审时度势的能力对于现代建国的极端重要性时，弱化对共和主义全心追慕的原因。在马基雅维利那里关联着的共和主义理念与君主专制主义策略，基于两极张力，对现代民族国家建构所具有的不同针对性是显而易见的：前者关乎现代国家的政治理想，后者涉及现代建国的政治动力。其试图解决的建国首要问题，就是国家如何得以统一和强盛起来。"两本书有颇为相似之处：《君主论》是希望向君主进谏，如何通过建立'伟业'赢取荣耀，《论罗马史》是力图解释某些城邦为何'能够崛起'，罗马为何能脱颖而出，成为'超级强权'，创立'辉煌功业'。"②可见，《君主论》强调的是活生生的人的因素的极端重要性，《李维论》重视的是国家强盛的宝贵古典经验。其核心都是现代建国问题。

在古典政治理想与现代建国难题之间的徘徊，让马基雅维利仅仅在政治思想上开辟出现代建国的地盘，而无法在实践上真正引导现代建国的进程。因为关乎现代建国的政治思想之实践品格，仍然被古典政治思想逻辑所

---

① 论者认为，马基雅维利这样的现代共和主义者与古代的共和主义有分有合，关系复杂。但不管马基雅维利颠覆了古代共和主义的什么设论，他以共和主义作为现代国家建构的精神源头，则是无须争论的思想史事实。参见萧高彦：《西方共和主义思想史论》，"导论：共和主义的系谱"，联经出版事业股份公司，2013 年，第 8~21 页。在剑桥学派的论述中，马基雅维利正是在与古代共和主义的对抗中理解当下政治生活的。但这样的对抗正构成马基雅维利理解政治生活的精神基础。参见[英]J.G.A.波考克：《马基雅维里时刻：佛罗伦萨政治思想和大西洋共和主义传统》，冯克利等译，译林出版社，2013 年，"导言"，第 1~3 页。

② 大多数政治思想史家同意马基雅维利在《李维论》和《君主论》两部著作中表达的观念水火不容。斯金纳的这段话则指陈了两者间相当紧密的联系。参见[英]昆廷·斯金纳：《马基雅维里》，李永毅译，译林出版社，2014 年，第 56 页。引文中的《论罗马史》即《李维论》。

掩盖。意大利的现代建国实践,并没有与马基雅维利的建国理论出现互动,就是一个证明。进而,意大利此后的建国崎岖进路更说明寄望古典政治思想引导现代建国进程的道路很难实现。只有沿循实践先导的逻辑,从建国的进程中抽取政治理论资源,才足以提炼出真正具有现代性品格的国家建构理论。这一任务是由英国政治思想家霍布斯完成的。相对于马基雅维利来讲,霍布斯最重要的贡献,不在现代国家建构理论上接通古今政治思想的脉络,而在当下的建国实践与建国理论之间打通了关隘。霍布斯不从古典政治思想视角看待现代建国问题,而是直接针对现代建国的理论障碍,试图在克服这类障碍的前提条件下,为现代国家的建构开辟道路。这一针对,首先是对着基督教世界社会呈现的;其次,则是针对统一民族国家的建构而设计的。前者,是扫除有碍建构现代国家的世界社会障碍,清理出现代国家建构地盘的必须。这是霍布斯《利维坦》这一巨著后两部分着力的地方。后者,是直接展示现代国家架构,陈述现代国家特质的必须。这为现代建国提供了直接的政治理论支持。在这里,马基雅维利那种徘徊在古典理论与现代建国实践之间,受制于共和主义的理想与君主专制主义的拉锯,感佩于意大利的分裂与法国的统一和强盛,展现出的对意大利统一进程艰巨性的无可奈何,明显淡化。霍布斯思想整体凸显出来的品格,乃是极具现代性品格的民族国家对传统基督教世界社会的理论与实践取代。这才真正是现代建国理论需要直面的政治现实。马基雅维利那种越过基督教世界社会,直接取法古罗马的共和主义理想的建国进路,多少就有些"见以为迂远而阔于事情"①了。

但这并不是说霍布斯就干净利落地解决了现代建国的政治理论论证问题。在某种意义上讲,霍布斯克服了马基雅维利将现代建国实践的政治理论谋划跨越时空搭挂到古典共和主义理论上的缺陷。但同时,他也就将现代国家的横空出世,定位在一个高不可攀的地位上。霍布斯在论述这样的国家结构时,既不将国家的设计直接与古典共和主义理想接通,也不将这样的国家与基督教世界社会对接起来,而是在自然法的基础上,为现代国家寻找建国的精神资源。《利维坦》的第一部分,可以被视为霍布斯为现代国家聚集精神

---

① 司马迁在《史记》中论到孟子执着于道德理想国的儒家政治理念时,给出了这样的评价。参见《史记·孟子荀卿列传》第十四。这样的评价,颇适合于用来评价马基雅维利之执着古典共和主义。

资源的尝试。霍布斯落定的建国理论基础是自然法。自然法肯定也是源远流长的政治理论。这是不是说霍布斯的论断就与马基雅维利的论述有着一致的思想品格了呢？是不是两者都与古罗马的政治理论扯不清关系了？在一定意义上，如果将古罗马的共和主义政体建构与自然法的基础论证视为这一时期政治观念的两大支柱的话，那么两人的思想品格在这方面确实相近。但稍作辨析，就可以发现二者间的明显差异：马基雅维利直接诉诸罗马的政治社会建构方案，而霍布斯仅仅想从罗马政治理念中抽取有利于解释现代国家兴起的自然法则。①

霍布斯着手利用自然法解释现代国家建构的时候，有着与古典自然法理论明显不同的理论趣味。这是由兴起中的自然科学所提供的新论证方式呈现出来的特点。基于对人类生活的生物状态的描述，他认定，在人的生物本能支配下，取决于自保目的的相互敌意是必不可免的。"在没有一个共同权力使大家慑服的时候，人们便处在所谓的战争状态之下。这种战争是每一个人对每个人的战争。"②对这样的天性状态，只有那些未曾深入考虑相关事情的人才会觉得奇怪，否则没有什么理由加以否认。不过，在霍布斯看来，由于人们的激情和理性，提供了超越这样的恶劣状况的动力。人们的激情，因于一种恐惧死亡、欲求舒适生活，且通过勤劳达至这一目标的情感。基于此，人们的理智提醒他们，通过使人同意的方便易行的和平条件，可以实现这一目标。这是一条自然律。"自然律是理性所发现的诫条或一般法则。这种诫条或一般法则禁止人们去做损毁自己的生命或剥夺保全自己生命的手段的事情，并禁止人们不去做自己认为最有利于生命保全的事情。"③两条至关重

---

① 关于霍布斯自然法权理论的政治思想史脉络，有论者进行过相当细致的思想史梳理。但这不是笔者关注的重点所在。在某种意义上，细致的政治思想史源流考辨仅具有思想史专门研究的意义。对于一个思想家宏大旨趣的把握，反倒是确定其思想之历史价值的关键。参见[美]理查德·塔克：《自然权利诸理论：起源与发展》，杨利敏等译，吉林出版集团，2014 年，第 177 页及以下。

② [英]霍布斯：《利维坦》，黎思复、黎廷弼译，商务印书馆，1985 年，第 94 页。该书 1651 年出版时的全书题目是"*Leviathan or The Matter, Forme, & Power of A Common-Wealth Acclesiasticall and Civill*"（《利维坦，或教会国家和市民国家的实质、形式和权力》），这对理解该书宗旨极为重要，不可忽视。参见 Thomas Hobbes, *Leviathan or The Matter, Forme, & Power of A Common-Wealth Acclesiasticall and Civill*, Oxford University Press, first edition, 1909, preface。

③ [英]霍布斯：《利维坦》，黎思复、黎廷弼译，商务印书馆，1985 年，第 97 页。

要的自然律就此浮现出来：一是能求和平将尽力而为，不能求和平就要尽力利用一切可能的办法自保；二是一切人而非部分人，都愿意为了自卫的目的自愿放弃对一切事物的权利，且放弃或转让权利的人不能妨碍接受这一权利的人享有相应权利，这是一项义务。否则，就会导致不公正或损害。这是关乎担负义务的契约。可见，契约生成于权利的相互转让。契约首先是信约，而践约就是履行契约义务，如不履行相关义务，就是失信。一旦失信，就出现不公正或损害的问题。假如权利转让仅仅是立约某一方的，不管基于什么理由，那都不叫契约。所谓第三自然法就此浮现——所定信约必须履行。这构成正义的源泉。正义与理性是相互写照的。这是一条禁止人们做出任何摧毁自己生命的事情的自然法则。在这条规则的基础上，每一个人尽力使自己适应其余的人的自然法规则也就呈现出来。至于对犯错而愿意悔改的人的宽恕、在报复中衡量作恶与获益大小、避免自傲地认为自己比别人优等、要求保留比别人更多的权利、秉公处理人与人之间的纠纷、将应属于各人的东西平等地分配给各人、斡旋和平的人应保证其安全，等等，都是可以确定下来的自然法则。从这些原则可以知晓，自然法与共同权力相互支撑的体系，是最有利于人的自保与互保的机制。

在自然法则之下，作为共同权力的国家之诞生，就是可以清楚了解的事情。对此，霍布斯的经典描述值得详细具引。

如果要建立这样一种能抵御外来侵略和制止相互侵害的共同权力，以便保障大家能通过自己的辛劳和土地的丰产为生并生活得很满意，那就只有一条道路——把大家所有的权力和力量付托给某一个人或一个能通过多数的意见把大家的意志化为一个意志的多人组成的集体。这就等于是说，指定一个人或一个由多人组成的集体来代表他们的人格，每一个人都承认授权于如此承当本身人格的人在有关公共和平或安全方面所采取的任何行为，或命令他人作出的行为，在这种行为中，大家都把自己的意志服从于他的意志，把自己的判断服从于他的判断。这就不仅是同意或协调，而是全体真正统一于唯一人格之中；这一人格是大家相互订立信约而形成的，其方式就好像是人人都向每一个其他的人说，我承认这个人或这个集体，并放弃我管理自己的权利，把它授与这人或这个集体,但条件是你也把自己的权利拿出来授与他,并以同样的方式承认他的一切行为。这一点办到之后,象这样统一在一个人格之中的一群人就称为国家,在拉丁文中称为城邦。这就是伟大的利维坦(Leviathan)的诞生——用更尊敬的方式来说,这就是活的上帝的诞生;我们在永生不朽的上帝之下所获得的和平和安全保障就是从它那里得来的。因为根据国家中每一个人授权,他就能运用付托给他的权力与力量,通过其威慑组织大家的意志,对内谋求和平,对外互相帮助抗御外敌。国家的本质就存在于他身上。用一个定义来说,这就是一大群人相互订立信约,每人都对它的行为授权,以便使它能按其认为有利于大家的和平与共同防卫的方式运用全体的力量和手段的一个人格。

　　承当这一人格的人就称为主权者,并被说成是具有主权,其余的每一个人都是他的臣民。①

这段话提示人们,国家之据以成立的理由是有利于所有成员的自保与互保。在这一基础上,所有成员自愿授权给一个人或一个机构,让其行使因订约而具有的权力。这一权力具有威慑性,因此免除了自然法状态下自保与互保的不便。这是一个世间的、活生生的上帝,它实际发挥着之前只有上帝才能发挥的保护信众,现在则是保护其政治体成员的功能。这一国家肌体是所有授权者授权而创制出来的,其权力的具体行使者,不是国家(主权)本身,只是主权者。主权者自然不能僭越为主权。在这样的前提条件下,一切成员方始成为它的臣民。可见,按约建构的国家,是具有先在的、硬性的条件约束。这样的条件,一方面体现为主权的诸构成要素,另一方面体现为臣民的自由权。②前者构成主权行使者掌握在手中的权力要件,无论这样的统治多么糟糕,也比无人统治和紊乱状态要好。后者成为臣民转让权力和臣服国家的前提条件。

　　设定主权者和臣民都不会失信于他们订立的契约,因此臣民之服从主权者就是天经地义的事情。国家应当以惩罚、奖赏和教导三种基本手段,来

---

① [英]霍布斯:《利维坦》,黎思复、黎廷弼译,商务印书馆,1985 年,第 131~132 页。

② 霍布斯罗列了 10 个方面的主权要素,认为这是辨认谁掌握主权的标志,这些权力不可转让和不可分割。参见霍布斯:《利维坦》,黎思复、黎廷弼译,商务印书馆,1985 年。第十八章"论按约建立的主权者的权利",第 133~141 页。

保证主权者行使的国家权力得以顺畅延续下去。"惩罚就是公共当局认为某人做或不做某事,是违法行为,并为了使人们的意志因此更好地服从起见而施加的痛苦。"①惩罚的主体是公共当局而不是私人,惩罚的对象是违法的公民,惩罚的载体是施加的痛苦,惩罚的目的是为了更好地服从。"奖赏不是赠与的,便是根据契约而来的。如果是根据契约而来的便称为俸禄或工薪,这是对于已完成或允诺完成的服务所付与的利益。如果是赠与时,便是来自赐予者为了鼓励人们或使人们能为他服务而给与的恩惠。"②主权者对臣民的奖赏,根据契约是合理回报,根据激励则是施加恩惠。臣民接受这样的惩罚和奖赏,就会发挥有力维护国家肌体的作用。促使臣民理性认识其权利,是主权者的义务,也是主权者的利益所在。这是一种有利于保障主权者安全的做法。教导人民爱自己的政府、不服从主权者以外的权贵人物、意识到拒绝主权者的危害、为人民讲解相关的义务使其学习到正义之德、使人们认识清楚不义的行为与不义的打算和企图均是不义,并在此基础上致力维护人民的安全,平等施法,注意制定良法,正确执行赏罚,并以有利于国家的目的施行奖赏。如此,就可以收到有力维护国家的效果。"对主权拥有人所共知的权利本身就是一种众望所归的尊荣地位,拥有这种权利的人只要让人们看到他能果断地治理自己的家务,就可以使人民归心,而本身不需要其他什么东西。在敌人方面则只要他能击溃其军队,就可以使之归顺。"③

很显然,霍布斯给予"利维坦"这样的现代国家以极大的正当性赋值。他对这一巨兽所具备的无穷伟力礼赞有加,但同时也认为它像地上的所有生物一样,会死亡,会腐朽。如果国家内部失调、遭遇外部暴力,从腐朽走向死亡的路径显然可见。不过这样的论述,在某种意义上并不具有即时的威胁性,倒不如说是霍布斯提醒人们谨守按约立国后的职责,那就太平无事了。无疑,如何真正有效驾驭利维坦,也就是驯服这只国家巨兽,在霍布斯那里还是一个悬而未决的问题。尤其是考虑到他所强调的人们一旦授权于国家,就不能反悔,否则就不合逻辑,乃是不义之举,并且在法律上决不允许。这就无形中将国家权力安置在绝对高位。加之他在比较政体的决断上,将君主制

---

① [英]霍布斯:《利维坦》,黎思复、黎廷弼译,商务印书馆,1985 年,第 241 页。

② 同上,第 247 页。

③ 同上,第 275~276 页。

安顿在贵族制与民主制之上,就更有一种维护君主专权的嫌疑。这明显强化了驯服利维坦的难度。事实上,当霍布斯将利维坦视为超越契约性质的政治建制时,那种致力限制主权者的企图似乎是极其好笑的。因为主权者的赋权之大,完全成为一种绝对的权力。诚如论者所指出的:"在霍布斯的理论中,主权者权威的范围是令人难以置信的。这些被赋予的权力'使得主权者的权力在国家中是绝对的,就好比在国家之前,任何人对于自己做与不做自认为有利的事情都具有绝对的权力一样'。这一之前存在的作为交换代价(consideration)的权力,意味着主权者——无论是按约建立还是以力取得——都具有这样一种无限大的权力,'人们能想象得到使它有多大,它就有多大'。尽管霍布斯在心中将其例证为一个君主,但这样一种权力配置依然是令人惊叹的。"①

显然,霍布斯对利维坦的论证所呈现的现代国家建构特质,远比马基雅维利显著。一方面,这是因为霍布斯对传统政治理论所显现的决绝姿态,完全不再表现出一种在古今政治理论之间游移徘徊的思想征兆。设定古典政治思想对现代建构最具启发意义的是古典共和主义的话,霍布斯恰恰是明确批判共和主义的思想家。"托马斯·霍布斯是有关自由与政府的共和主义思考方式的最早批评者之一,或许,他也是最重要的一位反对者。尽管霍布斯的自由观念是与其作为绝对主义者的国家观相适应的,但他的自由思想依然在 19 世纪的古典自由主义发展中占据了至关重要的位置。只不过,古典自由主义在后期转向了非绝对主义的共和理论。"②这是一种脱离了古典政治思想约束的现代政治思想。另一方面,与马基雅维利相比而言,霍布斯显然在摆脱古典共和主义思想制约的前提条件下,呈现出了鲜明的现代政治特色。"霍布斯的政治哲学是为近代所特有的第一次尝试,企图赋予道德人生问题,同时也是社会秩序问题,以一个逻辑连贯的、详尽的答案。在霍布斯的学说里,大概没有什么成分,不能追溯到他的这个或那个前人那里;这些前人当中,甚至可能有人在某些方面,受传统的束缚比霍布斯更少。但是,

---

① ［爱尔兰］菲利普·佩迪特:《语词的创造——霍布斯论语言、心智与政治》,于明译,北京大学出版社,2010 年,第 164 页。

② 同上,第 1 页。

只有在霍布斯那里,这些此前孤立地浮现出来的因素,才找到它们独特的近代性质的统一存在形式;在霍布斯的先行者当中,没有一个人曾经尝试过,要跟整个传统实行明确彻底的决裂,而这个决裂,是近代世界面对道德人生问题的题中应有之意。霍布斯第一个感觉到,必须探寻一个关于人和国家的新的科学,他也第一个找到了这个新的科学。"①这正是霍布斯与马基雅维利政治思想最为不同的地方。"马基雅维利可能还在实行某种谨慎和克制,而霍布斯则已经不屑于这样做了:马基雅维利和霍布斯对于首创权的索求,其振聋发聩之程度不同,这不是由于思想清晰程度不一样,而只是由于直言不讳的程度不同。"②但也正是由于霍布斯如此明确地赋予了现代国家或主权者以绝对权力,让驯服这一巨兽的任务也同样变得异常艰巨。

二、"君主"及其驯化

从现代国家的权力载体上看,主权者之具有绝对权力,是霍布斯为建构现代国家提出的崭新理念。不管这一载体是人格的,也就是君主的,或者说是机构的,譬如说是议会的,其权力的绝对性没有什么大的区别。这并不是说霍布斯无条件地赋予了主权者以绝对的权力。它为这一行使绝对权力的"巨兽"设定了现代自然科学,尤其是机械力学的科学基础,让其不致成为随意的、不可理喻的绝对权力持有者,而成为"论证"出的绝对权力负载者。同时,由于霍布斯将毫不妥协的个人主义作为阐述国家建制的前提条件,并且以依约建国的方式为现代国家的和平型进路提供了担保,因此具有某种着力规训现代国家的路径指向。不过,从总体上讲,霍布斯式的现代国家充满了内在的张力。

其一,这种张力体现为由现代自然科学提供直接理论支持的"利维坦"建构,在其科学性与偏好性之间,容有难以克服的歧义性。论者强调霍布斯之得以建构现代国家理论,或者说建构新政治科学,必须归功于他对新方法

---

① ［美］列奥·施特劳斯:《霍布斯的政治哲学》,申彤译,译林出版社,2001年,第1页。

② 同上,第10页。考虑到这样的评价来自一个极具怀古情结的思想家那里,其评价霍布斯所呈现的现代国家开创性意义,就更为明晰。

的运用。这一方法，"就是伽利略赖以把物理学提升到科学地位的那个方法。依照这个称为'分解综合（resolutive-compositive）'的方法，既定的政治事实（任何特殊行为正义与否，或现行的一般正义观念，或作为典型政治现实及正义首要条件的国家本身）接受分析，被化约成各种要素（'个人意志'），然后反过来，从这些要素着手，一种'集体意志'的必然性及可能性，通过清澈明晰的演绎法，得以最为确凿连贯的阐发，于是，原先是'非理性'的一团蒙昧混沌，遂经历了'理性化'的过程。这样看来，霍布斯政治哲学的特有内容，像个人对国家的绝对优先，以及个人的非社会性、自然状态跟与其绝对对立的国家的关系、最终作为利维坦的国家本身等观念，都是由这个方法所决定的，并都已经蕴含在这个方法之中了"①。正是由于对现代科学方法的应用，霍布斯得以建构"政治科学"，并"科学"地解释基于个人主义的现代国家的构造原理。但正如论者指出的，由于这样的方法是对自然科学方法的应用，其原创性与解释力都会明显逊人一筹。所谓"科学"的国家建构理论，其科学性相当令人怀疑。尤其是在霍布斯全力阐述一种明显是政治哲学的国家理念的时候，科学似乎并没有给他预期的那种协力作用。霍布斯自己就明确强调，"人的行为举止与'自然原因'不同"②。这话简直有一种自我瓦解由科学方法支持的国家建构理论的直接危险。

其二，正是由于霍布斯设定了现代国家建构的个人主义前提，因此，他不再遵循传统政治理论那种高扬国家自由的政治思考路径，于是，他得以将现代国家的基础深扎在个人自由的沃土之中。但也正是由于这一设定，让他在具体论证主权者与个人主义关系的时候，陷入了两个泥潭。一是具有绝对价值的个人，处在自然状态中的时候，他究竟是性善的还是性恶的？这导出了他与洛克的巨大分歧。这样的分歧，直接关系到从自然状态进入政治社会的情形。霍布斯论证的从自然状态转进政治社会，是一个逆转的结果——从一切人对所有人的战争状态，转向秩序井然的政治社会，即国家。这一逆转需要的借重条件，就是足以维持一个稳定的政治社会的超强权力建制。洛克则申述了一种顺畅的、从自然社会递进到政治社会的建制。

---

① ［美］列奥·施特劳斯：《霍布斯的政治哲学》，申彤译，译林出版社，2001年，第2页。
② 转引自［美］列奥·施特劳斯：《霍布斯的政治哲学》，申彤译，译林出版社，2001年，第9页。

既然在自然状态中人与人之间的关系就是友善的,因此转进到政治社会即国家状态中,人们就完全没有必要去对付一个难以对付的人性恶问题。二是为了化解主权者的绝对权力与个人主义之间的张力,他不得不设置一个超强的主权者,来担保基于自保和互保的政治社会建构的稳定性,进而担保更有利于人们互保的政治共同体即国家的优位性。结果,旨在维护自保或互保的、个人主义基点上的国家建构,出现了一种显然是反讽的、极大可能伤害人们自保或互保的专制主义倾向。即便霍布斯为这样的君主专制设置了有序性与稳定性的前提,好像试图保证君主履约基础上对个人价值的尊重。但不可否认的是,个人主义或个人自由与专制君主制度之间,总还是存在一种需要化解的紧张。

其三,由于霍布斯将国家打造成"利维坦"这样的巨兽,一方面确实发挥出了勾画现代国家巨无霸特征的空前理论作用,促使人们意识到现代国家之不同于传统国家的鲜明特征。但另一方面,他对这一国家形态也就处在束手无策的窘境之中。这当然与霍布斯旨在摧毁基督教统一国家正当性的论述取向有直接关系。正因为他的论述宗旨是针对基督教国家正当性展开的,因此他对世俗民族国家正当性资源的聚集,就成为与前者恰恰相反的证成论题。如前所述,霍布斯为世俗国家设定了个人主义、契约主义的前提,因此不至于让人得出人类之从自然状态进入政治社会,即世俗国家是全无规则可循的结论。但问题在于,一个新生的国家巨兽,是不是会依照霍布斯的设计,履行其有利于成员自保和成员间互保的契约责任呢?对此,霍布斯不是全无考量,他至少为此补充设定了两道防线,以保证这一怪兽不至于胡作非为:一是设定了它的职责;二是设定了足以防止其致弱或解体的条件。就前者而言,霍布斯指出:"主权者不论是君主还是一个会议,其职责都取决于人们赋与主权时要达到的目的,那便是为人民求得安全。"①为此,主权者必须制定良法,以保证适用于所有成员不受侵害的利益需要,并且杜绝一切可能在主权失去后导致的恶果。主权者恪尽职守的履约,也就成为题中应有之义。霍布斯认为,主权者这样的行为范式,不是一种克己自守的隐秘行为,而是一种需要经常确实地教示给人民的规则。这似乎是主权者与人们的一种

---

① [英]霍布斯:《利维坦》,黎思复、黎廷弼译,商务印书馆,1985 年,第 260 页。

双向约定,因此自然含有规训主权者的意思。不过霍布斯的论述重点,即刻就落到了主权者如何有效教导人民上面,主权者履约的决定性作用,明显在主权者与人民的相互关系之上。就后者论,霍布斯论述的重点,明显落在维持主权的条件上面,实际上是做大主权权力,规范或限制成员权力。无论这些权力体现为对国家的授权,还是体现为国家依赖于成员个人的道德判断,抑或体现为主权者对民约法的优位、对绝对财产权的主张,以及分割主权的尝试,都会导致国家致弱或解体,都是必须强力避免的做法。①这样的论述,与其说是规范国家,不如说是强化国家。尽管从建构国家的角度来讲,霍布斯的这一论述进路完全是可以理解的,但单纯做大做强国家的结果,就是国家成了压制成员的存在物。霍布斯这类论述的聚焦点,自然是国家能力问题,做不到这些,国家就会患上严重的疾病,甚至立刻导致死亡。即使不致如此,轻则也会让国家战时难以筹款,钱财无法正当使用,让野心家得逞,以至于使国家守不住自己的疆域。国家之必须强大,在霍布斯那里得到了鲜明的强调。

由此可以理解,霍布斯为什么将君主制视为比贵族制和民主制更为适应新国家所需的政体形式。霍布斯将"君主"视为新生的现代国家也就是利维坦的政体或人格载体,是极具象征性的事件。他的政体分类非常简单明确:"当代表者只是一个人的时候,国家就是君主国,如果是集在一起的全部人的会议时便是民主国家或平民国家,如果只是一部分人组成的会议便称为贵族国家。"②在三者的优劣比较中,霍布斯认定,君主制是最适合他论述利维坦的政体形式。因为君主制具有另外两种政体所不具有的优势:一是君主制将公私利益结合起来,因此对公共利益的推进也就最大;二是君主可以随时随地或公开或保密地听取不同阶级与品位的专家意见;三是君主的决断除受制于人性的朝三暮四之外,不会有其他前后不一的地方;四是君主绝不可能由于嫉妒或利益出尔反尔;五是君主国虽然存在剥夺臣民财产以养肥宠臣或谄佞人物的现象,但议会掌握的地方同样存在;六是君主政体的传

---

① 此处概述,参见[英]霍布斯:《利维坦》,黎思复、黎廷弼译,商务印书馆,1985年,第二十九章"论国家的致弱或解体的因素",第249~260页。

② [英]霍布斯:《利维坦》,黎思复、黎廷弼译,商务印书馆,1985年,第142页。

承可能落到孺子或不辨善恶之人的手里，但交到一人或多人组成的会议手里，施政只会更加混乱。①借助这样的政体优劣比较，霍布斯确立了君主政体优胜于其他政体的论断。这样的论断，显然是为了保证他建构的利维坦具有高度的秩序性与稳定性。不过同样明显的是，这样的秩序性与稳定性主要是基于君主制的君主品行，而非制度的限制与约束。在某种意义上讲，这无疑强化了君主制条件下君主的权威性，但同时也就强化了君主弄权的可能性。限制国家权力这样的现代国家建构基本取向，似乎就隐而不彰了。

如果说霍布斯将利维坦的政体依托确立在君主制上面，因此将现代国家这一巨无霸与传统的君主制紧密勾连起来，从而给出了现代国家的政体方案的话，那么他创制现代国家的政治科学尝试，似乎就断送在了对君主制度的恋旧上面。比之于马基雅维利创制现代国家理论所呈现的晦暗不明特点来讲，此时的霍布斯，反倒没有马基雅维利那样明快地推崇君主对创制国家的不可替代作用来得清爽了。霍布斯在设置了现代国家的个人主义与契约主义前提之后，重新引回君主，导出了两种结果：一是现代建国的精神宗旨之现代性特质，自然是明晰多了；二是他终究没有能够开创一种适宜于现代国家需要的政体思路，还是回到了君主制中。因此，这个新生的现代国家之创立，还像马基雅维利那样依赖君主的作为。将两者合并起来看，现代国家之完全作别传统国家，就必须在君主问题上进行国家的人格载体与制度依托的双重甄别，以期真正划出两类国家的边际界限。简而言之，马基雅维利在《君主论》中将君主之发挥不可替代的创制国家的作用放在首位，而霍布斯则将君主在维系或治理国家中的优越性放在优先位置。如果人们承认君主或君主制有着如此重要的地位与作用，那么现代国家在政体上与传统国家的差异性似乎就很难辨认清楚了——一种个人主义与契约主义的精神尺度，似乎不足以丈量君主制之作为现代国家制度的长短。

循此思路，需要清理的问题便是，君主制在何种情况下可以构成现代国家的政体选项？这自然首先涉及君主政体自身的结构特征分辨。这样的分辨，在霍布斯那里是不受重视的，因为他着意区分的是君主制、贵族制与民

①　参见[英]霍布斯：《利维坦》，黎思复、黎廷弼译，商务印书馆，1985 年，第十九章"论几种不同的按约建立的国家和主权的继承问题"，第 144~147 页。

主制之间的差异,并在此基础上张扬君主制的优点,而对每一种政体内部的不同构造形式之细微区别必然掉以轻心。对不同君主制结构形式的区分是马基雅维利所重视的事情。这与他着重阐述君主制,尤其是君主在立国过程中的作用,因此必须对之进行深入分析的理论进路具有直接关系。

马基雅维利将君主国区分为世袭的和新的两种。"从古至今,统治人类的一切国家、一切政权,不是共和国就是君主国。君主国不是世袭的就是新的。在世袭君主国里,长期以来君主的后裔就是那里的君主。新的君主国或者是全新的,如弗朗切斯科·斯福尔扎的米兰公国;或者是世袭君主国占领的附庸,如西班牙王合并的那波利王国。这样获得的领土,或者原来习惯在一个君主统治下生活,或者向来是自由的国家;而其获得,或者是依靠他人的武力或君主自己的武力,否则就是由于幸运或者由于能力。"①

这一区分表明:其一,马基雅维利的政体分类甚为简单明了,一切政体要么归属于君主政体,要么归属于共和政体;其二,君主政体本身的构成,要么是世袭的,要么是新建的;其三,新的君主政体,要么是武力获得的,要么是靠幸运和能力建构的。取决于马基雅维利在《君主论》与《李维论》两部著作中论述重点的不同侧重,共和国显然不是《君主论》这部专门讨论君主政体的著作所要论述的论题。因此,马基雅维利的政体理论在此就聚焦于君主制。②后两点也就此成为他具体分析君主制类型的主张。由于世袭君主国是一种守成型的政体,守住祖上之规,加上随机应变,维持权力足矣。新君主国需要应付的问题就显得复杂多了。在新君主国中,新旧杂陈、矛盾丛生、敌人遍野、差异歧出、恶性竞争,让新君主国维持政治社会秩序要多么困难就有多么困难。不过,在马基雅维利看来,只要君主杜绝错误决策,守住领土也不是什么难事。③对于那些试图守住新占领土地的君主来讲,必须明确他据以统治这个地方的政治力量。而那些依靠邪恶和卑鄙的方法登上统治地位的君主,以及依靠同胞们的帮助获得君主位置的人,必须转而表现出自己掌握

---

① [意]尼科洛·马基雅维里:《君主论》,潘汉典译,商务印书馆,1985 年,第 3 页。

② 参见[意]尼科洛·马基雅维里:《君主论》,潘汉典译,商务印书馆,1985 年,第二章首段的自白,第 4 页。

③ 同上,第 6~17 页。下述概括,不再具体出注,皆出自此书后续各章。

权力的决断能力，才能获得荣誉。受市民赞助而成为君主的国家，是为市民君主国。这样的国家，其君主必须具备与人民和贵族打交道的能力，不过尤其重要的是保持人民对自己的支持。至于教会的君主国，那是一种基于古老的宗教制度维系的国家，无须防卫而得守，不用治理而有序。相比于其他形式的君主国，这样的君主国安全且幸福。但由于教皇的世俗权力不同于君王拥有的权力，因此它的宗教性总是胜于其政治性。

在对君主国进行了类型划分后，马基雅维利尝试对一般意义上的君主治国要领进行勾画。这些要领，宗旨在君主如何集中和行使权力。一方面，他强调君主一定要有一支属于本国的职业军队，不再使用雇佣军为自己的军事目的服务。君主本人需要具备相应的军事才能。另一方面，君主不能单纯幼稚地致力展现善性良心，必须知道影响其权位存亡的各种恶行。"我知道每一个人都同意：君主如果表现出上述那些被认为优良的品质，就是值得褒扬的。但是由于人类的条件不允许这样，君主既不能全部有这些优良的品质，也不能够完全地保持它们，因此君主必须有足够的明智远见，知道怎样避免那些使自己亡国的恶行(vizii)，并且如果可能的话，还要保留那些不会使自己亡国的恶行，但是如果不能够的话，他可以毫不踌躇地听之任之。"①这是一段足以体现马基雅维利作为"邪恶导师"的、切割政治与道德的鲜明剖白，也是他对"现代"君主的切实教诲。他自认为，这是他区别于古代和中世纪大家以道德幻想谈论政治问题的地方。后续四章，马基雅维利几乎不假修饰地劝告君主，需要以把握住自己的权力为中心，展开相关的施政技巧。新君主之所以必须这样施展权力，就是因为"世上没有任何事情比得上伟大的事业和做出卓越的范例，能够使君主赢得人们更大的尊敬"②。这是一种极为典型的后果主义的政治主张，与先前的动机主义的说辞，判然有别。正是由于确立了这样的权力运作基点，马基雅维利特别推崇致力扼制命运咽喉的君主。"当命运正在变化之中而人们仍然顽强地坚持自己的方法时，如果人们同命运密切地协调，他们就成功了；而如果不协调，他们就不成功。我确实认为是这样：迅猛胜于小心谨慎，因为命运之神是一个女子，你想要压倒

---

① ［意］尼科洛·马基雅维里：《君主论》，潘汉典译，商务印书馆，1985年，第74页。

② 同上，第106页。

她,就必须打她,冲击她。人们可以看到,她宁愿让那样行动的人们去征服她,胜过那些冷冰冰地进行工作的人们。因此,正如女子一样,命运常常是青年人的朋友,因为他们在小心谨慎方面较差,但是比较凶猛,而且能够更加大胆地制服她。"①马基雅维利认定,意大利的独立和统一正寄托在这样的新君主身上。

显然,与霍布斯相比较而言,马基雅维利几乎可以说是毫不掩饰地为君主的专断作为进行了辩护,甚至不仅是辩护,而是对新君主的一种竭尽心力的吁求。这就与霍布斯在三种政体的比较中审慎地伸张的君主制好处,趣意迥别。两人开启的现代国家思想闸门,在这里已经焕然分流:在思想的结构特点上,已如前述,马基雅维利维持着一种古典共和主义与现代君主专制混合并生的论述特征,共和主义的政治理想仍在左右他的政治理想,但新君主理念已经绝对主导了他的政治思维。承接古典,从前者呈现;挣脱古典,之在后者。古典与现代的分流似乎还不十分清晰。霍布斯以其个人主义和契约主义,呈现了格外鲜明的现代政治思想特质。但与马基雅维利相映成趣的是,霍布斯显然也没有完全作别古典政治的影响。在维护个人利益和履行政治契约的政体依托上,他侧目于君主制。这中间有两点值得强调:其一,尽管霍布斯对君主制的期盼远远不如马基雅维利来得深刻和殷切,但对于现代国家建构之不离君主制的想法,二人的区别似乎不是根本性的;其二,尽管霍布斯推崇的是君主制政体,而马基雅维利塑造的则是致力建构国家的君主,两者的落点显然不一。但君主的重要性则是完全相同的:霍布斯重视君主制度之于治国理政的重要性,马基雅维利重视君主的政治行动力之于建国的决定性价值。因此,二人对现代国家的君主制具有的超卓政治品性,都极为赞赏。

但麻烦也许跟着就来了,凭什么可以认定有着这些优越品性的君主或君主制度,可以维护君主权力、臣民忠心与强化国家根基?抑或促使君主忠诚履行立国时刻订立的有利臣民自保与互保的契约呢?马基雅维利从君主这一国家的人格载体出发,想方设法以君主的权势运用来堵漏设防。霍布斯也在君主制的国家体制上凸显了这一体制的比较优势和君主行为方式的优

---

① [意]尼科洛·马基雅维里:《君主论》,潘汉典译,商务印书馆,1985年,第121页。

点,以保证君主制有利于人们的自保与互保。不过,在他们二人那里存在很明显的局限:马基雅维利在教导一个积极有为的君主追求卓越的时候,显然来不及考虑如何驯化君主的问题。这是一个重大的遗漏——因为这个遗漏,完全可能导致能力超卓的君主对国家的颐指气使,结果颠覆自己创制的国家。至于霍布斯,由于仅仅考虑到稳定维持个人价值和契约关系的君主作用,因此也同样极力伸张君主制相对于贵族制,尤其是议会制的优越性,当然也就来不及考虑如何驯服君主国的问题了。这也是一个紧要的疏失——因为君主一旦滥权,他就丧失了代行主权的资格,国家岂不顷刻倾覆?霍布斯对国家稳定性的一番精心设计,岂不立刻付诸东流?

马基雅维利与霍布斯都考虑到了君主作为可能具有的负面效应,但两人不约而同地以名誉存毁和主权存亡来应对,以为聪明睿智、审时度势的君王,为了避免出现权位与国家危亡的情况,完全可以主动避免相关危机的发生。问题在于,在维持国家存在的前提条件下,是不是可以驯服国家、驯化君主,从而有效保证国家运行在稳定甚或是繁荣的轨道上呢?这样的设问,显然在马基雅维利与霍布斯的关注焦点之外。但人们以绝不苛责先贤的理由为两人未曾深入解释这一问题开脱时,问题的答案也就自然只能等待后起的政治思想家来予以揭破了。不过,由马基雅维利与霍布斯揭橥的自由与专制、共和与君主之间的悖谬性关系,却不是那么容易化解的政治矛盾。林肯就明确质疑,"难道一切共和国都有这种先天的致命弱点吗?""难道政府必然要么过于强大到危及人民的自由,要么过于软弱而无法维持自身的生存?"①据此,解开马基雅维利与霍布斯指陈的现代国家的关键纽结,依赖于一种既能保护人民自由,又能促使国家强大的制度机制。两人那种将君主高高安置在臣民之上,成为国家安危所寄的体制,似乎不能抱以太高的期望。换言之,无论国家怎么强大,其目的都在维护人民的自由,非此目的的国家强大,则必须拒斥。在政治思想史上,约翰·洛克为解开这一纽结发挥了关键作用。在特定的意义上讲,马基雅维利对人格化的国家之君主的推崇,不经驯服,就很难保证人民利益不受伤害;相应地,霍布斯国家化了的君主制与

① Joseph R. Fornieri ed., *The Language of Liberty: The Political Speeches and Writings of Abraham Lincoln*, Regnery Publishing, Inc., 2003, pp.578-579.

君主,不加驯化,也存在伤及人民利益与国家自存的极大风险。而洛克如何化解这样的矛盾,来保证人民自由与国家强盛两个目标能够同时实现呢? 回答这一问题,需要先期分析人民臣服国家的条件,以及他们得以支撑国家强盛基础的制度安排。这正是洛克为现代建国所做出的重大理论贡献。

三、臣服国家:无条件与有条件

解开强大国家与维护人民自由之间的悖反关联, 需要从国家何以取得自由公民的自愿支持, 以及国家何以维持其捍卫公民自由的强大制度机制两个相关问题上着手。马基雅维利与霍布斯展现了这一问题的悖反性,但并没有指出解开这一纽结的方式与途径。他们关注的只是国家的统一与国家的强盛,以及统一或强盛国家对君主制度、君主角色的仰赖。面对君主制和君主可能引发其负载的国家机制的危机, 尽管二人各自给出了君主超卓用权(马基雅维利)与主动履行契约(霍布斯)以换取臣民忠诚的解决方案,并用以解答国家何以维续与强盛的问题。但是, 一方面,两人在政治理论上建构国家时,对君主的仰赖有目共睹,因此都具有一种将国家的前途与命运系于君主一身的危险赌注心理。另一方面,两人在君主与臣民之间的关系处置上,对臣民之服从国家的强调,显然胜于对君王忠实于臣民利益的重视,或则也在有形或无形之中,给了君主僭越法律的可能。正是由于这两个局限,让两人陷入了解开人民自由与君主权力悖反关系的二难:凸显君主之于建国的绝对重要性, 人民自由或人民共和的保证条件就只能升级为一个限制君主的道德先决条件,但在政治上对君主的制度化限制,绝对不能与君主权力的重要性相提并论,否则君主就不足以发挥建立统一和强盛国家的作用。与此同时,如果要保证人民自由与共和政体不受伤害,那么势必否定君主的绝对权力建制,两人所期盼的统一或强盛国家目标,就缺乏政治载体,其目的势必落空。

可见, 马基雅维利与霍布斯两人陷入了一种类似的建国理论困境。当然,这不等于说两人推崇君主或君主制的思路就完全一致。只要稍微区分一下在二人那里同样吃重的君主,就可以发现,其指向其实是大不一样的:马基雅维利重视的是一种决定建国总体状态的、作为主体行动者的君主角色,而霍布斯看重的则是国家建构中政体选择时君主制的重要价值。沿循二人的思路,现代建国的两个重要涵项便展现在人们面前:一是国家的人格载体究竟如何塑造;二是国家的政体机制究竟如何确定。这两个问题将人民自由与君主权力的悖反关系纳入其中,就转换成了一个关乎现代建国的新问题:能否建构一种国家机制,将国家的人格载体如君主有效驯化,使其在相应的、受到驯服的国家制度机制中发挥有力维护人民自由的政治权威作用?从理论逻辑上讲,只要解开了这个纽结,人们就不必再担心人民对国家的忠诚,君主也就不必再担忧臣民的离心离德、众叛亲离与国家倾覆,一个人民自由和强大国家相得益彰的政治状态就会因之呈现出来。

分析起来,君主的能力或君主制的优越性之在马基雅维利和霍布斯那里受到格外的重视,其实就是因为他们将人民与君主的关系先设性地安置在对峙甚至是敌视的框架中了。因此,君主的权谋技巧之重要性(马基雅维利)与君主制相对于其他政体所表现的明显优势(霍布斯),便成为他们着意伸张这一政体及其人格载体之足以负载现代国家的厚重理由。他们优先确立的信条是,君主绝对忠诚于自己建立的国家,或者君主制显现出的相关优点表明它所具有的维护国家稳定的效用,注定了君主与君主制之对国家稳定与秩序的无可怀疑的先决性。因此,臣民对国家的忠诚,也就只能在君主与君主制之下来考虑了。甚至可以说,臣民对国家的忠诚,只能是君主或君主制有效作为的产物。臣民对国家的政治忠诚,在君主的有效施教之下,甚至根本不称其为问题。不过,仍然让人们质疑的是,对马基雅维利而言,人民本来是共和主体,他们如何可以对君主权力心悦诚服?对霍布斯来讲,人民本来是自由个体,如果因为订约而成立国家,反受制于几乎无条件代表他们的君主,并且得接受君主的奖励、惩罚与教诲,他们如何可以放心交出权力,让君主加以实施,并且绝无二心、至上忠诚?前一问题,是马基雅维利的思路引导出来的;后一问题,是霍布斯的思路诱发出来的。至于马基雅维利与霍布斯二人,他们殚精竭虑思考、念兹在兹求解的问题,其实只是一个综合性的问题:臣民如何可以忠诚于国家,并以此为国家的稳定有序供给最深厚的政治资源?人民与君主政治关系的条件性,在他们那里未能得到对等性的处置。因此,那种一面倒向君主的国家机制设计,势必无法理顺君主与人民对等忠诚的关系,也就留下了悬而未决的、国家如何真正实现向心运作、稳定有序的严峻问题。

如果马基雅维利与霍布斯能够理顺君主与臣民的关系，化解两者间的紧张,岂不就实现了现代建国初始阶段设计的顺畅逻辑建构吗？这似乎已经完全超出了两人的建国思路。原因很简单,诚如前述,马基雅维利专注处理的建国问题是一个有为君主如何应用政治手段立国。因此,为君主聚集建国资源,是他一门心思要对付的问题。他的共和主义政治理想,就此成为超卓君主之政治作为的隐性理念,而君主基于权谋诡诈之术的建国作为,才是问题的核心所在。[1]霍布斯的处境与此类似。与马基雅维利专注处理君主施展建国行动相似,霍布斯专注于处理依约建立起来的国家与上帝国的差异,以及由此呈现出来的君主掌控这一国家的优势。两人都无愿无力去分心解决规范君主作为的问题。如果他们致力解决这一问题,就会使他们陷入自我对立的窘境:一方面要张扬君主的作为,同时却要限制他们的施展空间与行为方式,这是一种自我否定的悖谬思路。显然,马基雅维利与霍布斯并未落入这一自我否定的思想圈套。但也正因为如此,人们也就别指望他们二人能够展现规范君主权力的方式与途径。

尽管不能对马基雅维利与霍布斯抱规范君主行为的希望,但这并不等于说就无须规范君主或君主制。如果说是因为论题、时代与处境的关系,让二人没有处理规范君主的问题,也就是对国家实体而言的驯服国家,以及对人格载体而言的驯化君主的话,两人设置的国家建制实际上存在因君主与臣民的对立性二元关系,而潜含一种颠覆国家的危机:要么因为君主作为的不适当引发这一危机;要么因为君主训导臣民不得法而导致相关风险。解开君主与臣民的对峙性紧张关系,就必须将君主与臣民的关系有效切割开来,将之分别纳入一个具有政治整合作用的制度框架。换言之,不引入第三种政治存在,就不足以化解君主与臣民间的紧张。而引入的君主与臣民之外的第三种政治存在,必须既能规范君主决断,又能范导臣民行为,更为关键的是,

---

[1] 论者指出,马基雅维利的写作不可能不对他那个时代重要事件的压力作出反应,他的反思与政治建议都直接与这些事件相关。这类事件就是共和的危机或意大利的国家危机。See Elena Fasano Guarini,"Machiavelli and the Crisis of the Italian Republics,"in *Machiavelli and Republicanism*, Gisela Bock etc.eds.,Cambridge University Press,1993,p.17.

能够有效化解决定国家安危的人为因素。

解答这个问题,正是洛克对现代建国理论做出的最重要贡献。从前述马基雅维利与霍布斯申述的现代国家公民成员与国家权力的关系上看,臣民与君主间的紧张关系似乎难以化解。原因很简单:在马基雅维利那里,有为君主之全心为建国竭心尽力,因此赋权于他,就是天经地义的事情。在霍布斯那里,臣民既然交出权力给国家,依约守法就是理所当然的事情,相应地,掌握国家重器的君主行使国家主权,也就是自然而然的事情。他们完全勿须引入第三种政治存在,去化解那种在他们的立国理论中根本不存在的国家张力。但问题恰恰也就出现在这里:既然君主行使着勿须限制的国家大权,何以保证他忠实于人民(臣民)的利益? 回答这一质疑,已如前述,马基雅维利付诸伟大君主的品性,霍布斯付诸君主制的比较政体优势。从两者的经验逻辑上看,君主品性和君主制度两者都不可靠。必须有一种限定君主品性和君主制度的安排,才足以保证君主和臣民忠诚于他们的国家。在此,马基雅维利遭遇的困难要比霍布斯大。因为马基雅维利将建国的成败完全系于君主一身,其赋权对象的人格化特质很强,而对人格化国家载体的规范愈弱,国家走上共和轨道且日益稳定的可能性就愈低。因为君主的人格并不见得比常人的人格更趋成熟和稳定,他的显著变化甚至变化无常,恰恰构成强大国家的最大威胁。霍布斯为稳定国家提供的君主担保,是一种基于制度的考量结果。君主制与君主本身有一个明显区别——前者是一套制度安排,后者是一个人格化身,其稳定性自然会有不同。但不管是马基雅维利还是霍布斯,都没有在君主与臣民之间设置共同忠诚的制度机制,因此君主对臣民的无条件忠诚要求,就成为建立国家或国家稳定的先决条件。但臣民无条件忠诚君主,是绝无可能的,因为这违背了人民共和或交出权力给君主实施的初衷,绝对不利于自己的自保与彼此间的互保。不给出臣民忠诚于君主的制度条件,就不足以保证臣民与君主的合作性机制。

洛克是怎样解开君主与臣民的二元对峙关系的呢? 他与霍布斯类似,从自然状态出发讨论政治社会的建构,而且对君权神授的国家建构论说予以坚决拒斥,但他却又设想出不同于霍布斯的一套机制,从而走上了与霍布斯迥异的现代建国道路。洛克的自然状态是一种和平宁静的状态,而不是所有人对一切人的战争状态。按照洛克的表达,这样的状态不仅是"一种完备无缺的自由状态"，而且也是"一种平等的状态"①，不过，"虽然这是自由的状态，却不是放任的状态。在这状态中，虽然人具有处理他的人身或财产的无限自由，但是他并没有毁灭自身或他所占有的任何生物的自由，除非有一种比单纯地保存它来得更高贵的用处要求将它毁灭。自然状态有一种为人人所应遵守的自然法对它起着支配作用；而理性，也就是自然法，教导着有意遵从理性的全人类：人们既然都是平等和独立的，任何人就不得侵害他人的生命、健康、自由或财产"②。因此，理性与公道，成为自然状态中上帝为人类的相互安全所设置的行为尺度。人人都自然具有执行自然法的权力。但人人制止和惩罚犯罪或因利益受损要求赔偿，必然存在因利己、心地不善、感情用事和报复心理等导致的混乱和无序。即便是君主，他也只不过是一个人，他也无法免除一切人皆有的局限，因之无法成为人类走出自然状态的神圣寄托。假如不基于权利而试图以强力加诸别人，就会造成一种战争状态。此时，人类便无法诉诸人间救济手段，只能诉诸上天拯救。

为了避免这样的战争状态，人类必须组成政治社会。政治社会不同于父母与孩子组成的家庭社会，也不同于主人与仆从构成的社会。"真正的惟一的政治社会是，在这个社会中，每一成员都放弃了这一自然权力，把所有不排斥他可以向社会所建立的法律请求保护的事项都交由社会处理。……凡结合成为一个团体的许多人，具有共同制定的法律，以及可以向其申诉的、有权判决他们之间的纠纷和处罚罪犯的司法机关，他们彼此都处在公民社会中。"③在这里值得强调的是，进入政治社会的任一成员，是同时放弃其自然权利、同时将其交由社会处理、同时接受这一社会制定的法律，并且同时担负这一社会的成员间义务。正是基于这一极为强势的预设，洛克明确拒斥君主制之成为这一政治社会即国家的政体的主张。原因很简单，专制君主无法公正无私地裁决政治社会成员的申述，也无法期望由此得到救济。④

由于政治社会的建立源自所有成员交出自然权利并将之转交给共同体

① ［英］洛克：《政府论》（下篇），叶启芳、瞿菊农译，商务印书馆，1964 年，第 3 页。
② 同上，第 4 页。
③ 同上，第 52~53 页。
④ 参见［英］洛克：《政府论》（下篇），叶启芳、瞿菊农译，商务印书馆，1964 年，第 48~58 页。

执行,因此这一共同体就只有根据各个个体的同意而行动。进而,因为作为一个整体的政治社会必须行动一致,大多数人的同意就成为整体行动的依据,人人都应根据这一同意而受大多数人的约束。多数决定的原则,便因人人同意的不可能性,以及多数即代表整体意志而确立起来。假如做不到这一点,这个政治社会就会面临解体的危险。运思于此,洛克已经将马基雅维利与霍布斯设定的君主与君主制作为国家机制的不二之选的定论彻底颠覆了。而且,君主与君主制被视为与成员同意基础上建立的政治社会即国家完全悖反的角色与机制。不仅如此,一个人基于明白的或默认的同意加入这一政治社会,乃是一个通过明文约定且有正式的承诺和契约才能落实的事情,那种临时寄寓其中的人,不算是得到正式成员资格。拒斥君主制和确立同意原则,是两个相关的现代建国基础性原则:不解除对君主和君主制的依赖,就无法彻底走出传统政制对现代建国的有限天地;不确立成员同意原则,就无法彻底确立起现代建国的契约基础。就前者,洛克杜绝了马基雅维利与霍布斯在既成政体中寻求现代建国灵感的思路,从而必须开辟出一条足以保护政治体成员的生命、财产与自由的相宜国家体制,这就为现代建国拓展了新的空间, 也就使洛克完全克服了马基雅维利在共和主义与君主权谋之间的犹疑,霍布斯在个人主义与君主制之间的错位运思。就后者,洛克确立的成员同意原则, 为解开马基雅维利与霍布斯都未能成功解开的君主与臣民二元对峙关系,确立了基本导向和制度设计理念:只要成员同意,国家得到授权,国家的运行就有了深厚的支持力量,国家也就不会陷入解体的危险;假如成员拒绝同意,那么国家就会陷入解体的危机。当洛克进一步将成员同意基础上进行的国家机制设计展开为立法权、执行权和外交权的分立体制时,他就更是开辟了一条足以化解马基雅维利与霍布斯由君主担保的、不可靠的捍卫国家稳定有序的悖谬思路的另一条思路。在他们二人那里,由于君主与君主制集中了立法权与执行权,因此无法解开国家权力,这也就是君主权力要么合理而维系国家肌体,要么失据而丧失国家控制能力的两难困局。换言之,洛克以执行权的可变性,化解了国家权力得以维护的不变性的紧张,为现代建国确立了秩序构建的一张一弛机制,从而为国家治理执行失序打开了行政通道,相应地为国家的长治久安拓展了政治渠道。

洛克的这一设想,通过对国家形式的设计,以及对政府解体的论述,得到了来自两个方向上的支持,从而有力解决了驯服国家与驯化君主的问题。就国家形式的设计而言,洛克以分权思路,解决了统合国家权力于君王一身,一旦出现权力危机则彻底断送国家前程的问题。洛克也以比较政体的简单论述作为切入点,但重点落在混合政体的建构上。这样的论述进路,自然有利于他避免陷入西方传统政体理论的陷阱,进而可以较为便利地论述现代国家的政体选择问题。洛克认定,由于人们加入社会的目的是和平、安全地享受其财产,达到这个目的的重大工具和手段,就必然是那个社会制定的法律。国家的立法权之重要,就此凸显出来。立法权受自然法支配,目的在于保护共同体的每一个成员。立法权是国家的最高权力,而且一旦授权给某些人时,就是神圣的和不可变更的。这个最高权力的立法,呈现的是社会同意的原则。除非经过他们的同意或授权,没有人能享有对社会制定法律的权力。不过,即使是立法权,因为受制于自然法,也只能立定保护人民生命和财产的法律,绝对不可能是专断的权力。立法或最高权力机关不能揽有权力,不能以临时的专断命令进行统治,必须以颁布经常有效的法律并由有资格的著名法官来执行司法和判断臣民的权利进行统治。如果使用专断的权力,不以确定且经常有效的法律进行统治,那就与建立社会和政府的目的不相符合了。这就无异于对社会和政府釜底抽薪了。因此,国家的立法机关必须接受如下限制。"第一,它们应该以正式公布的既定的法律来进行统治,这些法律不论贫富、不论权贵和庄稼人都一视同仁,并不因特殊情况而有出入。第二,这些法律除了为人民谋福利这一最终目的之外,不应该有其他目的。第三,未经人民自己或其代表同意,绝不应该对人民的财产课税。……第四,立法机关不应该也不能够把制定法律的权力让给任何其他人,或把它放在不是人民所安排的其他任何地方。"①洛克之重视现代国家的立法权,完全是基于共同体成员之同意原则。尽管这与人民主权的自觉论述有差异,但成员同意所象征的立法权,已经将人民主权的内涵呈现给世人。这样的最高权力属性,注定了洛克完全作别马基雅维利与霍布斯看重的君主与君主制。这便将成员授权君主,而君主象征国家主权,授权后的臣民必须服从君主的对峙关系解构了。

---

① [英]洛克:《政府论》(下篇),叶启芳、瞿菊农译,商务印书馆,1964 年,第 89~90 页。

对于现代国家而言,立法权是最高权力,但国家的运行并不由立法权直接行使执行权。洛克对立法权、执行权与外交权分别加以论述,从而将古代时期统合在一起的国家权力,安顿在一个分权运作的机制中。洛克强调:"如果同一批人同时拥有制定和执行法律的权力,这就会给人们的弱点以绝大诱惑,使他们动辄要攫取权力,借以使他们自己免于服从他们所制定的法律,并且在制定和执行法律时,使法律适合于他们自己的私人利益,因而他们就与社会的其余成员有不相同的利益,违反了社会和政府的目的。"①因此,立法机关不可或缺、极端重要,但运作起来,必须因制定法律而聚集,法律制定后立即分散,以使他们自己也服从自己制定的法律,从而保证其制定的法律为公众谋福利。

立法机关不能随时随地运转,以保证立法权的行使体现出为公众谋福利。但因为制定法的持续效力,依赖于经常地执行与注意,于是就需要一个经常存在的权力,负责执行已制定和继续有效的法律。于是,与立法权分立的执行权便凸显出来。至于对外权,由于今天已经被归入行政权,在此不具体讨论。相比较而言,行使执行权的政府,必须秉承立法机构的法律意志,并对立法机构负责。这样的分权机制,在实际运转中,当然还是围绕着为公众谋福利的宗旨。假如掌权者只是为自己谋福利,那么权力的性质会即刻发生本质性的变化。"统治者无论有怎样正当的资格,如果不以法律而以他的意志为准则,如果他的命令和行动不以保护他的人民的财产而以满足他自己的野心、私愤、贪欲和任何其他不正当的情欲为目的,那就是暴政。"②一旦出现公权私用的暴政,人民的反抗就具有十足的理由。于此便引导出政府解体,人民重新出场,重建国家政治秩序的问题。

就政府解体的设想而言,洛克首先作出了一个重要区分,那就是社会的解体与政府的解体,是完全不同的两码事情。当每个人以订约的方式加入社会,建构一个单独的国家后,外力借助征服可以解散这一结合。一旦一个政治社会解体,那么这个社会的政府也就不能继续存在。政府还会从内部解体。导致政府从内部解体的原因,是由于立法机关的变更,导致原定构成社

---

① [英]洛克:《政府论》(下篇),叶启芳、瞿菊农译,商务印书馆,1964 年,第 91 页。

② 同上,第 127 页。

会的契约失效，以至于人民重回各行其是的状态。不管立法机关是一个世袭且同时享有最高执行权、具有召集和解散两者权力的个人，还是世袭贵族组成的议会，或者是民选组成的任期制会议，只要个人或君主以专断意志代替立法机关表达的社会意志，阻止立法机关如期集会或自由行使职权以完成其组织目的，并专断行使人民不同意或与人民利益抵触的权力，抑或是屈服于外国的权力，都是政府解体的表现。这种对君主治下的政府解体的分析，明显带有洛克拒斥君主制的思想痕迹。到此为止，洛克还是将政府解体的原因集中于集立法与行政权力于一身的君主。进一步，他才单独分析了握有最高执行权的人玩忽和放弃他的职责，以致经制定的法律无从执行。"这显然是把一切都变成了无政府状态，因而实际上使政府解体。"① 一旦出现这些情况，人民就有权自由地建立新的立法机关，根据最有利于他们安全与福利的原则来确定其人选与形式。在达到这样的程度以前，人民享有摆脱暴政和防止暴政的权利。因此，那些受托的立法机关与君主不能违背委托，不能意图侵犯人民的财产。否则，一切违背受托的立法机关与君主，都将担上引发叛乱，甚至其自身就是叛乱者的罪责。人民反抗君主或政府的合法性就此确立起来。

一个新的政治授权机制或者说国家运作机制，就此建立起来。"每个人在参加社会时交给社会的权力，只要社会继续存在，就决不能重归于个人，而是将始终留在社会中；因为如果不是这样，就不会有社会，不会有国家，而这是违背原来的协议的。所以，同样地，如果社会已把立法权交给由若干人组成的议会，由他们和他们的后继者继续行使，并给议会规定产生后继者的范围和职权，那么只要政府继续存在，立法权就决不能重归于人民；因为他们既已赋予立法机关以永远继续存在的权力，他们就把自己的政治权力放弃给立法机关，不能再行收回。但是如果他们曾规定他们的立法机关的期限，使任何个人或议会只是暂时地享有这种最高权力，或如果掌权的人由于滥用职权而丧失权力，那么在丧失权力或规定的期限业已届满的时候，这种权力就重归于社会，人民就有权行使最高权力，并由他们自己继续行使立法权，或建立一个新的政府形式，或在旧的政府形式下把立法权交给他们认为

---

① ［英］洛克：《政府论》（下篇），叶启芳、瞿菊农译，商务印书馆，1964 年，第 137 页。

适当的新人。"①这段话的两个基本意思,具有极其重要的突破国家建构理论之君主—臣民关系僵局的价值:一是依约建立的国家之授权的稳定性问题;二是依约授权的期限与满意度指标下的授权转变问题。前者,解决了马基雅维利与霍布斯高度关切的国家绵延问题;后者,化解了二者无力处理的社会解体与政府解体矛盾,从而让国家能够在授权转让的有序安排中,既保有国家的稳定政治秩序,又保有国家维持其建构初衷之权力公共性的目的,从而将驯服国家与驯化君主,也就是驯服"利维坦"及其人格载体的问题,一并加以解决。此时,作为国家载体的君主与臣民之间的对峙性关系,即要么臣民无条件服从君主以维持国家,要么臣民反抗君主导致国家解体的状态,才进入一种彼此兼顾的良性状态:共同体成员有条件授权给君主、议会或政府,只要它们保证公权公用,授权者就成为安分守己的臣民。即使它们公权私用,只需改变授权对象,即可改变令公众不满的政治状态,重新行使自己作为国家主人的权力,而无须推翻国家或颠覆社会。公民之臣服一心为公的国家权力,就此具有国家基本价值与基本制度的充分保障。可见,驯服国家与驯化君主是现代国家建构任务的一体两面,不能单独处理,否则就会像马基雅维利那样太过张扬君主的建国技能,或者像霍布斯那样太过看重君主制的既成优势,无法真正限制与规范国家权力,从而也就无法真正保证民众对国家权力的臣服。

四、现代建国的观念陷阱

洛克寻求驯服国家与驯化君主的大思路,被论者视为解决马基雅维利纵容君主作为,但极大可能陷入政治专断这一难题的基本出路。论者从执行权的角度,专门考察了这一权力形态对现代建国所具有的重大意义,以及这一设置对驯服国家和驯化君主发挥的决定性作用。

---

① [英]洛克:《政府论》(下篇),叶启芳、瞿菊农译,商务印书馆,1964 年,第 156~157 页。

　　理性必须与专制打交道,认识到这一点是很重要的,因为与它打交道的办法不止一个。人们发现了两种方式,政治科学不能回避暴政,便试图用这两种方式去驯化和利用它。第一种是亚里士多德的方式,即由政治科学家取代暴君的位置,并尽量把暴君从法律的践踏者转变成一个君王,转变成法律的守护人。这个亚里士多德主义者尽可能谨慎地履行他的任务,但是没有把他的职责变成一个公共官职,也没有公然宣称法律的不完备。第二种办法是由马基雅维利最先提出的,虽然美国的缔造者在利用这一发现时,对它做了实质性的修改。这种办法就是,公开承认在君主的性格中存在着暴政的必然性,他从事创新和发明,甚至当他以民主的方式为自己的行动寻求认可,使自己看起来仅仅是在执行人民的意志时,这种暴政也依然如故。后来,由于洛克的思想,马基雅维利的君主被规范化,成了一个官职,他被称为执行官,在宪法框架内,以一种我们所认识到的暧昧形式,与立法者的权力并列:时而服从,时而独立。从这种故意设计的暧昧性中,可以看到执行权的现代理论。①

　　围绕执行权考察现代国家权力结构的特殊性,是一个聪明的选择。原因在于,在此之前,在整个古代社会的国家权力结构中,执行权并不被认为是一种独立的权力形态,君主对臣民的直接关联,是政治行动主体结构的基本模式。君主几乎同时掌有决策(立法)权与执行权。只有在古罗马体制中,元老院与执政官的区分才相对清晰。此外的政治建制,并未对二者的权力形态与实施方式进行严格划分。国家权力结构中的执行权,是现代建国中浮现出来,并得到政治理论阐释的新型权力形态。②正是执行权的独立,让扁平且高度集中的国家权力,从君主手里解放出来,成为立体化的分散权力结构。国家权力的多边边际平衡建构成为可能,就此化解了君主与臣民的对峙结构,将国家的稳定不再寄托于君主一身,抑或寄希望于臣民的愚忠。这是国家权

---

　　①　[美]哈维·曼斯菲尔德:《驯化君主》,冯克利译,译林出版社,2005年,第21~22页。

　　②　在曼斯菲尔德看来,执行权之作为独立的权力形态,是自由主义宪政制度安排的一项发明。"宪政中的执行权是自由主义的一项发明,是洛克、孟德斯鸠和美国立国之父的发明,而不是马基雅维利和霍布斯的发明。"参见[美]哈维·曼斯菲尔德:《驯化君主》,冯克利译,译林出版社,2005年,第9页。

力建制的现代突破,也是国家权力稳定落在分权建制上的标志:立宪民主制的立法、行政(执行)与司法权力分流而行,以及各司其职造就的整合性国家权力秩序,带给了现代国家一种良性秩序。

落定这样的国家权力建制,经历了一个演变过程。从马基雅维利、霍布斯到洛克,现代国家的结构化图景次第展现了三幅画面:从政治行为主体的直接对应结构,即君主-臣民结构,演进为政治行为主体与执行权的复合结构,即君主-政府-臣民结构,进而演进为创制现代国家的政治行为主体与国家运行机制的规范结构,即人民-议会-政府-司法-公民/臣民结构。

正如前述,第一幅画面是由马基雅维利与霍布斯展现给世人的。马基雅维利笔下的君主,是一个统揽全局、高屋建瓴、能力超群、计谋深湛的人物。塑造这样一个君主,完全是因为他已然成为马基雅维利建构现代民族国家的希望之寄托。在他那里,君主的政治作为,是建构现代国家的唯一保障。因此,君主的作为成为所有务实政治论述的唯一重要主题,其他一切相关主题,诸如国家的建制、臣民的作用,通通被遮蔽起来了。似乎只要君主敢于进取、善于作为,国家建构的一切问题就迎刃而解了。君主与臣民的稳定政治关系,也就是君主率领国家,而臣民心悦诚服。即便对君主做出的这一论述,在曼斯菲尔德那里被认定为凸显了一个颇具现代特性的执政官角色,因此打开了驯化君主的现代执行权建构的大门,但是马基雅维利甚至没有在执政官—臣民的对应结构中论及臣民的政治地位与作用,而只是对君主作为执政官的作为进行了较为充分且深入的申论。可以认为,臣民的政治权重,在马基雅维利那里颇受轻视。有力推动国家建构和维持国家稳定的支撑力量,完全来自君主。这似乎向人们明示,臣民匍匐在超能的君主面前,完全是天经地义。

霍布斯笔下的君主,是在君主制中展现超强政治效能的人物,君主就是一个统治臣民的主权者。犹如前面具引的,霍布斯强调君主对臣民的直接统治关系:"根据国家中每一个人授权,他就能运用付托给他的权力与力量,通过其威慑组织大家的意志,对内谋求和平,对外互相帮助抗御外敌。国家的本质就存在于他身上。用一个定义来说,这就是一大群人相互订立信约、每人都对它的行为授权,以便使它能按其认为有利于大家的和平与共同防卫的方式运用全体的力量和手段的一个人格。承当这一人格的人就称为主权者,并被说成是具有主权,其余的每一个人都是他的臣民。"①在这里对君主与臣民的对应性陈述,凸显了霍布斯对现代国家政治行为主体关系一个很简要的安排:君主行使主权,民众完全臣服于君主。至于君主,其处理国家事务,就像处理自己的家务一样,目的就是使人民归心。②换言之,人民成为恭顺的臣民,便是君主成功统治的标志。亦如前述,霍布斯对君主与臣民关系的这种直接对应处置,乃是因为君主制相对于其他政体形式展现出来的完胜之处:一是君主制将公私利益结合起来,最大限度地推进了公共利益;二是君主对各种专家意见的有效听取;三是君主的决断最大可能地避免了前后不一;四是君主一般不会出尔反尔;五是君主国施政表现的缺失现象,其他政体同样存在;六是君主政体的传承可能落到孺子或不辨善恶之人的手里,但落到议会手里,施政并不更好。君主与君主制既然能够发挥这么有效的治国作用,臣民自身又有什么必要捍卫自身权益,进而又有什么必要建构一个以权制权的机制来保证臣民权利不受侵犯呢? 在马基雅维利与霍布斯的君主-臣民结构中,洛克处理的问题完全被遮蔽起来,无以呈现,也勿须处理。

第二幅画面是由洛克展现给世人的。马基雅维利与霍布斯建构的君主-臣民直接对应结构,势成一个高度不稳定的结构。因此,如何插入一个有助于国家稳定的结构性要素,就成为拆解君主有为则国稳,君主放失则国危的两难困局的必需。在两人设定的机制中,臣民受有为君主统治,便乐意接受其统治,进一步夯实有为君主带给国家稳定秩序的国家建制。一旦臣民人心散漫,君主失于统治,也就导致国家危亡的必然结果。这是一个极具危险性的国家建制。解开君主有为臣民归心、君主失位臣民反叛的困局,必须在臣民如何真正从内心到行为臣服于君主或国家的条件性上下足功夫。洛克认定,在人们加入政治社会前的自然状态与加入政治社会后的人为状态,要么接受的固定授权对象上决断, 那么就完全可以期望人们在照样忠诚于自己建构的政治体的基础上,对行使权力的具体人选进行和平有序、遵循周期的更换,并且让这种更换绝不影响人们对共同体的政治忠诚。于是,前述洛克

---

① [英]霍布斯:《利维坦》,黎思复、黎廷弼译,商务印书馆,1985 年,第 132 页。

② 参见[英]霍布斯:《利维坦》,黎思复、黎廷弼译,商务印书馆,1985 年,第 241 页。

建构的君主（议会）-政府-臣民的建制，就具有了化解马基雅维利与霍布斯对峙处置君主-臣民关系的内在张力的效用。

尽管洛克开出了化解马基雅维利与霍布斯对峙处理君主-臣民关系张力的方案，但洛克的方案仍然还没有达到一个规范的状态。或者说，由于洛克缺乏鲜明的人民主权观，人们从自然状态向政治社会突进的时候，是缺少建构起来的国家之主权归属的论证的。不管是君主还是议会，行使主权的主体，就还是存在将主权归于自身的潜在危险。这样的危险，不如马基雅维利与霍布斯那么明显和及时，但并没有彻底克制这一危险性。唯有在一种更加规范的国家图景中，也就是主权归属人民，君主或议会作为主权者代行主权，君主或议会立法且交由执行机关行使，进而由司法机关保证公权行使的正当性与合法性，从而扎实保障政治成员对国家的臣服。如此，国家的真正稳定有序，才是可以期望的。而完成这样的国家建制，经由孟德斯鸠、卢梭的努力，方才大功告成。不过，他们二人在分权制衡体制的设计、人民主权原则的阐述上所做出的巨大贡献，因为不过是沿循有效规范国家权力的进路向前推进的结果，故而对洛克只具有修正性的改良作用，没有结构上突破的价值，因而对驯服国家和驯化君主，就只是在细节上的修缮了。此处，也就对之存而不论了。

从马基雅维利、霍布斯到洛克，其呈现的驯服国家与驯化君主的国家建构理论进路，并不是一条顺畅递进的道路。不仅在三人之间存在思路停顿而诱发的危险，而且在三人各自的思路上，也存在因前一思路的停顿造成的三人递进关系的废止可能。正是这样两种危险，造成了现代国家建构理论上的两个重大陷阱：假如停顿在霍布斯极端重视君主制这一政体的现代建国价值的思路上，崇拜国家，就会成为阻碍现代建国进程有效推进的最大观念障碍；如果停顿在马基雅维利推崇君主作为的建国思路上，崇拜君主，就会成为阻碍现代建国朝规范方向发展的最大精神阻力。这两种建国理念，也就成为现代建国初始进程中的双重陷阱。

霍布斯的论述，并不直接导致国家崇拜，而且对专制君主制国家的颠覆效用，有目共睹。这正是霍布斯向英国王党分子示好而不被接受的原因。但是，如果霍布斯在比较政体论述中推崇的君主制离开英国的政治氛围，从先发内生的现代建国进入一种后发外生的现代建国情景，问题就另当别论了——既然可以假定君主制对民主制和贵族制的全面优势，那么欧陆国家早就行之有效的专制君主制，也就成为现存可用的现代国家政体形式，完全不必创制崭新的民族国家政体形式。霍布斯对君主制的推崇，缺少了洛克以对执行权作用的强调，相应对君主的虚位处置环节，便走向了英国之外的欧陆国家单取君主制优势的建国思路。就此，现代国家的形式结构与规范结构便分道而行，民族国家完全可以停留在传统的政体形式上，却有效促进国家脱离基督教世界社会，建构属于一个主体民族的政治社会，即国家。民族国家逐渐落定在立宪民主政体上的规范发展方向，不再像英国那样，伴随民族国家的形成而构成这一国家结构的规范政体形式。相应地，在欧陆出现了为现代民族国家进行君主制配置的国家崇拜理念。在这方面，德国是为典型。在现代国家政治理论的建构中，德国一直只有微弱的立宪民主理论脉络，整个国家流行开来的是黑格尔阐释的国家崇拜理念。从霍布斯到黑格尔，中间自然存在不少思想中介环节，如对个人主义的省略、对新生民族国家的膜拜心理、对限制君主诸条件的遗漏，等等。但霍布斯的思路确实存在导向黑格尔论断的通道：只要在君主制好处上面停住，再引向君主制对现代民族国家建构的必不可少的重要性议题，就足以引导出黑格尔推崇国家的结论来。

黑格尔的国家理论，首先是从国家的定位视角得到论证的。他确信国家在伦理上的自足性，"国家是伦理理念的现实——是作为显示出来的、自知的实体性意志的伦理精神，这种伦理精神思考自身和知道自身，并完成一切它所知道的，而且只是完成它所知道的。国家直接存在于风俗习惯中，而间接存在于单个人的自我意识和他的知识和活动中。同样，单个人的自我意识由于它具有政治情绪而在国家中，即在它自己的实质中，在它自己活动的目的和成果中，获得了自己的实体性的自由"①。在这里，黑格尔设定了国家对个人的绝对优越性，也设定了国家的群性基础。这就扭转了霍布斯的个人主义方向，将国家引向了一个不仅伦理自足，而且自性完满的存在。因此，当黑格尔赋予国家以绝对自在自为的理性的时候，似乎就顺理成章了。"国家是绝对自在自为的理性东西，因为它是实体性意志的现实，它在被提升到普遍性的特殊自我意识中具有这种现实性。这个实体性的统一是绝对的不受推

① ［德］黑格尔：《法哲学原理》，范扬、张企泰译，商务印书馆，1961年，第253页。

动的自身目的,在这个自身目的中自由达到它的最高权利,正如这个最终目的对单个人具有最高权利一样,成为国家成员是单个人的最高义务。"①国家的绝对自主性和孑然自存性,完全让个人归属其中,显示出国家对个人的绝对优越性,以及个人对国家的绝对归属性。倘非如此,不能让国家成员祛除任意归属国家的不确定性。国家在任何意义上不依赖于个人,但个人成为国家成员则具有客观性、真理性和伦理性。这是人被规定为过普遍生活而注定的事情。国家被黑格尔送上了神的位置。"自在自为的国家就是伦理性的整体,是自由的现实化;而自由之成为现实乃是理性的绝对目的。国家是在地上的精神,这种精神在世界上有意识地使自己成为实在,至于在自然界中,精神只是作为它的别物,作为蛰伏精神而获得实现。只有当它现存于意识中而知道自身是实存的对象时,它才是国家。在谈到自由时,不应从单一性、单一的自我意识出发,而必须单从自我意识的本质出发,因为无论人知道与否,这个本质是为独立的力量而使自己成为实在的,在这种独立的力量中,个别的人只是些环节罢了。神自身在地上的行进,这就是国家。国家的根据就是作为意志而实现自己的理性的力量。在谈到国家的理念时,不应注意到特殊国家或特殊制度,而应该考察理念,这种现实的神本身。"②在此令人瞩目的表述, 首推国家是地上行走的神。这与霍布斯将国家推崇为"活的上帝",何其相似乃尔! 只不过, 人们完全见不到霍布斯设定的个人主义前提了,国家赤裸裸成为支配个人的神物了。个人除了虔诚地崇敬和尊奉国家以外,就别无价值了。

在这样的国家结构中,尽管也承诺了像孟德斯鸠那样的权力分立体制,但王权才是这些权力有效运转的前提条件。"王权,即作为意志最后决断的主观性的权力,它把被区分出来的各种权力集中于统一的个人,因而它就是整体即君主立宪制的顶峰和起点。"③以此设定为准,黑格尔认为,诸如君主制、贵族制和民主制这类古代国家政体的划分,由于是以尚未分割的实体性的统一为基础的, 还没有达到它的内部划分, 也没有达到深度和具体合理

---

① [德]黑格尔:《法哲学原理》,范扬、张企泰译,商务印书馆,1961 年,第 253 页。

② 同上,第 258~259 页。

③ 同上,第 287 页。

性。因此只有从既统一又区分具体权力形态的王权着手,才足以理解现代国家的君主立宪政体的价值。在对国家的对内主权,即王权(单一)、行政权(特殊)与立法权(普遍)相结合的政治制度进行分析之后,黑格尔总结道:"对内主权就是这种理想性,意思是精神及其现实性——即国家——的各个环节按其必然性而获得了发展,并作为国家的肢体而稳固地存在着。但是精神在自由中是无限否定的自我相关,同样,在本质上它是自为的存在,这种自为的存在把现存的差别纳入自身中,从而它是排他性的。就这种规定说,国家是具有个体性的,这种个体性本质上就是个人,而现实的直接的个人就是国君。"①既然国君具有纳特殊与普遍于一身的规定性,因此"作为国家的民族,其实体性的合理性和直接的现实性就是精神,因而是地上的绝对权力。由此可见,一个国家对其他国家来说是拥有主权和独立的。它有权首先和绝对地对其他国家成为一种主权国家,即获得其他国家的承认"②。这成为黑格尔处理国家间关系的基本主张。各个国家按照特殊性而兴起,并融入绝对精神的演进过程之中。在世界历史上,这样的国家演进历程,呈现为四种王国(东方的、希腊的、罗马的、日耳曼的),但"把握住神的本性与人的本性统一的原则,客观真理与自由——表现在自我意识和主观性内部的客观真理与自由——的调和。负有使命完成这种调和的就是北欧日耳曼民族的原则"③。黑格尔之推崇的国家形态,就此与普鲁士的君主制国家内在联系了起来。

在黑格尔论及国家并极端推崇王权的基点上,他对人民充满了蔑视之情。"平庸的意识惯于把等级的竞争看做必要的或有利的,这种看法主要是这样:似乎人民的代表、甚至人民自己一定最了解什么对他们最有利,似乎他们有实现这种最美好的东西的不可动摇的意志。就第一点而言,事实正好相反,因为人民这个词表示国家成员的特殊部分,所以人民就是不知道自己需要什么的那一部分人。知道别人需要什么,尤其是知道自在自为的意志即理性需要什么,则是深刻的认识和判断的结果,这恰巧不是人民的事情。"④这段话让人读出的,不只是对人民的轻蔑,更为关键的是对人民主权的拒

---

① [德]黑格尔:《法哲学原理》,范扬、张企泰译,商务印书馆,1961 年,第 338 页。

② 同上,第 346 页。

③ 同上,第 359 页。

④ 同上,第 319 页。

斥，以及由此注定的对君主的极度推崇。这与马基雅维利对君主的期待，有过之而无不及：如果说马基雅维利乃是基于意大利统一无望，而对能力超群的君主抱有过高希望的话，那么黑格尔简直就将君主推向了一力建构国家且呈现绝对精神的、人难企及的高度。在黑格尔这里，不唯体现了一个霍布斯停顿诱导出来的君主制崇拜，而且也呈现出马基雅维利停顿诱发的君主崇拜。即便黑格尔维持了君主立宪制之"立宪"，也就是杜绝君主恣意妄为的底线，但很明显的是，君主所象征的国家，实在是将一切与民相关的政治设置贬入不屑论道的范围了——不管是人民主权，还是臣民认同。就此可以理解黑格尔论及市民社会与国家之间的关系时，何以对市民社会的伦理赋值如此看低的缘故了。①

现代建国中的国家主义与英雄崇拜，就此凝固为两种极易浮现于国家建构进程中的精神病灶。这样的病灶，常常以两种变种的形式呈现在世人面前。一者，在重新引入人民主权以建构国家的正当性基石时，以崇拜人民的名义崇拜国家，从而将人民作为虚拟的主权处置，而将国家作为实体崇拜对象来膜拜。二者，在崇尚君主这样的建国英雄情愫主导下，将国家的高绩效追求通通归之于有为的国家领袖，因此以崇拜治国绩效的名义崇拜君主。这是两种统合在黑格尔身上的国家观念之精神病灶，也是后发国家之现代建国很难避开的观念陷阱。就此而言，尤见洛克国家设计的极端重要性。一言以蔽之，不跨越这两大陷阱，后发国家建构现代国家是彻底无法期望的事情。

① 正如论者所概述的，黑格尔认为："市民社会是诸个人、诸家庭的聚集，是作为特殊性与差别性的阶段，所以首先显得为伦理的丧失。即使重伦理和普遍，也是为了作为满足特殊利益的手段。但伦理性、普通性归根到底是支配着市民社会的，所以最后在国家中又回到伦理的充分体现。"参见贺麟：《黑格尔著〈法哲学原理〉一书评述》，载［德］黑格尔：《法哲学原理》，范扬、张企泰译，商务印书馆，1961年，第17页。至于黑格尔对之的具体阐述，可参见该书第二章"市民社会"。

政治学的史学转向

——马基雅维利的现代意义刍议

冯克利 *

在西方思想史上,很多论者都认为尼科洛·马基雅维利(Niccolò Machiavelli,1468—1527 年)是政治学近代化过程中的一个枢纽性人物,甚至应当享有现代政治学祖师爷的地位。他能够得到这样的名分,当然是因为人们从他的思想中可以看到某些特殊的成分,不但迥异于以往的时代,而且对后来政治思想的发展发挥了深远的影响。关于他的思想中这些划时代因素的特点和意义,各种解释可谓不计其数。做学问往往如同盲人摸象,个人受才情、时代环境和教育背景等内外因素的局限,对一些重大的理论问题,难免只能得出一孔之见。不过,马基雅维利这头大象被人们摸来摸去,毕竟已经摸了近 500 年,是不是还有仍未被人摸到的地方,或是没有摸透的地方?我这篇拙文的目的,就是再斗胆摸一摸这头大象,看看能否摸出一点儿新名堂。

一、引子:加利马科的"美德"

不必多说,马基雅维利不但是政治思想史上的大人物,也是个极有争议的人物。这种争议的起因,则多是由于他写了一本《君主论》。尽管他作为文艺复兴时期的一位著名学者,还写过其他一些著作,如《论李维〈历史〉前十卷》(简称《论李维》或《李维史论》)和《佛罗伦萨史》等,若论学术价值或

反映其思想的完整性和深刻性,《君主论》肯定算不上最好的一本,但很快就使他名声大噪的,却非此书莫属。当年莎士比亚为迎合他那个时代英国民众喜欢看帝王剧的嗜好,写过不少有关历代英国国王的历史剧。他在这些剧本中一再提到马基雅维利的名字,把他称为"凶残的马基雅维利"。莎翁有此成见,便是因为《君主论》在当时已广为流传。在莎翁这类戏剧的推波助澜之下,马基雅维利也成了人们街谈巷议的对象。但是严肃的史学告诉我们,市井之言可以成为政治文化的分析和研究对象,却未必是对历史人物的公允评价。

其实,马基雅维利不但是莎翁笔下的恶棍,而且跟莎翁是同行,也是一位戏剧家。他不但写有恶名昭彰的《君主论》,还创作过三部喜剧,其中又以《曼陀罗》①一剧最为著名。其中讲述一个年轻人运用智谋设下骗局,与一位女子偷情的故事,剧情环环相扣,台词简练精妙,十分引人入胜。这部喜剧一向被誉为文艺复兴时期戏剧艺术的佳作,至今仍在不断上演。由于它跟马基雅维利的政治思想有着一种特殊的暧昧关系,所以我今天这个题目,就先从他这部喜剧的情节讲起。

话说佛罗伦萨城里有一位绝代佳人卢克蕾佳,不幸嫁给了年老憨痴的律师尼洽老爷。年轻英俊的商人加利马科听闻她的美貌后,便极想"设计将她拿下",来上一段一夜风流。无奈这位夫人不但貌美,而且对上帝极虔诚,"风流韵事从不沾边"。但是当时的意大利人也跟我们类似,有一种"不孝有三,无后为大"的观念,尼洽老爷对夫人的不孕一直耿耿于怀。加利马科便哄骗这位丈夫说,自己有一种用曼陀罗花炮制的奇药,在让妇人受孕上灵验无比,但服药之后第一个跟她同床的男人也必死无疑。老律师为了解除自己的无后之忧,便爽快地答应了这个年轻人的"帮助",极力劝说夫人喝下那奇药,然后再找个替死鬼来跟她睡上一夜。可是,他这位坚守妇道的美夫人却执意不从,打算一旦失身就了断自己的生命。于是加利马科又伙同卢克蕾佳同样盼孙心切的母亲,花钱买通教堂里的教士,说服她的女儿这样做是尽做妻子的本分,并不违反上帝的旨意。虔诚的卢克蕾佳果然听信了教士的劝说,于是加利马科再次设下骗局,自己经过一番乔装打扮,被老律师捉去当了他

---

① [意]马基雅维里:《曼陀罗》,徐卫翔译,上海人民出版社,2003年。

的替死鬼。他抓住这个机会,一夜之间便征服了卢克蕾佳的芳心。最后,自以为能够喜得贵子的老律师把加利马科看作大恩人,让他成了自己家里的座上客。全剧以一个令人捧腹的庆贺场面结束。

由于有马基雅维利的《君主论》一书作为参照,后来的不少研究者认为,这出喜剧其实也是一本披着艺术外衣的政治学著作。确实,我们从《曼陀罗》中可以看到不少台词,在《君主论》中能够一一找到对应的表达,可见马基雅维利本人也没有刻意隐瞒这一点。他把自己的很多政治见解巧妙地加以包装,掩盖在供人取乐的色情故事之中,所以《曼陀罗》一剧尽管没有《君主论》那么坏的名声,马基雅维利政治思想的精髓却尽在其中。具体来说,卢克蕾佳这位美女,我们可以把她视为《君主论》第25章所说的"命运女神",一种固执而难以驾驭的力量;老律师尼沿象征着旧制度,徒有权威之名,实际上昏聩无能;那位教士则是已经腐败透顶的教会的化身;至于年轻英俊的加利马科,不必多说,是权谋与机智,勇气、意志和行动能力的代表,体现着马基雅维利心目中的"美德",这便是他在《曼陀罗》"开场白"中说要向观众"展示美德的方方面面"的用意。

有研究者统计,《论李维》和《君主论》等著作中使用"美德"(virtù)及其形容词和副词多达六百余次。[1]对马基雅维利研究有些了解的人都会同意,"美德"这个概念在他思想中的重要位置,是再怎么强调也不过分的。一个得到普遍承认的看法是,在他有关建立"新方式和新秩序"(new modes and orders)[2]的言论中,能够找到不少可以被视为现代民族国家理论之滥觞的要素,而"美德"则是"新君主"(new prince)在建立这种极具现代意义的新秩序时不可缺少的重要品质。由于这个"美德"跟下面要讲的内容密切相关,所以我们有必要了解一下它的词源学含义。

在拉丁语中,virtus 一词的词根"vir"的意思是"男子汉"或"阳刚气概"(man or manliness)。《曼陀罗》一剧讲的是马基雅维利本人那个时代佛罗伦萨的市井生活,但他借助加利马科这个人物所要张扬的"美德",却是一个有

---

① See Russell Price, "The Senses of Virtù in Machiavelli,"*European History Quarterly*,No. 3,1973,p.316.

② [意]马基雅维里:《论李维》,冯克利译,上海人民出版社,2005 年,第 43 页。

着悠久历史的概念，是他从古罗马人——这里当然主要是指男人——身上看到的一种可贵品质。我们从始建于尼禄死后不久、至今仍屹立在罗马市中心广场的圆形竞技场，或可一窥这种品质的究竟。这个能够容纳八万观众的宏大建筑，当年正是为了讨好热衷竞技运动的罗马人，激发他们追求男子汉的"美德"——即男人身上那种好勇斗狠的"阳刚气概"、《论李维》中所谓"充满活力的狂野之举"①——而建的。

今天我们这里有很多人，尤其是那些研究共和主义或社群主义的学者也时常谈论公民的"美德"，津津乐道于它所体现的积极参与公共生活，维护公平正义，勇于承担公共责任等积极向上的政治价值，但他们通常并不会提醒我们，这个古老的概念也有着跟性别有关的基因，是一个色情意味极重的字眼。马基雅维利虽然同样怀有共和主义理想，但他对过去人本主义者心目中那种仍受到基督教价值观约束的"美德"，却是十分不屑的。生活在灾祸频仍的佛罗伦萨，他深知政治不是天使的事业——天使的世界不需要政治；政治从来只能发生在凡人之间，即使政治家的行为看起来较为得体，也不是因为他们成了天使，而是出于他对命运之"必然性"的认识。在这种"必然性"的驱迫之下，政治可以伟大而崇高，让最玩世不恭的人亦不忍嘲讽；也可以邪恶而丑陋，使最正派的人禁不住要骂人，并且这两者往往会发生在同一个人身上，其间只有一线之隔，很容易相互转换。正是这样一种理解，使马基雅维利跟他之前那些喜欢谈论"美德"的公民共和主义者和基督教徒（也许还得算上后来法国或苏格兰的启蒙运动思想家）判然有别。我们翻一翻《论李维》就能看到，马基雅维利在讨论使古代的豪杰能够建功立业的"美德"时，赋予了它多么丰富的含义：它不但体现为公民维护共和国自由的精神，②也有西庇阿的冷酷和克莱奥梅尼的嗜杀；③它不但反映在能够抵御政治腐败的清廉朴素的民风之中，④也包括罗马的政治精英利用宗

---

① ［意］马基雅维里：《论李维》，冯克利译，上海人民出版社，2005年，第214页。
② 参见［意］马基雅维里：《论李维》，冯克利译，上海人民出版社，2005年，第一卷，第4~5章。
③ 同上，第9章；另见马基雅维里：《君主论》，阎克文译，辽宁教育出版社，1998年，第17章。
④ 参见［意］马基雅维里：《论李维》，冯克利译，上海人民出版社，2005年，第三卷，第25章。

教去操纵人民的计谋。①最能反映他这种思想的一句话是:你不能既赞美汉
尼拔的伟大,又指责他的残忍②——因为它们同属于美德的一部分。大概是
他置身其中的政治局势使他对过去那种高度规范主义的政治说教失去了
信心,才有了这些关于"美德"的乖张凶悍的复杂言论。甚至对于数百年来
一直维持着安定祥和的威尼斯共和国,马基雅维利也认为它的过度商业化
使公民失去尚武精神,所以他说那里同样缺少"美德",对其嗤之以鼻。③

　　这在很多自由主义的共和派看来,真是不可思议的事情。如果我们想一
想美国在"9·11"之后在国际社会上胡打蛮干的表现,也许更易于理解马基
雅维利为何有那些邪乎的思想。

　　对马基雅维利的"美德"的这种复杂的含义有所了解,我们便可知道,若
是不清楚马基雅维利这个解读罗马史的知识背景,也就不能真正理解《曼陀
罗》一剧的政治学含义。下面我想进一步说明的是,记住他这种知识背景,不
但可以使我们更好地欣赏他的喜剧,而且能在有关马基雅维利的各种传统
观点之外,为我们提供一个认识其思想原创性的新视角。

二、史学家马基雅维利

　　美国作家威尔·杜兰在他那本引人入胜的《文艺复兴》一书中说,马基雅
维利在《曼陀罗》一剧中把教士描写成为三百金币而甘当通奸偷情的帮凶,
对基督教极尽讽刺挖苦之能事,可是当它在罗马上演的时候,居然深得教皇
利奥十世(Pope Leo X,1475—1521年)的欢心。他在看过这出戏后不但大呼
精彩,作为来自佛罗伦萨梅迪奇家族的成员,还给了这位老乡一份酬劳不菲的
工作:让他写一部《佛罗伦萨史》④。正是这样一份差事,使马基雅维利在完成
《论李维》之后,得以继续以写作维持温饱,在寂寞中度过自己的余生。他花6
年时间写出《佛罗伦萨史》,同样颇受时人称道。这些文事上的成功,也使他垂
暮之年在写给自己的友人、当时另一位大政治家兼学者圭恰迪尼(Francesco

---

① 参见[意]马基雅维里:《论李维》,冯克利译,上海人民出版社,2005年,第三卷,第11~13章。
② 参见[意]马基雅维里:《君主论》,阎克文译,辽宁教育出版社,1998年,第17章。
③ 参见[意]马基雅维里:《论李维》,冯克利译,上海人民出版社,2005年,第三卷,第31章。
④ [美]威尔·杜兰:《文艺复兴》,东方出版社,2003年,第706页。

Guiciardini，1482—1540 年）的信中，落款时敢于踌躇满志地自称为"历史学家、喜剧作家和悲剧作家"（*historico, comico, tragicco*）①，却只字不提自己兢兢业业干了 15 年的国务秘书的政治家身份。

但是他给自己加封的这些头衔，却多不被后人所认可。他自称是"喜剧家"，但是姑且不论政治学界很少有人提到他的喜剧作品，即便少数提到的，就像我前面所说，也多是把《曼陀罗》理解为一部隐晦的政治学著作。马基雅维利还自称"悲剧作家"，但我们从他的著作中找不到任何悲剧作品，所以这个说法看起来有点儿蹊跷。我们不妨暂时做出这样的理解，他也许认为自己是用跟"命运女神"不断抗争的跌宕曲折的一生，谱写了一出人生的悲剧。

至于他最为看重的、给自己排在头一位的头衔，即"历史学家"这个称谓，无论是我们今天讲政治学的人，还是普通读者，都不太重视马基雅维利作为历史学家的身份，多把他只当作一名政治学家看待，更不堪的称呼则是"权谋家"，不过这两种说法想要表达的意思应当是一样的。鉴于马基雅维利对后世政治思想的巨大影响，我们不能说这些看法不对。但是我这里想说的是，只把马基雅维利看作一个政治学家，显然会忽略一些重要的东西。

为何我要说只把马基雅维利看作政治学家，轻视他的历史学家身份，会忽略一些重要的东西呢？为了回答这个问题，当然可以做一种形式主义的解释。以他用力最多的两部重要著作而论，一为《论李维》，一为《佛罗伦萨史》，都是历史著作，即便是对后世影响最大的《君主论》，也是他写作《论李维》的一个副产品，是他被罢官隐退乡间期间，为了向佛罗伦萨的梅迪奇家族谋取一官半职而写的应时之作。虽然它类似于我们今天一些学者喜欢写的东西，属于"供领导参阅"的奏折政治学，不能算是很严肃的学术研究，但是这本有阿谀权贵之嫌、被尊为现代国家理论开山之作的小书，其中同样引述了大量的历史事例，是他长年研读古代史的产物。所以，如果按今天的学科分类标准，大体也可以把它列为一本史学著作。

其实从马基雅维利本人留下的书信中可以看到，他本人也是这样认为的。1513 年 12 月 10 日，即《君主论》杀青后不久，他在给昔日的友人（Francesco Vettori）的信中谈到自己的写作过程时说：

---

① Erica Benner, *Machiavelli's Ethics*, Princeton University Press, 2009, p.28.

　　到了夜幕低垂时分,我步行回家……换上便服后,我伏案研究古代的历史,于是我走进了古代的宫廷,我受到他们热烈的欢迎。他们提供我所需要的资料,我毫不胆怯地跟他们交谈,询问他们所做的一些事的动机。这些人都很谦逊地回答我……我整个人都沉浸在这群古人之中。但丁说过,不记住所听到的,就谈不上科学,我记下了这些杰出的人所说的话,写出《君主论》这本小册子,讨论了君权的性质和种类,它如何获得,又如何维持,以及为何会失掉等问题。①

　　我们从这段话里可以清楚地看出, 马基雅维利构思现代君主专制学说的过程,也就是一个史学与政治学联姻的过程,是他沉浸于古代历史文献,神游于跟古人对话之中的结果。所以我要进一步提出的问题是,身为一个多年参与政治活动、十分关心现实政治的学者,马基雅维利这种醉心于历史的做法,这种透过历史去研究政治的努力,有什么不同寻常之处吗? 它对后来的政治学发展是否具有特殊的意义?

　　也许有人会说,马基雅维利既熟读史书,又热心于政治,就像我们明朝那位经历改朝换代之痛的大思想家王夫之, 为通古今之变而写下《读通鉴论》一样,生逢乱世的马基雅维利,运用自己的历史知识去探究古今政治之得失,应当是一件很自然的事。但是我们这里必须清楚一点,西方并不是中国,我们一向有太史公所谓"孔子作春秋而乱臣贼子惧"的政治史学传统,对历史的诠释和解说,总是发挥着维系道统存续的重要功能,但是欧洲人的话语传统却有异于是。马基雅维利用历史语言来讲述政治,这对他本人来说也许很自然,但是若放到欧洲政治思想发展史的大背景中去看,却是一件极不寻常的事情。为了对他这种做法的特殊性有一个深入的认识,我们有必要回顾一下在他之前西方中世纪政治思想的一些基本特点。

---

　　① Machiavelli, *Machiavelli and His Friends: Their Personal Correspondence*, Northern Illinois University Press, 2004, p.24.

三、马基雅维利之前的政治学

在马基雅维利之前的欧洲,不论是历史学还是政治学,都是极不发达的学科,其原因我们不难明白。自史学兴旺的罗马帝国时代结束,欧洲进入了所谓的中世纪之后,基督教的信仰体系便逐渐占据了统治地位。在将近一千年的时间里,基督教神学一直处在一枝独秀的位置上。这种包罗万象的知识框架,将历史视为让人耐心等待基督复活、把人类带向千禧年结局的一个过程。在被这种一神教信仰所笼罩的世界观中,历史只能是上帝用来启示人类的手段,而不可能有自身独立的意义。为政的掌权者在这个过程中的角色,只是当好最后的救赎到来之前替上帝照料人类的仆人,就像《新约》中所说,"他是神的佣人,是与你有益的。你若作恶,却当惧怕,因为他不是空空地佩剑,他是神的佣人,是伸冤的,刑罚那作恶的"①。这段经文明白地告诉我们,世俗统治者处在天国信仰的下端,他的权力来自上帝,他的职责是替上帝惩恶扬善,维护世俗人间的和平。

要对这种思想传统有一个具体的了解,我们不妨看看中世纪早期教父时代最伟大的神学家、对后世影响深远的奥古斯丁(Aurelius Augustinus,354—430年)的相关论述。他在早年教育中深受柏拉图和西塞罗的影响,其思想中明显继承了一些希腊因素。就像柏拉图一样,他认为宇宙中存在着一种永恒的秩序,分为等级的世俗社会便是这种秩序的一部分。但是奥古斯丁的独特性在于,他把柏拉图所说的反映宇宙根本秩序的"理念"置换为上帝,又辅之以基督教的"原罪"和"最后救赎"之类的说法。经过这种神学的加工之后,在柏拉图那儿表现为静态的理想政治世界,就变成了一个动态的过程。

奥古斯丁这种有关人类历史的"发展"观,显然打破了在他之前流行的罗马古典史学中的循环观。他将人的历史理解为一个从上帝创世到最后得救的过程,给人类的有意义的存在注入一种线性的时间维度,这为后来世俗化的"进步史观"埋下了伏笔。但是我们也要看到,奥古斯丁用他的基督教信仰预设了一个先验的和目的论的神学框架,所以在这种秩序中发生的事情,

---

① 《新约·罗马人书》:13.4。

即我们通常所说的历史，若是不把它理解为人类按上帝的安排朝着一个终极目标迈进的旅程,它便失去了自身存在的理由,所以奥古斯丁在解释社会秩序时说:"只要我们遵循着这种秩序,它将会把我们引向上帝。"在这样一种认识中,人类社会遇到的灾异也好,祥瑞也罢,都是预先决定的宇宙秩序的一部分,世俗社会只能是这种更高秩序的反映。为政者在这种秩序中存在的正当理由是充当神的"代牧",把神造的理性秩序与社会秩序联系在一起,使臣民能够在尽可能和平的环境中等待最终救赎的到来。用斯金纳的说法,奥古斯丁的政治学只是他的来世学的辅助,如果说在中世纪也存在着一种后来因马基雅维利而闻名的"国家理由说"(raison d'etat),奥古斯丁这种有关政治权力之必要性的论点,便是他的"国家理由"的神话。

这种神学理论预先设定了政治生活和历史过程的性质及其目的,由此导致的一个重要结果是,它也不会提出"社会为何会成为现在这个样子"或"它将来有可能变成什么样子"这样的问题。对于现代史学研究来说,这些最基本的问题在中世纪的信仰者眼中都是早就由上帝决定了的。在这种认识架构中,历史仅仅是上帝事先写好的一出大戏。绵延千年的中世纪时代里政治学所争论的核心问题,则是如何安顿神权和世俗权力之间的关系,神的正义作为权威的最终来源,一直是这两种权力一以贯之的基石。不言而喻,这种政治思想不可能离开神的教义,以历史本身为旨归,因此也必然具有强烈的规范主义特点。

即使在 13 世纪初亚里士多德思想得到强劲复兴之后,也未尝使这种认识有所改观,甚至可以说恰恰相反。亚里士多德的复兴虽然使政治话语的神学色彩逐渐有所淡化,突出了人类理性的作用和价值,但政治思考并没有因此而转向经验主义或实证主义的方向,反而通过其理性主义的强大工具,使它的规范主义特点得到进一步加强。这一发展最突出的表现,便是阿奎那(Thomas Aquinas,约 1225—1274 年)运用亚里士多德的思想将基督教神学理性化的努力。和亚里士多德一样,他也认为人类世俗生活的圆满状态就是运用理性建立一个"完善的共同体",其道理一如人能够运用理性造船和盖房子。他虽然将政治学研究归于"科学"名下,但仍认为政治属于"伦理科学",其目标是对城邦或人类共同体的"理想形态"和衡量一切人类共同体的标准进行理性的研究。从这里我们可以看到后来马基雅维利所带来的那个问题,即"科学"与"道德"的分家并不存在,它们依然融洽相处于神学的怀抱之中。阿奎那在论述政治时虽然借助了一些亚里士多德的经验主义因素,但这是因为他相信,通过对自然进行合乎逻辑的理性思维,可以获知神的启示。

阿奎那之后的伟大诗人,备受马基雅维利推崇的但丁(Alighieri Dante,1265—1321 年),曾写下《论世界帝国》(de Monarchia)①一书,为世俗权力作了强有力的辩护。不过,这位开人文学术之先声的学者并未放弃亚里士多德和阿奎那的传统。他这部著作旨在论证"人间的城邦"(civilitas humana)或世俗权力对于人类生活的必要性,其中同样采用亚里士多德的范畴,将其称为一种"完满的联合"(communitales perfectae)。但丁的政治思想较之前人发生的变化是,他仍接受神权至上的假设,但统治者的权力是直接来自上帝,并不需要教会的授予。他在书中解释了"罗马人民为何取得统治大权",这似乎预示着他可能陷入政治学的历史解释,但他并没有像马基雅维利那样深入罗马史的细节之中,而是要用罗马的霸权来说明一个强大的世俗权力乃是上帝意志的体现。神作为世界的创造者和最高主宰者仍然顽强地保留在他的思想背景之中。当然,如果我们知道他的佛罗伦萨老师之一是在巴黎受过阿奎那经院哲学系统训练的雷米焦(Remigio de Girolami,?—1319 年),对但丁这些思想也就不会感到意外。

文艺复兴早期的另一位重要思想家马尔西利奥(Marsilius of Padua,1275—1342 年),同样没有放弃这种规范主义的传统。他因最先提出人民主权论而留名后世的《和平的保卫者》(Defensor pacis)一书,并没有放弃亚里士多德的概念范畴。事实上,他本人就明确表示,写这本书的目的是对亚里士多德写《政治学》中有关城邦内部纷争的内容时尚不存在的问题,即基督教会跟世俗权力的关系,作出一个补充说明。他比但丁更强烈地排斥教权至上的传统观点,更彻底地从世俗生活的角度讨论政治权力的合理性。从这个角度说,他应当算是马基雅维利将政治学世俗化的先驱,马克思戴在马基雅维利头上的那顶桂冠——使政治思考回到人间的第一人——也许落在他的头上才算公平。但是马尔西利奥并没有把亚里士多德思想中的经验主义因素加以发扬光大,而是仍然沿着形式主义路线,论证如何建立一个完善的世俗

---

① [意]但丁:《论世界帝国》,朱虹译,商务印书馆,2007 年。

共同体或城邦。就像受到亚里士多德影响的其他作家一样,他继续把共同体定义为人类为满足自身的现世需要而建立的组织,这项事业所要遵循的原则,是人类具有的恒定不变的"理性"。

可以说,但丁和马尔西利奥的政治理论,在很大程度上仍是古老的教俗两端权力之争的延续,它们仍然处于著名的"两把剑"理论和"捆绑说"这类教义之争的范畴之内。我们固不能说,在中世纪一千多年的时间里,欧洲的政治思想没有经历过任何重要的变化。至少,由于亚里士多德的重新发现和人文学术的兴起,政治理论在 13 世纪以后逐渐朝着更具人本主义特点的方向发展,但它并没有否定基督教教义,倒是反映了基督教本身具有强大的学习和适应能力。不过从以上概要的介绍来看,至少可以肯定的一点是,所有这些政治观念的框架,更不必说那些受到马基雅维利鄙夷的"君王宝鉴"(the Mirror of Prince)之类的作品,都带有高度规范主义的特点,它们所设定的合理政治行为的基本准则,都是以超验价值作为前提,而并非参照世俗历史中实际发生的事情而来。直到马基雅维利之前,离开信仰或超验标准去谈论政治与历史,一向被士林视同朽木粪墙,为其所不耻。甚至在稍早于马基雅维利本人的那个时代,他的一些杰出的人本主义同乡和前辈,如希腊语学者萨鲁塔蒂(Coluccio Salutati,1331—1406 年)或享有"第一位现代史学家"美誉的布鲁尼(Leonardo Bruni,1370—1444 年),也都把亚里士多德奉为政治学之圭臬。[①]虽然他们都崇尚罗马文化,并且为佛罗伦萨开启了"公民共和主义"(civic republicanism)话语的典范,这两者也皆被马基雅维利所承继,但他们对罗马文化的尊崇,却是着眼于其修辞学和教育学价值,他们的政治思想并不以史学知识为先导,而是仍然以亚里士多德体系为后盾,此外,跟马基雅维利极为不同的是,他们仍把基督教的"美德"视为最高行为规范。

所以不必感到奇怪,在这个漫长的时期,我们既看不到罗马时代的李维、塔西佗和波里比阿那样伟大的历史学家,更找不到一位完全抛开基督教和亚里士多德的普世信条,将政治思考与对人类历史本身的考察紧密联系在一起的思想家。

---

① 14 到 15 世纪佛罗伦萨政治思想方面的特点,可参见[英]昆廷·斯金纳:《现代政治思想的基础》,奚瑞森、亚方译,译林出版社,2010 年,上卷第二部分:"意大利文艺复兴"。

四、史学人本主义

以上介绍的这些有关前马基雅维利时代政治学的内容，说起来都是研究政治思想史者很熟悉的常识。但是被人们普遍忽略的一点是，只有把马基雅维利置于这个思想史背景之中，我们才能体会到他自称为"历史学家"的特殊含义，才能更完整地理解他的思想为近代政治学发展带来的开创性影响。马基雅维利确实不是一个纯粹的史学家，若按史学研究的严格标准来衡量，以《论李维》和《君主论》而论，他甚至是个蹩脚的史学家。①但是他的几乎所有政治言说，都是透过对历史的思考去表达的。正是这一点，使他的思想与上述中世纪的政治学传统有了鲜明的区分。

对于自己这种政治思维方式，马基雅维利本人有着十分自觉的意识。他在《君主论》的"献辞"中说，这本书不但"主题重要"，而且"内容新颖"。②这个"内容新颖"究为何指，《君主论》第 15 章里的一段话，可以作为他对此作出的具体交代：

> 我讨论这个问题的方法与别人大相径庭。我的目的是给那些能够
> 会心会意的人写一点有用的东西，因此必须专注于事实所表明的问题
> 的本相，而不应纠缠于空洞的观念。许多人都对那些从未见过，也不知
> 道是否存在过的共和国和君主国迷恋不舍。可是，人们实际上怎样生活
> 和人们应当怎样生活，这两者之间的距离是如此之大，所以，有人要是
> 为了应当如何而把实际上如何抛在脑后，那么他不但不能保存自己，反
> 而会招致自我毁灭。因为，如果有人执意要在任何情况下都积德行善，
> 那么他在众多不善之人中间，肯定性命难保。所以，君主要想保住自己
> 的地位，必须学会用权而不仁。③

---

① 关于马基雅维利对罗马史实的援引，可参见《论李维》英译者曼斯菲尔德（Harvery Mans-field, Jr.）教授在各章注释部分所做的勘误。

② ［意］马基雅维里：《君主论》，阎克文译，辽宁教育出版社，1998 年，第 1 页。

③ 同上，第 65 页。

后来的研究者都承认这段话的重要性,但着眼点却有所不同。在很多人看来,它可以作为一个可靠的证据,表明马基雅维利在近代政治学中开风气之先的地位。第一,他要研究的是"实际上如何",而不是人们"应当如何",这种做法几乎完全背离了在他之前的思想传统,即我们前面介绍过的中世纪政治学话语,所以他才敢于声称"我……的方法与别人大相径庭"。今天我们把他的这种态度称为"科学精神",或"价值中立",这种认知取向在过去的政治学话语中是没有过的。第二,也是他最臭名昭著的学说,即政治不应受到道德的约束,在评价统治者追求国家目标的成败时,只能用权力是否得到维护的结果来证明手段的正当,完全不必在乎它是否符合道德准则,所以统治者为了达到目的,应当"学会用权而不仁"。

但是我们也许不应夸大这些思想的创新性。如果对那个时代的政治和文化生活的特点有一个基本的了解,我们就会看到,在客观地观察和研究人类生活方面,马基雅维利并不是所谓"科学精神"或"价值中立"的首倡者,而不过是他那个时代的思想风气的追随者。

马基雅维利被公认为意大利文艺复兴时期人本主义的杰出代表。那么这个"人本主义"(humanism)的概念是什么意思呢?布克哈特的大作《意大利文艺复兴时期的文化》一书虽然因其过于强烈的主观取向而常遭今人诟病,但他给文艺复兴所下的一个基本判断还是得到公认的:"文艺复兴的文明第一次发现并充分显示了人的全部丰富的形象。"当时还流行着的一句古希腊的名言,"人是一个伟大的奇迹"(magnum miraculum est homo)。所以布克哈特说,这个时代的一个最大特点,便是人们从对来世得救的向往转向对人本身的关切。作为这种关切的突出表现,那个时代的学者有着一种观察人、描写人、歌颂人、把人置于宇宙的中心的强烈愿望。在这种风气的推动下,人类自身,包括人的身体,便成了人文学者和艺术家竭力展示其才华的主题,尤其是对身体的关注,大概是文艺复兴时代最不同于以往中世纪社会风尚的一个特点。我们看马基雅维利那个时代的绘画,几乎清一色地是以人物作为体裁,描绘风景器物的作品十分罕见,这类作品是到了 17 世纪以后才有的现象。这种对人的重新肯定,培养出了现代人的自我肯定、身份认同和教养意识,鼓励人们摆脱基督教来世信仰的束缚,通过努力认识自身成为自己生活的主人,运用情感和理性的能力让自我和身边的世界变得更美好,其正面作用一向受到人们的推崇。

但是我们对布克哈特所说的这个有着"全部丰富形象的人",也不应有所误解。在观赏文艺复兴时代的绘画时,我们可以看到有大量的作品,无论是宗教的还是希腊罗马体裁的,都把人物的形体表现得美轮美奂,这当然是人类自信心提升的一种反映。但从另一方面说,那时对人的理解并不都像米开朗琪罗的《大卫》塑像或拉斐尔画笔下的圣母那样完美动人,所谓"全部丰富形象的人",并非只有美好的一面。很多艺术家并没有忘记人性中还有丑陋罪恶的一面。传统的基督教人性观仍在发挥作用,按这种观点,人的身体不过是存放灵魂的有罪的皮囊,时常给灵魂的纯洁性和最后得救带来麻烦。所以那时的艺术家同时也在致力于如实反映人类丑恶的一面,波提切利和马萨乔都曾给我们留下这方面的杰作。与马基雅维利有过一段交情的达·芬奇①画过很多人体素描,对包括丑陋的脸部在内的人体各部位有细致的描摹,它们很难被称为艺术,只能算是医学解剖图。这鲜明地反映着"人本主义"不但歌颂人,而且有其"科学"或"客观"的追求。透过这类作品,我们或许能够清晰地体会到,马基雅维利在《君主论》中自称要记录"事实所表明的问题的本相"是指什么意思。他这种如实记录事物真相的愿望,与达·芬奇素描所透露给我们的信息是一样的,是他那个时代一种求真求实的认知精神的反映。因此可以说,在客观地观察和记录人类政治生活方面,我们可以把马基雅维利称为大师,却不宜称为创新,他只是当时意大利这种"人本主义"思潮中的一分子。

甚至对马基雅维利那些反道德的权谋言论,我们也不必夸大它的所谓"原创性"。著名的马基雅维利研究者吉尔伯特告诉我们,在马基雅维利时代,佛罗伦萨政府一遇到重大危机,就会召集最有影响的公民开会,他们在会上都会像马基雅维利那样,立足于现实的态度,尽力找到一些解决问题的权宜之计。②当1496年佛罗伦萨受到法国的威胁时,当时一位公民曾说,佛罗

---

① 关于马基雅维利和达·芬奇的这段因缘,有一本著作有过专门研究:Roger D. Masters, *Fortune is a River: Leonardo Da Vinci and Nicolo Machiavelli's Mgnificent Dream to Change the Course of Florentine History*, Plume, 1999。

② See Felix Gilbert, *Machiaveli and Guiciardini: Politics and History in Sixteenthcentury Florence*, Princeton University Press, 1965, part 1.

伦萨"只能靠武力和智巧与之对抗",这里所说的"智巧"无疑就是指"权谋"。梅迪奇家族的外交官帕尔梅利(Mateo Palmieri,1406—1475 年)在其《论公民生活》(Dela vita civile)一书也认为,"精雅的哲学"可满足于论证道德与实践的一致性,却不合乎人们在现实生活中的经验,因为符合道德的行为和有用的行为之间总是存在分歧,所以必须承认在生活中义利之间往往发生冲突的事实。在这样的环境里,以马基雅维利那些"用权而不仁"的言论而论,他不过是佛罗伦萨的诸多权谋先知之一。他的过人之处,仅仅是把过去只在精英圈子里讨论政策问题时采用的黑箱语言,公然行之于笔墨而已。如果我们再看看佛罗伦萨的另一位人文学者布莱齐奥利尼 (Poggio Bracciolini,1380—1459 年),他甚至足以剥夺马基雅维利"魔鬼教师"的头衔。此人以嬉笑怒骂的文风著称于世,让人想起后来写下《蜜蜂寓言》的曼德维尔,他充分肯定"恶"在世俗生活中时常发挥的积极作用,认为人类的成就多来自纯粹的暴力,"凡出类拔萃、令人难忘之事,皆由恶行、不义和违法所致"。[①]把马基雅维利放在这样的思想史背景中,我们便可以看到,他用来给君主出谋划策的那些反道德的语言,其实早已是佛罗伦萨政治精英文化的一部分。

如果对这个问题做深入的探求,我们甚至更难以承认马基雅维利在这一点上有所谓的原创性。马克斯·韦伯在《以政治为业》的演讲中谈到暴力与伦理的关系时告诉我们,从"马基雅维利主义"这个词的真正含义来说,它早就反映在两千多年前的古代印度文献、考底利耶的《利论》(Arthasastra);季羡林先生在《中印文化交流史》中译为《治国安邦术》,未免淡化了它的权谋政治学的色彩。这个考底利耶是孔雀王朝(公元前321—185 年)的一位重臣,他为了向君主传授用权之道,写下《利论》,全书凡 15 篇,逐一讨论君主拥有的各种权力资源以及运用这些资源的技巧。书中不但对人性的弱点有深入的观察,而且提倡将密探和谋杀作为政治的合理手段,常被人比作东方的马基雅维利。用韦伯本人的说法,跟这份文献相比,马基雅维利的《君主论》反而变得不足挂齿。[②]说到这种权谋或治国术,不为韦伯所知但我们中国人都很

---

① See Jerrold E. Seigel, "Virtù In and Since the Renaissance,"in *Dictionary of the History of Ideas*, Philip P. Weiner, ed., Scribners, 1973, Vol.4, pp.478-479.

② [德]马克斯·韦伯:《学术与政治》,冯克利译,生活·读书·新知三联书店,2005 年,第 111 页。

熟悉的还有《韩非子》和《商君书》，它们比马基雅维利早了1700多年，其中那些阴狠狡诈的治国谋略，也远非马基雅维利所能比，虽然欧洲人由于无知和自大，并不把它们看作现代政治科学的开创之作。

自古至今，在生死存亡的极端情况下，日常生活中道德约束力的有效性将不复存在，这本是人们的一个常识，险恶的政治生活更是从来难以摆脱权谋、暴力和对伦理纲常的践踏，甚至连圣人也不能例外（到底如何算极端情况，如何算正常状态？极端状态是否已极端到可以置常规于不顾？这种状态应当结束于何时？以及由谁来作出这样的判断？则是一些从制度安排上说十分复杂的大问题）。跟马基雅维利大体生活在同一时代的宗教改革领袖马丁·路德，在面对德国农民起义时发出的恶毒呼吁，丝毫不比马基雅维利逊色："无论是谁，只要力所能及，都来秘密地或公开地刺杀他们，击毙他们，扼杀他们吧……在如此惊人的时代，运用杀戮政策的君主，要比运用祷告的君主更配进天堂。"[1]马基雅维利因为提倡"为了达到目的，可以不择手段"而臭名昭著，但是一切文明自古以来都必须处理这种手段与目的的关系问题，对政治行为为何有必要违反人们日常遵循的道德原则作出合理解释。就像韦伯告诉我们的，古代印度的武士用对战神因陀罗的信仰来为自己的杀戮开脱，这让他们能够名正言顺地鄙视一般人所追求的涅槃境界；北欧的条顿武士对瓦尔哈拉大神的信念，使他们可以讥笑回荡着天使歌声的基督教天堂。"这种伦理准则的专业化，使得伦理可以通过让政治去遵行自己的条律，使这门高贵的技艺得到极大的强化。"[2]甚至亚里士多德对"好人"与"好公民"所作的著名区分，也已隐含着这种道德准则分化的意蕴。马基雅维利的反道德言论，只是这种古老思想的延续，尽管他说得更加露骨和彻底，并且如列奥·施特劳斯所言，他时常让自己陶醉在把正常状态和非常时刻混为一谈的兴奋之中。换言之，莎士比亚所言也许不错，他确实是"凶残的马基雅维利"，但他肯定不是第一个这样的人，更不是最凶残的一个。

---

① Martin Luther, *Wider die Rauberischen und mörderischen Rotten der Bauern*（《反对强盗般残忍的农民匪帮》,1525年），转引自[英]R.H.托尼：《宗教与资本主义的兴起》，赵月瑟等译，上海译文出版社，2007年，第194页。

② [德]马克斯·韦伯：《学术与政治》，冯克利译，生活·读书·新知三联书店，2005年，第111页。

　　大概正是由于马基雅维利在其政治生涯中一再遇到需要某种"特殊道德准则"的政治危机(佛罗伦萨与米兰维斯孔蒂家族和那不勒斯的战争,法国对意大利的入侵,罗马教会不断对佛罗伦萨的粗暴干涉、对意大利政治统一的恶劣阻挠,以及佛罗伦萨自身跟梅迪奇家族的纠纷和对抗),才促使这位爱国心切的政治家认为,为了拯救意大利于水火之中,必须重新振兴古罗马"美德"的价值;而这种"美德",正如我们一开始谈到《曼陀罗》中的加利马科这个人物时所表明的,不但是古典公民的,而且是罗马军团的,是好勇斗狠、足智多谋的。马基雅维利在寻找政治世界的行为准则时,运用自己的历史知识,把罗马的"美德"加工成"一门高贵的技艺",为我们提供了一种西方版的"成王败寇"说。韦伯所谓的"伦理专业化",即政治学与日常道德的分离,是马基雅维利解读古罗马所取得的成果。

　　其实,不只是"美德",马基雅维利提出的几乎所有对后世有巨大影响的重要政治观念——他的共和主义和爱国主义思想,他的人性观,他对君主掌握绝对权力之必要性的论证,对国家与宗教关系的分析,他关于"命运女神"和"必然性"(后来常以"历史规律"的面貌出现,是使政治行为与道德相脱离的要害)的思考,他的战争学说,他对"政治阴谋"的著名论述,等等,其基本的思想资源全部来自他对罗马史的解读,他在政治学上从事的创新,都是以他对罗马史的研究和思考作为前提。所以,如果说马基雅维利的政治学确实有所创新的话,我更乐意把它称为一种"史学人本主义"的创新。

　　这里之所以提出"史学人本主义"一说,是基于一个显而易见的事实。就像那个时代所有人本主义学者一样,马基雅维利也倾慕于古典时代,但他这种倾慕却是有高度选择性的。他在《论李维》中多次谈到"古人的美德",都是指罗马人的美德,却从未提到过希腊人的"美德"(ἀρετή或 arete;这个由亚里士多德发扬光大的希腊词,一般被转译为拉丁语的"virtus",但它没有后者那样的性别含义);他只心仪于罗马人建立的世俗功名,对以亚里士多德和柏拉图为代表的希腊政治哲学则不屑一顾,所以我们在他的著作中也几乎看不到他对他们的引用,即使被当时很多人文学者奉为圣贤表率的西塞罗,他也很少提及，甚至像斯金纳所说，往往对其持批判态度。①从这个角度来看，马基雅维利虽然是文艺复兴时期人本主义大潮中的一员，但他这种人本主义却有着自身的鲜明特点，它是史学的，而不是哲学的；他的人本主义让政治学重新回到人间，是踏着史学道路来实现的。他所要复兴的古典学问，是李维著作中所显示的历史智慧，而不是希腊人的政治理念。马基雅维利这种"史学人本主义"的独特性就在于，他不但完全摆脱了中世纪的神学政治学，甚至也放弃了他的文艺复兴前辈但丁、马尔西利奥、萨鲁塔蒂和布鲁尼的亚里士多德主义传统，尽管它们同属于由马基雅维利所继承的人本主义与公民共和主义的重要遗产。

因此，对于马基雅维利将政治学世俗化这一公案，我们可以说，他的这一努力，与早先的人文学者大为不同，尤其是与萨鲁塔蒂和布鲁尼这些对佛罗伦萨政体仍充满自信的人本主义者不同。置身于一个礼崩乐坏、灾祸频仍的政治环境中，他觉得自己必须抛弃他们的规范主义取向，通过把政治学话语历史化来完成自己的创见。我在前面已经引述过他写给朋友的文字，其中讲到他写《君主论》时"伏案于古代历史"的情形，我们再看看《论李维》第一卷前言中的表白，便可知道他在这件事上有着多么强烈的自觉。由于这段话对我这里所讲的主题的重要性，不妨作一较完整的引用：

> 世人对古代仰慕有加；姑不论众多其他事例，时常有人不惜重金，买回一尊残缺不全的古代雕像，他们希望有此物为伴，他们要用它给自己的居室增光添彩，他们赞赏这种艺术，乐于师法于它；他们在自己的所有作品中，为表现这种艺术而殚精竭虑。然而，最杰出的史乘昭示于我们的，乃是古代的王国与共和国、君王与将帅、公民和立法者以及为自己的祖国而劳作者取得的丰功伟绩，它们虽受到赞美，却未见有人效仿。其实，世人不分大事小事，对他们唯恐避之不及，故而古人的这种德行，在他们身上已踪迹全无。……在整饬共和国、护卫国家、统治王国、举兵征伐、控制战局、审判臣民和扩张帝国时，却不见有哪个君主或共

① 参见[美]曼斯菲尔德为《论李维》所写的导言，[意]马基雅维里：《论李维》，冯克利译，上海人民出版社，2005年，第3~4页。

和国求助于古人的先例。我认为,造成此种状况的,主要不是当今的宗
教使世界羸弱不堪,或贪婪的惰怠给众多基督教地区或城市带来的罪
孽,而是缺少真正的历史见识,在阅读史书时既无感悟,亦品不出其中
的真谛。于是,众人捧读史书,以通历史变故而自娱,却从未想过效法古
人,他们断定这种模仿非但困难,甚至根本不可能,仿佛天地日月、各种
元素和人类自身的运动、力量与规律,今日迥异于古时。为使世人摒弃
此种谬见,我才下定决心,对于没有因时代的厌恶而遭湮没的提图斯·
李维的全部史书,根据我对古今事物的了解,记下我认为必须给予更好
理解的内容,使读过我这些陈述的人,更易于让他们所欲掌握的史识发
挥功效。①

多少熟悉一点马基雅维利思想的人都知道,由他本人的务实精神所决
定,他是从来不自视为理论家的,但是对于这段话,我们却完全可以把它当
作一份理论纲领来看待。他强烈表明了一种愿望:今人若要追求"整饬国家"
和"扩张帝国"这类大目标,必须从罗马史中汲取指导政治实践的智慧,要师
法于现代人"身上已经踪迹全无"的"古人的美德"——即《曼陀罗》一剧中所
要展示的"美德的方方面面"。他借助后来被很多人所采用的构建史实以阐
扬观念的方式,要使之"发挥功效"的这种"美德",既是共和国的公民责任和
献身精神的动力源,也是集狡诈与勇气、"狮子和狐狸的品质"于一身的能力;
它既包括崇高与荣耀,也离不开暴力与残忍,即马基雅维利所谓的你不能既
赞美汉尼拔立下的丰功伟绩又谴责他暴虐无道。正是基于这样的言论,斯金
纳在《现代政治思想的基础》第 5 章中才说:马基雅维利的美德观已大大背
离了他的人文学者前辈的主流语言。②他清楚地向我们表明,他要抛弃过去
那些被人们津津乐道的"空洞观念",从历史中寻找另一套价值,使其发挥扭
转国运、振衰除弊的政治功效。就此而言,即使我们接受阿克顿或施特劳斯
等人的说法,把马基雅维利视为教人作恶的魔鬼,我们也无法否认,他提供

---

① ［意］马基雅维里:《论李维》,冯克利译,上海人民出版社,2005 年,第 43~44 页。

② 参见［英］昆廷·斯金纳:《现代政治思想的基础》(上卷),奚瑞森、亚方译,译林出版社,2010
年,第 138~148 页。

的这种政治教育,就像后来诸多进步主义的政治学说一样,是以历史作为教材的,他是用自己的史学知识,构建了他的独树一格的政治学体系。他为何夫子自道,在给朋友的信中分外看重自己的"历史学家"身份,至此我们也许可以得到一个更清楚的认识了;他为何在阐明自己的政治观时很少引用过去思想家的著作,我们也不必奇怪了;回顾既往,他确实找不到以这种方式讨论政治学的权威著作。

他这种断然与前人决裂、完全借助历史去重建政治理论的做法,也就是我所说的"政治学的史学转向"的含义。这一转向给此后政治学的发展造成的影响,其功过是非是个说不尽、道不完的大话题,这里姑且不论,但其重要性大概再怎么强调也不为过。下面我仅举两个紧随马基雅维利之后的重要思想家作为例子,以便让各位对这种"史学人本主义"或"政治学的史学转向"在后世的表现和影响,有一个初步的了解。

五、史学转向的意义

在马基雅维利之后,为现代民族国家的主权理论确立基础做出了最大贡献、并且直接受到其影响的人,当属 16 世纪法国的政治学家让·博丹(Jean Bodin,1529—1598 年)。他在讨论这个问题的大作《国家六书》[1]中,系统论述了构成国家主权最重要的各种因素。他在探讨最佳政体时所运用的历史方法,则清楚地表现在他的另一本著作《易于理解历史的方法》[2]之中。这本探讨法律史研究方法的著作,甚至表现出比马基雅维利更宽广的历史眼光。博丹认为,不但应当把人本主义的方法运用于研究古罗马的法律,而且要研究其他所有已知的法律体系,以便"汇总和比较所有国家的法律架构";还要广泛研究各个重要王国和共和国中"各民族人民的习俗",以便对"所有国家的起源、成长、状况、变化和衰亡"进行比较分析。博丹在该书的前言中表示,为了搞清楚不同社会的政治法律结构的成果,不但需要了解近代西班牙、英格

---

[1] Jean Bodin, *Six livres de la république*(1576),中译节本见[法]让·博丹:《主权论》,李卫海、钱俊文、邱晓磊译,北京大学出版社,2008 年。

[2] Jean Bodin, *Method for the Easy Comprehension of History*, translated by Beatrice Reynolds, Russell Press, 1985.

兰、意大利、德意志、土耳其和法兰西的历史,而且要研究古代波斯、希腊、埃及、罗马和希伯来国家的法律和社会结构。

所以,当我们看到博丹在《国家六书》中把构成主权的八要素(立法权、宣战和媾和权、任命高级行政长官权、审问终审权、大赦权、造币权、管制度量衡权和征税权)都作为"在历史发展过程中产生的"权力时,丝毫也不必感到奇怪。他对国家主权的讨论并不基于先验的推理和演绎,作为一个像马基雅维利一样喜欢研读历史的人,他更愿意通过对古今政体的研究去确定适应现状的政府形式。他的一句著名的表述或许可以作为这种历史观的最佳例证:"当哲学未被历史赋予生机时,它就会在它的箴言中因营养不良而死亡。"具体说到他跟马基雅维利的关系,从《国家六书》第四卷论述"国家兴衰"的内容中,我们可以看到马基雅维利的影响几乎无所不在,尽管他认为马基雅维利有"反道德"的倾向,对其评价并不高。

稍后于博丹,从历史视角讲述政治的另一位重要人物,是英格兰大法官爱德华·柯克(Edward Coke,1552—1634年)。此人在英国宪政的发展史上占有举足轻重的地位,研读法律史的人大概都知道他的大名。柯克能获得这样的地位,其一在于他是英格兰的宪法性文件《权利请愿书》(1628年)的主要起草人之一,其二则突出表现在他跟英王詹姆斯一世的一段对话中。当跟议会发生冲突时,詹姆斯在大法官会议上说,既然法律是以理性为基础,我和你们一样具有上帝赋予的理性,为何就不能审案子呢?柯克对詹姆斯做了这样的回答:

> 诚然,上帝赋予了陛下卓越的技能和高超的天赋,但陛下并没有研究过英格兰国土上的法律,涉及陛下之臣民的生命或遗产、货物或财富的案件,不是由天赋的理性,而是由依据技艺理性和法律的判例来决定的;法律是一门需要长时间学习和历练的技艺,只有在此之后,一个人才能对它有所把握……因此我要说,陛下应当受制于法律。①

---

① Edward Coke, *The Reports of Sir Edward Coke*, 63, 转引自 James R. Stoner, Jr., *Common Law and Liberal Theory*, University of Kansas Press, 1992, p.30.

柯克答复詹姆斯国王的这一席话,是英国法治史上浓墨重彩的一笔,一向被法学界人士引为宪政理论的经典,而柯克对法律维护权利的作用如此坚守,则是来自他对英格兰普通法的一种历史认识。他在论证普通法的效力时,并不是基于神法或自然法的形而上假设,即他所说的"天赋理性",而是把它视为数百年来无数英格兰法学家积累下来的智慧的结晶,无论哪一人,在自己的一生这么一个短暂的时间里,都不可能超越这种智慧。所以,就像马基雅维利要从罗马史中寻找政治行为的合理准则一样,柯克花费了大量精力去梳理历史上的判例并加以评注,其用意便是要为英国的政治生活确定一些基本原则。他在《柯克判例报告汇编》(*The Reports of Sir Edward Coke*)的几乎每一卷的前言中,总是一再强调普通法具有悠久的历史。更为重要的是,他通过对普通法的历史解读,认为在英格兰早就存在着一部"古代宪法",其出现甚至早于著名的《大宪章》,正是这部"超出人们记忆所及的古代宪法",使约束王权成为英格兰人的一宗宝贵遗产。就像人们发现马基雅维利时常对罗马史随意进行剪裁甚至篡改一样,后来有很多史家指出,柯克这种观点并没有充分的史实作为依据。但他对普通法历史的深入研究,却为他在法学界赢得了史学权威的巨大声望,使"古代宪法"这一历史建构(historiography)在此后 300 年里几乎成为英国法律史的定论,这当然也得益于后来所谓"辉格党历史解释"——"政治学史学化"的又一经典案例———的大力渲染,直到 20 世纪才受到一些学者的严肃质疑。①

这里尤其要强调的是,博丹和柯克这种援世俗史为建构现代政体助力的做法,并非思想史中的特例。从后来政治学的发展中很容易看到,自博丹和柯克以降,尤其是自启蒙运动以来,几乎所有的政治学理论都包含着某种意义上的历史理论,或称"历史哲学"。文艺复兴时期开创的人本主义风气对政治学领域的影响,多是以史学人本主义的面目出现,成为人们所熟知的现代政治学世俗化过程的一个重要内容。在这个过程中,人们放弃了神学的目的论,要到历史内部去寻找自身的目的或"进步动力",对历史给出一种不同于中世纪的解释,由此形成了一股我们都不陌生的潮流。众多关心人类社会发展方向的政治思想家,为了理论建构的需要,要么亲自参与历史研究,要

---

① See Herbert Butterfield, *Whig Interpretation of History*(1931),W. W. Norton & Company,1965.

么借助史家的研究成果。尽管近代以来仍然存在着从规范主义或形而上学角度讲论政治原则的重要事例,例如霍布斯和康德,以及如今十分有影响的罗尔斯等。但是从绝对君主制学说的兴起到法国启蒙运动,从苏格兰启蒙运动到德国浪漫派,从伏尔泰、孟德斯鸠到孔德,从休谟、柏克到托克维尔、萨维尼,从斯宾塞到尼采,更不用说黑格尔和马克思,这股用历史解释来建构政治理论的潮流一直不绝如缕地延续着,直到不久前提出"历史终结论"、要为西方自由民主制度的"历史性胜利"盖棺论定的弗朗西斯·福山。

在这种政治学说史学化的潮流中,政治思想家们对历史的解释可以说是五花八门,流派纷呈,撮其要者,有把记录在历史经验中的习俗作为稳定原则的,也有把历史本身作为某种永恒理念借助人力而展开的,但他们共同的一点是,他们都抛弃了超越于人类生活之上的形而上假设,在马基雅维利所开创的这种"史学人本主义"的政治学传统内进行操作。不管他们得出的结论有何分歧,他们都想通过人类活动所留下的记录本身,去破解政治世界治乱兴衰的奥秘,从中寻找各种迹象和价值符号、得出各种结论或假设,无论是决定论还是怀疑论的、悲观主义的还是乐观主义的。他们都想以此确定一个政治共同体的生存意义和未来走向,进而通过改进或维持某些制度安排与政治行为准则,去征服或讨好那个美貌绝伦的"卢克蕾佳"——被马基雅维利念念不忘的、隐藏在历史事件中的"命运女神"。这种做法的一个重大后果便是,政治世界很容易因此而失去统一性和稳定性。

就像当年马基雅维利为了扭转意大利积弱难返的局面,要重新回到罗马史寻找政治智慧一样,每一次重大危机——战争、革命或经济大萧条——都足以改变人们对历史的认识,并由此去反省和重新塑造自己的政治价值观。因此,解构历史,在很大程度上也就是在解构政治;重构历史,则必定跟变革政治生活的基本原则有关。这种"历史意识"(historicity)的多变,为人们提供了进行不同价值选择的各种机会。波考克曾说,马基雅维利熟悉很多地方,却总是找不到自己的家乡[1],一语道破了历史在很大程度上使现代政治

---

[1] See J. G. A. Pocock, "A Machiavelli and the Rethinking of History." *Pensiero Politico*, 27:2 (1994:magg./ag.), p.215.

人失去精神家园的处境。这就是以赛亚·伯林在《马基雅维利的原创性》①一文中,能够从马基雅维利推崇罗马异教的思想中解读出现代价值多元主义根源的原因之一;它也使列奥·施特劳斯深切感到,为了重建稳定的古典政治价值,必须首先拿现代政治思想中的"历史主义"开刀②,因为在他看来,这种历史观不承认任何道德价值是绝对的,而马基雅维利正是开这种风气的大宗师。从这个意义上说,我们确实可以把马基雅维利视为现代价值失范的始作俑者。由神或天意安排的人类命运失去人们的信仰之后,历史便完全成了一项仅仅跟人类自身有关的事业。过去发生的历史事件不再是上帝用来启示人类的工具,而仅仅是——用奥克肖特的妙喻——后来事件的"孵化器"。③所以,近代以来,重新解释和书写自己的民族史,也成为很多国家进行政治动员、建立民族认同最强大的工具;确定一个社会处于什么样的"历史发展阶段",则是一些政党制定政治纲领和治国方略的重要前提。在这种努力中,历史也很容易被赋予类似于神学意识形态的功能,成为山寨版的宗教信仰,发挥维系政权合法性的作用,甚至俨然成为一个不容他人染指的垄断行业。贝克尔说,启蒙时代以来哲学家研究历史是以发现人性的永恒而普遍的原则为己任,往往让我们上当受骗,但他们甚至更有效地欺骗了自己。④想想过去历史唯物主义所享有的地位和《联共(布)党史》的作用,就可以明白这话的道理。历史这间道具室里存放的器物,是可以为排演不同的政治剧服务的。马基雅维利当初伏案于《论李维》时,或许只想着如何让意大利重振当年罗马的霸业;他草草写成《君主论》,也只是要运用自己的历史知识资源做个帝王师,他很可能并没想到后来发生的这一切。但是,如果我们追溯这种把政治合法性跟历史解释紧密接合在一起的做法的源头,一定会找到马基雅维利那里。

---

① 伯林的《马基雅维利的原创性》一文,载[英]以赛亚·伯林:《反潮流》,冯克利译,译林出版社,2002年。
② 参见[美]施特劳斯:《自然权利与历史》,彭刚译,生活·读书·新知三联书店,2004年,第1章"自然权利与历史方法"。
③ [英]奥克肖特:《论历史及其他论文》,张汝伦译,上海译文出版社,2009年,第80页。
④ 参见[美]卡尔·贝克尔:《十八世纪哲学家的天城》,何兆武等译,生活·读书·新知三联书店,2001年,第99页。

新君主与新共和:马基雅维利的"新政治科学"

张广生 *

马基雅维利 1469 年生于佛罗伦萨,此时离东罗马帝国首都君士坦丁堡陷落仅仅 17 年,但距西罗马帝国的崩溃大约已经有 1000 年了。马基雅维利从 29 岁到 43 岁积极从事政治实践活动,余下生命的 15 年主要的生活内容就是思考和写作,他的主要作品《君主论》和《论李维》①表明,政治生活仍然是他思考和关注的核心。作为一个政治人,马基雅维利的政治活动只能局限于佛罗伦萨城邦的内政和外交;但作为一个思想家,其立言的内容和影响却远远超出了他生活的邦国和时代。②

从表面上看,《君主论》似乎是马基雅维利写给洛伦佐·美第奇的建言干禄之书,但作为思想家的马基雅维利的真实意图并非仅仅是给洛伦佐提供

---

* 张广生,中国人民大学国际关系学院政治学系教授,博士生导师。

① 本文所用《君主论》文本,中译本参见[意]马基雅维里:《君主论》,潘汉典译,商务印书馆,1997 年;英文版参见 Machiavelli, *The Prince*, Leo Paul S. de Alvarez trans., Waveland Press, 1989。《论李维》文本,中译本主要参见[意]马基雅维里:《论李维》,冯克利译,上海人民出版社,2005 年;英文版 Machiavelli, *Discourses on Livy*, Harvey C. Mansfield and Nathan Tarcov trans., The University of Chicago Press, 1996.

② 对于马基雅维利的研究者来说,要理解马基雅维利作为政治家的"知人论世"和作为思想家的"知通统类"并非表面上看来那么容易的事情,思想史家的详博考辨和精微之思都是指引我们前进的路标。参见[英]波考克:《马基雅维里时刻:佛罗伦萨政治思想和大西洋共和主义传统》(Pocock, *The Machiavellian Moment: Florentine Political Thought and the Atlantic Republican Tradition*, The Princeton University Press, 2003),冯克利译,译林出版社,2013 年;[美]施特劳斯:《关于马基雅维里的思考》(Strauss, *Thoughts on Machiavelli*, The University of Chicago Press, 1978),申彤译,译林出版社,2003 年。

目下治平佛罗伦萨的具体可行建议，而是要展现自己对政治奥秘的把握：《君主论》和他在其外"已经完成的"《论李维》似乎表明，作者既知道君主又了解人民。①在《君主论》的结尾处，马基雅维利预告新君主的诞生，呼吁把意大利人从现在的奴役与压迫下解放出来。有人闻听这一呼吁，也许会把它看作是马基雅维利对洛伦佐的谀扬勉励之辞，希望洛伦佐成为佛罗伦萨乃至整个意大利的拯救者。但深加考论，有识之士不得不承认，论德性才略，洛伦佐恐非其人。有人闻听这一呼吁，也可能会说马基雅维利是爱国主义者，问题是哪里是马基雅维利心目中的祖国呢？佛罗伦萨？他生长生活于佛罗伦萨，然而佛罗伦萨长期以来一直是圭尔夫派（教皇党）控制的城邦国家，我们又知道马基雅维利对基督教和罗马教廷的怀疑态度。那么，他的祖国是意大利？假设马基雅维利是与圭尔夫派对立的吉贝林派（皇帝党），那么我们应该知道，罗马皇帝的疆土当然曾经包括整个意大利，但是否仅仅限于这区区半岛呢？

事实上，和其后继者相比，作为早期现代思想家的马基雅维利仍然保持着相当开阔的视野。马基雅维利明确地意识到，西欧中世纪的长期危机——基督教的渗透、蛮族的入侵、罗马帝国的崩溃、基督教体系国家建构的失败——并非仅仅是政治–社会层次的危机，而是道德–文化层次的危机，总而言之，这是文明层次的危机，其反思欧洲危机的思想方案拥有这种文明层次的宽广视野。正是在这个意义上，布克哈特把马基雅维利这位把国家看作是政体技艺的作品的政治思想家称作是文艺复兴的巨人。②的确，马基雅维利的作品，特别是《论李维》充满了对古典时代，尤其是古罗马人物、制度及其业绩的赞赏；但我们同时不要忘记其作品中对自己所处"后罗马"欧洲黑暗处境的讥评，尤其不能忽视的是进一步追问马基雅维利的意图：作为政治家，汲取古代政治经验，疗救时弊，定国安邦；作为著作家，用自己发现的真相与真理立言立教。不必提《君主论》这部呼吁新君主的作品，恰恰同样是在怀古言辞盈耳的《论李维》中，马基雅维利提出，其返古的目的在于开新，马

① 参见[意]马基雅维里：《君主论》，潘汉典译，商务印书馆，1997年，第4页。

② 参见[瑞士]雅各布·布克哈特：《意大利文艺复兴时期的文化》，何新译，商务印书馆，2013年，第92~93页。

基雅维利不仅仅是作为一个古典时代的仰慕者,而且是作为"新的方式与秩序"①的发现者和首倡者而出现在欧洲历史的关节点上的。问题是,什么才是这"新的方式与秩序"呢?因为这一新的发现,马基雅维利又成为什么样的人物呢?

一、罗马教廷与后罗马秩序

表面上看,在蛮族入侵、西罗马帝国崩溃、东罗马帝国无力西顾之时,基督教对于以罗马为中心的欧洲统一秩序的重建是应该发挥了促进作用的。比如,可以用西部教会教皇的名义对那些信奉了基督教的分裂政权之间的战争进行和平主义的绥靖调停,无论这些政权是罗马军阀还是南下的蛮族;又比如,在伊斯兰帝国崛起之时,罗马教廷可以在一个宗教的旗帜下,号召皈依基督教的蛮族和罗马帝国遗民,共同抵抗伊斯兰势力的入侵,甚至倡议组织十字军东征,实际效果如何不论,它本身好像也可以促进西欧象征性的统一。但马基雅维利不仅对上述意见不赞同,而且,很明显,他把基督教罗马教廷本身看作是以意大利为中心的欧洲秩序重建的障碍。

首先,罗马教皇与教廷,对于意大利来说并不是可望不可即的遥远的精神权威,而是实际存在并不断行动着的现实政治力量。尤其当罗马帝国丧失了在罗马甚至拉文纳设立总督统御西部的兴趣后,教皇就开始由罗马城邦操纵的选举产生。围绕着选举的阴谋、暴力和收买,教皇当选后花样翻新的赋敛手段(如恶名昭彰的赎罪券其实是一种教廷征税手段),教皇不能免俗的个人生活,这一切不仅使得罗马教皇承诺代表的神圣纯洁的教会形象及其精神影响力大打折扣,也使得受惠于教会和僧侣最多的意大利人,变得既不敬神又邪恶。②

其次,教皇与教廷虽然具有一定的精神权威(除了给予教会荣誉,还可

---

① Machiavelli, *Discourses on Livy*, p.5. 维罗利认为,马基雅维利是产生于 16 世纪扩散于 17 世纪欧洲的"新政治科学"的典型首创者,马基雅维利的智识创造不仅在于国家的政体科学,而且在于建立和维持国家的技艺。参见 Maurizio Virori, "The Revolution in the Concept of Politics," *Political Theory*, Vol.20, No.3, 1992, pp.473—495.

② 参见[意]马基雅维里:《论李维》,冯克利译,上海人民出版社,2005 年,第 82 页。

以开除教籍），并像封建世俗势力一样，拥有直接征敛税赋的教皇领地，但缺少其他君侯一样强大的合法强制权力，所以教皇教廷就更加依赖于金钱、雇佣军及联盟与孤立等外交手段来参与意大利半岛的政治角逐。由此，意大利半岛上的各邦国因为拥护教皇与教廷与否又分裂成圭尔夫派（教皇党）和吉贝林派（皇帝党），这种派系分裂不仅在邦国间展开，而且深入到许多邦国的内部，如米兰、佛罗伦萨、威尼斯，这是意大利政治分裂的一个重要原因。

再次，虽然西部教廷与教皇的精神权威在意大利半岛有限，教皇有时甚至难以在罗马或者意大利找到立足之地，但教皇对更西部的蛮族，无论是法兰西人、西班牙人，还是德意志人、英吉利人等"远人"却有着更加强大的精神影响力。蛮族君主的行为是否合乎基督教的教规，如婚姻是否合法，王国中教区主教授职权是否能够得到教皇认可，这些问题常常使得教皇有力量掀起君侯之下的封臣与人民的叛乱。不仅如此，查理曼王朝以来与罗马教廷建立的"神圣罗马帝国皇帝"的加冕传统，也使得蛮族君主及其军队经常被教皇招引进意大利，以打击那些威胁到教皇势力的本土强大邦国。虽然教皇在让他们完成了保护自己的任务后，往往把他们赶出去，然而他们离开前，在意大利又往往已经留下了自己培养的分裂的派系（如奥尔西尼派与科隆纳派）[1]，复令教皇进退失据。

最后，总的现实情况就是，教皇自己无力通过教皇国统一意大利半岛，但同时，教皇与教廷却有足够的力量打击任何本土的强大得可能统一意大利半岛的邦国；教皇无力真正建立基督教理想中的政教合一、"以教统政"的"神圣罗马帝国"，但却有足够的力量随时挑起那些力图建立"以政统教"帝国的蛮族国家的内乱和外患。

如果我们把马基雅维利对教皇与教廷的作为、作用的描述仅仅看作是政治家的经验之谈，那我们就会忽视作为思想家的马基雅维利对更根本的问题的深刻反思：这就是，不仅教皇与教廷制度，而且基督教的教化本身，究竟给后罗马帝国的欧洲带来了怎样的道德–文化的危机，这种危机又如何加重了蛮族入侵带来的政治后果，从而使现时代的人们丧失了重建文明的力量。要想进入马基雅维利思考的深处，我们不得不跟随他返回古代，一起展

---

[1]　参见［意］马基雅维里：《君主论》，潘汉典译，商务印书馆，1997年，第54~55页。

开一场古典政教传统与基督教政教传统间的争论，马基雅维利开启这场争论的目的，是希望以回到古典世界的形式求得反思自己时代强大的基督教政教传统的视野与力量。

二、古典政教与基督教政教

古人，无论罗马人还是与罗马作战的人民，都像他们之前的雅典人和斯巴达人一样，强大而热爱自由，他们建立了繁荣的城邦和强盛的帝国；而西罗马帝国崩溃后的 1000 年之中，欧洲在政治上毫无建树，混乱不堪的蛮族的君主国自不必说，那些作为罗马帝国遗民的意大利人也是处于长期分裂和内斗之中，再未出现过罗马一样的帝国成就。为什么后罗马帝国时代的人们（马基雅维利称他们为现代人）在文明重建方面如此孱弱无能呢？马基雅维利诊断的病因是：现代教养与古代教养的不同，尤其是这种不同的基础在于，现代的信仰不同于古人，也就是基督教的信仰不同于古代异教的信仰。

首先，马基雅维利之所以能够如此冷静地提出对比古今信仰传统的优劣短长这一问题，是因为他自信自己的眼光超出了现时代的基督教传统。马基雅维利认为，世界并非如《圣经》所言，是被上帝创造的，世界的历史也不仅有 5000 年，而本应该被记载的历史也因为基督教对古代异教的嫉妒而被清洗、销毁。值得注意的是，基督教信仰不过是一种宗派宗教。在哲人的帮助下，认识到世界存在的永恒性，才能获得不仅超出基督教宗派，而且超出各种宗派信仰立场的视野。因为据说不仅基督教，古代异教也是宗派，既然宗派宗教带有不可避免的嫉妒倾向，所以一个宗派宗教就无法判断另一个宗派宗教；既然它们和永恒的世界相比都有自己有限的历史时间，那么判断它们的优劣短长就应该诉诸那能够认识到世界永恒性的哲学智慧，据说这种智慧可以帮助人们理解自然事物。[①]

其次，既然尘世间的一切，包括宗教，皆有自己生老病死的寿限，那么，不针对基督教的原始教旨，而仅根据罗马教廷已经腐败了的精神来判断它还是不能令人信服的；因为我们知道，基督教内部出于对罗马教廷腐败的不

---

① 参见［意］马基雅维里：《论李维》，冯克利译，上海人民出版社，2005 年，第 82 页。

满，就产生出了诸如方济各派和多明我派这些回归原始基督教的修会运动。我们若能回溯到基督教的原始教旨，如果发现基督教确实从内容价值上优于古代异教，那么时移事易，从实质原则出发，为什么不能让基督教彻底取代异教呢？这样的争辩必然迫使马基雅维利继续运用自然理性来进行具体的、实质性的判断，那就是基督教的教化内容和古典异教的教化内容究竟孰优孰劣呢？

马基雅维利承认，任何教派或国家如果想持久生存或由衰颓中复兴，就应该经常回到自己的源头那里去汲取力量，并且坦言，之所以基督教高级教士和宗教首领的虚伪没有彻底毁掉这个宗教，就是依赖方济各修会和多明我修会这种制度。修士以自己的清贫和基督人生的典范的确唤起了在人们心中久已消失的情感。①但马基雅维利在这种让步的前提下仍然坚持，真正"追求真理之道"的基督教信仰和古典异教相比仍然造成了今人的羸弱。

马基雅维利试图通过对比，也即古典异教和基督教各自欣赏不同的价值、荣耀不同的人和培养迥然相异的德性的对比来回答上述问题。②基督教追求彼岸的真理和天国的幸福，蔑视现世的荣耀，而古典异教则推崇现世的荣耀，甚至视之为至善；古代异教把这种现世的荣耀给予那些德行卓越的英雄豪杰、帝王将相，而不是其他人，基督教推崇的却是谦恭好思、不实干的圣徒；古代异教推崇和培养的是勇敢、审慎等使人强大的德性，而基督教则教导隐忍谦卑，做不了什么大事的德性；对别人的侵害，基督教教导逆来顺受，古代异教则主张以直报怨。这个对比还可以罗列很长，但总而言之，古代异教教导的是恢宏大度的主人道德，基督教教导的是平庸琐屑的奴隶道德。古人充满阳刚男子之气，追求积极生活，他们热爱自由，光明正大地统治自己或征服异邦；今人则趋于阴柔女子之气，消极退缩，安于奴役，既无力统治自己也无力支配别人。

再次，仅仅根据基督教和古代异教的价值表或德目表的对比就得出结论说，后罗马帝国欧洲孱弱无力的病因在基督教，还不足以充分说服人们。因为怀疑者会举出非常强大的反例，那就是东罗马帝国。虽然在是继续坚持

---

① 参见[意]马基雅维里：《论李维》，冯克利译，上海人民出版社，2005 年，第 311 页。

② 同上，第 214 页。

以传统罗马祭祀宗教为国教,还是采用基督教为新国教的问题上,东罗马帝国的统治者有过激烈的斗争,但东罗马最终还是废除了旧教,而以基督教为国教。而且,事实证明,以基督教为国教的东罗马成功抵御住西来和北来蛮族、东部波斯、南来阿拉伯人的进攻,比西罗马多存在了 1000 多年。面对这个反驳意见,从古典异教与基督教的德目表的辨析延伸到对古今政教文明结构的更广泛考察就显得十分必要了。

既然任何宗教都不可避免地带有宗派主义的偏向,那么,既了解宗教的宗派主义局限,又懂得宗教对于维护共同体团结、培养教育人民之功用的伟大古人,就深知建构良好的政教制度的重要性。马基雅维利心目中古典政教成功的一个典范就是罗马。自从国王努马·庞皮利乌斯把《西卜林》占卜祭祀系统引入罗马,罗马的有识之士就悉心维护这一成为罗马良好习俗的宗教基础。马基雅维利尤其以总结原理的口吻告诉我们,那些优秀的统治者维护宗教的一些耐人寻味的做法:凡是对宗教有助益的,即使他断定其为谬说,也要予以发扬光大;而且他越是审慎,越是对自然事物所知甚多,就越是应当如此行事。①

无论基督徒和古典时代的异教徒到底是如何理解自己的宗教的,马基雅维利估价宗教的价值尺度都是公民宗教的神道设教作用。如此,古代良好的政教制度的首要结构要素就是使自然智慧的运用凌驾于宗派宗教之上,具体的一个表现就是,政治生活的权威等次要高于宗教生活的等次,这样伟大的政治家才能从超宗派的自然理性视野统御、整合、调停于宗教之间,宗派之上;古人,比如罗马人的政教合一、政高于教的制度的优越之处就应该这样来理解。东罗马帝国虽然因为具体政治形势所致,用基督教替代了旧教为国教,但在制度结构上仍遵循着这一原理,那么到目前这个层次,马基雅维利可以从政教结构的角度,对东罗马帝国的反例给出部分让步的解释。事实上,即便东罗马帝国继承了古典时代政教合一、政高于教的传统,马基雅维利还是对古典多神异教被基督教取代感到不满,因为他认为,本质上一神教比多神教更加具有宗派性。马基雅维利能给东罗马例子更进一步的解释恐怕只能是,古典的政教结构给明智的统治者提供了抑制基督教对异教清

---

① 参见[意]马基雅维里:《论李维》,冯克利译,上海人民出版社,2005 年,第 82 页。

洗和排斥活动的空间,给残余的古代教养留下了些许喘息之机。

最后,事实上基督教特别是罗马教廷一直在努力翻转古代政教理论和制度的方向。基督教虽然在理论上宣称其王国不属于尘世,而在天国,但"恺撒的归于恺撒,上帝的归于上帝"的箴言表明,教会在表面上服从统治者的同时,悄悄地以一神信仰的名义,攫取了排他的精神教化的权力,这种教义与做法的实质就是在腐蚀古典城邦和罗马帝国政教合一的政教传统。这种一神教和古代异教相比不仅在理论上,而且在实践上都把自己的宗派主义嫉妒发展到了极端,它不仅压制异教的一切体制和仪式,而且把古代的神学清除得一干二净。它焚烧古代诗人和史学家的著作,捣毁古代的圣像,如果不是迫于要用拉丁语来记录新的法律,它很可能会把古罗马先贤的史迹全部从人们的记忆中抹去。①

在马基雅维利看来,基督教对古代政教关系的颠覆与对古典异教的清洗不仅造成了文化的倒退,而且造成了政治的倒退,它们的共同结果就是使得沉疴难起的现时代,日益丧失了文明重建的能力。为了解除基督教对现时代人们心智的蒙蔽,他呼吁人们要恢复向伟大的古人学习的自觉,不仅要捧读史书,通晓历史变故,而且要效法古人,因为那种认为古人在根本上是不能模仿的断言是错误的,作出那种断言的人还沉浸在基督教的历史与自然意识之中,对他们来说,"仿佛天地日月、各种元素和人类自身的运动、力量与规律,今日迥异于古时"②。

分析马基雅维利对古今政教的对比观察,我们发现了一个超越基督教的政治文明的视野。在这一视野下,宗教–政治问题是从属于更加开阔也更加根本的伦理–政治问题的。从这一视野来看,宗教–政治与道德–政治并非截然分开的、不同性质的两类事物,它们实际上是密不可分的有机整体,它们都涉及人伦秩序与意义的核心:那就是哪些人应该受到更高的尊重,应该成为人伦秩序的引导者与统帅者;相应地,哪些人应该成为有适当尊严的被引导者与被统帅者。在这一视野下,宗教同时既可以是启示的,也可以是理性的;对于一些人它呈现为理性的,对于另一些人它呈现为启示的。而且尤

---

① 参见[意]马基雅维里:《论李维》,冯克利译,上海人民出版社,2005年,第223页。

② [意]马基雅维里:《论李维》,冯克利译,上海人民出版社,2005年,第44页。

为重要的是,那些把宗教理解为理性的人与那些把宗教理解为启示的人,并不必然因为这种不同理解而相互对立——古典政教文明的伟大之处正在于,它在认识到这两种理解的张力的同时,又努力尝试以某种方式在不同品类的人之间建立起秩序与团结,最理想的目标就是,让那些把宗教理解为理性的、德行宗教的人,来支配和引导那些把宗教理解为启示的、宗派宗教的人,古代哲学家最佳政体(best regime)学说的要害也正在这里。马基雅维利似乎是分有这一视野的,虽然他那时而严肃时而戏谑的写作总是让人们怀疑,在谈论宗教时,无论是基督教还是异教,他是否缺少了些许虔敬之情。

三、新君主与新共和

政体问题是古典政治理论关注的核心问题,政体标示着一个国家核心的伦理道德与政治社会秩序,政体问题的核心就是"谁是实际上的统治者"。这与我们许多当代的政治理论宣扬说"谁实际上在统治并不重要,以什么方式统治最重要",可谓大异其趣。马基雅维利正是在分有古典政治理论的这个前提下,展开他著名的"国家问题研究"的,其关注的核心正在国家政体的优劣短长。后世学者们也正是因为马基雅维利的政体学说,而对他褒贬不一。许多人把他看作是邪恶的教师,理由是《君主论》提出的新君主学说,实际上是在为僭主政体张目。他大言不惭地宣扬,为攫取和维持国家的统治权力,可以罔顾道德,无所不用其极。然而那些持反对意见的人却认为,《论李维》才是反映马基雅维利真实意图的作品,《君主论》和《论李维》的明显矛盾表明,只有浅薄和腐化的读者才会得出那种浅薄腐化的见解,马基雅维利是正直的人和善良的公民,他的隐秘的写作意图是要建立自由的甚或是民主的共和制,因此,应该把他当作伟大的共和派政治思想家来称颂。①何去何从呢? 无论如何,为了揭开马基雅维利那扑朔迷离的面具,重新阅读他的作品,应该是个有益的再次起航。

---

① 参见[荷兰]斯宾诺莎:《政治论》,冯炳昆译,商务印书馆,1999 年,第 44 页;[法]卢梭:《社会契约论》,何兆武译,商务印书馆,2002 年,第 95 页。

　　首先,最引人关注的是他的国家类型学。在《君主论》中,马基雅维利确实只区分了两种国家类型:一种是君主国;另一种是共和国。①令人疑惑的是,这种国家类型的核心分类原则似乎只是统治者的人数这一算术原则:一人统治的就是君主国,多人统治的就是共和国。不过,一旦翻开《论李维》,马基雅维利似乎很快就开始给人们答疑解惑了。在《论李维》中,他明显引用了古典政治哲学家,比如亚里士多德的国家类型学说。这种学说认为,国家共有六类,在算术原则,也即一人统治、少数人统治与多数人统治的表面原则背后,还有更重要的质的标准:好的一人统治为君主制,坏的则为僭主制;好的少数人统治为贵族制,不好的则为寡头制;好的多数人统治为民主制,不好的则为暴民统治。对照《君主论》与《论李维》,我们发现,他对古典政治理论中僭主与君主统治的区别并非毫无所知。正相反,他知道得是如此清楚,却有意忽略之,这就别有深意了。一种推测是,他的《君主论》因为兼具献给僭主的干禄意图,所以这种不区别君主与僭主的修辞考虑就十分自然了。另一种推测就是,他对古典政治理论中君主与僭主的分别原则本来就怀有不同的看法。这第二种推论又必然引导人们继续追问,除了君主制与僭主制,他对贵族制与寡头制、民主制与暴民制的区分又怀有什么样的真实想法呢?其实马基雅维利不仅明了古典政治理论的政体类型学说,而且承认,出于自然的原因,这些政体间具有某种循环关系,君主制变为僭主制,僭主制变为贵族制,贵族制变为寡头制,寡头制变为民主制,民主制变为暴民制,暴民制又循环向君主制。面对这种规律,任何一个国家,不外两种命运:一种就是因为缺少智慧和势力,还没有经历这所有的统治形式,就被治理更佳的邻邦所征服;另一种就是国家足以自立,但无止境地陷入这种统治形式的循环。据说,审慎的立法者②在认识到六种政体各有弊端后——三种坏的政体恶劣,三种好的政体亦多短命——转而努力在同一邦国里建立兼容君主制、贵族制和民主制的"混合政体"。马基雅维利的引人注目之处在于,他并不继续申论,在六类之中三种好的政体里面,是否还存在优劣的等次,是否有单纯的

---

　　① 至于另一种从发生学或者是国家产生的缘起来考察的国家分类,比如继承的或新的、依靠他人武力取得的等,则是附属于君主国或共和国类型下的亚种。

　　② See Machiavelli, *Discourses on Livy*, Harvey C. Mansield and Nathan Tarcov trans., The University of Chicago Press, 1996, p.13.

最佳政体,而是直接谈论能兼容它们的"混合政体"或"共和政体",他给出的理由是,这种混合政体会比单一政体更为稳定和持久。

其次,马基雅维利"以史带论"的共和政体论把罗马斟酌选定为"可供政治家学习"的"混合政体"的典范。

本来,在他看来,立法者莱库古所创立的斯巴达政体是这种稳定和持久的共和国的典范。莱库古的立法使得国王、贵族和平民有序而团结,以致斯巴达共和国存续了 800 年之久。与莱库古相比,雅典的立法者梭伦只是推行民主制,没能把君主制和贵族制的力量结合在一起,结果雅典一直找不到好的办法遏制大人物的傲慢和平民的放肆,以致寿命比斯巴达更短。但是和斯巴达比起来,马基雅维利更欣赏罗马的混合政体经验。罗马政体的建立不像斯巴达依赖莱库古而一次奠基,而是在偶然的机遇中不断涌现出如罗慕洛、努马、图鲁斯等不同的卓越人物,在开国君主之后,又逐渐创立出诸如执政官、元老院、保民官等多项成功的制度。可能恰恰是因为罗马是借着各种历史机缘,由不同的卓越人物逐渐完成了混合政体的建构,所以更成了马基雅维利用来垂教世人的典范;也许,罗马的经验可以鼓励后世的政治家,即使没有莱库古那样的好机遇,也可以因势利导,勉力而为。马基雅维利告诉我们,在国王塔克文被流放后,罗马虽然废除了国王之名,但执政官制度的建立表明,君主之实仍然得到保留,再加上元老院,君主制和贵族制的品质都具备了。塔克文死后,贵族就开始肆无忌惮地侵害平民,平民和贵族的斗争又最终导致了保民官的设立,这就为罗马政体增加了民主制的要素。至此,马基雅维利所赞赏的混合政体结构终于建立起来了。

与包括李维在内的以往作家们的看法不同,马基雅维利不是把保民官与元老院的结构对立看作是罗马纷争内乱的表现,相反,他把这种结构及其表现的平民和贵族间的对立看作是罗马自由和强大的原因。这种"共和"学说被许多现代政治理论家看作是古典共和精神的复兴,可问题是,古典作家何尝曾把贵族与平民的斗争与平衡看作罗马政治成功的奥秘,并取其为后世之典范呢?后世的孟德斯鸠还有联邦党人极力鼓吹这一经验,以支持自己的理论,而他们的共同导师是马基雅维利。必须承认,古典政治哲学家亚里士多德也曾经谈过"polity"这种"混合政体",而且确实曾建议对经验中更多见的寡头政体与民主(平民)政体进行改造,但我们不应忘记的是,进行改造的核心参照标准是最佳政体——王制或贵族制，最佳政体当然是伦理与政治合一的完美国家的原型；现实中，虽然因为人民质料的差异，没有国家能完全实现它，但是，必须参照它，国家的伦理-政治生活才能有所改善。相比之下，马基雅维利混合政体中的贵族制要素似乎充满了经验内容。什么是马基雅维利笔下的贵族呢？要回答这一问题，马基雅维利的贵族与平民"性情论"非常值得关注。马基雅维利认为，贵族与平民拥有不同的"性情"（humors）。贵族的统治欲更强，而平民拥有的则是不受人统治的欲望，据说，平民比贵族具有更加强烈的意愿过自由的生活，更不愿意侵害这种自由。[1]在马基雅维利这里，贵族野心勃勃，不仅要保持自己已经拥有的，而且倾向于继续攫取和压迫，虽然对荣耀和权柄最热衷，但对金钱和财产似乎也有强烈的攫取欲；而人民则虽爱平等，却不希望用平等的原则去统治别人，而是更关注于保护自己既有的安全和财产。马基雅维利虽然对贵族有所"贬抑"，对平民有所"诹扬"，但贵族与平民，特别是贵族似乎都混合了极重的寡头习气。

马基雅维利强调平民和贵族间的对立和平衡的作用，还有另一个重要理由，那就是，共和国需要扩张，或不得不扩张，这样统治者就需要平民参战，就得容忍平民的自由。普鲁塔克和李维这些古代作家其实也不是不知道"混合政体"的概念与经验，争论的关键在于如何混合、要达到何种效果。就算选择历史上实际存在过的国家为典范，为什么不能认为斯巴达优于罗马呢？马基雅维利承认，从某些方面讲，斯巴达可以是后世效法的典范，但他指出，和罗马相比，它属于不同类型的典范。[2]如斯巴达和威尼斯这样的共和国，只想保住自己已经拥有的，而不是试图扩张。另一条道路则以罗马为范例，主动征伐，走向帝国。共和国扩张为帝国有三种方式：一种是古代托斯卡纳人和现时代瑞士人的方式，夺取一些城邦后，既不进行直接的统治，也不进行间接的统治，而是让这些城邦与自己结成权力和地位平等的同盟；另一种是雅典和斯巴达的方式，不结盟，而是直接征服和统治；第三种则是罗马的方式，与被征服者结盟但不允许盟邦拥有发号施令的地位和名号，最后不知不觉中逐渐把结盟者变为罗马的行省，把其国民变为罗马的属民。[3]以马

---

① 参见［意］马基雅维里：《论李维》，冯克利译，上海人民出版社，2005年，第58页。

② 同上，第59页。

③ 同上，第220页。

基雅维利的判断,罗马综合了征服后由结盟到间接统治与直接统治的长处,如有实力,罗马的方式是最好的方案。

据说,共和国在仅维持自身和扩张之间没有中间道路可选:共和国自身制度即使不倾向于扩张,也有"必然性"促使其扩张,这样的扩张就会腐蚀国家的基础,导致其覆亡;但是,如果因为上天眷顾,一个共和国不必从事征伐,那么它就会因此生出怠惰,也会变得羸弱与分裂。基于这样的认识,那些立法者们在建构国家制度时,与其苦于找寻不存在的中间道路,不如恢宏大度地直接追求荣耀,积极顺应共和国扩张的必然之势。如此,罗马就成了优于斯巴达的共和国典范。人们可能会好奇,什么是马基雅维利所说的"必然性"呢?这种必然性竟然促使所有国家,包括那些本国大法(constitution)明令禁止扩张的国家都不得不扩张①,而这种必然性又使得罗马共和国成为国家制度建构的典范。

最后,为了理解马基雅维利对罗马的推崇,我们不得不深入分析其对罗马政教制度与人性的"必然性"相匹配的判断。

马基雅维利不提人性的目的,而是谈论人的性情。人在自己人性中维持共和状态的两种性情与国家中维持共和状态的两类人遥相呼应。人性中那热爱荣誉、不怕死亡的激情与那求安全、安逸与享乐的激情正对应于国家中追求荣耀、统治的贵族与追求安全、平等的平民。因为对外用兵不得不依赖平民的合作,为此,贵族元老们不得不节制天生的倾向于压迫平民的性情,对平民作出一定让步。这种让步以罗马保民官的制度设计为标志。保民官与执政官及元老院制度的混合,再配合以合法的公开指控制度和国家宗教制度,②这些都使得罗马的"共和政体"更加完善,使得贵族与平民的性情都得到了更加自然的发挥,把罗马贵族与平民的激情都导向了国家的共同利益:

---

① See Machiavelli, *Discourses on Livy*, Harvey C. Mansield and Nathan Tarcov trans., The University of Chicago Press, 1996, p.23.

② 麦考米克强调,马基雅维利在罗马共和经验中发现了遏制大人物(Ottimati)的寡头倾向、维护共和国稳定的重要机制,那就是允许普通公民对大人物们公开进行政治指控和调查的制度。参见 McCormick, "Machiavelli's Political Trials and 'The Free Way of Life'," *Political Theory*, Vol.35, No.4, 2007, pp.385–411.不过,我们需要注意的是这种政治调查制度要和马基雅维利揭示的罗马宗教制度等放在一起考察,才能看清马基雅维利的"政体科学"。

它的内涵就是摆脱外国的奴役,保持安全和财产,还有扩张为帝国。罗马通过自己的混合政体,既为热爱荣誉、建功立业的野心,也为保护自己的安全、增殖自己财产的攫取欲打开了一个政治的通道。像马南那样,因为马基雅维利一反古典作家鲜明的赞赏贵族、贬抑平民的态度,大赞贵族与人民间的"平衡",就把马基雅维利称作第一个民主思想家①,当然有些夸大其词,因为马基雅维利明确表示,自己并不看好梭伦式的雅典民主制,而且他也并没有像卢梭那样,完完全全倒向人民。他对罗马共和政体中"共和德性"与各种"自然德性"及"伦理德性"关系的理解,最能够透露出这方面的信息。

我们知道,马基雅维利抨击基督教的逻辑就是,基督教的教化背离了古典政教的传统,它把人们的自然德性与伦理德性引导向反现世、反政治、反国家的新方向。现在,他教诲我们与基督教相反的道理:罗马共和国这个不同于基督教的典范如何把自然德性与伦理德性导向支持现世、支持积极的政治生活、支持共和国家的方向。如果把共和国的建立及其维持的关键描述成,为了实现国家的共同利益而进行的不同自然性情要素的配置,那么,自然德性和伦理德性也相应会被向有利于共和国的目的和结构的方向进行引导,也即向有利于共和国整体的最重要德性——"正义"进行引导。在共和国中,对国家共同利益的"无私奉献"是正义精神的整体表现,无论对贵族还是平民,这是共同的道德要求。但是,由于贵族和平民本来就拥有不同的自然性情,那么他们的无私奉献就有具体不同的道德表现。

在罗马,人民的共和德性主要在国家宗教的帮助下得到培育。最初的罗马人民主要是由单身男人组成的强盗一样的凶残暴虐之徒众,是罗马国王努马引进西卜林祭祀宗教后,罗马人民敬畏法律和权威的风俗,才通过神道设教逐渐确立起来,罗马人民才逐渐被驯化为国家共同体的公民。②作为国家公民的人民养成一种虔敬与顺从的道德是必要的,这样他们在国内政治生活中才会拥有被统治者的节制:比如,出于对瘟疫饥荒作为天谴的恐惧,同意把主要选任平民的保民官制度,恢复成悉数由贵族担任保民官的旧制;

① 参见[法]皮埃尔·莫内:《自由主义思想文化史》,曹海军译,吉林人民出版社,2004年,第19页。
② "研习罗马史者皆可看到,信仰对于率军征战、动员平民、维持世人的良善和使恶人蒙羞,起到了多大的作用。"参见[意]马基雅维里:《论李维》,冯克利译,上海人民出版社,2005年,第79页。

再比如,出于对向执政官发过誓言的虔敬遵守,而不会轻易被保民官煽动参与内乱。①普通平民的自然性情是倾向于维护自己的生命和财产的安全,但作为被征召的士兵对外征战时,他们因为对宗教的虔敬,才能同意英明将领的判断,被将领动员起来,才能更好地克服对死亡的恐惧,献身于攻城略地的共和国事业。②

如果说畏法从俗的虔敬与顺从,是使人民能够无私奉献于共和国的主要德性,那么对于统治者来说,则完全是另外一种情况。在马基雅维利看来,那些自然性情就倾向于统治别人,那些热爱荣誉甚于热爱生命和财产的、野心勃勃的贵族,适合作为统治者,因为他们能够以自己的独特德性奉献于共和国家。虽然从被统治的人民的角度看,他们期待统治者对待人民要仁慈宽和,对于国家事务要廉正无私,但统治者最主要的德性不是这些。用马基雅维利的话来说,统治者最主要的德性应该是懂得如何"运用善和恶"。人们在《论李维》中读到类似的词句,不免会立即联想起《君主论》。

人们往往迷惑于马基雅维利在《君主论》里用算术原则区别出来的两种国家类型,而把君主与共和对立起来。因此,也会认为马基雅维利在《君主论》中的论说,无论是否区分了君主和僭主,但都应该与"共和"的政治技艺无关。然而,事实上,我们会在《论李维》中明确看到马基雅维利辟出专门篇章论述君主、新君主、共和国的君主。同样,在《君主论》中明确看到他专门论述城邦的贵族和平民的性情与德性。最能说明君主与共和国的联系的论述,莫过于马基雅维利在《论李维》中透露,新的共和国的奠基工作非人民能力之所及,人民至多只在共和国的维持方面发挥一定的作用,创立共和国者是君主。据说,"共和国的审慎的缔造者,意欲增进共同的福祉而非一己之私利,不计个人存废而为大家的祖国着想,就应该大权独揽"③。马基雅维利以他惯用的夹叙夹议的笔法告诉我们,共和政体作为新秩序,它的建立要依赖于有非常之能力的君主使用非常的手段,罗马的第一位国王罗慕洛就是个典型案例。他杀死自己兄弟的罪行应该予以宽宥,理由是,使用

---

① 参见[意]马基雅维里:《论李维》,冯克利译,上海人民出版社,2005年,第85页。

② 同上,第84页。

③ [意]马基雅维里:《论李维》,冯克利译,上海人民出版社,2005年,第71页。

这一极端手段之后的目的随即显明。他建立了元老院制度，只为自己保留了临战军权和元老院的召集权，这为塔克文之后的罗马共和制奠立了基础。人们可能会想，与邦国建立开端的极端境况相应的铁血手段会随着国家生活步入制度化的正轨而成为共和国不愿提及的羞耻往事，但马基雅维利认为，法律和风俗不仅在建立之初，而且在维持之中，也要不断依赖于超法律和超风俗的人物与手段。鉴于奠基是处于现在进行时中的，所以关键在于在任何时候也不要忘记为了目的审慎地选择手段。统治者无论是一个人还是少数人，对他们的德性要求都是为了国家要能谋善断，对外不仅要"用信"还要"用诈"，对内为了维持政体稳定甚至不惜使用杀戮。布鲁图斯杀死自己的儿子，与罗慕洛杀死自己的弟弟在国家理性看来都是允许的，甚至是应该鼓励的。因为正是在这种极端情况下，才能检验出持国者是否拥有符合国家理性的德性。本来对古典政治理论家来说，王制与贵族制虽然在算术意义上有区别，但在有德的贤人政治的意义上就是同一种统治类型。现在马基雅维利以国家理性的名义，重新表明君主与贵族之德性明显是同一类型的，只是在懂得"运用"善与恶的背后，指导审慎之德的"共和国家的理性"在如何理解善与恶的问题上，与古典政治哲学家推崇的最好国家也即最佳政体的理性发生了严重分歧。

四、结　语

马基雅维利说，所有没有武装的先知都失败了，而那些成功的先知都是武装的先知。[1]他在《君主论》中提到的一位令人仰慕的"武装的先知"是摩西。需要注意的是，马基雅维利并不是从正统的基督教信徒的角度来理解《旧约》中的摩西的。历史学家可能会向我们透露，摩西的导师是叶忒罗。马基雅维利的创新之处并不在于其号召以古人的"主人道德"代替自己时代基督教的"奴隶道德"，而是在于其"有选择地"回忆了古人的伟大，他创造了一种"新政治科学"，这一科学希图把政治变成一个超越伦理善恶的"中立领域"。古代伟大的政治家与伟大的哲学家分享了共同的伟大政教。他们并非

---

① 　参见［意］马基雅维里：《君主论》，潘汉典译，商务印书馆，1985 年，第 27 页。

教条主义者，他们当然知道政治生活要求人具有审慎权变之德——在适当的时间和地点，面对适当的对象，采取适当的手段，以实现具体的目的；但这种具体的手段–目的体系是统摄在伦理与政治合一的自然目的论的哲学体系之下的。德性是有功能含义的，但它作为"功能"指向"目的"——人的内在的自然目的，指向某种属人的好生活。政治生活对古人来说不仅是必要的，而且是高贵的，因为它关切并指向属人的至善，也即幸福。政治实践为了人的幸福就是要借助机遇，运用审慎之德，建立优良的政体，努力使有德者有其位，以敦风化俗，立教行法，与人民共尽修己治人之责。马基雅维利则把古人赋予政治的伦理目的连同那些"从来没有人见过或者知道在实际上存在的共和国或君主国"①当作迂远辽阔的"想象"抛在一边，用"必然性"来打造自己的政治科学。他每每带我们回到历史上建国立邦的开端，帮助我们回忆那些建国者在面对不得不面对的环境、遇到不得不做的事情时是如何驯服"命运"的。据说，这命运里面既没有埋藏自然的目的，也没有预定的神的意旨，只是作为外在偶然性的集合的必然性，而罗马和罗马人则是国家与人驯服命运的典范。被马基雅维利的政治科学辛苦地从前基督教的古人那里找回来的德性，已经不是作为实现人的内在卓越的才具而令人热切欣赏了，而是要通过何者有利于维持国家生存并扩张为帝国来冷酷地估价了，借此，马基雅维利成了联邦党人式的"新罗马"国家理论的首倡者。

---

① ［意］马基雅维里：《君主论》，潘汉典译，商务印书馆，1985年，第73页。

近代以来西方国家政治理论与实践的路径

——马基雅维利遗产评说

周春生 *

  马基雅维利于 1527 年去世,至今已有近半个千纪的时荏。马基雅维利的国家政治理论及带有世俗性特征的政治哲学一直影响着近代西方文化和社会历史的进程。在全球化时代,人性、人权、国家政治等仍是政治社会现实中的核心内容。西方的政治哲学家曾经并正在发问:文艺复兴启端的近代世俗性文化是否能给正处于信息时代文明转型中的西方社会带来坚实的价值基础和进步的希望?并继续问:当今西方的国家政治理论与实践还将沿着马基雅维利指明的路途延伸下去吗?这种发问提醒学人需要继续清点曾引起激烈思想纷争的马基雅维利"遗产"。这里牵涉到清点者、评估者的各种境界、立场、方法问题,例如在分析马基雅维利的政治思维方式时就会牵涉到对整个西方政治思想史演进过程和特征等的哲学反思。关于马基雅维利其人、其事、其论,笔者已经在多篇文章[1]及拙著《马基雅维利思想研究》[2]中做

---

  * 周春生,上海师范大学人文学院世界史系教授,博士生导师。原作发表时,标题和正文使用的是"马基雅维里",此次收入本书时,统一为"马基雅维利"。

  ① 参见周春生:《马基雅维里的人性论、才气说和命运观析微》,《上海师范大学学报》,2004 年第 1 期;《道德的合理性与国家权力的合法性——西方马基雅维里思想批评史寻迹》,《史学理论研究》,2005 年第 3 期;《马基雅维里思想评略》,《历史教学问题》,2005 年第 4 期;《评迈内克的"国家理由"研究和马基雅维里的国家权力学说》,《世界历史》,2006 年第 5 期;《韩非与马基雅维里国家权力学说同异辨》,《古代文明》,2007 年第 2 期;《马基雅维里政治思想研究法》,《江苏行政学院学报》,2010 年第 2 期。

  ② 周春生:《马基雅维里思想研究》,上海三联书店,2008 年。

了较为详细的阐述。下文主要以"马基雅维利遗产评说"为题做些总体观念方面的梳理和补充说明。

一、马基雅维利政治、外交生涯中的遗产

马基雅维利的政治生涯是首先需要清点的遗产。对政治权力有清醒意识的马基雅维利自己却在官场上受到严重的挫折，其中的引人深思之处不亚于马基雅维利在作品中所表达的政治理念。

从 1498 年担任第二国务秘书到 1512 年被逐出政坛，这一阶段是马基雅维利政治生涯的辉煌时期。1506 年则是马基雅维利一生中新时代的开始。这样说的理由是，马基雅维利创建公民兵的设想终于有了付诸实践的可能。1506 年 12 月 6 日，作为"九人军事委员会"真正灵魂的马基雅维利在正义旗手索德里尼的支持下起草并发布建立步兵的告令。在马基雅维利的不懈努力下，军队真正在国家体制下走上了职业化道路。这是近两百年的历史上首次在佛罗伦萨出现自己的军队。马基雅维利可以自豪地认为，正是有了这支军队，佛罗伦萨才能在你死我活的国家间政治较量中保持住自己的存在。但风云突变，1512 年成为马基雅维利生平中灰暗岁月的开始。那年法国被逐出意大利，梅迪奇家族在西班牙军队的支持下重掌佛罗伦萨权力。当时共和国的掌门人皮耶罗·索德里尼被废黜，受累于莫名政治阴谋的马基雅维利随即被解雇、拘捕，释放后引退到圣安德里亚的乡村住处。之后的十几年马基雅维利再也没有得到梅迪奇家族的重用。问题是马基雅维利的上台与梅迪奇家族及其他家族势力、政治势力的提携有很大的关系，否则像马基雅维利这样无高等学历、无充裕资产的人士很难取得国务秘书的职位，但为何梅迪奇家族重获权力后没有为马基雅维利这样的政治权力运作高手留出一席之地呢? 这需要对马基雅维利在索德里尼当政时的政治行为本身做一番分析。马基雅维利在自己的著作中曾反复表明，政治家的得势不在于是否握有权力，而在于能否培育权势的基础。但马基雅维利自己却在这个问题上严重失策。他担任佛罗伦萨政治要职后在各种权力的平衡问题上缺乏应有的考虑，特别是没有圆通地处理好与梅迪奇家族势力的关系，加上长期出使在外，疏于人脉关系，从而得罪了一些要人，其中包括皮耶罗·德·梅迪奇的女婿阿拉马

诺·萨尔维亚蒂。萨尔维亚蒂曾是马基雅维利的政治盟友和支持者,但马基雅维利上台 8 年后两人最终分手。这些因素叠加起来,会有意无意间使马基雅维利在各种政治角斗中处于不利的地位,成为其政治生涯中的暗流。后来马基雅维利意识到诸多与自己政治前途有关系的问题并想做些补救,但为时已晚,最终成为权力游戏的牺牲品。这里还涉及马基雅维利的个性问题。马基雅维利虽然政治才气过人,但为人处事显得锋芒毕露、一意孤行,还带着点犬儒主义的气息。另外,马基雅维利父亲当年在财政上发生的一些问题时常被人提及;马基雅维利与教会势力的关系也处于若即若离状态;马基雅维利的私生活亦有许多被人诟病之处。所有上述因素事实上都对马基雅维利把玩政治游戏造成负面影响,并制约其官场仕途的前景。

需要指出的是,当这位思考权力运作的高手落得酷刑加身的政治下场时,他并没有过多思考个人的得失,相反这位佛罗伦萨之子、爱国主义者在1512年至 1513 年的艰难岁月中更多思考的是意大利及国际上的政治局势,体现出他试图保持佛罗伦萨共和国繁荣昌盛、希冀意大利统一的政治理想。①这提示我们,分析马基雅维利的政治生涯和分析马基雅维利的作品、思想一样,如果将分析的视角仅仅停留在琐屑的炫人眼目之枝节方面,那就很难看透遗产的本质。事实上,马基雅维利的政治生涯多少带着些政治理想主义的色彩,他的政治目的是倾力为佛罗伦萨共和国的生存服务。但在那个党派纷争、家族势力举足轻重的年代,如此之疏忽自身政治权势营略的政治理想主义,其最终的落败是可想而知的。

马基雅维利政治生涯的浓重一笔应当是其外交领域中的实践,也正是这种外交实践使马基雅维利对国家政治、国与国的关系有了全方位的认识。其中特别重要的外交出使活动有:1500 年,首次出使法国宫廷,拜会法王路易十二和鲁昂枢机主教乔治·德·昂布瓦。1504 年和 1510 年又多次出使法国。在法国期间,马基雅维利目睹法国国势的强盛,也领略了法国国王的傲慢,深切体验到弱国无外交的道理。1502 年,首度会见切萨雷·博尔贾,博尔贾的敢作敢为和理想抱负给马基雅维利留下深刻的印象。1503 年 10 月—12

---

① See Machiavelli, *The Letters of Machiavelli*, edited and translated by Allan Gilbert, The University of Chicago Press, pp.90–148.

月，马基雅维利在罗马见证了博尔贾失势和尤利乌斯二世升任教皇的情景，博尔贾最后丧失政治决断力的一幕使马基雅维利深感震惊。1508 年，马基雅维利出使马克西米利安一世宫廷，对德意志民族的性格、政治治理状况等做了细致的观察分析。这些频繁的外交活动使马基雅维利领略到国家与国家交往中的利益、实力、谋略、相互牵制等国际政治元素，也使他意识到国家的存在、国家与国家之间的交往不能用传统基督教的伦理标准来指导，也与那些抽象的政治理性标准有距离。

马基雅维利在从事外交工作时，非常勤于外交报告的写作，其数量和思想学术价值有待学人做进一步的分析研究。18 世纪出版的马基雅维利著作全集本就已收录马基雅维利撰写的外交文献，19 世纪初的全集本则大量收录。[①]到了 20 世纪 60 年代，比较完整的马基雅维利外交文献集正式出版。[②]为了更全面反映马基雅维利在从事外交工作期间与各方人士的交流实情，后来又出版了新的外交文献集。[③]从编撰情况看，对马基雅维利外交文献这件珍宝还可以进一步打磨，以其让人更完整地认识作为外交家的马基雅维利形象和政治睿智。

对于马基雅维利生平、思想的学术清点工作成绩卓然，许多评传作品已

[①] 如 Machiavelli, *Opere di Niccolò Machiavelli*, Firenze, 1796（此为八卷全集本，但书信和外交著述不全）；Machiavelli, *Opere Complete di Niccolò Machiavelli*, Tipografia Borghi e Compagni, 1833（此为一卷本，补充大量书信和外交著述，成为以后各种全集本编撰的底本，缺点是仅为著述汇集，没有学术考订说明）。

[②] Machiavelli, *Legazioni e Commissarie*, A Cura di Sergio Bertelli, Feltrinelli, 1964（三卷本马基雅维利外交著作集，至今仍是研究马基雅维利外交思想的标准引用文献）。

[③] Machiavelli, *Legazioni Commissarie Scritti di Governo*, Gius. Laterza & Figli, Vol. Ⅰ, 1971; Vol. Ⅱ, 1973; Vol. Ⅲ, 1984; Vol. Ⅳ, 1985. 与 Feltrinelli 本相比，这个外交文献选本增加了许多当时统治人物的书信著述，目前只编撰到第四卷，截止时间是 1505 年。

经成为不可或缺的研究参考资料。①另外，从 1512 年被解职到 1527 年谢世，这是政治失意、发奋写作、等待东山再起的时期。正是这段时期的大量创作使一个富于政治哲学睿智且容易引起误解的马基雅维利形象诞生了，也正是这样一种马基雅维利的形象深深影响到以后西方思想文化和历史的进程。其作品除家喻户晓的《君主论》外，还有《李维史论》《佛罗伦萨史》《兵法七论》及大量诗歌、戏剧创作、书信等。在书信方面尤其要关注他与韦托里、圭恰迪尼等的相互交流。

二、"马基雅维利主义"遗产问题辨析

笔者曾经指出，要慎用"马基雅维利主义"一词。②但人们通常清点出的正是以权谋、以不择手段等为核心内容的"马基雅维利主义"遗产（Machiavellan Legacy），并对此加以批判。施特劳斯《关于马基雅维利的思考》"引言"的一开始就对马基雅维利主义的信条展开了批判，并认为这种政治思考与美国应有的理想是格格不入的。③有些学者则将马基雅维利主义的内涵概括为如下七个方面：第一，历史是由胜利者书写的；第二，永远不能信任大众；第三，一个成功的领导必须同时是一头狮子和一只狐狸；第四，一个领导人必须有运气站在他或她的一边，同时要准备好使运气能为你所用；第五，一个社会会有依靠一个强有力领导人的时候；第六，要始终维持一支强大的军

① 英文方面经常被提及的评述著作略举如右：Edmond Barincou, Machiavelli, Grove Press, Inc., 1961；S. Ruffo-Fiore, *Niccolò Machiavelli*, Twayne Publishers, 1982；V. Marcu, Accent on Power；*The Life and Times of Machiavelli*, translated by Richard Winston, Farrar & Rinehart, Inc., 1939；Ershine D. Muir, *Machiavelli and His Time*, E. P. Dutton & Co., Inc., 1936；Giuseppe Prezzolini, *Machiavelli*, Robert Hale Limited, 1968；Roberto Ridolfi, *The Life of Niccolò Machiavelli*, Routledge and Kegan Paul, 1963；Q. Skinner, *Machiavelli*, Oxfoed University Press, 1992；Sebastian de Grazia, *Machiavelli in Hell*, Princeton university Press, 1989；Pasquale Villari, *The Life and Times of Niccolò Machiavelli*, Charles Scribner's Sons, 1891；Maurizio Viroli, *Machiavelli*, Oxford University Press, 1998；M. Viroli, *Niccolò's Smile*；*A Biography of Machiavelli*, Farrar, Straus and Giroux, 2000。在意大利语著述方面，这里特别推荐马基雅维利研究专家萨索的作品：Gannaro Sasso, *Machiavell e gli Antichi e Aitri Saggi*, Riccardo Ricciardi Editore, Tomo Ⅰ, 1987；Tomo Ⅱ, 1988；萨索还著有《马基雅维利评传》等多种作品。
② 参见周春生：《马基雅维里思想研究》，上海三联书店，2008 年，第 8 页。
③ 参见［美］列奥·施特劳斯：《关于马基雅维里的思考》，申彤译，译林出版社，2003 年，第 7 页。

队,并且始终让你自己的人民去当士兵;第七,一个国家必须统一以维持强大。任何一个内部不稳定的国家都会在战争时处于致命的劣势地位,而且不会在和平繁荣时期获得最大的利益。[1]面对这些零散的马基雅维利主义评述,学术界也意识到不少问题,例如马基雅维利对涉及国家政治的诸多问题都从历史的正当性角度去分析,这种意识对后来的政治思想家(如卢梭等人)影响很大。[2]甚至可以认为,历史性的思维是近代西方政治思想的重要特征。又例如马基雅维利的政治哲学含有"人性-政治"的完整理论(详后)。这些提示我们最好对马基雅维利主义、马基雅维利主义遗产之类的概念做些辨析的工作,以免随意附和。

许多关于马基雅维利主义的评述都以《君主论》为主要引证对象,似乎《君主论》就是一部教人权谋之书。事实上,我们不能简单地抽出《君主论》中的一些论述来评判马基雅维利主义。因为世人也可以列举马基雅维利《君主论》的另一些话来"中和"对马基雅维利主义的断案。例如《君主论》对残忍的统治手段有这么一个限定:"但是,屠杀市民,出卖朋友,缺乏信用,毫无恻隐之心,没有宗教信仰,是不能够称做有能力的。以这样的方法只是可以赢得统治权,但是不能赢得荣誉。"[3]当马基雅维利提出"妥善使用残暴手段"这一想法时也有限定,即一个君主为了国家的安全可以偶尔使用残暴手段。反之,如果不是为了臣民的利益,君主就不得使用此类手段。[4]又例如马基雅维利对独裁问题也做了限定,即时间不能太长、权力受到制约、不能改变国家的根本制度、公民没有腐败,如此等等。[5]综观马基雅维利的各类著述,其在谈论手段等问题时都与相应的政治目的有关联,并附加特定的历史条件。事实上,《君主论》和马基雅维利政治哲学本身并非排斥道德问题。马基雅维利的政治哲学所要处理的棘手问题恰恰是国家如何既维护公民的权利,又如何最大限度地维系自身存在、发挥自身功能。其中不能回避的一个问题是个体的存

---

① 参见[英]迈克尔·怀特:《马基雅维里:一个被误解的人》,周春生译,东北师范大学出版社,2008 年,第 13 章。

② See Emanuele Saccarelli, "The Machiavellian Rousseau," *Political Theory*, Vol.37, No.4, 2009.

③ [意]马基雅维里:《君主论》,潘汉典译,商务印书馆,1985 年,第 40~41 页。

④ 参见[意]马基雅维里:《君主论》,潘汉典译,商务印书馆,1985 年,第 43 页。

⑤ See Machiavelli, *The Discourses*, translated by C. E. Detmold, Modern Library, 1940, p.102.

在、自由和国家的统治、利益之间的矛盾。①马基雅维利的政治道德标准可以概括为：体现公民自由、维持共和国政治体制、贯彻权力制衡、掌握并运用国家统治自身的规律，如此等等。②所以不能简单地说马基雅维利将政治与道德分离开来。③

可见，要弄清楚马基雅维利主义问题就必须对《君主论》所体现的政治睿智有一个全面的认识。《君主论》总共 26 章的篇幅是对当时意大利国家政治现实所做的整体性思考，是近代意义上的国家刚登上舞台时的敏锐政治思考。因此首先需要学人对文艺复兴时期意大利君主国、君主统治等的政治状况有一个概观。在 14 世纪的意大利，许多城邦已经开始了近代国家的建构过程。与法国不同，这些城邦是独立的国家政治实体，相互之间理所当然地成为国与国的政治关系。一些城邦受到家族势力的控制，形成君主国的政治体制。从表面上看，许多暴君为所欲为，但他们始终必须面对这样一种事实，即如果不具备治国的能力、不动用一切政治手段来保有军队，那么就会在国家层面和权势集团层面的政治角逐中丧失掉自己国家和家族的政治存在。所以君主们在军事、经济、外交等国家政治事务中非常注意权力的运作。在这种政治环境中，人才、谋略等成为君主关心的核心议题。到了 15 世纪，经过政治洗牌之后的君主们更熟练地掌握国家政治治理艺术。布克哈特称此权力运作状态下的国家为"作为一种艺术工作的国家"④。以后西方政治史的演变进程表明，由马基雅维利时代起始的国家权力"艺术工作"在不同时代的国家政体中有各自独特的运作形式，例如 19 世纪美国政治体制形成后的国家权力运作与 17 世纪英国政治体制下的情况相比又有很多变化。总之，意大利各城邦国家当时正处于国君与新国家机器之间不断调适关系的政治环境之中，而君主统治的能力和效果将直接对国家稳定、国家机器完善、应对国际政治环境等局面起到至关重要的作用，在一定历史场合甚至起

---

① 参见［英］以赛亚·伯林：《反潮流：观念史论文集》，冯克利译，译林出版社，2002 年，第 69 页。

② 参见［英］昆廷·斯金纳：《近代政治思想的基础》（上卷），奚瑞森、亚方译，商务印书馆，2002 年，第 208、212~214 页。

③ 同上，第 212~213 页。

④ ［瑞士］雅各布·布克哈特：《意大利文艺复兴时期的文化》，何新译，商务印书馆，1979 年，第 1 篇。

到决定性的作用。所以当时的许多政治思想家(甚至包括早期的但丁等)都试图论述与新的国家制度相对应的君主统治问题。他们试图告诉君主,世俗的国家究竟是怎么回事,一个明智的君主又应当如何去利用国家机器进行统治。这些就是《君主论》背后更深层次的政治内涵。因此对《君主论》中那些关于统治手段、关于君主与国家法律制度关系、关于统治手段与统治目的关系、关于德性、关于荣耀等政治伦理的论述,这些都要从当时意大利国家状况的大背景下理解。在马基雅维利看来,君主需要做的主要事情是保持国家的武装、维系国家的制度等。其中君主利用制度性和非制度性因素来制约人性中可能与制度相冲突的因素,是《君主论》中最为出彩的部分,并在《李维史论》中有更全面的阐释,因为共和国最高行政长官也有如何利用各种治理手段使共和国制度得以维系的问题。有学者认为,马基雅维利所阐述的君主国中的君主统治与共和国中最高权力的运用有相通性。①马基雅维利特别意识到作为国家最高元首所必须具备的一些政治素质,用今天的政治术语来讲,就是在思考行政权的问题。这在马基雅维利的时代体现为政治的睿智。其具体内涵则如施特劳斯的弟子曼斯菲尔德所言,马基雅维利心目中的近代执政官在行使权力时必须具备以下几种要素:"对惩罚的利用,这要求一个超常的执行人;战争和外交事务优先于和平和国内事务,这大大增加了紧急权力的机会;当统治被理解为代表统治者之外的人的'执行'时,间接统治的好处;通过发现或培养适用于所有政体的统治技巧,侵蚀作为一个整体的各种政体之间的差异;决断的需要,它来自统治行为以当机立断为最佳的事实;为了令人吃惊而保守秘密的价值;自己承担荣辱的单一执行人即'独自一人'的必要性。"②

显然,马基雅维利在很多场合所说的手段、目的等都是在当时国家政治现实的大框架中所进行的理论思考。顺便指出,当时意大利各城邦国家在形成发展的过程都存在着这样一种社会状况,即自由的公民通过行会等自治机构来组织自己的经济、政治生活。所以《君主论》也提醒君主统治必须充分

---

① See Charles N. R. McCoy, "The Place of Machiavelli in the History of Political Thought," *The American Political Science Review*, Vol.37, No.4, 1943.

② [美]哈维·C. 曼斯菲尔德:《驯化君主》,冯克利译,译林出版社,2005 年,第 150 页。

关注公民社会的诸多内容。①再从文化的角度展开分析,按照当时人文主义的双重真理意识,神也让人的理性根据自然的规律去分析研究世俗世界的内容。这样,在政治哲学中就出现了马基雅维利所精心思考的新课题,即什么是一个国家的政治治理要素。上文的论述表明,马基雅维利以为国家权力的运作有自己的一套规则,而且国家权力的存在也是一种历史的事实,必须从历史和现实两个维度去把握其存在的正当性理由。只有站在这一层面理解马基雅维利将政治从传统道德中解放出来之类的评说才富有政治思考的实际意义,也才能真正理解马克思和恩格斯对马基雅维利权力学说概括的本义:从马基雅维利开始,"权力都是作为法的基础的,由此,政治的理论观念摆脱了道德,所剩下的是独立地研究政治的主张,其他没有别的了"②。

以后霍布斯、洛克、卢梭等人从不同角度延伸并完善马基雅维利的国家政治权力构想,西方的国家政治理论和政治实践也由此达到新的境界。

三、马基雅维利遗产③与近代性、近代西方政治哲学

从某种意义上说,马基雅维利的遗产改变了 15 世纪以来西方历史的走向。这就把马基雅维利遗产中的政治伦理问题严肃地推到了思想学术的前沿,即人们必须对这份遗产与近、当代西方历史、文化等的关系进行价值评估。

至少在马基雅维利的心目中,他所要表达的政治理念是"新"的。例如马基雅维利认为当一个统治者构筑一个新的法律和制度时,"如果有良好的根据,而且本身有其伟大的地方,它们就使他赢得人们的尊敬和钦佩"④。《李维史论》"前言"中的开头语是,"人有嫉贤妒能的天性,故发现新方式和新秩序的危险,历来不亚于寻觅未知的水源和沃土,此乃人皆善于指摘而非褒扬他人的行为使然。但是,出于一种始终驱策着我的本能欲望,即或得不到任何

---

① 参见[意]马基雅维里:《君主论》,潘汉典译,商务印书馆,1985 年,第 21 章。

② 《马克思恩格斯全集》(第 3 卷),人民出版社,1960 年,第 368 页。

③ 考虑到"马基雅维利主义"这一概念可能会引起的种种误解,笔者特意在本文中使用"马基雅维利遗产"一词。

④ [意]马基雅维里:《君主论》,潘汉典译,商务印书馆,1985 年,第 123 页。

尊重,我仍要探究我深信有益于众人之共同利益的事情"①。马基雅维利认为当时的意大利人还不清楚如何去创建新的法律和制度。②上文已经提到,就国家统治的行政权而言,至少马基雅维利对其中的效力、效率等问题在做新的思考。君主、正义旗手、大公等国家元首如何来保有和运转国家这台复杂的机器呢? 这就是马基雅维利面对早期近代国家政治的"新"思维,集中展示出政治哲学中的近代性特征。

近代性是一个比较复杂的思想学术概念。谈论近代性又要牵涉到近代主义(modernism)这个词。③其实近代性和近代主义是互有关联的两个概念。近代性首先是一种历史现象,是指与近代资本主义文明相关联的社会特征、精神特征等,其涉及的方面十分广泛,诸如与正当性的关系等。④近代主义是近代性的文化呈现, 近代主义试图从历史发展的角度对文艺复兴以来的社会现实、人自身的特征及各种文化现象的"新"情况进行总体的反思。近代主义不仅注重理性的权威, 同时提醒人们注意情感世界在人的认识世界中之基础地位。近代主义政治思想家以世俗的眼光看世界,强调人的主体地位,突出每一个体的天赋权利。这样,文明的技术水准、平民政治、利益取向、与人性相对应的文化和社会价值多样性等成为衡量社会进步的重要尺度。总之,世俗性在社会结构和精神文化领域凸现了出来。布克哈特这样描述当时

① [意]马基雅维里:《论李维》,冯克利译,上海人民出版社,2005年,第43页。

② 参见[意]马基雅维里:《君主论》,潘汉典译,商务印书馆,1985年,第123页。

③ 所谓"主义"(ism)总是在某种思想文化现象发展到比较成熟的阶段而出现的后缀。例如,文艺复兴时期出现了许多对古典文化感兴趣的文化人,他们的兴趣、情操、思维方式等发展到了19世纪,然后有了"人文主义"(humanism)一词。我们不难看到,在近代西方文明兴起后,理性的力量不断强化,终于在19世纪出现了反思理性主义的文化现象。许多思想家开始推崇非理性的力量,由此形成"近代主义"(modernism)的思潮。像叔本华之类的学者展开了世界、人生的新的认识。在承认理性的同时,又指出理性的局限性,认为还有比理性更深层的因素在指导着人生。以艺术为例,艺术表现人的情感成为近代重要的美学理念。到了20世纪,随着哲学革命的展开,理性的确定性和至高无上性地位彻底动摇了。只要涉及人的存在、宗教等终极性问题时,解释的不确定性成分就凸现了出来。总之,传统文化赖以存在的理性本体论、理性自明性等受到了挑战。于是"后近代主义"(Post-modernism)现象出现了。约定、解构、启示、体验等成为理解中的重要因素。近代主义既有理性主义的成分又有非理性主义的成分;后近代主义则对理性的确定性成分也进行批判。中文将"modernism"译成"现代主义"有可能在理性、非理性等问题上造成误解。

④ 参见罗伯特·瓦莱士:《布鲁门伯格的〈近代的正当性〉》,张卜天译,载刘小枫、陈少明主编:《马基雅维利的喜剧》,华夏出版社,2006年。

意大利文化代表者身上所反映出的特征,"内部世界和外部世界的发现在他们身上发生的那种巨大魔力使他们特别趋向于世俗化"①。巴伦则在自己的著作中用"危机"(crisis)一词来提醒学者注意当时社会文化中所发生的诸多与中世纪时代有明显差异的世俗主义特征。②在 20 世纪的西方思想界,许多学者将近代性与各种社会危机关联在一起,认为近代性将整个社会文化重心转移到世俗性的自然人性、自然权利和个体现实权益,从而颠覆了以形而上学理性为基础的普世性善意之西方传统社会、文化价值体系,并将颠覆的肇始者直指马基雅维利及其国家政治理论。不过,美国政治思想界芝加哥学派的代表人物施特劳斯后来又意识到,从近代自然权利论出发对政治哲学做严密系统化阐释始于英国政治思想家霍布斯。③

显然,世俗性近代政治哲学思考的中心是那个充满自然情感的人(下文将详细分析马基雅维利的人性与政治关系理论,此略),而思考的双翼是历史意识和经验态度。西方政治思想史家阿伦这样评论马基雅维利的历史意识,认为这种意识是他仅有的"指导"。④对马基雅维利写作风格素有研究的学者邦德内拉亦总结道,马基雅维利试图通过历史回顾和总结去解答现实中的政治课题。⑤20 世纪的逻辑经验论者罗素则很看重马基雅维利政治哲学中的经验性思维方式,认为马基雅维利的政治哲学"是科学性的经验学问,拿他对事务的亲身经验作基础"⑥。又指出马基雅维利"根据史实及当时的事件,揭明公国是怎样得来的、怎样保住的、怎样失掉的"⑦。上述思维方式最为典型地反映在《君主论》的写作过程中。《君主论》共有 26 章,几乎每一章都由历史的事例来说明道理。简言之,那种历史的、经验的思维方式就是世俗性的

① [瑞士]雅各布·布克哈特:《意大利文艺复兴时期的文化》,何新译,商务印书馆,1979 年,第481 页。

② See Hans Baron, *The Crisis of the Early Italian Renaissance*, Princeton University Press, 1996.

③ 参见[美]列奥·施特劳斯:《霍布斯的政治哲学》,申彤译,译林出版社,2001 年,第 1 页。

④ See J. W. Allen, *A History of Political Thought in the Sixteenth Century*, Methuen & CoLted, 1957, p.451.

⑤ See P. E. Bondanella, *Machiavelli and the Art of Renaissance History*, Wayne State University Press, pp.9–28.

⑥ [英]罗素:《西方哲学史》(下册),马元德译,商务印书馆,1976 年,第 18 页。

⑦ 同上,第 19 页。

政治思维取向。它试图表明,政治史的内容就是人们在历史中所看到的一幅以剑与火为背景的图案。马基雅维利在自己的著作中反复申诉个体在世俗社会中的自由,"对于一个习惯于享受自由的人来说,即使是最轻的锁链也会感到沉重,在他那自由的灵魂上强加的任何束缚都压迫着他"①。由这种思维取向再朝其他政治法律领域延伸,会进一步得出结论:从政治史、法律史的实际内容看,那些看似抽象的普遍性原则也是历史的产物,就好比罗马法在写入自然法原则时也有其现实的考虑一样,即罗马人需要解决奴隶的身份、地位问题。在近代西方的历史上,英国《权利法案》、法国《人权宣言》、美国《联邦宪法》都是争取个体世俗自由与利益的历史结晶。

在施特劳斯看来,那种世俗性的历史哲学恰恰把一个政治人和国家政治的原本性东西给遗忘了。所谓历史性的政治理解和政治评判,说穿了就是把人之为人的根本特性即理性思维和理性高贵精神放到次要的地位。这样,西方古典政治哲学中的善意原则就被那些毫无规则可寻的历史事例、现实功用等吞没了。这些给近代政治思想和政治实践带来了灾难,并且已经在一系列战争、社会问题上得到报应。②施特劳斯对近代性、近代政治理论的批判始终围绕焦点人物即马基雅维利展开。这里先引一段马基雅维利的名言:"我的目的是写一些东西,即对于那些通晓它的人是有用的东西,我觉得最好论述一下事物在实际上的真实情况,而不是论述事物的想象方面。许多人曾经幻想那些从来没有人见过或者知道在实际上存在过的共和国和君主国。可是人们实际上怎样生活同人们应当怎样生活,其距离是如此之大,以至一个人要是为了应该怎样办而把实际上是怎么回事置诸脑后,那么他不但不能保存自己,反而会导致自我毁灭。因为一个人如果在一切事情上都想发誓以善良自持,那么,他厕身于许多不善良的人当中定会遭到毁灭。所以,一个君主如要保持自己的地位,就必须知道怎样做不良好的事情,并且必须

① [意]马基雅维里:《佛罗伦萨史》,李活译,商务印书馆,1982年,第104页。

② 施特劳斯是古典自然正义学说的阐释者,其理论十分复杂。See Leo Strauss, *The Rebirth of Classical Political Rationalism: An Introduction to the Thought of Leo Strauss*, University of Chicago Press, 1989; Leo Strauss, *Essays and Lectures by Leo Strauss*, selected and introdueed by Thomas L. Pangle, The university of Chicago Press, 1989。这些选本中有施特劳斯关于古典政治理性主义和古典政治哲学的专门论述。施特劳斯的理论与其现实的政治目的、特别是与其弟子们参与政治实践之关系就更为复杂,学人对这种复杂性要有足够的认识。

知道视情况的需要与否使用这一手或者不使用这一手。为此,我想把关于想象上的君主的事情撇在一边,而只是讨论确实存在的事情。"①面对此类政治哲学表述以施特劳斯为首的芝加哥学派展开了全方位的批判。认为政治思想和政治社会的基础是普遍性的"善意"原则,而马基雅维利的政治视角或带着近代性的政治视角只盯着一个个具体的事例②,而不考虑甚至反对立足普遍原则。③又认为马基雅维利的政治哲学严重冲击了维系人与人之间和谐相处的宗教道德哲学并在国家政治问题上只看重统治的效力问题。④

为了给近代政治哲学找到真正的存在家园,于是施特劳斯采取从意识到意识、从文本到文本的方法进行分析。施特劳斯发现,在古代苏格拉底、柏拉图、亚里士多德的政治哲学中存在着古典的政治思维模式。施特劳斯学派通过非常富有学术性的文本阅读和注解,得出古典时代的希腊社会存在着以"自然正当"(Natural right)为核心的政治哲学和政治社会结构;认为在苏格拉底、柏拉图等人的心目中,公民社会应当由一种普遍适用的理性之善作为维系力量,人需要在理性的调节下过一种有限制的政治生活。按照柏拉图的理念学说,每个人都有可能通过教育成为好公民,但不是每个人都能担起政治家的重任。能够理解善之本质、正义之本质的是哲学家,正是哲人具有理解、实践和谐完美国家政治的能力,也正是哲人肩负着教育引导公民向善并让他们各司其职的任务。这种古典的政治哲学构想在以后的基督教政治哲学(如阿奎那等人的政治哲学)中继续延伸。近代则由英国政治思想家柏克等人做了新的阐释。但施特劳斯忧心忡忡地觉察到,上述政治哲学的传统被充溢着近代性的哲人遗忘了。人们有理由去怀疑,在近代世俗性文化土壤上一味强调每个人的天赋权利、一味强调现实利益驱动下的政治操作,这些是否真能营造一个向善的政治社会。所以从传统政治伦理的视角分析马基雅维利的哲学,也就有理由指责渗透在其政治现实主义表象之后的极端性⑤

---

① [意]马基雅维里:《君主论》,潘汉典译,商务印书馆,1985年,第73~74页。

② 参见[美]列奥·施特劳斯:《关于马基雅维里的思考》,申彤译,译林出版社,2003年,第369、374页。

③ 同上,第405页。

④ See W. B. Allen, "Machiavelli and Modernity,"from Machiavelli, *The Prince*, translated and edited by Angelo M. Codevilla, Yale University Press, 1997, pp.101, 112.

⑤ See Grant B. Mindle, "Machiavelli's Realism," *The Review of Politics*, Vol.47, No.2, 1985.

和反传统因素。例如在马基雅维利的笔下,政治所对应的是人性,政治家首先需要关注的是与人性相对应的国家政治。历史就是不同地区的人们为了维护自己的生存和利益而使用种种政治手段并最终使社会由乱而治的循环往复过程。不同政治社会的形成及其政治结构也许不能用最好之类的理想道德语言来评说,但其存在则有其存在的道理。在宗教问题上,马基雅维利从历史和现实的角度看待各种神的内涵和宗教意识的作用,也从历史和现实的角度审视基督教会的存在性质和地位。这样,在政治思想领域就形成了一种新的宗教政治意识。①

笔者以为,施特劳斯对近代性、近代西方政治哲学的批判是一种作茧自缚式的思考,他始终没有超脱发端于古代希腊的西方形而上学思维模式。根据这种思维模式,政治的理念就是一种本体论意义上的政治存在。他认定政治上的善意是一种先天的存在,同时肯定这种善的存在是国家政治的基础,社会精英则是政治善意的领路人。这种理想化的形而上学政治意识势必与历史意识发生冲突,或者说历史被文本政治意识中的"真"给遮蔽住了。就柏拉图、亚里士多德的政治哲学而言,其整个政治构想与古代希腊城邦政治的发展密切相关,其自然正义理论也是对当时历史事实的一种关照。当然,将政治理念甚至文化当作一种"实在"来进行研究,这在西方是很普遍的。②甚至有学者提出最小的人群状态是文化而非个体。③按照文化功能学派的提法,文化一经形成就会对现实产生一种"迫力"。但问题是文化的迫力会随着文化土壤的变化而发生相应的变化,将希腊政治思想家所阐释的那些植根于古代希腊文化土壤的政治社会模式视作亘古不变的政治社会理想准则,这是政治复古而非政治复兴。

不妨回溯历史的源流。马基雅维利政治思想遗产中的"新"及由此引出的近代性政治哲学是近代西方资本主义文明在政治哲学领域的反映。在马基雅维利时代的意大利,一个前所未有的社会政治形态呈现在世人面前:一些城邦的社会主体是身份自由的公民,他们通过自己认可和选出的社会组

---

① See Benedetto Fontana, "Love of Country and Love of God: The Political Uses of Religion in Machiavelli," *Journal of the History of Ideas*, Vol.60, No.4, 1999.

② See Florian Znaniecki, *Cultural Reality*, Russell & Russell, 1972.

③ See James K. Feibleman, "Culture as Applied Ontology," *Philosophical Quarterly*, Vol.5, No.5, 1951.

织进行自我管理,并在此基础上建构国家政治机器。宽泛地讲,近代西方社会正从封建文明向资本主义文明转型。由此导出政治理论家的课题:一方面要肯定每一公民在世俗社会中的自由权利;另一方面又要搞清楚正在安装中的近代国家机器之存在理由(RAISON D'ETAT)和运转方式。马基雅维利还必须面对这样一些事实,即当时西欧范围内那些君主统治和国家势力比较强盛的地区如法国、西班牙等都在国际关系中处于主导的地位。就当时佛罗伦萨和意大利的具体情况而言,如何维护佛罗伦萨共和国的生存、如何使意大利实现统一,这些都是更为具体的任务。马基雅维利的"人性−政治说"就在此等形势下呼之欲出,其中有关国家权力的运作理论也是针对上述政治现实有感而发。

再回溯思想文化的源流。近代性、近代主义问题涉及文艺复兴起端的人文主义。当资本主义世俗化文明兴起之时,人文主义者开始用现世眼光看待所有社会、自然问题。或者说从文艺复兴开始,近代西方人想问题、看世界的方式发生了很大的变化。世俗性的、整体性的人是理解万事万物的中心。文化创造既然出自这个现世的人,对文化的理解也必须回到现世的人。像马基雅维利这样的人文主义者,其政治思想分析的着眼点也回到了世俗世界和生动的人性。所看重的是历史上发生的、现实中正经历的各种事件,并认为在法律上享有公民权利并承担义务的自由个体是政治分析的起点。客观地讲,经院哲学家也谈世俗性问题,但马基雅维利的世俗性政治分析与先前经院哲学家所涉及的世俗性问题有明显的区别。阿奎那的政治理论认为,世俗的人所要追求的是个体幸福和个体目的,而理性所要追求的是永恒、完美的目的,所以世俗性与高尚的理性之间存在着矛盾。

综上所述,对近代性、马基雅维利政治哲学等的评价也只能回到历史本身去寻找答案。人们不难发现,中世纪以降的西方文明进程表现出这样一种特征,即每每都是世俗性文化方面有重大突破的文明区域取得巨大的社会进步。例如,在人文主义文化指导下的意大利首先奠定近代资本主义文明的基础;而后在宗教改革领域取得成就的德国、英国继续资本主义文明发展的步伐;再后就是实用主义文化占主导地位的美国将资本主义文明推进到新的高度。上述文明进程的事实迫使学人进一步面对近代性与社会进步关系等一系列问题。就世俗性而言,人追逐自身的利益、自由性、个性的发展等,这是否使社会变得道德沦丧和不安全了呢？这里还牵涉到个体自由与国家存在的相互关系问题,即怎样的个体自由才真实地体现个人的意志？怎样的国家存在、国家政治行为才算得上与个体自由相匹配？近代、当代西方政治思想界关于自由主义、国家政治等的大讨论,其实质就是回答上述问题。在此,我们仍需要回到马基雅维利的近代性政治思维逻辑上来。

四、"人性–政治说"是马基雅维利遗产的根

从柏拉图开始,西方政治学就开始了人性与政治关系的研究。不过,只是到了马基雅维利政治哲学的问世, 上述研究在文明进程中的实际效应才在现实生活中凸现出来。或者说,正是从马基雅维利的政治哲学开始,以人性为核心的国家政治理论才逐渐上升为社会的主导意识。这些提示学人必须对马基雅维利的"人性–政治说"做一全方位的分析。

(一)人性的向心力与人性中的伦理、政治原则

在马基雅维利的政治哲学体系里不存在所谓抽象的、先定的政治理性原则,也未确定形而上学的善、恶、个体自由等原则,总体上是将人性当作一切政治行为的向心力或根本制约力。费米亚指出,"对于马基雅维利而言,世上的一切不是由理性和心灵控制着;现实的结构根本上是一种生理情感的系统"[1]。马基雅维利在自己的著作中也经常将国家政治与人的肌体做比较。[2]此类观点会引出批判的声音,即认为将人性当作政治行为的向心力,这可能导致社会道德伦理的错乱,因为人性中存在着许多不确定的因素,由此产生道德标准的难产。思想史上所谓一般的善只是理性的设定而已,它可以是黑格尔"绝对精神"意义下的善,也可以是基督教等宗教意义上的善,如此等等。当涉及某种善时就是指特定的社会伦理规范,其分析不仅要以现实的人

---

① Joseph V. Femia, *The Machiavellian Legacy: Essays in Italian Political Thought*, Macmillan Press Ltd., 1998, p.17.

② See Machiavelli, *The Discourses*, translated by Detmold, pp.397–399, 271–275, 155.

性为基点,同时要回到特定的社会政治环境。例如马基雅维利时代的佛罗伦萨处于自由公民–行会–行会联合体–共和国国家政体合为一体的政治模式。当时的佛罗伦萨共和国特别在乎公民的才气(virtue),这与人性力量的发挥形成一种合力。与此相应的自由精神是其他意大利城邦所不能比拟的。马基雅维利以独特的眼力看到了佛罗伦萨城邦政治与个体生命存在的内在关系,并将自己的城邦国家当作"活的有机体"。①学术界已经注意到马基雅维利从人性的自由出发,进一步分析社团(corporation)自由、国家自由等多重含义的问题。②学人进一步要问:在一个特定的社会政治环境下,以人性为基点分析社会政治现象是否具备开放的、普遍的政治价值元素呢? 马基雅维利在著作中反复强调,人性古今同一、全体相类,并由此出发建构人性、个体权利与国家政治制度等互有关联的国家政治模式。马基雅维利还认为,就人性的自然层面而言无所谓善恶、对错的区别。所谓善恶只是现实社会通过法的形式对人性的一种认定。③在这种思维模式下,只有将人性与政治的关系放到特定的社会环境中去考虑才有现实意义。尽管马基雅维利没有用 20 世纪的政治语言就人性中的价值问题、人性与普遍政治效力的关系问题等做出系统的阐释,但马基雅维利"人性–政治说"中的思维逻辑对于上述阐释具有指导性的意义。我们不妨旁及 20 世纪西方社会心理学家如何从人的自然本性考察普遍性社会价值的问题。斯金纳(B. F. Skinner,1904—1990 年)是美国行为主义社会心理学家。他的学说想表达这样一种理念,即人这个生物有机体最直接的存在感受是他的生物功能能否顺利发挥。斯金纳认为,如果人类纯从某种主观的自由原则来看待自己、要求自己、指导自己,这看似人在享受自由、获取自由,但问题是,那些形而上学的自由原则并不可能得到科学的确证,它会使人忘掉自己的本性而闯入迷雾般的形而上学罗网。斯金纳一方面将人当作生物学意义上的人来考虑, 另一方面又以最开放的态度来设计

① ［瑞士］雅各布·布克哈特:《意大利文艺复兴时期的文化》,何新译,商务印书馆,1979 年,第 81 页。

② See Marcia L. Colish,"The Idea of Liberty in Machiavelli,"*Journal of the History of Idea*,Vol. 32,Issue 3,1971.

③ See Machiavelli,The Discourses,in *Machiavelli:the Chief Works and Others*,translated by A. Gilbert,Duke University Press,1965,Vol. I ,p.315.

人类生存的环境。斯金纳设想，如果整个地球的人群都作如此思考的话，至少人们就有了同一个目标，并向着这些更为实际的目标去改造环境，使人类变得更自由。斯金纳认为，人类无法追究的是最终的善以及终极意义上的和谐完美的人性，而能够知道的是"人一直还是他原来的样子"①。故人们应当摒弃囿于各自价值系统的种种传统理论，设计出更为开放的社会价值体系。这些想法在后来西方政治思想界的低限度人权理论中得到进一步的延伸。例如安全是本能的需要，人们在现实的社会历史发展中不断地构筑安全防备机制，从而不断改善生存环境。概而言之，政治概念等也有特定的修辞力量，但政治学家首要关注的是与人性相对应的制度、统治方法等。

特别是后近代主义的各种批评理论出现后，人们对于涉及与人的存在相关的政治文化现象一般不用结论式的目光去审视，取而代之的是赞赏、惊讶、宽容等态度。在这种文化氛围下，政治与人性的关系再次受到学人的重视，其中生态政治、生活政治等新的政治文化现象更是关注的焦点。吉登斯注意到近代性的许多问题已经使现实的人之生存状况变得不安起来，于是生活政治成为重要的议题。这种生活政治的出发点是人性。但人性与各种价值之间如何协调呢？《现代性与自我认同》的最后一句话是："我们如何能够对社会生活予以再道德化而又不至于落入偏见呢？如果不存在超越历史的伦理原则的话，那么人性如何能够用无暴力的方式应付'真正信仰者'的冲击呢？对这类问题的回答，肯定要求一种对解放政治的重大重构以及对生活政治事业的不懈追求。"②这种问答逻辑与马基雅维利"人性-政治说"中的问答逻辑是一致的。

当然，上述理论及近代性、世俗性与人学之间的相互关系问题，还有待思想学术界同人做进一步探索③，特别是中国的学者、东方的学者理应以独

---

① ［美］斯金纳：《自由与尊严之外》，白秀雄译，巨流图书公司，1973年，第251页。

② ［英］吉登斯：《现代性与自我认同》，赵旭东、方文译，生活·读书·新知三联书店，1998年，第270页。

③ 就近代性问题而论，学者在探讨中各有主见，以近代性和人的主体性关系而论，《保卫近代性》（Rose Laub Coser, *In Defense of Modernity*, Stanford University Press, 1991）一书的作者认为在近代性的各种因素中存在着有利于人的主体创造性的成分；《近代性的哲学讨论》（Juergen Habermas, *The Philosophical Discourse of Modernity*, The MIT Press, 1987）则从黑格尔、马克思等人的理论出发，提倡一种理性的、批判的和实践的认识方式，从而确立起社会交往中的主体的地位。

特的思想文化境界参与其中的对话。

（二）人性的作用与理性的调节

通过理性来调节受自然本性驱动的行为，这是人类社会的重要特征。西方哲学从古至今始终存在着形而上学理性思辨的倾向，这种思维倾向崇尚由抽象理性得出的形而上学道德准则。基督教哲学是上述倾向的集中体现。但近代西方社会、近代资本主义文明的现实促使政治哲学家重新将目光放到人世间的事物上来。这里还需要说明一个问题，文艺复兴时期的人文主义者受古代罗马文化的影响很大，而古罗马文化的最大特点是注重实际和经验。其时的哲学、史学和法学等都体现了这种精神。许多学者注意到作为深受罗马文化影响的马基雅维利，其思维的方式带有罗马文化的特点。西蒙兹指出，马基雅维利的思维具有非形而上学性质；[1]普拉梅纳茨则认为这种问题式的研究方法不仅与新柏拉图主义理想化的思维方式有区别，也与传统的亚里士多德体系化思维方式有很大的反差；[2]亨肖认为，马基雅维利首先想到的不是对形而上学最初的正确性的认识，而是将现实问题当作唯一的考虑。[3]可以作这样的概括，马基雅维利用现实人性的普遍性取代了抽象理性的形而上学普遍性。

不妨做一个比较，古代亚里士多德的政治哲学以理性、国家的整体为原则，认为一个事物如国家的存在总有其特定的结构，事物离开这种结构就不会是特定的事物。政治哲学的出发点是与理性相关的各种原则，如善、正义、自由、法治、国家在先等。同时，理性及与理性相关的政治原则都具有形而上学的先天存在意义。政治理论和政治实践不能违背根植于人的本质之中的理性因素。在亚里士多德乃至施特劳斯那里，理性之善是人的最高贵之处，善、正义等在政治哲学中具有理性的优先地位。亚里士多德的《政治学》开宗

---

[1] See A. Symonds, *Renaissance in Italy*, Vol.Ⅴ, Smith, Elder & Co., 1906, pp.381-381.

[2] See J. Plamenatz, *Man and Society: A Critical Examination of Some Important Social and Political Theories from Machiavelli to Marx*, London: Longmans, 1963, p.7.

[3] See F. J. C. Hearnshaw, ed., *The Social & Political Ideas of Some Great Thinkers of the Renaissance and the Reformation*, Barnes & Noble, Inc., 1925, pp.87-121.

明义指出,国家就是人们为求善之目的而成立的。[①]因此能否保存人的善意或者说有否善人、正义之士,这是理想社会能否成立的根本[②](严格地讲,亚里士多德也十分关注人的自然性成分,还最先提出自然法思想,但他的这种考虑始终置于理性的框架之中)。施特劳斯认为从人性中是生长不出高贵的品质的,"德性,尤其是正义的确切性质无法从人性中推演出来"[③]。

在文艺复兴时期,马基雅维利及许多人文主义者并不讲究后来理性主义时代所流行的思辨样式。马基雅维利政治理论所强调的不是抽象的终极之善,而是避免可能会出现的恶,或者说是一种现实理性。在政治分析中必须首先考虑人性的作用。马基雅维利曾分析"爱戴"和"畏惧"两种人性的状况,认为"人们冒犯一个自己爱戴的人比冒犯一个自己畏惧的人较少顾忌,因为爱戴是靠恩义(di obligo)这条纽带维系的;然而由于人性是恶劣的(tristi),在任何时候,只要对自己有利,人们便把这条纽带一刀两断。可是畏惧,则由于害怕受到绝不会放弃的惩罚而保持着"[④]。此类政治思考在马基雅维利的"人性-政治说"中做了最初的勾勒,以后在霍布斯等人的政治思考中得到进一步的发挥。另外需要指出的是,人文主义者包括马基雅维利在内并不否定宗教如基督教神学的作用。按照他们的想法,宗教是构成国家稳定的重要环节。

维拉利这样概括马基雅维利与亚里士多德在分析国家问题时的思维特征,指出亚里士多德十分在意国家权力结构的形式完整性问题,而马基雅维利则认为政治思想家应当更关注国家权力的现实问题。[⑤]这样就形成了所谓新的道德观、政治观等。

17世纪以后,理性的权威逐渐上升。人们形成了这样一种思维定式,似乎理性能指导人类向着一个美好的目标正确地行动。但随着对启蒙运动认识的逐渐深化,人们对理性也采取了批判的态度。许多思想家主张在人的认

---

① 参见[古希腊]亚里士多德:《政治学》,吴寿彭译,商务印书馆,1965年,第1页。

② 同上,第384~385页。

③ [美]列奥·施特劳斯:《自然权利与历史》,彭刚译,生活·读书·新知三联书店,2003年,第147页。

④ [意]马基雅维里:《君主论》,潘汉典译,商务印书馆,1985年,第80页。

⑤ See P. Villari, *The Life and Times of Niccolò Machiavelli*, pp.95-96.

知体系里,理性充其量是人的情感的调节者。沃拉斯著有《政治中的人性》①一书,试图对人性在政治行为中的作用进行全方位的探讨。20世纪的逻辑经验论者罗素进一步确认上述看法②,并从人的情感、心理等内在动机出发去论述社会伦理和政治学说。但这方面的政治理论分歧依然存在。同样是20世纪西方的伦理学家,麦金太尔仍希望维护亚里士多德式的理性主义,认为情感和意志等会造成人的理性错乱,人们只有像中世纪的阿奎那那样,用信仰、希望、仁爱等来提升理性,使理性认识到人性中的不足和恶,进而使社会走向善的征途。③但在后近代主义政治学家的心目中,以确定性等为准绳的理性化意识被进一步消解,现实的各种利益仍是政治分析的入口,不妨认为,这是马基雅维利原则的又一次复活。

(三)人性与国家权力运作

无可否认,马基雅维利"人性–政治说"中许多内容与国家权力及其运作有关。这里特别就非制度性政治手段的运作问题做些说明。在马基雅维利等近代西方政治家、政治思想家看来,人性十分复杂,其中的许多因素在社会层面表现出"恶"的形式。这种以个人利益、一国利益为基础的因素常常会突破各种制度的限制。例如外交上的协定就有可能被弃之不顾,如此等等。正是考虑到上述人性之"恶"、国家利益优先法则等的因素,因此一个君主或最高的统治者就应当使用各种手段,去应付由人性之恶等因素带来的复杂现象,从而使一个国家政治运作的各种要素能正常发挥作用。例如在一定的历史环境中,政治家要运用威仪、惩戒宗教等手段来驱使民众服从国家法律制度。④这里也提示了一个问题,即非制度性政治手段运作的前提和目的仍然

---

① [英]格雷厄姆·沃拉斯:《政治中的人性》,朱曾汶译,商务印书馆,1995年。

② 参见[英]伯特兰·罗素:《伦理学和政治学中的人类社会》,肖巍译,中国社会科学出版社,1992年,第25页。

③ 参见[美]A.麦金太尔:《三种对立的道德探究观》,万俊人等译,中国社会科学出版社,1999年,第11页。

④ 在马基雅维利所欣赏的李维著作中就提到威仪的作用,See Livy, *The Early History of Rome, Books Ⅰ–Ⅴ of the History of Rome from Its Foundation*, Penguin Books, 2002, p.39。

是制度。马基雅维利设想,即使是君主其人性的一面也难以定论,"有人被认为乐善好施,有人则被认为贪得无厌;有人被认为残忍成性,有人则被认为慈悲为怀;有人被认为食言而肥,有人则被认为言而有信;有人被认为软弱怯懦,有人则被认为勇猛强悍;有人被认为和蔼可亲,有人则被认为矜傲不逊;有人被认为淫荡好色,有人则被认为纯洁自持;有人被认为诚恳,有人则被认为狡猾;有人被认为脾气僵硬,有人则被认为容易相与;有人被认为稳重,有人则被认为轻浮;有人被认为是虔诚之士,有人则被认为无信仰之徒,如此等等"①。因此不能只讲究君主握有强大权力,还必须在国家政治的实践中对君主的权力加以限定(参见上文)。这种政治观念也是以后西方政治实践中的重要课题。从某种意义上讲,近代以来的西方政治史就是在制度建设和执政官行政地位、能力之间不断进行调适的过程,即使是美国式三权分立制度确立之后,上述调适仍在不断进行。

马基雅维利的"人性-政治说"力图呈现国家政治的实际状态,表明国家的治理既与人性有关,同时又有属于国家政治行为自身的规则。这种政治理念远远不是政治伎俩之类的概念所能包容的,也不是只懂得些政治伎俩的政客所能领略并付诸行动的。马基雅维利的思想议题在以后的西方思想文化进程中得到进一步的反思,尼采、马克思、弗洛伊德等思想家从"自然和文化"这一更广泛的议题去考虑人类文明的发展状况。这些思考的基本思路是:人性的自然方面不断由文化来包装和呈现,同时自然又对文化起着最终意义上的支配作用。②这里,我们仍然可以看到文艺复兴时期人文主义(包括马基雅维利的"人性-政治说")的思想踪影。

五、结语:马基雅维利遗产在全球化时代的意义

现在就来回答本文的议题,即西方的国家政治理论和实践曾走了一条由马基雅维利启端的、带有世俗化特征的路途,那么在全球化时代还将这样

---

① [意]马基雅维里:《君主论》,潘汉典译,商务印书馆,1985年,第74页。

② See Terry Eagleton, *The Idea of Culture*, Blackwell Publishers Ltd., 2000, Ch.3 "Culture and Nature".

走下去吗？答案是肯定的，不仅今天西方仍走着这样一条以利益、实力等世俗性政治因素为考量的路途，只要根本的社会条件不变，西方还会这样走下去。

有两件事情鲜明地摆在学人的面前：其一，当今西方的文明仍然是资本主义文明，这种文明的重要特征之一就是世俗化的政治、经济和文化取向；其二，信息时代将各种世俗化的因素进行全球范围的捆绑，西方正在寻找新的利益定位。这样，西方国家政治理论和实践所面对、所要处理的基本问题仍与世俗化的资本主义文明密切相关，可概括为"商品资本—个体自由—国家权力约定"。马基雅维利政治哲学关于国家既维护公民权利又最大限度地维系自身存在、发挥自身功能的理论仍是一个迫切的政治课题。当然，许多新的现实问题已经与马基雅维利时代及稍后时代相比发生了显著变化。信息时代宣告新的文明转型已经到来；国际秩序正在调整之中；超国家的经济、政治行为引人注目；各种全球性问题严峻地摆在世人面前。为此，西方的政治家和政治思想家必须在全球化时代新的形势下重新思考国家政治问题，例如国家究竟是扮演守夜人的角色还是进一步强化功能以有效应对各种挑战？又例如怎样完善权力制衡、根治腐败、外交均势等马基雅维利式的政治主张呢？总之，马基雅维利的作品和思想仍是当今政治思考的热点所在。以美国的政治论坛为例，实用主义政治学的发展始终与马基雅维利的名字连在一起。作为政坛顾问并分别受到民主、共和两党器重的政治理论家莫利斯曾撰写《新君主论》一书，认为透彻、务实、明智等实用主义的方法如果运用得当，那么就能成功有效地驾驭党派之争和各类社会问题。[①]美国的一些政治家还呼吁，今天仍必须像马基雅维利那样以务实的态度来处理国家、政党事务。布鲁的《马基雅维利的共和党人》[②]一书力图在马基雅维利的准则中找到最好的国家权力和政治治理运作良方。

不难看到，处于第三次浪潮和第四次浪潮的西方政治思想界在持续地回应马基雅维利的政治课题。布克哈特、迈内克、施特劳斯、波考克、斯金纳、

---

① See D. Morris, *The New Prince*, Los Angeles, Renaissance Books, 1999.

② N.A.Blue, *Machiavelli's the Republican: The Best Possible American & How to Achieve It*, Chapel Hill Press, Inc., 2000.

阿尔都塞、伯林等人都曾经以独到的想法来解释马基雅维利的政治哲学，但所有评说应该只承认一个前提——一个带点悲观性的前提：这就是近代以来西方国家政治理论与实践的路径。

▼ 马基雅维利政治思想各论

马基雅维利论政治秩序

——一个形上学的考察

萧高彦*

极端的例外状况是否能由世界驱逐出去,这并非一法学问题;而一个人是否希望此例外状况能被消除,则端视其哲学的,特别是哲学—历史的,或形上学的信念而定。①

——卡尔·施米特:《政治神学》

一、前　言

过去 20 年英美政治哲学的焦点之一是自由主义与社群主义的论争,此二者原皆为范围广泛的学说,讨论的层次包含了知识论、后设伦理学,以及实践上关于政治社群本质的争议;而在有关政治社群的论辩上,由于公民共和主义(civic republicanism)逐渐得到学者的重视,是以常常成为反自由主义者所诉求之典范。20 世纪 60 年代政治哲学的文献少有关于公民共和主义的论述,但 20 世纪 70 年代中期以后共和主义论述逐渐兴起,并蔚为风潮。这个巨大的转变有其理论背景:因为社群主义者在批判自由主义过分注重原子式的个人、程序正义,以及政治生活的工具性格之余,有必要提出较积极的政治社群观念。加德鲍姆认为,回顾政治思想史,可归纳出三个主要的政

＊　萧高彦,台湾"中央"研究院中山人文社会科学研究中心研究员。

①　See Carl Schmit, *Political Theology: Four Chapters on the Concept of Sovereignty*, trans., George Schwab, MIT, 1985, p.7.

治社群观:保守主义式社群、共产主义式社群以及公民共和主义式政治社
群。①保守主义式的社群观以德国浪漫主义以及历史主义为代表,尝试克服
现代社会的异化情境,恢复人与人之间直接情感的社群,集大成于社会学者
滕尼斯(Ferdinand Tönnies)礼俗社会(gemeinschaft)的概念②,但英美思想界
向来对此种具有集体主义倾向的社群论多有批评,加上马克思主义的理想
社会并未在政治实践中得到落实,于是公民共和主义便逐渐被标举为足以
与自由主义社会观相抗衡的政治社群理论。检视共和主义论述复兴的过程,
有两个相关因素:第一是历史学者对于美国立宪精神的诠释,逐渐由强调洛
克式个人主义与自由主义之影响,转而强调公民共和主义的重要性;第二则
是透过对于文艺复兴时代人文主义的政治思潮,特别是马基雅维利思想之
重新诠释,而逐渐恢复在自由主义影响下被遗忘的公民共和主义传统。③经
由思想史家波考克与斯金纳的历史研究与理论辩护④,将公民共和主义由遗
忘的状态唤醒,带回当代政治哲学的论述中。

　　马基雅维利思想之重新诠释是当代共和主义思潮复兴的主因之一。然
而马基雅维利思想之内涵,在政治思想史研究上向来是众说纷纭,莫衷一
是。费希尔尝试用两组标准来分类众多的马基雅维利诠释:第一组标准乃是
方法论层次的,争议点在于马基雅维利的政治理论究竟是开启了现代政治
"科学"的前身,抑或是该理论本身便是对于人类政治活动的一种价值判断;
另一组标准是关于其实质的政治理念,争议点在于其政治主张究竟系公民

---

①　See Stephen Gardbaum,"Law,Politics,and Claims of Community,"*Michigan Law Review*,90
(4),pp.719–732.

②　参见萧高彦:《共同体的理念:一个思想史之考察》,《台湾政治学刊》,1996 年,创刊号,第
274~277 页。

③　See Knud Haakonsen,"Republicanism,"in Robert E. Goodin & Philip Pettit eds.,*A Companion
to Contemporary Political Philosophy*,Basil Blackwel,1993,p.568.

④　See J. G. A. Pocock,*The Machiavelian Moment*,Princeton University Press,1975;Quentin
Skinner,*The Foundations of Modern Political Thought*,2 vols,Cambridge University Press,1978;Quentin
Skinner,"The Idea of Negative Liberty:Philosophical and Historical Perspectives,"in Richard Rorty,J. B.
Schneewind & Quentin Skinner eds.,*Philosophy in History:Essay on the Historiography of Philosophy*,
Cambridge University Press,1984,pp.193–211;Quentin Skinner,"The Republican Idea of Political Liber-
ty,"in Gisela Bock & Quentin Skinner & Maurizio Viroli eds.,*Machiavelli and Republicanism*,Cambridge
University Press,1990,pp.293–309.

共和主义抑或是现代权力政治。①造成诠释上如此纷杂的主因乃马基雅维利
重视探讨关于历史以及政治的"有效真理",着重事件的具体因果关系,从而
不易由此种具体的论述之中抽绎出一般性的原则。马基雅维利的两本主要
著作《君主论》和《李维罗马史论》似乎蕴含了相当不同的政治观,要将二者
的关系做适当的诠释是一个困难的课题,却也是任何一个研究者不得不面
对的挑战。笔者的目的乃是检视马基雅维利的文本,探究其政治秩序观念之
内涵及其原创性。我们的分析将不尝试将马基雅维利思想归类于特定的意
识形态阵营,因为思想家的原创性往往在此种特定取向的诠释中消失殆尽。
我们所欲探究的乃是马基雅维利所预设的政治秩序观,以及他在讨论人类
行为与互动之所以具有政治性格的基本判准(criteria),而这些判准将构成政
治作为一活动领域所特有的结合与分离之原则。②无论是君主治术或公民自
我统治的政治艺术,都默认了某种政治图像,在马基雅维利思想中,公民共
和主义有着崇高的价值,但《君主论》所处理的一人统治(onemanrule)却同时
为贯穿《李维罗马史论》的核心论述之一,这两者的关系将是本文研究的主
要课题,而我们也希望透过厘清二者之关联,进一步理解马基雅维利的政治
观以及前述政治作为一种活动领域的结合与分离之原则。

　　本文以"政治秩序"观念为核心,探讨马基雅维利思想所预设的基本范
畴,以及如何由此范畴建构复杂的政治秩序理论。第二节回顾关于马基雅
维利政治秩序观的文献。第三节则进一步说明,马基雅维利政治秩序论预
设了两组基本范畴:其一为形式与质料之对立,另一则为超越常态与常态
秩序之对立。前者表达出政治作为一种技艺的观念,可以追溯至亚里士多
德的四因论;而超越常态的政治活动则提供了激进政治变迁之可能性。第
四节由此两组范畴出发,依序讨论马基雅维利政治秩序论的主要内涵,包
括人民及其所构成的社会关系作为政治支配的质料具有何种根本样态、政
治形式如何在其上建立稳固的政体、政治创造者如何可能运用法律及宗教
两种力量达成政治界形式与质料之结合而成的实际存在,以及扩张作为政
治社群存在之目的等议题。第五节则讨论了马基雅维利政治秩序论与当代

---

　　① See Markus Fischer, *Machiavelli: A Systematic Interpretation*, Unpublished Ph.D. Dissertation, Department of Political Science, University of Chicago, 1995, pp.1–36, esp.pp.3–7.

　　② See Christian Meier, *The Grek Discovery of Politics*, Harvard University Press, 1990, pp.4–5, 17–18.

公民共和主义和政治决断论间之复杂关联，而本文之结论指向必须两者兼顾的综合性观点。

二、有关马基雅维利政治秩序论之相关文献

如前所述，马基雅维利思想之内涵诠释向呈百家争鸣的局面，而其中较为一般人所熟知的看法，则为克罗齐所提出的，"马基雅维利发现了政治的必要性及自主性，也就是超越了(或低于)道德性善恶的政治观念"[1]，克罗齐认为，此种政治观的可能性与内涵，以及其对当时宗教性、道德化政治思想之批判为马基雅维利原创之处。在这个意义之上，马基雅维利实开启了近代政治思想之新局，也对于中古士林哲学所发展的自然法体系做了彻底的决裂。值得注意的是，此种对于马基雅维利思想所标举政治自主性的一般见解，却对公民共和主义诠释者带来相当程度的困扰。因为"政治自主性"之理解将马基雅维利思想关联到其后近代政治有关国家理性、权力政治以及革命等概念，而公民共和主义者则尝试将马基雅维利思想关联回 15 世纪以降意大利人文主义的政治思潮，并向前追溯至亚里士多德及西塞罗所形塑的公民共和主义传统。这样的争议在表面上看来，仅是思想渊源与思想之影响两个不同的面向，也就是"观念史""概念史"以及"影响史"间之差异[2]，然而此三者间之歧异，事实上深刻影响了马基雅维利思想真义之诠释，其中尤以本文所欲探讨之政治秩序观为然。

基于人文主义精神与共和主义对政治的理解，惠特菲尔德在其具有开创意义的两篇短文中，建立了讨论这个议题的基本脉络，而且明白标举公民共和主义的制度观。[3]关于马基雅维利的政治观，他指出在《君主论》一书中从未出现与"政治"(politico-)这个字根相关联的任何词汇，而在《李维罗马史论》中则出现了 7 次，且在这些出现的脉络中，均与秩序(ordini)以及法律

① Benedeto Croce, *Politics and Morals*, George Alen & Unwin, 1946, p.45.

② 参见张旺山：《马基维理革命："国家理性"观念初探之一》，收录于陈秀容、江宜桦主编，《政治社群》，"中央"研究院中山人文社会科学研究所，1995 年，第 78~80 页。

③ See J. H. Whitfield, "The Politics of Machiavelli," and "On Machiavelli's Use of *Ordini*," in *Discourses on Machiavelli*, W. Hefer, 1969, pp.163–179, 141–162.

(*leggi*)之振兴有所关联。①惠特菲尔德检视相关文本,说明了马基雅维利仍然固守着古典公民共和主义的基本论旨,亦即"政治的"必然与"公民的"(civil)有所关联。此种主张可上溯至希腊的政治观,而据阿伦特所述,"政治的,亦即居于城邦之中,乃意味着所有事务均经由言说与说服的过程来决定,而非经由力量(force)与暴力(violence)来决定"②。惠特菲尔德在讨论马基雅维利*ordini*(秩序)一词之用法时,进一步指出秩序、法律以及制度(*constituzioni*)乃是贯穿马基雅维利整个政治思想的核心理念。他认为"创建或恢复能够维系公民的公共及自由生活之秩序"为马基雅维利思想之主要旨趣,也是马基雅维利在价值判断上会赋予良善的(*buono*)意涵的政治行动。③换言之,马基雅维利的政治观并非权力政治取向,反而具有关怀政治自由的理想主义色彩④,良善秩序(*buoni ordini*)与任何绝对权力的政治生活事实上全不兼容。⑤惠特菲尔德认为此种以良善秩序为主轴之价值取向不只存在于《史论》中,即使在《君主论》中此种价值取向也仍然存在。绝非如一般人所理解的,《君主论》以具有绝对权力的政治领导者为分析对象。

史学家赫克斯特在其《掠夺视角:马基雅维利、〈君主论〉与国家》一文中,以相反的角度来诠释马基雅维利的"国家"(*stato*)观念。他指出,在《君主论》中,马基雅维利很少以"*stato*"一词为客观自存的实体,若有提及,则往往是以受格形态出现,而其所关联的动词大部分是一组具有剥削关系(exploitativerelation)的动词,例如取得、扩张、维系、失去,等等。⑥他将马基雅维利的国家观称之为"掠夺式"理念,它既突破了中古自然法传统,也与近代以"国家理性论"诠释马基雅维利的思想⑦有所不同,因为马基雅维利的"*stato*"

① See J. H. Whitfield, *Discourses on Machiavelli*, Heffer, 1969, pp.170–171.

② Hannah Arendt, *The Human Condition*, University of Chicago Press, 1958, p.26.

③ See J. H. Whitfield, *Discourses on Machiavelli*, Heffer, 1969, pp.146–147.

④ Ibid., p.151.

⑤ Ibid., p.153.

⑥ See J. H. Hexter, "The Predatory Vision: Nicolò Machiavelli. IlPrincipe and lo stato,"in The Vision of Politics on the Eve of the Reformation: More, Machiavelli and Seyssell, Basic Books, 1973, pp.156–157.

⑦ 例如, Fridrich Meinecke, Machiavellism, The Doctrine of Raison d'Etat and Its Place in Modern History, trans., Douglas Scot, Yale University Press, 1962, pp.30–45.

并没有客观的存在价值，而是以君主本身地位维系为前提。①赫克斯特所未曾明示的指出的，乃是他的分析也颠覆了惠特菲尔德的共和主义式论述，因为以维系个人利益为主轴的掠夺式政治并不以制度化考虑作为观照点。

波考克在其影响深远的思想史名著《马基雅维利时刻》之中，则以"政治创新"（politial innovation）为核心，尝试诠释马基雅维利思想之整体立场。②他认为赫克斯特的说法并不能取代共和主义的诠释，因为《君主论》中所铺陈"君主个人以非正当化政治为核心的治国术"乃是一种短程的思考方式，在长期的历史进程观照下，很容易便显现出其基本的困境：由于无法制度化，新君主的政治权力必定会随着个人生命的结束或客观环境的变化（所谓机运的变化）而土崩瓦解。③波考克指出，如欲追求长期的政治稳定，只有两个途径：一是将个人支配变成一种习俗传统，另一则是公民共和主义所铺陈出的超越历史常规之政治社群，波考克将之称为"德行之政治化"（politicization of virtue），也就是在政治参与之中，使得公民的个人存在与政治社群的政制能合而为一，并克服机运所带来的变化，而能达到历史光荣的时刻。④

维罗利则基于惠特菲尔德之说明，试图采取另一种折中的诠释，认为马基雅维利的真实信念乃是共和主义式的，并举出前述"polical"与"civil"的同一性作为一项证据；⑤"政治生活"（uno vivere civile e politico）乃是指除了暴君与专制政治的可能性所建立的特定公民自治之政治组织。然而，共和政制仅是政治生活的可能形态之一，广义的支配关系在马基雅维利思想中以"stato"加以表达。不过治国术（arte dello stato）并非由马基雅维利创始，而是有着悠久的传统的，只是向来被视为统治者的密术（arcana imperi）不轻易传播出去。马基雅维利《君主论》一书基于特定的政治需要，也就是博取梅迪奇家族的信任，是以他急欲表达他虽有共和主义之信念，但由于丰富的政治经验使得

---

① See J. H. Hexter, "The Predatory Vision: Nicolò Machiavelli. Il Principe and lo stato,"in The Vision of Politics on the Eve of the Reformation: More, Machiavelli and Seyssell, Basic Books, 1973, pp. 167–168.

② See J. G. A. Pocock, *The Machiavellian Moment*, Princeton University Press, 1975, pp.156–218.

③ Ibid., pp.175–176.

④ Ibid., pp.184–185.

⑤ See Maurizio Viroli, "The Revolution in the Concept of Politics,"*Political Theory*, 20(3), 1992, p.486.

他对于梅迪奇家族所需要的治国术相当熟稔，甚至具有原创性的见解而能有所贡献。①

维罗利乃年轻一辈共和主义派学者，但是他所提出的调和式主张其实仍只是将核心议题再度呈现，而未对此议题做出理论性的解决。这个核心议题正指向本文所欲探究的主题：《君主论》中治国术之终极目标在于新君主如何可能取得并保存其支配地位（acquire and maintain lo *stato*），而《李维罗马史论》中所论创建公民共和主义式自由的政治社群所需之政治艺术，二者所蕴含的政治秩序观究竟是相同的或相异的，而若有所歧异，则二者之关联究竟为何？

三、马基雅维利政治秩序论的基本范畴②

在回顾了有关马基雅维利政治秩序观的文献后，我们可进一步探讨其分析政治秩序所立论的基本范畴。马基雅维利虽然并没有对"政治"提出本质主义式的定义，但是他对于政治艺术的对象与课题却有着清楚的说明。在《李维罗马史论》第一卷序言之中，他在批评何以现代的君主以及共和国均不尝试效法即古代的典范时，列举了下列六个关联于政治的课题，即"创造共和秩序、维系国家、统治君主国、创造军事秩序与执行战争、审判臣民、增加支配权"（ordering republics，maintaining states，governing kingdoms，ordering the military and administrating war，judging subjects，and increasing empire；D.I. Preface：2）。任何关于马基雅维利政治秩序的诠释，都必须能够在建立特定的理解观点后，将其诠释关联到此处所列举的政治课题。

---

① See Maurizio Viroli，"The Revolution in the Concept of Politics，"*Political Theory*，20（3），1992，pp.487–488.

② 马基雅维利原著的征引版本如下：The Prince，trans.，Harvey C. Mansfield，University of Chicago Press，1985（本文缩写为 P，并以章节数征引之，例如，P.XX.1 即代表 20 章第一段；中译文参考《君主论》，潘汉典译，商务印书馆，1994 年）；*Discourses on Livy*，trans.，Harvey C. Mansfield & Nathan Tarcov，University of Chicago Press，1996（本文缩写为 D，征引方式同上）；*Machiavelli*，Chief Works and Others，3 vols，trans.，Allan Gilbert，Duke University Press，1965（本文缩写为 CW）；*Il Principe e Altre Opere Politiche*，Garzanti，1976。

对于研究这些政治性议题所采取的角度，马基雅维利其实也有清楚的说明。在《论佛罗伦萨政府之重建》一文的结尾部分，马基雅维利一方面鼓励教皇列奥十世能不囿于习俗传统及其他人的意见，彻底改造佛罗伦萨政府以臻于最高的荣誉，但同时他也以夫子自道的方式指出：

> 对于那些仍然一心一意追求此种荣耀的人，若他们无法在现实上形塑一个共和国（form a republic in reality），则他们将在他们的作品中加以完成，如同亚里士多德、柏拉图以及许多其他人所做的。他们希望昭告世人，假如他们并未能如梭伦以及莱库古所做的创建自由政府，那并非源于他们的无知，而是因为他们没有能力将之付诸实践（CW.114）。

换言之，如柏拉图、亚里士多德、马基雅维利这些政治哲学家，他们所缺的并不是治国的能力，而是实践之可能。这牵涉到马基雅维利指出列奥十世能永垂不朽的两个条件，"权力"（power）以及"质料"（material），是政治哲学家所不具备的。后者正指向马基雅维利政治思想的第一组基本范畴——形式（form）与质料之对立。

马基雅维利思想一个为人所知的特色乃是强调以政治行动者的德行（virtú）来克服机运（fortuna）的变化无常，而依据波考克的诠释，在佛罗伦萨思想史传统中往往将德行与机运的对立，模拟于亚里士多德思想中形式以及质料的对立关系。[1]波考克进一步主张，马基雅维利政治艺术的基础正是在于以德行/机运以及形式/质料的架构来探讨政治创新的样态，并以共和政制作为一种最特殊的政治创新之本质。[2]

马基雅维利的确常运用形式/质料的对立关系，而且往往用在具有关键性的文本中。兹举其荦荦大者如下：

---

[1]　See J. G. A. Pocock, *The Machiavellian Moment*, Princeton University Press, 1975, pp.40–41, 77–78, 106–111.

[2]　See J. G. A. Pocock, *The Machiavellian Moment*, Princeton University Press, 1975, pp.169–170, 183–185, 106–111; Hanna Fenichel Pitkin, *Fortune Is a Woman: Gender and Politics in the Thought of Nicolò Machiavelli*, University of California Press, 1984, pp.54–55.

当我们研究他们（按指摩西、居鲁士、罗穆卢斯、提修斯等伟大创建者）的行动与生平的时候就会知道：除了获有机会外，他们并没有依靠什么幸运，机会给他们提供质料（matter），让他们把它塑造成为他们所喜欢的任何形式（form）。如果没有这种机会，他们精神上的德行（la virtudello animo）就会浪费掉，但是，如果没有那样的德行。有机会也会白白地放过（P. VI.2）。

现在考虑了上面讨论过的全部事情，并且自己思量：意大利此时此刻是否为能授予新君主以荣誉的时刻，是否现在有质料（matter）给予一位贤明而有德行者提供一个机会，让他引进能够为他带来荣誉并给该社群的人带来良善的形式（good form）（P. XXVI.1）。

我们可以得到如下的结论：当质料未腐化之时，冲突及其他纷扰不会带来伤害；而当质料腐化时，良好秩序的法律亦无所助，除非这些法律被一个具有极端力量的个人所推动，使得质料变成好的（D. I. 17:3）。

假如有人希望在一共和国中取得权威并赋予其一邪恶的形式（wicked form），那他必须去找到由于时间而已失序的质料，而且一代一代地导向完全失序。这个发展会成为必然的，除非如前所述，此共和国常常为好的典范或新的法律而回到其根本原则（principio）（D. III.8:2）。

在这些文本中，形式/质料的架构均用来解释政治共同体之创建以及腐化的共同体之改革更新。这毫无疑义乃是马基雅维利思想之核心，与前述政治课题息息相关。而这些文本亦皆有其关键性意义：《君主论》第 6 章乃其第一部分（第 1 章至第 11 章）之论述高峰，说明伟大创建者之德行及其创造活动；《君主论》第 26 章则为全书之最后一章，呼吁意大利政治家完成统一大业。《史论》所引之两处文本亦皆有类似之性质，只是更为强调质料之被动性及腐化之可能性。

形式与质料必须配合，这是政治现象界一个重要的通则，马基雅维利指出，"我们必须在坏的对象与好的对象之上创造不同的秩序以及生活样态。因为在相对立的质料之中不能有着相近的形式"（D. I .18:4），"在考虑了时间与人的不相近之后，没有比相信吾人能将相同的形式印记在如此相异的质料上更大的错误"(CW.105)。沃克认为,马基雅维利应当是由中古经院哲学借用了亚里士多德四因论的架构并将之政治化①,因为经院哲学主张形式与质料必须配合,腐化的质料是无法与良好的形式配合的。②

　　然而马基雅维利并非一命定论者,认为在胸化的质料中绝无可能建立良普的政治秩序,因为若他持着此种观点,则意大利当时处于完全无秩序的腐化状态,岂非意味着在意大利无法实现马基雅维利式创造秩序的政治理念? 他显然并非抱持这种命定式政治观。换言之,马基雅维利论述治国术时大抵遵循了形式/质料相对应的基本原则。然而创建者的政治艺术明显地超越了这个一般性律则:操纵人类事务的机运成为纯粹的机会(occasion),人民存在于奴役或腐化状态也不足以构成任何阻碍。皮特金指出,创建者超越了历史的因果律则,成为在政治界之中亚里士多德式的"不动的主动者"(unmoved mover)。这个理论格局指向马基雅维利政治秩序论另外一组基本范畴:"常态"(ordinario)以及"超越常态"(straordinario)的对立。而在这组基本范畴观照之下引进了马基雅维利思想的重要面向, 也就是激进的政治改革之可能性。③曼斯菲尔德指出,马基雅维利刻意地将"常态"(ordinario)以及"秩序"(ordini)关联起来,因为对他而言,秩序并非仅是合法性对非法之支配,面是将暴力做审慎的计算以及经营而得到的结果。④换言之。任何稳定的秩序以及法律常态的运用,都可追溯到一些超越常态的政治时刻,于其中常态的政治秩序被创造出来,或由现存无效的状态带回其根源,从而重新建立

　　① See Leslie Walker, *The Discourses of Nicolò Machiavelli*, 2 vols, Routledge & Kegen Paul, 1975, Vol.1, p.140.

　　② 这个主张可能渊源于亚里士多德《物理学》第二卷所揭橥的原则,"质料是对某者而言。因此相对于不同的形式,质料也就不同"(Phy.194b)。沃克、波考克等学者已经注意到亚里士多德四因论对马基雅维利思想之影响,但是目前仍欠缺充分的思想史研究显示马基雅维利如何受到亚里士多德主义之影响。费尔汇集了亚里士多德、罗马法学以及中古经院哲学迄文艺复兴的相关论述。但他在实际进行马基雅维利思想的诠释工作时,除了指出其可能受到当时著名的新柏拉图学派学者菲奇诺的影响, 并未对马基雅维利的文本做出具有原创性的诠释 (A.London Fell, *Origins of Legislative Sovereignty and the Legislative State*, Vol.Ⅱ, Oelgeschlager, 1983; Vol.V, Praeger, 1993)。

　　③ See Hanna Fenichel Pitkin, *Fortune Is a Woman: Gender and Politics in the Thought of Niccolò Machiavelli*, University of California Press, 1984, p.54.

　　④ See Harvey C. Mansfield, *Machiavelli's Virtue*, University of Chicago Press, 1996, p.245.

有效性。曼斯菲尔德即曾提到，"对公民而言，法律决定了非法的性质；但对明智的君主而言，超越常态才意味着促成常态方式之可能性"①。

正如同形式/质料之对立般，马基雅维利并未对常态/超越常态作出本质主义式的界定，也并未正式地对之作一系统性探讨。但吾人仍能由其论述中整理出这组范畴之内涵及其重要性。他在分析公共控诉（accusation）制度对于共和体制之重要性时指出，贵族与平民两个阶级，即使在法律约束之下，仍需要有制度内得以宣泄的出口，否则两方都会寻求超越常态的活动形式而导致共和国的覆亡（D. I .7:1）。此种情境造成了政治秩序的内在不稳定性；当个别野心家尝试用私人的方式结党营私以取得政治权力时，反对此野心家之公民若无法在法律内找到抑制其野心的公共途径，则将不得不诉诸超越常态的方式加以对抗，终究导致兵戎相见（D. I .7:4）。换言之，马基雅维利以"人类精神"（animo，近于柏拉图的"thumo"）为人性基本倾向，认为人本身有内在倾向运用超越常态的方式进行政治斗争，公共控诉制度正提供了此种倾向一制度内的管道，使得冲突得以解决，不至因为冲突的私化而起共和的覆亡。马基雅维利更进一步主张，为了避免个别的政治人物或派系运用超越常态的活动途径，法律需要定期地实施超越常态的活动，也就是在公共控诉结果确立后，对公民认定有罪者施以具有杀鸡儆猴效果的刑杀以矫正腐化的民风（D. I .7:2）。

此种在常态之中仍须定期发挥超越常态政治力的思想，深刻贯穿了马基雅维利政治秩序论的各个面向，从秩序的创建，制度及风俗习惯的维系，乃至腐化政治共同体的更新等，都将经由此种超越常态的力量加以完成，其重要性不言而喻。马基雅维利在讨论立法家、公民自治及新君主的活动时，均指出此种超越常态力量的作用，虽然其运作方式有别，进而造成不同的政治效果，但其作为政治变迁（也就是波考克所说的政治创新）之根源并无二致。这个超越常态的时刻，乃是先于任何常态政治秩序的起始（principio/beginning），且于其中没有任何规范的限制。在《李维罗马史论》中他明白指出，要是常态的秩序本身已经是坏的，则必须以超越常态的方式加以更新，而超越常态的手段他列出两点：暴力以及军队（D. I .18:4）。在《君主论》中，他

① Harvey C. Mansfield, *Machiavelli's Virtue*, University of Chicago Press, 1996, p.245.

也主张"君主必须把自己建立在好的基础上，否则必然招致灭亡。而一切国家的主要基础，乃是良好的法律和良好的军队，因为如果没有良好的军队。便不可能有良好的法律，而若有良好的军队，便一定会有良好的法律"(P.Ⅻ.1.)。评论家往往困惑于军队如何可能造成良好的法律[①]，而根据我们的诠释，唯有依循前引《李维罗马史论》第一卷第18章的论点，将军队关联于超越常态创造秩序所必须使用的暴力才能建立二者的关系。这个诠释非可观照《君主论》第18章所论运用法律以及运用武力两种斗争方法之真义。马基雅维利指出，运用法律的斗争方法虽然是人类所特有的，但在现实中，此种方式往往有所不足，所以常须诉诸属于野兽的武力斗争方式，才得以保护其国家。我们可将武力斗争的战争状态理解为任何超越常态性冲突时无法逃避的必然性，而运用法律的斗争则是秩序内冲突的常态，两者之辩证关系构成马基雅维利政治秩序论之主轴之一。

马基雅维利虽主张"超越常态的活动"以及"武力斗争方式"是任何常化的政治秩序不可或缺的基础，但他并非讴歌暴力至上论，而是深刻地意识到其主张在伦理上之紧张性。他指出，新君主之道不仅为基督教道德之敌，而且与任何人类生活方式均不兼容，想要从此困境逃离的人都应该隐遁于私人的地位，而不应成为政治人物而毁灭其他人；但任何真想为社群谋福祉的政治领袖，却又不得不采取此种罪恶(evil)，俾求维持自身的地位(D.I.26)。那些采取中间路线的人将非常有害，因为他们既不知如何全然为恶，亦不知如何全然为善(D.I.27)；既无能力完成秩序之创建，也无法维自己的支配地位，使个人与社群均濒于危殆。马基雅维利政治伦理观指向一个人类政治场域所特有的内在紧张性，也就是政治活动(无论其目的乃在为善或为恶)无可避免地将使用超越常态或邪恶的手段。这对任何具有反省力的行动者均将构成无可回避的良知挑战，所以也只有非常少的人能够在政治场域中克服此紧张性，达到真实的光荣。以马基雅维利的文本而言，此紧张性之根源在于：

---

① Alan Gilbert, *Machiavelli's Prince and Its Forerunners*, Barnes & Noble, 1968, p.65. 斯金纳与普里斯在其《君主论》译本中也指出，或许此处好的法律应理解为好的秩序，马基雅维利之立场才较有说服力(《君主论》p.43，注 a)。

　　将城邦重新建立秩序成为政治的生活方式预设了一个好的人,而经由暴力途径成为共和国之君主预设了一个坏的人;我们将发觉下列两种状况都非常少发生:其一是一个好的人希望经由坏的方式成为君主,即使他的目的是好的,其二是一个坏的人成为君主之后希望从事好的工作,因为以坏的方式取得权威的人,将不可能在其心灵中思考如何去善用此权威(D.I.18:4)。

　　马基雅维利理想中的政治人物正是能克服政治场域的紧张性,在超越常态的活动中结合良善的目的以及邪恶的手段,而没有任何良心上的不安者。 正因为马基雅维利认为,凡是成功的立法者、共和国的全体公民及新君主都具有这个"超越善恶之外"的特质。

四、马基雅维利论政治秩序之构成

　　如前节所论,形式/质科以及超越常态/常态秩序的辩证两组范畴乃是马基雅维利政治秩序论的基础。我们可以进一步思考政治秩序的实际构成方式。马基雅维利对于"秩序"一词有着相当清楚的界定:

　　我主张在罗马有三种政府秩序(order of the govrnment),或国家秩序,然后才有法律,而此二者加上执政官共同制衡(check)了公民。国家的秩序包括了人民、元老院、护民官、执政官的权威,选取与创造行政官员的方式,以及立法的方式(mode)。这些秩外很少或几乎不随着偶发事件而有所变迁(D.I.18:2)。

　　秩序、法律及风俗习惯三者构成制衡人性之中腐化倾向的三个主要力量,而政治艺术的主要课题便是如何在创建以及改革的时刻,将此种秩序、法律与风俗习惯加诸于既存的政治社群成员之上, 也就是形式与质料能够在这些超越常态的时刻规定下来。
　　在马基雅维利思想中,"质料"乃指涉政治支配的对象,也就是人民及其所构成的社会关系之总体。大部分政治思想史之研究均指出,马基雅维利的人性论属于主张人性本恶的悲观主义阵营。①值得注意的是,他并非由形而上的角度论述人性之本质,而是就着立法家创造制度的观点,主张在创造秩序时必须"预设所有的人都是坏的,当他们一有机会便会使用其精神中之邪恶"(D.I.3:1)。由此预设出发,马基雅维利将人区分为两种基本型态:一种是精英分子(*uomnini grandi*),一种是一般平民(*uomini populari*)。这个区分有时被理解为贵族阶层与一般平民之对立,但事实上,马基雅维利所强调的乃是人类精神(*animo*)之中,两种最根本的欲求(humor)所显示的不同样态②:精英分子的主要欲望在于支配他人的权力意志,而一般平民则追求自由及不受支配的欲望(D.I.5:1);前者的权力意志很容易导致侮慢性的心态,而后者追求自由的意志往往演变成对于可能破坏自由生活者之过度疑虑。任何一个共同体之"质料"均由这两类人所构成,马基雅维利政治艺术的主要课题正在于如何由此种具有内在矛盾的质料当中建立具统一性且可持续存在的政治秩序。此外,马基雅维利并将这个由人民组成的"质料"区分为两种存在样态:腐化的以及未被腐化的。腐化与否的主要指标在于人民的社会关系是否平等,若有极端的不平等存在,特别是在不平等的社会条件中却有着一个不事生产的士绅阶级时,则为腐化的表征。在腐化的社会条件下,追求自由的共和政制几乎不可能实现(D.I.55),除非以超越常态的方式重新改造质料。

相对于质料,"形式"指的是政治秩序构成后所实际具有的形态。在古典政治思想传统中,"政体"(*politeia*)或城邦的基本政制构成城邦的形式。而亚里士多德所关心的问题乃是在城邦中谁应拥有最高权力③,是以他主张掌握此最高权力的不同集团(单个人、少数精英分子或一般平民)决定了政体之形式。马基雅维利虽然在《李维罗马史论》第一卷第 2 章援引波利比阿的政体循环论。但这并非表示他继承了亚里士多德六种形式的政体论。④当代学

---

① 参见 Carl Schmit, *The Concept of the Political*, trans.George Schwab, University of Chicago Press, 1996, p.59; 吴庚:《政治的新浪漫主义——卡尔·史密特政治哲学之研究》,五南图书公司,1981 年,第 79~80 页。

② See Harvey C. Mansfield, *Machiavelli's Virtue*, University of Chicago Press, 1996, p.24.

③ See Aristotle, *The Politics*, trans.Carnes Lord, University of Chicago Press, 1984, 1279a.

④ See Harvey C. Mansfield, *Machiavelli's Virtue*, University of Chicago Press, 1996, pp.82–83.

者也有尝试系统性地重新建构马基雅维利不同形式的政体理论者，如费希尔即以个人统治及制度性统治（以法律为枢组）为根本区分，重新整理马基雅维利文本，认为个人统治包括了新君主、教会的君主、继承式君主以及混合君主制；而制度性统治则包含了创建共和国以及市民的君主国等，他并为各种统治形态找出内部公民服从以及政治权威强制的不同机制。①在费希尔此种系统性的建构之中，虽然马基雅维利仍以新君主作为政制变化的根本动因，但在价值上显然偏向于制度性统治，可说是相当巧妙地结合了权力政治以及公民共和主义式的诠释。然而此种系统性分类仍有其限制，容易让我们忽略在马基雅维利思想中，形式的根源并非仅如亚里士多德政体论所主张，存在于城邦最高权力的分配结构中，而有着创建者的政治艺术（亦即柏拉图理型说的成分）在其中。形式存在于政治领导者自己的心中（柏拉图还将之关联于永恒的理型界，马基雅维利则未作出此种形上学的关联），而在行动中将之加诸质料上。马基雅维利明白指出，"当质料未腐化之时，冲突及其他纷扰不会带来伤害；而当质料腐化时，良好秩序的法律亦无所助，除非这些法律被一个具有极端力量(exrtremna forza)的个人所推动，使得质科变成好的"(D.I.17:3)。换言之，相对于质料，政治行动者代表一种能动的"极端力量"，而能使人民质料成为善的并服从法律。此种能动性力量在超越常态的时刻得以引介任何政治形式，如他在《君主论》所说的"除了获有机会外，他们（按指摩西、居鲁士、罗慕斯，提修斯等伟大创建者）并没有依靠什么幸运。机会给他们提供质料，让他们把它塑造成为他们所喜欢的任何形式"(P.VI.2-3)。换言之，马基雅维利的形式概念，终极地看来，仍依赖于政治行动者的创造活动。

创造者代表四因中之动力因，能够造成运动或静止得以开始的本源(arche)。②然而创造者心中所思及的形式或许完全根源于其自身，如欲将之于现实世界中实现，则仍遵行一定的途径，特别是必须寻找克服前述人性悲观论的主要工具。秩序的创造既然预设了人性本恶的事实，而此种倾向又根

① See Markus Fischer,*Machiavelli:A Systematic Interpretation*,Unpublished Ph.D Dissertation, Department of Political Science,University of Chicago,1995,pp.183-233.

② See Aristotle,*Aristotle's Physics*,trans. Richard Hope,University of Nebraska Press,1961,194b.

源于人类精神活动之本然欲求，马基雅维利认为，政治无法将此种人性彻底改变（如性善论者所主张的），是以唯有透过"制衡"的方式，将人邪恶的本性设法导正而成为可以由其中创造秩序的质料。关键的问题，当然是此种"导正"（correction）如何可能？①马基雅维利在不同的脉络中提出数种可资运用的方式。马基雅维利认为，立法家应运用人民质料内部两种相对立的精神倾向（权力意志以及追求自由的欲望），让二者互相制衡。这个分析观点引入了马基雅维利著名且备受争议的主张，亦即罗马贵族及平民的不和（disunion）非但无害，反而构成罗马共和生活得以持续扩张的主要原因（D.I.4-6）。其关键性的论证在于，罗马为了达成光荣必须扩张，不可避免地须将人民引入政治场域之内，而不能如斯巴达及威尼斯、将人民排除于政治权力之外。如此一来有必要为人民的野心找到适当发泄的管道，以使之成为自由的护卫者（guard），并制衡贵族的权力意志（D.I.5:1）。

第二个重要的制衡机制则是法律，由他称"法律乃为自由生活方式之神经以及生命"（D.I.33:2）可看出。②事实上马基雅维利《李维罗马史论》一开始便论述法律的重要性，于第一章将城邦建址之选择以及法律秩序之创造同时标举为政治开端（beginning）最重要的两个课题。为了日后扩张之需要，马基雅维利主张建址于丰饶之地方以能有足够之资源，然而必须防范由此容易滋生的好逸恶劳惰性以及腐化问题。自然环境既然不足以驱迫人辛勤工作，立法家遂必须"创造法律秩序成为一种必要性（necessity）以限囿（constrain）人的安逸惰性"（D.I.1:4），而马基雅维利指出法律的此种制衡功能为"设定恰当限度"的作用（D.I.1:5）。唯有经由必然性的驱使，人才有完成善业（good work）的动机（D.I.1:4;D.I.3:2）③，所以立法家最重要的任务乃是"通过其所独有的政治权力去形塑法律，以达成共善的目标"（D.I.9:3）。

然而徒法不足以自行，为了使法律能持续发生制衡人性的力量，马基雅维利认为，必须建立相应的风俗习惯使人民服从法律秩序，不至于回到无秩序的混乱状态。基于此点考虑，他主张以宗教改变人性。宗教遂成为政治创

---

① See Alan Gilbert, Machiavellis Prince and Its Forerunners, Barnes & Noble, 1968, pp.43–45.

② See Quentin Skinner, Machiavelli, Oxford University Press, 1981, pp.67–72.

③ See Harve C. Mansfield, Machiavelli's Virtu, University of Chicago Press, 1996, pp.13–16.

造者可运用的第三个制衡机制。马基雅维利指出,"努马所建立的宗教乃是罗马城幸福的主要原因之一,因为宗教造成了好的秩序,好的秩序带来好的机运,而有好的机运则产生了志业的愉快成功"(D.I.11:4)。宗教如何可能造成良善秩序?马基雅维利认为只有诉求于上帝,一个秩序创造者方有可能引进超越常态的法律于人民的身上,否则,他们是不可能接受的(D.I.11:3);也就是说,马基雅维利借重宗教教化人心的力量以达成引介超越性法律此一目的。他同时反对从基督教当时存在的形式,主张回到基督教兴起前希腊罗马的异教(pagan religion)。马基雅维利批评基督教的理由为人所知的乃是其为造成当时意大利分裂以及腐化的祸源(D.I.11:2;D.II.2:2);但他之所以称扬异教,有更深层的理论原因,即他试图将异教中献祭(sacrifice)的仪典政治化,成为足以在人民心中引起恐惧并进而养成守法习惯的动力。献祭的政治化反映在马基雅维利著名的"杀害布鲁图斯之子"观点中(D.I.11;D.III.3),此为罗马共和创建最关键性与戏剧化的一刻,这不但是超越常态的创制时刻,且其描述方式事实上相当接近于献祭的仪典。马基雅维利在第一次讨论"杀害布鲁图斯之子"(D.I.16)的前一章,讨论罗马的敌国萨谟奈人在战争危急时采用最原始的人祭仪典,强迫每一战士发誓绝不脱逃,看到任何脱逃者均格杀勿论,并发誓绝不将此时的情境泄漏。这个献祭仪典由于其"景象的野蛮性"(ferocity of the spectacle),在参与者的心中造成了无比的恐惧,也激发出他们的德行以及战斗力。要不是他们遇到的是罗马这一支更加野蛮的民族,此种宗教力量必能造成战争的胜利。[1]而马基雅维利在说明"杀害布鲁图斯之子"时,明指其为"值得大书特书的刑杀"(memorable execution),因为"父亲在审判席上,不仅判决其子之死,且在场目睹行刑,这在人类对事务的记忆中是非常罕见的事例"(D.III.3:1)。皮特金提到,马基雅维利在此似对《圣经》中亚伯拉罕与以撒的故事有所影射,这是很有可能的。[2]依据我们的诠释,亚伯拉罕能够从于信仰牺牲其子,这样超越常态的活动使得耶和华与亚伯拉罕

---

① 马基雅维利在比较基督教与异教之基本性格时(D.I.2:2),指出异教将世界内之荣耀视为最高善(sommo bene;亦即士林哲学之 summum bonum),乃得以激发人性中之野蛮性及勇气,他并强调献祭仪典于此之重要性。

② See Hanna Pitkin, *Fortune Is a Woman:Gender and politics in the Thought of Niccolo Machinvelli*,University of California Press,1984,p.250.

建立了盟约,其子孙后世皆为上帝之选民而得以繁荣滋长(《创世纪》22 章)。相对于亚伯拉罕,布鲁图斯的行动可谓更加超越常态,因为其子并未有神祇之介入而维持生命,而是实际上以死亡作为新生罗马共和的献祭。马基雅维利或许用此传说来抗衡基督教选民说的论述。由布鲁图斯的事迹,可见他所称借由宗教之力能够进任何超越常态的法律并使人民服从之并非虚言。换言之,我们若要详尽分析马基雅维利对统治型态的分类及其中政治领导与人民服从的样态可能有必要将法律的建制(常态性秩序)以及宗教的运用(非常态性时刻)同时为区分标准,方能全面掌握马从雅维利政治秩序论的真实意向。

而以四因中之目的而言,马基雅维利乃主张扩张性的政治社群,尝试将一般平民也整合进政治过程之中。即使他对参与之扩张必定意味着冲突之深化有所洞悉,却并不选择走回亚里士多德所倡议的小国寡民之城邦政制理想,而主张罗马向外扩张的帝国主义政策较能配合全民参与的共和政制。对马基雅维利而言,攫取(acquisition)是人性之本然[1],唯有扩张所带来的繁荣昌盛能够满足此种本能;希腊政治哲学所主张的"自足"(self-sufficiency)虽然符合目的论哲学对人类活动必须有所限制的观点,但要确保自足的状态必须与外在世界彻底隔绝,并维持政治共同体之内完全的平等,观照人类历史,这是不太可能发生的情境,因而斯巴达以及雅典都在扩张的过程当中日趋毁灭,唯有罗马的共和政制能够在扩张中持续地维持自由的生活方式以及繁荣。对马基雅维利而言,由于控制人类事务者半为德行、半为机运,要想在此变动不居的世界中成功,必须要积极地克服机运的变化,故应透过罗马的典范所代表的扩张政策,提倡以集体的德行克服机运的变化,而达到真实的荣耀。因此我们可以说,马基雅维利所建构的是一个现代的公民共和主义论述,在本质上已经突破了亚里士多德政治统治的古典理念。[2]

当秩序与常态建立之后,成员的生活仍然可能随着各种偶发事件与时间的进程而不断变迁,因为对马基雅维利而言,人类事务是永远变动着的(D.I.7:4),是以秩序与法律会逐渐失去原来得以约束人性的制衡力量。法律容

---

[1]　See Harvey C. Mansfield, *Machiavelli's Virtue*, University of Chicago Press, 1996, p.47.

[2]　参见萧高彦:《共同体的理念:一个思想史之考察》,《台湾政治学刊》,1996 年,创刊号,第 264~266 页。

易因为现实的需要而得与时俱进,但秩序形成之后便很难改变,所以马基雅维利强调,随着事态的变迁,不仅法律需要变革,连根本秩序亦须因时制宜:"假如罗马希望维系其自由生活不至腐化,那么就必须创造新的秩序。正如同在其生命历程中它创造了新的法律。因为吾人必须在坏的对象与好的对象之上创造不同的秩序与生活方式;而在完全相反的质料上也无法有相似的形式"(D.I.18:4)。

马基雅维利此种不断更新政治秩序的主张与古典亚里士多德式"potiteia"(政体)以及近代以来宪政基本大法不应轻易变革的想法大异其趣,值得深入研究。亚里士多德的城邦理论以目的论为基础,所以政治统治的生成问题被理解为一种由家庭而氏族而城邦的自然扩大生成论①,此种自然生成论与基督教之创造论大相径庭。对马基雅维利而言,任何政治秩序(包括共和政制)及良善法律皆无法自然生成,必须有外在的力量加以创造以及持续地加以维持。这是他最根本的主张。换言之,马基雅维利的共和主义既非如近代自由主义所主张为了确保个人的消极自由而试图削减政府的权威,亦非如波考克等公民共和主义者所称,在政治参与之中能够建立积极意义的政治德行;他所主张的乃是人民参与统治活动的共和政制要件符合之后,政治权威的行使仍能如王政一般有效能。也就是说,《君主论》中所讨论的一人支配仍存在于共和体制之中,但是经过了制度化的中介过程,成为不与人民政治自由抵触的政治权威。②此种统治权威至少有三种样态:第一,公民自治无法自我生成,必须有创建者透过其英雄德行的转化而加以创造(D.I.9-10);第二,在共和政制平时运作时,此权威由人民所享有,而在紧急状况发生时,则必须依照宪政的程序指定独裁者(dictator),于特定的时间之内集中政治权力于一身,以期消弭紧急状况(D.I.33-35);第三,共和政制逐渐腐化时,有必要实行定期的改革,而"将事务带回其根源"则有赖于具备德性的政治领袖楷模所带来的风行草偃之效(D.III.1)。至于这些政治制度运作之详尽讨论,由于篇幅的限制,笔者只能将此议题暂时割爱,另以专文处理。

---

① See Aristotle, *The Politics*, Bk. 1.

② See Bernard Crick, "Introduction," in Bernard Cricked., *Machiavelli the Discourses*, Penguin, 1970, p.19.

五、公民共和主义或政治决断论
——马基雅维利政治秩序论的现代意义

在前言中我们已指出在英语世界当代马基雅维利思想论释的主轴乃是公民共和主义。但我们在探究马基雅维利政治秩序论及其所预设的基本范畴后,主张纯粹的公民共和主义是无法穷尽马基雅维利思想的,因为其思想中蕴含了相当浓厚的政治决断论以及权力政治色彩。这并不令人意外,因为在公民共和主义的诠释由文艺复兴史学家开始传布之前①,马基雅维利思想向来被视为近代权力政治与国家理性论的先声。然而我们亦不主张将马基雅维利再一面倒地推向权力政治论的阵营,因为他毕竟仍有大量关于制度以及共和制所具备的光荣特性等论述不容抹杀。而如同前言所指出的,我们所关怀的是理论性问题的探讨,亦即马基雅维利对于政治作为一种活动领域所特有的结合与分离原则之见解。最近学者尝试重新诠释西洋思想中两个重要的思想典范,亦即公民共和主义传统以及近代民族国家的地域占有概念(以卡尔·施米特所提出的政治决断论为代表)②,我们是否能由本文的论述进一步探究马基雅维利政治秩序观的精神?对于这个问题我们可以由公民共和主义对马基雅维利的诠释所(有意或无意)忽略之处来探究公民共和主义如何压抑了马基雅维利思想中政治决断论的成分。这个色彩在波考克以及皮特金的诠释之中最为明显,而值得注意的是,他们的研究取向均受到阿伦特之深刻影响,我们认为,波考克及皮特金乃以不同的方式尝试克服阿伦特对马基雅维利之批判。

阿伦特在分析西方政治思想中"权威"概念之时,以马基雅维利的创建政治观作为古典传统之总结以及现代革命理念的发轫。③她并对马基雅维利

---

① 例如,Hans Baron,"Machiavelli the Republican Citizen and Author of The Prince,"in *In Search of Florentine Civic Humanism*,Princeton University Press,1988,Vol.2,pp.101–151。

② See John Ely,"The Polis and 'the Poltical':Cvic and Territorial Views of Association,"Thesis Eleven,Vol.46,1996,pp.33–65;蔡英文:《两种政治的概念:卡尔·史密特与汉纳·鄂兰》,《台湾社会研究季刊》,1997 年,第 27 期,第 139~171 页。

③ See Hannah Arendt,*Betwen Past and Future*,Penguin,1983,pp.136–141.

思想中政治创造必然蕴含着暴力的政治观念加以分析，指出在此点上马基雅维利悖离了罗马的传统，不再将创建视为过去之事件，而是一最高之"目的"，能以之证成达成此目的之手段，特别是暴力的手段。阿伦特于此独排众议地指出，马基雅维利的政治创造其实接近柏拉图将政治活动视为技术性"制造"（making）的结果。而由本文所述马基雅维利政治观的基本范畴为形式/目的之对立，的确与亚里士多德在《物理学》第二卷所讨论的四因论，在自然以及技艺诸领域中之制造活动有相近之处。阿伦特对马基雅维利的批评根植于她在《人的境况》之中所铺陈的哲学人类学的分析架构。她区分人类活动的三个基本样态：劳动、工作以及行动。劳动乃是人由于具体的需要而对自然所采取一种反复式的欲望满足过程；工作则是人类可依其心灵中设想的目的或蓝图而制作出客观的事物；行动则深植于人的多元性以及必须透过与他人的平等关系建立起政治性沟通网络，而从事以语言、表现等为主轴之互动。这三种活动虽然都是人类存在所必不可免的，但阿伦特认为它们仍有高下之别：因为劳动过程其实只是自然循环的一个部分，而工作以及客观化的原则过分强化之后将造成人类世界技术化的结果，唯有行动尊重人类存在所本有的多元性以及随时自我创新并与他人沟通的根本能力。①阿伦特前述对马基雅维利政治观作为一种技术性制造概念之批评，事实上呼应了她对工作领域一般性的批评，也就是人的技术制造活动必然导致将外在事物当作其自身之质料与对象，而所谓"将目的加诸质料之上"，乃意味着以暴力的方式改变事物之本然。②在这个意义上，阿伦特强调希腊城邦公民政治活动的实现（energia；actuality）性格③，而反对含有目的论、制造色彩的立法活动④，将之视为柏拉图哲王说在西方政治思想史上所创造出影响深远的负面遗产，而马基雅维利之创制说亦为此负面传统之一个著例。

---

① 关于阿伦特的行动理论，可参考蔡英文：《汉纳·鄂兰的公共领域理论及其问题》，收录于钱永祥、戴华主编：《哲学与公共规范》，"中央"研究院中山人文社会科学研究所，1995年，第274~285页；江宜桦：《汉纳·鄂兰论政治参与与民主》，收录于陈秀容、江宜桦主编：《政治社群》，"中央"研究院中山人文社会科学研究所，1995年，第128~132页。

② See Hannah Arendt, *The Human Condition*, University of Chicago Press, 1958, pp.139–140.

③ Ibid., pp.197–198, 205–207.

④ Ibid., pp.188–190, 194–195.

　　波考克诠释的基本取向，即在于设法克服阿伦特所指出马基雅维利思想中的"制造"色彩。而他采取的诠释策略有二：一方面压抑一人统治在公民共和主义中之地位；另一方面则将公民自治的政治社群由政治制度升华成为具有历史意义的超越常态之存在。以第一个面向而言，我们可清楚地看到在处理《李维罗马史论》的那一章中[①]，他几乎没有碰触《李维罗马史论》关于一人统治的论述，例如创建者、改革者或者是"杀害布鲁图斯之子"等重要课题。他将关于一人统治的诠释放到前一章讨论《君主论》的部分[②]，而将伟大创建者的活动（既能创造也能稳定地制度化）视为是一种"qusi-soluion"（准解决方法）[③]，因为创建者的存在意味着他完全不受现存政治社会的制约，而波考克征引亚里士多德所称德行卓著超越城邦限囿之个人为"野兽或神祇"[④]，而对此可能创建者实际出现之可能性有所保留。透过这种方式，他强化了马基雅维利思想的第二个面向，即共和社群的存在意义，特别是足以作为足资怀念的集体回忆之对象，也就是达成了历史性之光荣，而这个诠释完全呼应了阿伦特对于行动、表现所称许的终极价值。[⑤]皮特金也采取类似的进程，切断创建者与公民自治间之理论关联，而称"创建者乃是马基雅维利在阅读罗马古史所得的想象上所投射出的幻想（fantasy）"[⑥]。她进而主张区分马基雅维利思想中具有两种不同取向的政治观：一是以为一人的创建乃父权式的，无法转化为平等公民的自我统治；二是不将罗马的创建视为一人独自的创造活动，而是一个持续集体共同建构的过程。皮特金强调后者，主张马基雅维利所力主罗马贵族与平民的冲突乃是政治自由的根源之说法，代表一种"持

---

①　See J. G. A. Pocock, *The Machiavellian Moment*, Princeton University Press, 1975, pp.183-218.

②　Ibid., pp.167-176.

③　Ibid., p.168.

④　Ibid., p.167.

⑤　See Hannah Arendt, *The Human Condition*, University of Chicago Press, 1958, p.198. 波考克的诠释可能还受到奥克肖特以及库恩之影响，这是值得进一步探索之议题（作者感谢蔡英文、张福建两位教授于此点之指正）。

⑥　Hanna Pitkin, *Fortune Is a Woman: Gender and Politics in the Thought of Niccolo Machiavelli*, University of California Press, 1984, p.54.

续创建的过程"①,如此一来便克服了阿伦特对马基雅维利政治观作为一种
制造取向理论之严厉批评,从而将马基雅维利思想铺陈为一套公民自治自
我生成的政治哲学理论,有别于亚里士多德城邦自然生成论以及创建者一
人创造论,而由于其强调人类存在之多元性与开放互动,形成适合现代多元
文化情境的公民共和主义政治观。

波考克与皮特金的诠释虽然巧妙,但是均刻意减低一人支配在马基雅
维利公民共和主义论中之枢纽地位,这等于是指出其实马基雅维利的思想
有着根本的矛盾(由一人创造无法过渡到制度性政治统治),然后把这个矛
盾存而不论,而强调公民自治的超越性格。此种诠释路径显然是有所偏颇
的。我们不难想象一个相对立的诠释,亦即接受同样的矛盾,同样地加以存
而不论,但强调其对立面一人统治在马基雅维利思想中之枢纽地位,从而将
马基雅维利描述为政治决断论或权力政治论者。事实上,赫尔德及曼斯菲尔
德正是采取此种进程②,而曼斯菲尔德再进一步以古典政治哲学的角度对马
基雅维利思想加以批评。

值得注意的是,公民共和主义与政治决断论表面上虽为完全对立的诠
释策略,然而二者却有着深层的亲和性;二者均强调超越常态事例的重要
性。施米特对"例外状况"以及其间根本政治"决定"的优先性已是我们耳熟
能详的课题;而阿伦特其实亦强调行动以及基于行动所形成的政治领域(公
民自治)本身相对于日常生活的超越常态性格。③而波考克将公民自治描绘
成超越习俗之外历史上的光荣时刻,继承了阿伦特思想的基本精神。④假如
政治决断论以及公民共和主义者均强调超越常态活动在政治场域中之重要
性,则我们如何理解马基雅维利的政治秩序观究竟较接近哪个典范? 事实

---

① Hanna Pitkin, *Fortune Is a Woman*: Gender and Politics in the Thought of Niccolò Machiavelli, University of California Press, 1984, pp.276-280.

② See Klaus Held, "Civic Prudence in Machiavelli: Toward the Paradigm in the Transformation in Philosophy in the Transition to Modernity,"in Reginald Lily ed., *The Ancients and the Moderns*, Indiana University Press, 1996, pp.115-129; Harvey C. Mansfield, *Machiavelli's Virtue*.

③ See Hannah Arendt, *The Human Condition*, University of Chicago Press, 1958, p.197.

④ 波考克曾明白指出其概念使用为阿伦特式的(J. G. A. Pocock, Virtue, *Commerce, and History*, Cambridge: Cambridge University Press, 1985, p.44)。

上,或许这个问题本身就是一个错误的提向方式,因为二者所强调的超越常态性在马基雅维利思想中本来同时并存,但它们所具有的理论意涵并不相同。政治决断论所强调的超越常态之决定乃是用具体政治脉络世界史的观点来诠释公民共和这个政治理想本身的特殊性格。二者是有可能结合的;我们的初步构想是认为韦伯的政治思想其实真正继承了马基雅维利的思想遗产,也就是说卡里斯马(charisma)的支配方式乃是马基雅维利论述一人统治的现代版本①,而公民共和主义的超越常态性则可见于韦伯将西方城市公民自治列举在"非正当的支配"的范畴,而作为西方近代自由观念的根源。此种结合既能掌握政治场域内在的能动性,又能以世界史宏观的角度掌握价值性的制度与事务,这是值得进一步探索的问题。②

---

① 参见吴庚:《政治的新浪漫主义——卡尔·史密特政治哲学之研究》,五南图书公司,1981 年,第 79~80 页。

② 在这个课题上,韦伯学者亨尼斯指出"韦伯属于近代政治思想的不同传统,而与马基雅维利、卢梭、托克维尔有所关联"(Wilhelm Hennis, *Max Weber: Esays in Reconstruction*, trans. Keith Tribe, London: Alen & Unwin, 1988, p.196),我们完全赞同这个判断。

命运与政治秩序

——论马基雅维利的命运观及其政治意义

陈华文 *

　　与其同时代的学者一样，命运在马基雅维利的学说中有着至关重要的地位。马基雅维利对命运的阐释不只是抒发生活困苦的感慨，还涉及他对人类根本处境的理解，以及在这个基础上对政治世界的把握。正如阿兰·吉尔伯特所言，这是"他关于人类事务之理论的本质"[1]。马基雅维利几乎在他的全部著述中都会讨论到命运女神及其对人类行为的影响，具体的论述集中在《君主论》第 25 章和一首以命运为主题的诗歌中，而其他讨论则散见于他的《李维史论》《佛罗伦萨史》、喜剧以及通信等作品中。就总体而言，"马基雅维利的命运图景体现了他关于人类处境以及人类行为之可能性和限制的核心教诲"[2]。他对命运的理解延续了一个古老的传统，但不乏创新之处，正是这些新的理解使得他的著述展现出了一个新的道德-政治世界。这个新的世界在一定程度上构成了他思考人类应该如何行动的基本背景。

　　* 陈华文，中国人民大学国际关系学院政治学系副教授。基金项目：本文系中国人民大学科学研究基金（中央高校基本科研业务费专项资金资助）"审慎的道德内涵及其政治意义"（项目编号：15XNF007）的阶段成果。

　　[1]　Allan H. Gilbert, *Machiavelli's Prince and Its Forerunners*, New York：Barnes and Noble, 1968, p.219.

　　[2]　Hanna Fenichel Pitkin, *Fortune Is a Woman: Gender and Politics in the Thought of Niccolò Machiavelli*, University of California Press, 1984, p.138.

一、马基雅维利的时代及其命运：基督教和意大利的双重问题

　　但凡在政治思想史上有着重要位置的思想家都是他那个时代的医生，他能以独特的能力指出当时政治和社会上的疾病，而且力图去解释和给出他的解救方案。马基雅维利正是一个时代思想的代表。他的学说有着明显的时代印记，他那个时代的政治背景使得他的政治思考具有显著的经验品格。作为佛罗伦萨的外交官，马基雅维利周旋于当时最强有力的权势人物之间，对政治人物和政治事件有着直接的观察，从而能够深入地认识到他那个时代的历史和政治世界。"马基雅维利的外交生涯为他其后的政治著述提供了大量事例。或许，更重要的是，他在这些事例里获得不少见解，这些见解在他的政治著述里有一致的表现。"①这些政治事件在一定程度上影响了他对政治世界的理解，他在这些事件里所形成的见解是对那个时代的反响。因此，正如论者所指出的："马基雅维利的讨论不可能脱离于他那个时代的历史。"②

　　14 至 15 世纪的西方思想家们普遍关注政治和道德问题，并以其作为理解文艺复兴文化的核心。斯金纳认为，巴龙对"为何佛罗伦萨这一代人如此集中地研究道德和政治问题"③作出了有影响力的回答。而在《早期文艺复兴的危机》第 2 章里，巴龙则指出，14 世纪早期佛罗伦萨人为了自由而拿起武器对抗他们的独裁者，政治观念的发展是对佛罗伦萨人"争取公民自由"的回应。④这就将政治观念与政治现实和历史背景关联起来。实际上，政治问题也是文艺复兴的源头，政治和道德上的一系列问题是文艺复兴文化不可剥离的内容。惠特菲尔德指出："15 世纪的历史，连同专制者及其雇佣军，以及买卖圣职者和教会的邪恶，是文艺复兴的一部分；而政治与文化这两部分都

　　① R. W. Dyson, *Natural Law and Political Realism in the History of Political Thought*, Vol.1: *From the Sophists to Machiavelli*, Peter Lang Publishing Inc., 2005, p.246.

　　② J. H. Whitfield, *Machiavelli*, Russell & Russell, 1965, p.18.

　　③ ［英］昆廷·斯金纳：《近代政治思想的基础》，奚瑞森、亚方译，商务印书馆，2002 年，第 119 页。

　　④ See Hans Baron, *The Crisis of Early Italian Renaissance: Civic Humanism and Republican Liberty in an Age of Classicism and Tyranny*, Princeton University Press, 1955, p.21.

是一同被(人们)讨论的。"①文艺复兴思想家对政治的意识是对那个时代背景的回应,但这种意识毫无疑问是痛苦的。惠特菲尔德正是在这个意义上来理解马基雅维利的。"马基雅维利所代表的并不是政治和文化的衰败,而是人文主义萌芽的文化,这种文化逐渐意识到处于危机中的政治问题。马基雅维利力图从人文主义所赋予西方心灵的那些要素里去解决这些问题。"②概而言之,文艺复兴文化意识到了政治和道德上的危机,而马基雅维利是这种文化的代表人物。

马基雅维利关注的是意大利,他是为意大利而写作的③,意大利的政治危机是促使他进行写作的主要动力。根据圭恰尔迪尼在其《意大利史》里的划分,1494 年法国军队的入侵撕裂了意大利,并由此形成了两个完全不同的政治发展时期,在此前"意大利从未享有过此等繁荣,或者经历过如此有利的形势",而法国人的到来让此后的意大利陷入"苦难的血肉之躯往往遭受的种种灾难"。④圭恰尔迪尼的这个划分获得了不少意大利史学家的支持。"从洛迪和约(1454 年)到查理八世衰落(1494 年)的四十年,传统上被认为是意大利史上各国关系安定、和平的时期,也是各国内部巩固的时期。摆脱了外国统治的意大利,从国家组织形式上看,似乎已达到了相当程度,最后形成了五大强国。"⑤然而,即便是在这个稳定和平的时期,"与法国和西班牙不同,意大利仍然分裂成五个大国和一大批小国。在这五个大国中,只有威尼斯勉强够得上强国之称,而恰恰是威尼斯推行一项更自私的政策"。这个时期的意大利军事力量薄弱,"一部分外国人在意大利已站住了脚跟,另一部分也可以轻而易举地进入意大利"。意大利已经不能决定自己的命运。其命运取决于西班牙和法国这两个西方强国的政治方针。西班牙有西西里而

①② J. H. Whitfield, *Machiavelli*, Russell & Russell, 1965, p.18.

③ See H. Butterfield, *The Statecraft of Machiavelli*, G. Bell and Sons Ltd., 1955, p.17.

④ Francesco Guicciardini, *The History of Italy*, Sidney Alexander trans., The Macmillan Company, 1969, pp.3–4, 转引自[英]昆廷·斯金纳:《近代政治思想的基础》,奚瑞森、亚方译,商务印书馆,2002年,第 182 页。

⑤ [意]路易吉·萨尔瓦托雷利:《意大利简史——从史前到当代》,沈珩、祝平雄译,商务印书馆,1998 年,第 295 页。

关心意大利的命运；查理八世渴望获得那不勒斯王国，还做着帝国、十字军讨伐、征服东方的美梦。到了 1492 年 4 月 8 日，洛伦佐·美第奇故后，意大利的政局每况愈下。其子皮耶罗完全没有能力继承佛罗伦萨的霸业，佛罗伦萨政府处于不稳定状态，政治上又遭受到来自萨沃纳罗拉的扰乱。到了 1495 年查理八世重新开进那不勒斯，为了对抗查理而在威尼斯缔结的"神圣同盟"则使得意大利的命运开始受非意大利大国政策的左右。①

在这一段意大利的历史叙事里，分裂和缺乏独立性是关键概念。这一时期的意大利四分五裂、小国林立，但更重要的是意大利的命运受到其他国家的外交政策的影响。"法国 1494 年第一次入侵就毫不费力征服了意大利，而这震惊了整个意大利。自那以后，意大利一次又一次经历灾难，成为外国势力竞技和逐鹿的舞台。不唯意大利，整个半岛都处于政治不稳定的威胁中。"②外敌的入侵与国内的分裂是意大利的政治现实，这在一定程度上影响了马基雅维利对政治问题的理解。要将分裂和缺乏独立性的意大利与马基雅维利学说相关联，尤其是他对政治之权力本质的揭示和对军事的强调，这并不是很难的事情。吉尔伯特认为，马基雅维利从国外势力在意大利长达 20 年所学到的一点，就是意识到权力（force）在政治中的重要性。美第奇家族的回归是法国和西班牙之争的结果，他们是得到西班牙的帮助而推翻共和国回到佛罗伦萨的。马基雅维利因而强调民兵，以取代雇佣军。③因此有论者指出："马基雅维利的意大利既是地理表述，也是军事表述。"④这种军事表述指的正是意大利的这种分裂的和缺乏独立性的时局。意大利在 1494 年后，其北部就成了法国国王和罗马皇帝的战场。"意大利的政治动荡和分裂是理解马基雅维利政治著述的背景。他对教会与国家，或者教皇与议会之间的关系

---

① 参见［意］路易吉·萨尔瓦托雷利：《意大利简史——从史前到当代》，沈珩、祝本雄译，商务印书馆，1998 年，第 322 页。

② H. Butterfield, *The Statecraft of Machiavelli*, G. Bell and Sons Ltd., 1955, p.17.

③ See Felix Gilbert, *Machiavelli and Guicciardini: Politics and History in Sixteenth -Century*, Princeton University Press, 1965, pp.154–155.

④ Dyson, *Natural Law and Political Realism in the History of Political Thought*, Vol.1: From the Sophists to Machiavelli, Peter Lang Publishing Inc., 2005, p.248.

不感兴趣。在他看来,这些问题在政治理论的议程上再无地位。"①马基雅维利是意大利的爱国者,最重要的问题是,"如何在外敌入侵和四分五裂的情况下建立和维持一个强大的国家"②。实际上,无论我们对马基雅维利的论著作出何种解读,其学说对紧迫性政治问题的回应是明显的。

但是,在政治现实与政治理论之间的这种简单印证,远不足以揭示出马基雅维利政治哲学的重大意义。毫无疑问,意大利的分裂与缺乏独立性是马基雅维利写作的动力,但是他的写作并不只是为了解决一个当下的问题。无论是作为爱国者的马基雅维利,还是作为政治现实主义者的马基雅维利,甚至是作为政治科学家以及治国技艺专家的马基雅维利,相对于他对人类处境的洞察而言,都是表面上的。意大利的悲剧以及马基雅维利的外交实践所教给他的,除了如何在具体方略上因应佛罗伦萨乃至意大利的现实问题外,更重要的还是理解政治世界的方式。他所诉诸的是当时人文主义者不断复兴的"命运"概念,但是在充分讨论马基雅维利对"命运"概念的继承及其新理解之前,我们仍然需要注意他个人与命运的遭遇。

二、德性与命运的对手戏:马基雅维利之前的命运观

对命运(fortuna)的关注是文艺复兴时期人文主义者的基本特征之一。根据斯金纳对巴龙的援引,这种新型的人文主义源于 15 世纪最初几年的"意大利政治危机",它以"政治交锋和公民生活的新哲学"作为基础,并且致力于歌颂佛罗伦萨的共和自由。③如前所述,政治危机是意大利文艺复兴所意识到的重要内容,其文化和思想观念无法脱离此意识。尽管从 14 世纪到 16 世纪的人文主义者之间不尽一致,但他们所形成的这种思潮被普遍认为是

---

① Dyson, *Natural Law and Political Realism in the History of Political Thought*, Vol.1: From the Sophists to Machiavelli, Peter Lang Publishing Inc., 2005, p.249.

② Ibid., p.250.

③ See Baron, *The Crisis of Early Italian Renaissance: Civic Humanism and Republican Liberty in an Age of Classicism and Tyranny*, p.459, 转引自[英]昆廷·斯金纳:《近代政治思想的基础》,奚瑞森、亚方译,商务印书馆,2002 年,第 120 页。

对古典观念的复兴,尤其是强调以人为本位和对德性的追求。虽然在德性是否能战胜命运这个问题上,14 世纪与 16 世纪的人文主义者存在争议,后者显得更为悲观些。不过,在这些细微变化里所展现出来的是这样的事实:他们所讨论的仍然是"德性"与"命运"之关系的问题。人以其能力、意志或德性与变化世界的斗争,是那个时代的人们体会和理解政治危机和人类处境的基本视角。

命运与德性的并列是一个古典的思维结构。正如斯金纳所指出的,人文主义者"首先回复到一种古典的信念,认为最好把人类的困境看作是人的意志与造化的捉弄之间的斗争"。斯金纳在这里认为,"文艺复兴时期道德家所复活的正是'德性'与'命运'在古罗马的古典并列——并伴之以'勇者成功'的信念"①。但是,这些观念在人文主义者那里有了很大的变化和发展。那个时代的人们对"命运"的理解与古典作家相比存在不少差异,而这些差异使得他们对人类处境以及人的德性有了不同的理解。因此,在讨论文艺复兴时期思想家对"德性"与"命运"的理解之前,需要对西方思想史上将"命运"与"德性"相对应的传统作简单的追溯。

"命运"理念有很多种表述,这些丰富的概念包括了宿命(fate)、天意(providence)、上天(heavens),等等,但它们实际上都表达了一种极为复杂、看似矛盾却又有特定内容的意思:人类的事务往往处于某种难以洞察的必然关系中,却又总是以一种意外和偶然的方式表现出来。"命运"或是诸如"宿命"这些概念,都难以单独意指必然或偶然。相反,恰是"必然"和"偶然"的相互作用相互呈现,才使得人类以"命运"这些概念来理解世事和人之行动的一种困境。命运既是必然的偶然,却也是偶然的必然;而宿命、天意等相似的概念也表达了类似的意思。因此,已有论者指出,很难将这些概念作出明晰的区分,"将它们彼此分开实际上是不可能的,即便是在古代它们之间的区分也是模糊的。但是,所有这些概念所指的是这种根本体验的不同方面或时刻:人类完全无法控制他们在这个世界上的命运(destiny)"。这些时刻有可能是"我们感觉到一些外在力量在控制着我们的生活",也有可能是"我们的行为看起来就像是些随机的事件一样";有可能是"我们看起来被一些善意的计

---

① [英]昆廷·斯金纳:《近代政治思想的基础》,奚瑞森、亚方译,商务印书馆,2002 年,第 156 页。

划塑造着我们的生活",也有可能是"或许根本没有任何计划"。①这些外在力量或随机事件,善意的导引或完全无计划正是人类在世上的根本处境,不同的人在具体事务上会体验到这些不同的方面,而这些不同的方面或时刻共同构成了人们对一种外在于人能力之外的影响力的整体体验和理解。

从词源上看,命运(fortuna)的最初含义与"被带来的"有关。根据弗拉纳根的分析,命运源于拉丁词"fors"(运气[luck]),被用作形容词;而"fors"最终可追溯到"ferre"(带来[bring])。"'fors'的核心意思是'被带来的',而命运女神就是带来它的人。"弗拉纳根将之与其希腊语中的对应概念"Tyche"(该词源于"成功"或"获取")联系起来,而指出命运包含有某种成功的含义,然而这种成功是人类无法理解和预测的。②因此,命运在起源之际,就与命运女神所带来的东西及其方式有着密切的关系。首先,就"被带来的方式"而言,命运女神一开始是中立的,但是"在罗马晚期命运是变化无常的、易变的,或者不可预测的"③。这种变化无常的命运就与宿命(fate)有所区别,宿命所指的神意是"某种固定和不可变化的东西"。与此相反,命运是有弹性的。④其次,就"被带来的东西"而言,命运一开始被认为是带来善的。命运的"形象总体是正面的,虽然善变,但主要是被视为善的来源——善的生活和外部的善两者的来源"⑤。虽然古罗马的哲学家对好运有不同的理解,但他们都认为命运能

---

① Thomas Flanagan,"The Concept of Fortuna in Machiavelli,"in *The Political Calculus:Essays on Machiavelli's Philosophy*,Anthony Parel ed.,University of Toronto Press,1972,p.127.

② See Thomas Flanagan,"The Concept of Fortuna in Machiavelli,"in *The Political Calculus:Essays on Machiavelli's Philosophy*,Anthony Parel ed.,University of Toronto Press,1972,pp.129-130.

③ Patch,Goddess,10,cited in Pitkin,*Fortune Is a Woman:Gender and Politics in the Thought of Niccolò Machiavelli*,University of California Press,1984,p.138.

④ See Thomas Flanagan,"The Concept of Fortuna in Machiavelli,"in *The Political Calculus:Essays on Machiavelli's Philosophy*,Anthony Parel ed.,University of Toronto Press,1972,p.130.

⑤ Hanna Fenichel Pitkin,*Fortune Is a Woman:Gender and Politics in the Thought of Niccolò Machiavelli*,University of California Press,1984,p.138.

给人们带来好运。①由于古罗马道德学家多将"好运"的内容视为荣誉、财富和荣耀诸种善,因此,命运实际上是古典道德生活的渊薮。最后,带来这些东西的主体在古罗马开始被人格化为女性,并被称之为命运女神或善意女神。命运的女性人格既是变化无常、难以预测的,又是可以被取悦的。变化无常也就意味着命运的运行并没有太多规律可循,但是可以被取悦也就意味着人类是可以影响命运女神所带来的东西的。

命运女神同时象征成功和变化莫测,古罗马人对她的描述也是多方面的。"人们通常从三个方面之一去描述她:她带着丰饶的羊角、握着船舵或者转动一个圆球或转轮。"②这三个隐喻形象地表明成功和变化莫测是命运的两个主要特征。她带有着象征富裕的羊角,但她也总是会以她特有的方式转动轮盘,而使得她的善意变得莫测。因此,即便命运女神在整个古罗马都是备受欢迎和丰富多彩的善意女神,但是她的变化莫测却也不断被强调。"即使她的到来是带着礼物的,也要敬畏并戒备。"斯金纳引用李维《罗马史》里汉尼拔向年轻的西庇阿投降时的演讲来说明这一点。在演讲里,汉尼拔"一开始以羡慕的口吻称他的征服者迄今为止是'一个从未被命运女神欺骗的人'"③。汉尼拔的赞叹从反面说明那个时候的人们已经体会到命运女神的变化莫测使他们陷入困境,因而需要对此保持戒备。同时,能够不被命运女神所欺骗甚至取悦她从而在她那里获得好运是令人羡慕和值得赞美的,而从这里所体现出来的能力或德性正是古罗马道德学说的核心理念。

古罗马的经典作家经常将德性(virtus)与命运相提并论。德性与命运的遭遇在罗马文献里非常普遍④,几乎没有作家能够避免命运女神的影响。德性(人的能力)和命运(神明的恩宠)具体而言对成功分别有什么作用的争论

---

① 斯金纳概括了古罗马道德学家对好运的不同描述:对于塞涅卡来说是荣誉、财富和权势;在萨鲁斯特那里是光荣、荣誉和权力;而西塞罗则认为,人的最高的善是"获得光荣""光荣荣誉和光荣的增进和获取""最真实的荣耀"。See Quentin Skinner, *Machiavelli: A Very Short Introduction*, Oxford University Press, 2000, p.29.

② Thomas Flanagan, "The Concept of Fortuna in Machiavelli," in *The Political Calculus: Essays on Machiavelli's Philosophy*, Anthony Parel ed., University of Toronto Press, 1972, p.130.

③ Skinner, *Machiavelli: A Very Short Introduction*, Oxford University Press, 2000, p.28.

④ See Hanna Fenichel Pitkin, *Fortune Is a Woman: Gender and Politics in the Thought of Niccolò Machiavelli*, University of California Press, 1984, p.139.

已成为那个时代的智慧。①弗拉纳根和皮特金都引用了同样的文献以说明德性与命运之关系在古罗马论著里的普遍性，"即便是在西塞罗之前，德性与命运之间的对比在罗马肯定已是如此的频繁，甚至是如此的常见，以致这已沦为修辞训练的教学工具"②。但这个时候德性与命运之间的直接对抗或彼此征服的战争模式并没有形成。正如皮特金所指出的，古罗马经典作家的德性在直接关涉命运方面的作用相当有限，但它却是直面命运女神的恰当方式。这种德性所指的并不是直接控制命运女神，而是人类的自我控制。勇敢、理性智慧、情感节制以及（正如中期斯多葛思想所说的那样）无私奉献于公共责任，或者（正如晚期斯多葛主义那样）从公共的和世俗的关注转向沉思的内在价值等方面的涵养都是针对命运的药方，然而这些药方并不是要削弱命运女神的权力范围，而是将人类的注意力从命运那里撤出。③这并不是说人类本身完全没有能力征服命运女神，而更多是由于罗马人将命运视为善意女神所致。"古罗马的道德家从不把命运女神看作是冷酷无情，邪恶无比的力量。相反，他们把她视为善的女神（bonadea），以及很值得人们去与之结交的有力的盟友。"④在这种情况下，斯多葛思想（无论中期还是晚期）的消极药方并不会招致来自命运的歹意，相反能通过重视沉思的内在价值而化解无常的命运给自己带来的不顺和困境。但是，命运作为一个女人，能够为真正具有男子气概的男子（vir）所吸引。⑤德性与命运在罗马的并列更多是命运与富有男子气概的德性之间的并列。唯有充满男子气概的精气才能取悦命运，这也是罗马式德性的题中要义。一个人要获得命运的青睐，为他带来成功或善，就需要具有男子气概。这种德性对命运的理解与斯多葛思想里的德性观对应的命运并没有冲突，德性都没有力图去征服女性化的命运，只是

① See Flanagan, "The Concept of Fortuna in Machiavelli," in *The Political Calculus: Essays on Machiavelli's Philosophy*, Anthony Parel ed., University of Toronto Press, 1972, p.131.

② Heimannn, *Fortuna and Virtus: Eine Studie zu Petrarcas Lebensweisheit*, Köln: Boehlau, 1958, pp.18–19. Cited in Pitkin, *Fortune Is a Woman: Gender and Politics in the hought of Niccolò Machiavelli*, University of California Press, 1984, p.139.

③ See Pitkin, *Fortune Is a Woman: Gender and Politics in the Thought of Niccolò Machiavelli*, University of California Press, 1984, p.139.

④ Skinner, *Machiavelli: A Very Short Introduction*, Oxford University Press, 2000, pp.28–29.

⑤ See Skinner, *Machiavelli: A Very Short Introduction*, Oxford University Press, 2000, p.29.

前者能够获得命运的青睐,而后者是退回到个人的内心(尤其是晚期斯多葛主义)。

　　命运女神在基督教作家那里也有着重要地位,但是其内涵发生了巨大的转变。命运不再是善意女神,而是变成了转动轮子的无情女人。命运女神在古罗马时期丰富多彩的形象变得极为简单和灰暗,关于命运女神的诸多表述都只留下了转轮。①原本包含有成功、善意的多彩形象只剩下变化莫测了,而且变得无情和残酷。"在中世纪的概念里,人的提升和沉沦都是不可抗拒的;几乎再也没有任何方法可以抵制她了。作为短暂尘世荣耀的象征,命运女神及其轮子就是以这种方式出现在中世纪的整个欧洲。"②之所以如此,是因为基督教作家对尘世和天城的区分。波爱修斯是基督教命运观的代表人物,他否认古典作家所作的命运女神可被外界影响的关键性假定。命运女神被描绘成"一种盲目的力量",仅仅是一种冷酷的力量。③命运对于尘世的支配是人类的能力所无法抵御的;任何取悦或祈求对此都无能为力。这样的命运女神既不是善的来源,也不能被人类所影响。前文所论述的有弹性的命运概念也变得固定起来,"男人不再为对抗她施加于他们的权力而相互竞争,他们最多是通过决定是否登上她的转轮来参与他们命运的形成过程。不过,命运不再与德性充满男子气概的精力相提并论……相反,男人向她屈服并向她学习"④。古罗马的德性(无论是前文区分的积极德性还是消极德性)在这种命运观里只能宣告失败,命运与德性之间的盟友或对手关系被瓦解了。由于命运女神无情和残酷,不再带有象征富裕的羊角,所以没有结盟的可能和必要;而由于男人完全无法抵制命运,人再也没有能力可以抵抗命运,甚至赢得其芳心的可能性都被取消了。因此,即便有真正男子气概的男人也不是女人的对手。

　　① See Pitkin, *Fortune Is a Woman: Gender and Politics in the Thought of Niccolò Machiavelli*, University of California Press, 1984, p.139.

　　② Flanagan, "The Concept of Fortuna in Machiavelli," in *The Political Calculus: Essays on Machiavelli's Philosophy*, Anthony Parel ed., University of Toronto Press, 1972, p.131.

　　③ See Skinner, *Machiavelli: A Very Short Introduction*, Oxford University Press, 2000, p.30.

　　④ Pitkin, *Fortune Is a Woman: Gender and Politics in the Thought of Niccolò Machiavelli*, University of California Press, 1984, p.140.

　　然而,这并不代表命运就此使人类陷入绝望的困境。命运的无情使人类意识到尘世荣耀的短暂性,也看清这个世界的不公。此世的幸福交由这么一个无情的女人主宰,根本就不值得追求。"命运女神应被用来引导我们远离寻求光荣之路,鼓励我们超越尘世囚笼,以便寻找我们在天国的归宿。……上帝计划的一部分,就是要告诉我们:'幸福不能包括在有朽者生活的偶然事物之中。'"[1]波爱修斯认为,一切的命运是好运,是因为勇敢的人可以借此增加他的荣耀,聪明的人可以借此增长智慧。命运由此可以滋养德性。[2]这就是"哲学的慰藉":"哲学带给他的不是分享有神的眼光,而是安慰和对自己命运的顺从,让他确信上帝规定这命运是好的并且知晓它,而他是无从知晓的;信仰是这种精神状态的恰当名称。"[3]哲学的慰藉之所以能让波爱修斯接受命运的导引从而转向永恒[4],是因为中世纪的基督教作家是在神之代理人这个框架内来理解命运女神的。命运女神是基督教上帝的代理,"上帝通过他的神恩(宇宙的缘由)与天数(宇宙的秩序)来支配世界。天数(fate)反过来支配命运"[5]。命运是上帝判决的无情代言人,人类在尘世恒久的困苦(包括各种不公)或短暂的荣耀,是命运这个残酷的女人在执行上帝的判决。但是,哲学能够给人以宽慰,让人关注永恒而能理解、接受和听从自己的命运都是好的命运,艰苦卓绝中反而能够涵养德性。于此,"哲学和信仰要取代(或改造)'德性',作为对'命运'做出的反应"[6]。能从无情的命运里拯救人类的是哲学和信仰,而不再是德性,尤其是充满男子气概的精气。

　　文艺复兴时期对命运的关注显得更为广泛了,虽然人文主义者对命运

---

① Skinner, *Machiavelli: A Very Short Introduction*, Oxford University Press, 2000, p.30.

② 参见[古罗马]波爱修斯:《哲学的慰藉》,代国强译,江西人民出版社,第156~157页。此处引文的中译本为"品德",出于行文统一,改为"德性"。

③ J. G. A. Pocock, *The Machiavellian Moment: Florentine Political Thought and the Atlantic Republican Tradition*, Princeton University Press, 1975, p.40.

④ See Orr, "The Time Motif in Machiavelli," p.198, cited in Pitkin, *Fortune Is a Woman: Gender and Politics in the Thought of Niccolò Machiavelli*, Unviersity of California Press, 1984, p.140.

⑤ Pitkin, *Fortune Is a Woman: Gender and Politics in the Thought of Niccolò Machiavelli*, University of California Press, 1984, p.140.

⑥ Pocock, *The Machiavellian Moment: Florentine Political Thought and the Atlantic Republican Tradition*, Princeton University Press, 1975, p.40.

的理解仍然是在中世纪的框架内①,但是文艺复兴时期的人们是在一种新的氛围里看待命运女神的。不少论者注意到在这个时期,德性与命运的关系再次被重新讨论,譬如斯金纳就力图引用阿尔贝蒂如何承受厄运并以崇高美德战胜了命运女神,来说明文艺复兴的道德学家以一种戏剧化的方式重新恢复了关于人类状况的古典理解,并将之作为对中世纪道德和政治思想的背离。他认为,彼特拉克及其继承者们"有意识地重新建立奥古斯丁曾试图抹杀的关于人的危困处境的古典形象的企图。人文主义者首先旧话重提,宣称凡是人的行动能力受限制的地方,其作用的决定性因素无非是反复无常的命运的力量,而不是上帝的不可动摇的力量"②。在早期人文主义者那里,德性再次作为命运的对手出现,但是也有论者指出, 由于深受基督教的影响,彼特拉克的德性所界定的男人角色并不是作为抵制的努力,而是一个臣服的角色。③但丁甚至认为,没有任何"可朽的力量"能够影响她甚至理解她;她并不听从那些愚蠢的可朽者。④但是,在但丁和彼特拉克之后,"命运女神逐渐从一个不断转动其无情轮子的冷酷女人变成一个相对友善的力量,能够在人类事务上施予援手"⑤。15 至 16 世纪的人们逐渐恢复了对命运女神古典形象的表述,尤其是与航海有关的船和风暴等。在这个时期,命运(fortuna)"在意大利的意思不只是'机会'(chance)和'财富',其字面上特别指'风暴'"⑥。

---

① 弗拉纳根指出,但丁和彼特拉克对命运女神的态度仍然是中世纪的,皮特金也持有类似的观点。

② [英]昆廷·斯金纳:《近代政治思想的基础》,奚瑞森、亚方译,商务印书馆,2002 年,第 156~157、158 页。

③ See Heitman, *Fortuna and Virtus:Eine Studie zu Petrarcas Lebensweisheit*,pp.241,249,cited in Pitkin,*Fortune Is a Woman:Gender and Politics in the Thought of Niccolò Machiavelli*,University of California Press,1984,p.141.

④ See Dante,*The Inferno*,John Ciardi trans.,New American Library,1959,pp.74–75,cited in Pitkin,*Fortune Is a Woman:Gender and Politics in the Thought of Niccolò Machiavelli*,University of California Press,1984,p.141.

⑤ Flanagan,"The Concept of Fortuna in Machiavelli,"in *The Political Calculus:Essays on Machiavelli's Philosophy*,Anthony Parel ed.,University of Toronto Press,1972,p.132.

⑥ Pitkin,*Fortune Is a Woman:Gender and Politics in the Thought of Niccolò Machiavelli*,University of California Press,1984,p.141.

命运女神也重新出现在船上,但她却不再掌舵。①这也开始意味着命运女神不再完全主宰着人类事务,命运的权力是有限的。同时复兴的还有德性里的男子气概,男性的德性概念从而与女性的命运概念形成对立关系。虽然15至16世纪的意大利对人类能力充满着悲观的情绪,人类以其能力对抗命运的可能性也正是在这个时期开始形成。

三、命运的隐喻及其特征:马基雅维利的命运观

马基雅维利关注命运,因为他是如此深切地体验到命运给人类带来的绝望是深刻且持久的。《曼陀罗》序幕之前是仙女和牧羊人的歌,借助他们,马基雅维利吐露了他对人生和世界的看法——这个主题贯穿在马基雅维利的所有作品里。仙女与牧羊人力图向人们揭示人间的骗局:人生苦短,人们日复一日地受到野心和欲望引起的折磨而不知如何给它们套上笼头,从而逐渐远离快乐。人们身上不可避免的自然欲望在久候命运女神却不得垂顾之后因失望而痛苦不堪。马基雅维利在《君主论》的献词里丝毫不掩饰他身上所遭受的时运不济。

命运在马基雅维利的著作里有着重要的作用,与他的前辈们一样,他对命运的理解影响了他对人的能力和德性的理解。因此,在分析其德性观之前,需要充分讨论马基雅维利的命运观。如前文所述,马基雅维利所讨论的命运概念是对一个传统话题的赓续,而在他那个时代里,命运对人类事务的影响得到了普遍的关注。然而,马基雅维利并不只是继承了一个传统,他在这个基础上开辟出了新的进路,这在一定程度上影响了后人对政治和道德的理解。如他那个时代的学者一样,马基雅维利几乎在他全部论著甚至公文和私人信件里都不厌其烦地提及命运及其作用,而且已经有不少学者指出

---

① See Flanagan, "The Concept of Fortuna in Machiavelli,"in *The Political Calculus:Essays on Machiavelli's Philosophy*, Anthony Parel ed., University of Toronto Press, 1972, p.132.

马基雅维利对命运的重要性是有高度自觉的。①马基雅维利专门有一首诗歌以命运为主题,《君主论》第 25 章专门讨论命运,戏剧《曼陀罗》和《金驴记》都涉及命运的影响,而《李维史论》对命运的讨论更是散落于各处。命运概念反复出现在马基雅维利的著作里,但较之他引起后人极大争议的德性概念而言,他对命运的论述却具有较高的一致性。从前文所述可以看出,不同历史阶段对命运的不同理解往往也体现在那个时代的作品(文学和大众)对命运的表述,尤其是关于命运的隐喻上。因此,我们从马基雅维利作品里关于命运的隐喻开始,以分析马基雅维利的命运概念对传统的继承和发展。

马基雅维利尤其喜欢用多种不同的隐喻来表述他对命运的理解,命运在他那里呈现出更为丰富的形象。他对命运的隐喻式表达也说明他十分熟悉人们理解命运概念的传统,他的表述保留了命运女神不断转动轮子和女性化的传统形象,也沿用了文艺复兴时期人们用风暴和河流来比喻命运的习惯。但他在使用这些隐喻时又有些许不同于传统和他那个时代,从而赋予了命运新的特征。

首先,巨轮是命运女神支配世事浮沉的形象表述,马基雅维利对命运的讴歌也基本延续了这个传统。马基雅维利在《佛罗伦萨史》里对一件发生在佛罗伦萨 1380 年前后的故事的记载说明他对这个表述是十分了解的。"皮埃罗·阿尔比齐有一次摆筵席请了许多公民,有一个人,也许是作为他的朋友,出于好心,为了使他在荣华富贵时学得聪明一些;也许是他的某个仇敌,想以命运无常吓唬他,送给他一只大银碗、满满地装着甜食,后来在里面发现一只很大的钉子。当时许多人都看见了,认为这是暗示他要稳住时运的运转:当命运之轮已经把他抬到顶点的时候,如果这个轮子继续运转,必然会把他降到最低处。"②马基雅维利的三行韵诗《论命运》则是这种表述的代表,

① 弗拉纳根专门利用沃尔克(L. J. Walker)对《李维史论》所援引作家的分析指出,马基雅维利所援引的这些作家都关注命运对人类事务的影响。See Flanagan, "The Concept of Fortuna in Machi-avelli,"in *The Political Calculus: Essays on Machiavelli's Philosophy*, Anthony Parel ed., University of Toronto Press, 1972, p.134. 沃尔克对《李维史论》所援引作家的分析,参见 L. J. Walker, *The Discourses of Niccolò Machiavelli*, London, 1950, Vol. II, p.271.

② Machiavelli, *The History of Florence*, in *Machiavelli: The Chief Works and Others*, Vol.3, Allan Gilbert trans., Duke University Press, 1989, pp.1170–1171.

全诗多处以转轮借喻命运的变化不定和对这个世界残酷的统治。"她从不会一直眷顾着一个人/也永远不会把一个人禁锢在她的转轮之下/去折磨他。"不唯如此,命运的巨轮不但永远在转动,而且毫无章法。"她随意裁剪事情/她把我们举起,又将我们摔下/毫无怜悯之心,也没有章法或正当。"①她治下的王国没有任何正当性可言,也没有任何规律可循。沿着转轮而提升的人能获得幸好和善,但是命运的巨轮从来没有停止过转动,任何在转轮顶部的人也会随之被卷到巨轮之下。

命运巨轮的隐喻表明了命运的两个传统特征。其一,命运的变化无常,"这个变化无常的女神"并不会永远垂青一个人,"她居高临下环视着每个人,但只需片刻她就会转移其视线";其二,命运仍然是善的来源。命运女神对于她所爱的,会给予诸如权力、荣耀、富贵和财富等作为酬劳。但是,巨轮的隐喻却也表明命运也是恶的来源,她会将人碾压在其轭下。作为惩罚与折磨的,是奴役、臭名、疾病与贫穷;而命运正是用这些来表述她的暴怒。②马基雅维利的命运女神善恶兼具,而不只是善意女神。命运女神不只是会带来好运,还会对人们施予报复。因此,较之古罗马的善意女神而言,在马基雅维利这里,获得命运的青睐就显得尤为重要。

与前人不同的是,马基雅维利所引入的命运有多个转轮。"她的皇宫里,许多转轮在转动着。"③多个转轮的隐喻是马基雅维利引入命运的新表述。而"在命运皇宫里的所有人中,那个能最幸运地实现其计划的人,是依照她的意愿选择转轮的人"④。命运的转轮隐喻形象地说明人们的命运会随着巨轮的转动而到达巅峰或坠落底部,在这个过程中,人类或许能够通过取悦命运女神而获得提升,但在昼夜不息的运转中,这种好运始终是短暂的。在单个转轮下,被命运女神抛弃是必然的。然而,多个转轮的隐喻则表明稳住命运

---

① Machiavelli, "Tercets on Fortune," in *Machiavelli: The Chief Works and Others*, Vol.2, 1989, p.746.

② See Machiavelli, "Tercets on Fortune," in *Machiavelli: The Chief Works and Others*, Vol.2, 1989, p.747.

③ Machiavelli, "Tercets on Fortune," in *Machiavelli: The Chief Works and Others*, Vol.2, 1989, p.746.

④ Ibid., p.747.

是有可能的。"从一个转轮跳到另一个转轮,他总是幸福和幸运的。"①有论者已经指出对 13 世纪命运女神的转轮形象与马基雅维利的多个转轮形象的这种比较是有益的。在多个转轮的形象里,马基雅维利的那个冒险者"如果选择正确的转轮,使得他能够与命运的谋划相一致,那么他就能获得成功;如果没有,他就注定失败"②。这幅图景表述出了人类具有更多能动性和独立性的可能性,人们可以通过选择最适合命运女神之谋划的转轮来实现他自己的目标。多个转轮的命运形象提供了新的机会让人们以智慧战胜命运女神。③

其次,马基雅维利表述命运的第二个重要隐喻是泛滥的河流。在《君主论》第 25 章,马基雅维利通过这个形象专门讨论了命运的一般问题。泛滥河流的隐喻对理解马基雅维利的命运概念有着重要的意义,"因为它几乎包含了马基雅维利利用命运概念所涉及的一切主题"④。马基雅维利的命运概念与自然有着密切的关系,他在《君主论》里多处将命运概念与自然力量相比,譬如,第 24 章将命运与天气类比,而第 25 章则是河流。命运与自然力量之间具有一定的相似性,二者都有一股所向披靡的力量,而这种力量在人类历史和思想史上都有着不可抹去的震撼性。马基雅维利在他的诗歌里同样也讴歌了命运如此强势的力量,她"就像一条湍急的洪流,汹涌澎湃,摧毁它所触及的世间万物。倏尔使某处升高,却又令他处坍塌;堤岸决裂,河床和河底不断变换方向,它所到之处,大地不无战栗"。对于命运,马基雅维利认为也是如此,命运女神用她的凶猛狂怒,反复地冲击,时而这里时而那里,不断地改变着世间万事。⑤马基雅维利在《君主论》里也有相似的表述。"我把命运女

---

① Machiavelli, "Tercets on Fortune," in *Machiavelli: The Chief Works and Others*, Vol.2, 1989, p. 747.

② Flanagan, "The Concept of Fortuna in Machiavelli," in *The Political Calculus: Essays on Machiavelli's Philosophy*, Anthony Pareled., University of Toronto Press, pp.144–145.

③ See Flanagan, "The Concept of Fortuna in Machiavelli," in *The Political Calculus: Essays on Machiavelli's Philosophy*, Anthony Pareled., University of Toronto Press, p.141.

④ Flanagan, "The Concept of Fortuna in Machiavelli," in *The Political Calculus: Essays on Machiavelli's Philosophy*, Anthony Pareled., University of Toronto Press, p.136.

⑤ See Machiavelli, "Tercets on Fortune," in *Machiavelli: The Chief Works and Others*, Vol.2, 1989, p.748.

神比作我们那些毁灭性的河流之一,当它怒吼的时候,淹没原野,拔树毁屋,把土地搬家;在洪水面前人人奔逃, 屈服于它的暴虐之下, 毫无能力抗拒它。"①命运与自然力量的相似之处,在于它们对世间万事万物的冲击具有毁灭性、反复性和持续性。但是,马基雅维利在这里并没有将命运给神秘化,而只是强调命运之权力的凶猛有如自然力量那般强烈。马基雅维利对于河流的泛滥有着直接的体会,他熟悉佛罗伦萨阿尔诺河的泛滥,他也认为改道河流以围困比萨的工程是十分艰难的。因此,他以泛滥的洪流比拟命运女神,也确实意味着他深谙抵抗命运的艰难。

泛滥洪流之隐喻的另一面是对人类的信心。马基雅维利在指出洪水的毁灭性力量之后, 仍然认为,"事情尽管如此, 但是我们不能因此得出结论说:当天气好的时候,人们不能够修筑堤坝与水渠做好防备,使将来水涨的时候,顺河道宣泄,水势不至毫无控制而泛滥成灾"。洪流是可以被控制而不至于泛滥的,对于命运,情况也是如此。命运的力量就像洪流那样,在没有抵御的地方能够肆无忌惮,"当我们的力量没有做好准备抵抗命运的时候,命运就显出它的威力,它知道哪里还没有修筑水渠或堤坝用来控制它,它就在那里作威作福"②。洪水会泛滥,但修筑水渠或堤坝可以控制它。看起来,借助命运作为泛滥河流的比喻,马基雅维利想要暗示他对人类预见力和能力的信心。③

最后,命运作为女人的形象在马基雅维利那里变得更加丰富,他在《金驴记》和《论命运》对此作了具体的刻画,而且在《君主论》里揭示出这种形象的意义。马基雅维利在《论命运》里明确表明了命运的女性人格,他通篇直接以女性和女神来指称命运。在《论命运》里,这是一个残酷的、高高在上的、颐指气使的女神,"这个残酷的女神/面目狰狞地转向我";是一个奖惩不公、不守诺言的女神,"总是将皇冠给了那些不配得到的人/而那些配得到的人却永远空着手";是个拥有巨大统治力却又是神秘的女神,"她是谁的女儿,在谁

---

① ②　Machiavelli, The Prince, in *Machiavelli: The Chief Works and Others*, Vol.1, 1989, p.90.

③　See Pitkin, *Fortune Is a Woman: Gender and Politics in the Thought of Niccolò Machiavelli*, University of California Press, 1984, p.150.

家长大/我们并不知道,但我们知道/哪怕是朱庇特,都畏惧着她的权力"。[1]无论是在个人生活还是国家事务上,马基雅维利都感觉到了命运的残酷统治。

更重要的是,命运女神具有两面性。"这个老巫婆有两副面孔/一面狰狞一面温顺;转动时/时而看不见你,时而向你哀求,时而威胁你/她亲切地欢迎想起来的人/但若是想离开,她会变得愤怒咆哮/那人再也找不到出路了。"[2]就像在巨轮的隐喻表述里一样,命运女神的两面性也同样表明命运对人类事务的统治既是狂暴的又是温顺的,这种变化无常的统治方式恰恰意味着取悦命运是可能的,但同时也是艰难的。命运既是这个世界变化无常的根源,也是善的价值来源。

正如马基雅维利借用前面两个隐喻表述命运形象一样,女性的命运形象也同时体现了传统的赓续和他自己的新理解。古罗马的命运女神是善意女神,人们可以通过其具有真正男子气概的德性来取悦命运女神。如前所述,马基雅维利的命运女神不再是善的来源,她的统治完全是残暴的。"对于所有人来说,她与生俱来的力量是如此的强大/如若没有更大威力来征服她/她的统治将一如既往般残暴。"[3]这里的言下之意是命运的确威力无穷,但如若能有更大的威力,就能够征服她。马基雅维利对待命运的观念不再只是取悦,而是征服,而且更多暗示的是针对命运女神的性征服。"虽然将命运人格化为女性是一个比较悠久的传统,但马基雅维利看起来是第一个使用该隐喻以暗示针对命运的性征服,并将男子气概、女人气和性懦弱等引入政治和历史的领域。"[4]马基雅维利的论著在多处都提到了在性上面的征服,尤其是他的诗歌和戏剧,而且他甚至暗示自己就是那个能够做到这点的人。"哪怕她高高在上/颐指气使,狂暴地统治着这个世界/ 但她或许得看看是谁有这个

---

[1] Machiavelli, "Tercets on Fortune," in *Machiavelli:The Chief Works and Others*, Vol.2, 1989, pp. 745–746.

[2] Ibid., p.746.

[3] Ibid., p.745.

[4] Pitkin, *Fortune Is a Woman:Gender and Politics in the Thought of Niccolò Machiavelli*, University of California Press, 1984, p.114.

勇气歌唱她的统治。"①

　　上述关于命运形象的隐喻表述也散见于马基雅维利的其他著作各处，但是并没有充分展开。从前文的论述也可以看出，马基雅维利对命运的论述基本上是一致的。这种一致既体现在命运对人类事务的统治力量和方式上，也体现在人类如何面对具有如此强大力量而又变化莫测的命运女神这个问题上。

　　无论是巨轮、泛滥的洪流，还是狂暴的命运女神，马基雅维利都直接表述了命运对人类事务的强势统治力量。他在《李维史论》里就专门有一章论述了命运对于罗马历史的影响。为了让罗马人感受到它的威力，上天（Heavens）通过她的安排，让罗马人无法有秩序地应对高卢人的进攻而陷入混乱。马基雅维利援引了李维的感慨并表示赞同："当命运不愿意人们阻止她集聚起来的力量时，她就会蒙蔽人们的心智。"②命运女神能够选择正确的人实现她的愿望，而不论这种愿望是灾难或是良好的秩序。马基雅维利在《论命运》里更是通过审视世界历史，来揭示命运女神对于国家兴衰的作用。埃及国王的统治是历史长河中的第一幅色彩斑斓的图景，而随着亚述人登至巅峰，"命运不再允许埃及国王有任何权威"。之后，命运女神不断将王冠从这座城市偷走而冠之以其他城市，罗马那神圣的伟业也是如此。③命运对人类行为的影响可以从历史上得以窥见："人能够辅助命运，但却无法阻碍她。人能够调整她的计划，但却无法摧毁它们。"④可见，文艺复兴时期的悲观情绪的确影响了马基雅维利对命运的理解。马基雅维利自己也清楚表明他对命运影响人类事务这个主题的熟悉程度。"我不是不知道，有许多人向来认为，而且现在仍然认为，世界上的事情是由命运和上帝支配的，以致人们运用审慎亦不能加以改变，并且丝毫不能加以补救；因此他们断定在人类事

---

　　① Machiavelli, "Tercets on Fortune," in *Machiavelli: The Chief Works and Others*, Vol.2, 1989, p.745.

　　② Machiavelli, Discourses on the First Decade of Titus Livius, D.2.29, in *Machiavelli: The Chief Works and Others*, Vol.1, p.406.

　　③ See Machiavelli, "Tercets on Fortune," in *Machiavelli: The Chief Works and Others*, Vol.2, 1989, p.748.

　　④ Machiavelli, *Discourses on the First Decade of Titus Livius*, D.2.29, p.408.

务上不必辛劳,而让事情听从机遇(chance)的支配。这种意见在我们这个时代得到更坚定的支持, 因为我们在过去和现在每天所看到世事的重大变化已经在每个人的预测之外了。"①马基雅维利关心人类是否能够影响世事,但是他深谙传统上和他那个时代对命运的理解, 而且他也认可命运的变化和运行远非人类的能力所能控制:人们并没有能力稳住巨轮,也没有能力抵抗泛滥的洪流和狂暴的命运女神。

然而,马基雅维利即便体认到命运的变化无常和绝对的统治力,他也没有认为它能够把人类的自由意志(free will)消灭掉。②这仍然可以从他对命运的隐喻式表述中获得充分的解释。命运的转轮永无休止,没有人能够在单个转轮的顶部停留太长时间, 但是拥有多个转轮的命运概念却允许有人能够凭借其能力选择符合命运女神意愿的那个转轮,从而能够始终保持在巅峰;泛滥的洪流会带来毁灭性的后果,没有人有能力去抵抗摧城拔寨的命运洪流,但是人们却可以预测天气,在天气好的时候修筑水渠去引导洪流,以避免洪水的泛滥;高高在上的狂暴女神虽然有狰狞的一面,但她也会有青睐的人,并且向她喜爱的人表现温顺和赠予厚重的礼物。因此,这些隐喻是马基雅维利理解和表述命运影响人类事务和人类抵抗命运这两个命题的主要方式。

这两个命题的结合,所得到的就是马基雅维利在《君主论》里关于命运的经典概括:"命运女神是我们半个行动的主人, 但是她留下其余一半或者几乎一半归我们支配。"③就前一部分而言,马基雅维利并没有同意命运对人类事务的全部统治, 而就后一部分而言, 他深信人类的自由意志和人的能力。到目前为止,就像马基雅维利本人所说的,本文对马基雅维利的命运概念的讨论也仍然是在一般意义上的。但是,我们仍然可以在一般意义上认为马基雅维利的命运概念同时肯定了命运的统治力和人类的能力, 无论是何种隐喻表述下的命运, 都给人类抵抗命运的变幻莫测和震撼性的统治留下了可能性。

---

① Machiavelli, The Prince, in *Machiavelli: The Chief Works and Others*, Vol.1, 1989, pp.89–90.

② See Machiavelli, The Prince, in *Machiavelli: The Chief Works and Others*, Vol.1, 1989, p.90.

③ Machiavelli, The Prince, in *Machiavelli: The Chief Works and Others*, Vol.1, 1989, p.90.

四、命运观视域下的政治和道德世界

马基雅维利作为一名重要的政治哲学家，既能因应意大利和佛罗伦萨的政治议题给出具体的实践方案，又能洞见到他那个时代关于人类事务最为根本的一些问题。他出于紧迫性政治议题而写作，却不只是限于力图为分裂的意大利作出准确的诊断和给出药方；他对这些政治议题的探讨表明他的政治哲学是以对人类更为根本的洞察为基础。不过需要指出的是，他对人类事务的洞见不是来自想象，而是来自他的政治实践。马基雅维利作为佛罗伦萨的国务秘书，经常出访欧洲各国。在这长达14年的外交生涯中，他直接感受到意大利自1494年以后受国外势力主宰的政治现实，以及各类政治人物在追逐权力方面的起落浮沉。政治实践和人类根本处境体现了马基雅维利学说的双重品格：经验品格和哲学导向。这种双重品格尤其体现在他对命运和政治–道德世界的理解上。

与他那个时代的学者一样，马基雅维利密切关注意大利的命运。他在《君主论》第26章里直陈意大利所处的绝境。"意大利仍旧缺乏生气，她等待一位人物来能够医治她的创伤和制止伦巴底的劫掠以及在那波利王国和托斯卡纳的勒索，并且把长时期抑郁苦恼的恨事消除。我们看到她怎样祈求上帝派人把她从蛮族的残酷行为与侮辱中拯救出来。"[1]马基雅维利在这里虽有讨好美第奇家族而夸大意大利对伟大人物的需要之嫌，但是他以冷峻的表达揭示出当时的意大利已经沉沦到了一种需要卓越德性人物的处境，这种处境甚至比希伯来人受奴役更甚，比波斯人更受压迫，比雅典人更加流离分散，"既没有首领，也没有秩序，受到打击，遭到劫掠，被分裂，被蹂躏，并且忍受了种种破坏"[2]。这个时候的意大利已经被命运巨轮压在其轭下了，已经被命运女神抛弃了。

马基雅维利对意大利命运的感慨与他在世界历史的视域里观察命运女神之威力时的感慨是相似的。在马基雅维利所描述的命运女神的宫殿里，到

---

[1][2]　Machiavelli, The Prince, in *Machiavelli: The Chief Works and Others*, Vol.1, 1989, p.93.

处都是一幅幅画卷,这些画卷叙述着使她获得无比荣耀的那些胜利。这些胜利就是她对历史上各个国家的统治, 从埃及人到亚述人, 从米底人到波斯人,从波斯人到希腊人……命运女神支配着皇冠的归属,这些国家的辉煌和分崩离析都是她的杰作。"此处我们看到它们曾经是何其的辉煌/高贵、富有和强势;而到末了又是/命运将它们变成敌人的猎物。"[1]命运女神对政治世界的统治构成了漫长的历史画卷,在这幅有序的画卷里,可以看到各个城市和王国对整个世界的统治权威的强盛与衰亡。在第一幅画卷里,"我们看到很久以前在埃及国王的统治下/ 整个世界都已被征服/以及在长久的安宁里/这整个世界都服膺于他"。在罗马那里,"我们看到了罗马帝国那高贵而神圣的伟业/然后又看到整个世界/随着它的衰亡而分崩离析"[2]。由此可见,马基雅维利对意大利命运的感慨背后不只是呼吁德性卓越的伟大人物将意大利从蛮族手中解放出来,其中所隐藏的还是希望在这个伟大人物的带领下,意大利获得命运女神之青睐,能够使整个世界都服膺于他,正是这使得马基雅维利要在罗马长久不坠的伟业中寻找到解救意大利的药方。

意大利的绝境是马基雅维利关注命运的主要原因, 他在二者之间建立的这种关联正好提供了从他的命运概念去理解其政治和道德世界的进路。马基雅维利的命运概念在很大程度上影响了他对政治和道德世界的理解,从而使得他的政治和道德世界呈现出一幅完全不同于古希腊和基督教的政治图景。这就需要在思想史上去厘清马基雅维利的命运概念,而实际上也只有借助思想史才能明白马基雅维利的命运概念之于政治和道德世界究竟有何种意义。

西方思想史不同阶段对命运概念的诸多理解, 已经指出命运不只是有关于她自己的各种隐喻,她本身就是这个政治世界的隐喻。这些各种不同的表述始终保持命运的核心要旨,也即命运的变化莫测。没有人会预见命运能给自己带来什么,无论命运女神是手持象征富裕之羊角的善意女神,或是上帝神恩的残酷的代理人,还是一面温顺一面狂暴的老巫婆,命运对人类事务

---

①② Machiavelli, "Tercets on Fortune," in *Machiavelli:The Chief Works and Others*, Vol.2, 1989, p.748.

的影响都是难以预见和完全战胜的。作为一种现象而言,人类事务与世界历史充满了不可预见性。我们生活在一个不可预测的世界,这是在政治学说里引入命运概念的最大启示,也是理解权力关系的新钥匙。政治世界里的权力以及相关事务具有不可预测性。马基雅维利将命运的偶然性领域纳入政治世界,以说明政治世界充满各种变化,同时强调以审慎德性和审慎政治秩序去对抗偶然事件。这幅图景的深层含义在于:"这种不断的变化采取了抗争的形式,持续不断的冲突是政治生活永恒的情境。"①

实际上,从古希腊城邦政治学到马基雅维利的政治学说,都有着关于政治世界的这种表述。柏拉图的洞穴隐喻充分表明人类生活于其中的是一个现象的世界。火光投射在洞壁上的阴影是幻象,属于可见世界。火光以及地面上的阳光所隐喻的是真理,属于可知世界。前者是许多人日常生活的常态,后者是要花很多的努力才能看见。柏拉图对这两个世界在多个方面的对比都表明了可见世界是关于意见的政治世界。②这个世界里看不到永恒的东西,是一个变化的世界。柏拉图并不赞许那些通过预测影象前后顺序而在可见世界获得成功的人,"那些敏于辨别而且最能记住过往影象的惯常次序,因而最能预言后面还有什么影象会跟上来的人还得到过奖励"③。柏拉图指出,可见世界里的奖励来自对事物的准确预测,这恰好说明可见世界是难以预见的。因此,正如波考克所指出的:"如果以权力为中心的人类关系世界里所发生的事情,全都是那些最不可预测的却又是我们最为渴望去预测的事情,那么,命运女神的政治象征可以代表柏拉图的现象世界,由我们的感觉和欲望所创造出的影像,我们在其中只能看到具体的事件相继发生,却无法看到赋予它们现实性的永恒原则。"④柏拉图在《理想国》里虽然没有用到命运的概念,但是他将可见世界描述成一个充满变化的缺乏永恒原则的现象

---

① Felix Gilbert, *Machiavelli and Guicciardini: Politics and History in Sixteenth-Century*, Princeton University Press, 1965, p.195.

② 参见[古希腊]柏拉图:《理想国》,郭斌和、张竹明译,商务印书馆,2002年,第276页。

③ [古希腊]柏拉图:《理想国》,郭斌和、张竹明译,商务印书馆,2002年,第275页。

④ Pocock, *The Machiavellian Moment: Florentine Political Thought and the Atlantic Republican Tradition*, Princeton University Press, 1975, p.38.

世界,这与古罗马道德学家、波爱修斯以及马基雅维利对命运影响下的人类世界所作的解释在变化这方面具有一致性。

然而柏拉图和波爱修斯命运观下的政治世界完全不同于马基雅维利的。在柏拉图看来,只有少数人才能从洞穴到上面世界并在上面看见东西,这个上升过程隐喻的是灵魂上升到可知世界的过程①,从人事的世界到真理的世界。影象和幻象的世界并不可靠,唯有把握可知世界里的善理念,人类在可见世界里的行为才是合乎理性的。善的理念是在可知世界里最后看见的,而且是要花很大的努力才能最后看见的东西。"它是一切事物中一切正确者和美者的原因,就是可见世界中创造光和光源者,在可理知世界中它本身就是真理和理性的决定性源泉;任何人凡能在私人生活或公共生活中行事合乎理性的,必定是看见了善的理念的。"②若没有看见善的理念,私人生活或公共生活是难言合乎理性的。这个结论至少包含着两项具体主张:私人生活或公共生活在缺乏善的理念下,是没有合理性的,而只是缺乏永恒原则的现象世界;私人生活或公共生活应当是合乎理性的,因而需要看见善的理念。在柏拉图看来,政治的现象世界虽然充满变化和不可预测性,但这个世界需要与可知世界相关联,道德的知识要把握的是可知世界里的善理念,并以此来指导充满欲望的现象世界。波爱修斯使用了命运概念,并以之为上帝判决在俗世的代理人,比喻世俗世界的苦难与变化莫测。就此世看来,命运的支配是盲目的,但是对上帝的信仰会看到作为上帝计划一部分的一切命运都是好运。波考克指出,正是从波爱修斯所使用的"命运"中,"我们看到西方视域中深刻的政治本质的一部分:感官幻象的现象世界同样也是人类城邦的政治世界"。政治世界的不可预测性和时间性,是由于我们没有看见这些事件所属的永恒现实性。③可见,无论是在柏拉图还是波爱修斯那里,命运所象征的不可预见的政治世界,要求诉诸道德知识和信仰来看到事件的真实性和合乎理性之处。

---

① 参见[古希腊]柏拉图:《理想国》,郭斌和、张竹明译,商务印书馆,2002年,第276页。

② [古希腊]柏拉图:《理想国》,郭斌和、张竹明译,商务印书馆,2002年,第276页。

③ See Pocock, *The Machiavellian Moment:Florentine Political Thought and the Atlantic Republican Tradition*, Princeton University Press, 1975, p.38.

对于马基雅维利而言,情况并非如此,他并不希望从可见世界上升到可知世界。他始终不相信命运能够被征服,政治世界也无法逃脱命运的支配,公共生活与私人生活一样充满各种人类能力难以预见的变化。然而,他并没有乞灵于哲学或信仰去宽慰命运对此世的狂暴支配,以寻求听从命运从而超越此世的苦难。弗拉纳根概述了两大命运观念:内在的(immanent)和超越的(transcendent)。"在内在的命运概念里,人类与命运的抗争是一个封闭的行为领域。它假定每个人都想要有好运,虽然他们所想象的大为不同:健康、财富和友谊,等等。每个人都遵循命运的规则,而他们的成败在于是否获得命运所能赋予的那些奖赏。德性,也就是人类所持有的能力,是命运的对手;强健和精明虽然无法永远确保成功,却能够使一个人在与善意女神对抗时获得更多的机会。这个人从来不会去追问他为何要为了获得命运女神的青睐而去奋斗。一旦他问了这个问题,那就是另一个命运概念了。在这里,并没有一个很好的理由能够说明一个人为何要为命运女神的奖赏去奋斗。还有其他善,譬如心灵和灵魂的善,这些并不在命运女神的权力范围之内。这种见解是苏格拉底学说的核心:承受不正义比行不正义之事要好。如果一个人拒绝作恶,那么即便他承受着最糟糕的命运也是快乐的。总而言之,他能够通过拒绝加入命运女神的游戏,而能够超越她。"①内在的命运概念假定人们的获取愿望,希望能从命运那里获得自己所想象的好运和善,从而需要直接与命运女神相对抗;而超越的命运概念虽然也默认命运女神对人类的善恶具有重大的影响,但是却不认为命运女神所奖赏的那些善值得去奋斗,从而转向内心的沉思和追求灵魂上的高尚。晚期斯多葛主义转向内在的价值与波爱修斯来自哲学的慰藉以不同的方式超越命运女神,前者直接从命运女神的权力范围之内撤出,而波爱修斯则认为一切命运都是好运。

马基雅维利与他的古罗马前辈们极为相似的是,要以积极的行为和强健的德性去取悦甚至征服命运。马基雅维利关于命运多个转轮的隐喻,呈现的反而是一个不断在转轮之间跳动的人物形象,"马基雅维利的这个冒险者,不停地从一个转轮跳到另一个,从来不会停下来思考他的奋斗有何目

---

① Flanagan, "The Concept of Fortuna in Machiavelli," in *The Political Calculus: Essays on Machiavelli's Philosophy*, Anthony Parel ed., University of Toronto Press, 1972, p.143.

的。他的计划和欲望完全被命运女神制定的规则所限定"①。可见,马基雅维利的命运概念可以归为内在的,那个主宰人类事务沉浮的命运女神永远是人们努力的对象,人们竭尽全力去取悦或征服她从而获得她的青睐。内在的命运概念预示的是人在此世的积极行动,而非沉思生活。政治生活因而是实现个人的计划和欲望,并以积极的行动直接面对命运女神所制定的必然性和偶然性。马基雅维利内在的命运概念之下的政治世界并不需要在可知世界看到善的理念以及诉诸上帝看见永恒的世界。

同时,马基雅维利命运观视域里的政治世界与古罗马的政治世界也有所不同,这源于二者对命运女神与善恶来源之关系的不同理解。前文已提及,古罗马普遍将命运女神视为善意女神,能给罗马人带来礼物的女神。虽然也有罗马人提议要对命运女神保持敬重之心,但她却是他们友好的盟友。总体而言,命运女神是善的来源。但是在马基雅维利那里,命运女神不仅会带来好运和厄运,而且她的奖赏完全是不公平的,不具有任何正当性。命运女神从没有鼓励扬善抑恶,"善的,她踩在脚下/恶的,她捧若星辰/她的诺言,未见兑现过"。她对善的分配根本没有公正可言,"国家和王国,任由她主宰浮沉/她从正义的人那里夺走好的/却将它给了不正义的人"。配得与否完全不在她的考虑范围当中,"这个变化无常的女神/总是将皇冠给了那些不配得到的人/而那些配得到的人却永远空着手"。马基雅维利几近痛苦地意识到命运的支配既缺乏同情心,也没有章法(law)和正当性(right)。②国家和王国的皇冠代表着权力的归属,而这是由变化无常的女神在随意分配。因此,政治世界里的权力以及国家的稳定和辉煌具有明显的不可预测性,而且权力的归属很难说具有道德上的正当性。马基雅维利以残酷和无常的命运隐喻揭示出政治世界里的严峻和冷酷,这在很大程度上构成他区分政治与传统道德的背景知识。然而,他对命运在权力和善方面的不公平分配所做的指责,却也表明他并没有抛弃道德。马基雅维利一方面承认和接受命运女神的残酷,另一方面却对此表示不满;他看到了命运女神所支配下的人类处境不仅

① Flanagan, "The Concept of Fortuna in Machiavelli," in *The Political Calculus: Essays on Machiavelli's Philosophy*, Anthony Parel ed., University of Toronto Press, 1972, p.144.

② See Machiavelli, "Tercets on Fortune," in *Machiavelli: The Chief Works and Others*, Vol.2, 1989, pp.745–746.

是变化莫测的,而且是不公平的。他的这种双重认识也使得他在理解政治行动乃至人们应该如何生活的问题上,也总是对道德持有含糊而微妙的态度。

马基雅维利的命运女神并不是一个伦理的概念,他与古罗马的善意女神和波爱修斯的上帝代理人有着很大的区别,虽然方式不同,但这两者都暗含着命运能引导人们向善。马基雅维利的命运女神没有为人类提供善的目的,也无法引导人们在哲学和信仰的帮助下趋近于那个可以看见善本身的可知世界或看见永恒的彼岸世界。马基雅维利以昼夜不息的转轮、肆无忌惮的洪流以及两面性的女神来表述命运,而他的道德和政治世界则是命运这个象征符号所隐喻的一切,充满变化和不公却渴望被征服。这并不代表着马基雅维利认为德性的完美和精神上对永恒的信仰不重要,也不意味着他要去反对波爱修斯式的超越性思考,而只是表明他更愿意揭橥命运作为人类对手的政治和道德意义。命运女神使得这个世界变动不居,却也由此为人类重新建立起良好秩序而彰显其能力和独立性提供了机会。

论马基雅维利的"自主性"国家

张　弛*

　　"从古至今,统治人类的一切国家,一切政权,不是君主国就是共和国。"
在这句引领《君主论》第 1 章的论断中,马基雅维利用表面上的二元结构打
破了政体分类的局限,将国家定性为超越具体制度设计的独立存在物,而这
必然会引发关于"国家"(state)内涵的讨论。正如赫克斯特发表于 20 世纪 50
年代的一篇著名文章指出的,《君主论》当中的"lo stato"还不完全具备现代国
家的含义,它分别指代过"领土""被统治对象"、君主掌控的"政府机制"、君
主的"统治地位"等诸多内容,其中最重要的含义即君主命令人民所必要的
工具和手段。《君主论》一共出现了 115 次"lo stato",其中有 35 次作为"获取"
"维持""保有""夺走""失去"5 个攫取性动词的宾语或被动语态使用,因此,
它还不是独立的行为主体。[1]

　　在思想史上,绝非只有马基雅维利一人站在"工具化"的立场去理解国
家,而且这种理解已成为现代政治理论的一个重要范式。然而,"工具化国
家"的"专利"如今却属于别人。赫克斯特也曾指出,有一位 19 世纪的巨匠对
待"国家"的态度与马基雅维利基本一致,只不过此人用"统治阶级"替换了

　　* 张弛,中共中央党校党建教研部副教授。

　　[1]　See H.Hexter, "Il principe and lo stato," *Studies in the Renaissance*, Vol.Ⅳ, 1956, pp.450–
451,444–449.赫克斯特在本文中统计的《君主论》中"lo stato"的总数为 114 次,但作者在将此文收入
文集(*The Vision of Politics on the Eve of the Reformation*, London, 1973)时修改为 115 次。

马基雅维利的"君主"充当国家的主人。①显然,这个人正是卡尔·马克思。20世纪60年代以后,马克思主义关于"国家是阶级统治的工具"的观点遭遇了"国家自主性"理论的强力挑战,这种理论倾向于将国家理解为具有独立利益倾向,能够主导政治行为的主体。②这场挑战极大地改变了政治社会学的理论范式,却并不能从根本上动摇马克思主义的思想根基,因为"阶级斗争"的抽象视角遮蔽不了马克思对历史表征的观察。事实上,他从未忽略"自主性"国家的客观存在。在他的史学名著《路易·波拿巴的雾月十八日》当中,马克思将当时法国的国家形容为"高高凌驾于社会之上",是"可怕的寄生体"。③他指出,现代国家的行政权拥有足够的攫取能力,生而倾向于夺取原本由统治阶级掌控的立法权,所以,"帝国是在当资产阶级已经丧失治国能力而工人阶级尚未获得这种能力时,唯一可能的统治形式"④。与当代持国家自主性观念的学者最为根本的分歧在于,马克思认为,即使国家天然具有自主性的倾向,可是一旦自主性被释放出来,就意味着国家脱离了统治阶级的掌控,那是偏离了"理想类型",由特定历史变量引起的异常情况。既然马基雅维利在多重意义上使用了"国家"一词,他是否也留下了另一只眼睛,在讨论国家的工具性的同时,也意识到它的自主性呢?

一、"工具性"国家与"自主性"国家

马克思于19世纪关注的问题,在15世纪至16世纪之交,即现代国家发源的那个时代也应具有等同的意义,因为这牵涉到关于国家基本属性的争论。就备受马基雅维利所重视的现实问题而言,"自主性"是不应该缺位的。比如在有关战争的讨论中,国家总是被当作独立的行为主体对待;再例如,马基雅维利曾经指出,君主应该以不同的方式对待平民和贵族,从而将附属于君主的"国家"抽离于具体的社会阶层之外,国家已经与民众相分离,

---

① See H.Hexter, "Il principe and lo stato," *Studies in the Renaissance*, Vol.Ⅳ, 1956, pp.459–460.

② 关于二战后国家自主性理论的大体情况,参见[美]西达·斯考切波:《国家与社会革命》,何俊志、王学东译,上海人民出版社,2007年,导论第3节。

③ 《马克思恩格斯全集》(第17卷),人民出版社,1962年,第357、584页。

④ 同上,第357页。

只不过它还必须屈从于君主的意志,国家是中立的,却还不是自主的。既然共和国驱逐了君主,即废除了国家的"主人",那么国家相对于社会的中立性在共和制下就有可能进化为具有独立意志与独立利益的自主性。

由此可以推断,马基雅维利的《李维史论》可能闪烁着自主性国家的身影,这是赫克斯特疏于考证的文本。如果事实真的如此,又当如何理解"工具性"与"自主性"两类国家彼此的关联呢? 其实这一问题不过是关于君主国与共和国关系的另一种发问。马基雅维利习惯于观察政治生活的变迁。相对于各种政治要素的固定属性,他更加关注由这些要素引起的变迁规律。"政治发展"的时间轴成了马基雅维利平衡国家的"工具性"与"自主性"的另一维理论空间。我们可以大胆地假设,在他讨论君主国的时候,国家不过是君主统治臣民的工具,可一旦君主国演变为共和国——主要是他的观测样板罗马——君主的个人意志将被共和国的"体制"或"法律"取代。于是共和国至少获得了法理形态上的自主性。不过,这样的理解显然与当代的国家自主性理论存在着不同的侧重点,因为现代国家的早期形态恰恰是君主制的绝对主义国家。正如马克思指出的,国家自主性的首要标志乃是以国王为代表的、具有强大扩张能力的行政权。马基雅维利显然不这么理解,他认为,国王不过是有血有肉的个人,他自身的强大人格会冲淡国家行为的客观性与公共性。于是《君主论》索性将"国家"刻画为非人格化的、没有灵魂的、消极的、非能动性的客体,屈从于君主本人的意志。

正如马克思根据阶级斗争和阶级统治建构的国家观念遭到了国家自主性理论的挑战一样,马基雅维利在《君主论》中刻画的工具化国家也被兴起于 16 世纪晚期的主权理论阻挡在政治思想的主流之外。形形色色的主权学说皆或明或暗地认可国家具有属于自身的"意志""利益"和"力量"等内容,在这个意义上,主权本身就代表了国家自主性。不过,马基雅维利的思想也不是孤立的,根据斯金纳发表于 1989 年的一篇文章可知,《君主论》其实代表着当时政治理论的一场转向,它成功地实现了"国家"与"人"的二分,而众多的共和主义者也参与了这场思想变革。他们已经习惯于用 state 表达独立的、非人格化的政府机制,一改"公民团体"的传统观点,区别对待"国家"与

"人民"。①

不过,整整 20 年后,斯金纳在他的新一篇关于 state 的概念史论文中,提出了看似大相径庭的结论。根据他整理的文献可知,自博丹的主权论提出之后,欧洲思想界兴起了关于国家的"身体"隐喻。例如,詹姆斯一世宣称,统治者是国家的头脑,服从于主权者权力的群众构成了国家的躯干;伯宁(Calybute Bowning)将英国国王视为整个国家身体的头颅,拥有"至高的权力";海沃德(John Hayward)认为失去了政府的国家将成为没有头领的乌合之众。②即使如亨利·帕克(Henry Parker)这样著名的立宪理论家也习惯于用"身体"类比国家。帕克指出,国民的联合构造了整个国家,英国的国家就是一具身体。然而帕克拒绝了绝对主义者将国王当作国家身体首脑的看法,在他看来,国王只是国家的长官,国家可以代表自身来行动。③不过,无论是绝对主义者还是立宪主义者,都在不经意间赋予了国家以自主性,只不过立宪主义者意在彻底废除国王的私人人格,而绝对主义者则力图将这种私人人格改造为国家专属的人格。

关于国家的身体隐喻代表着自 15 世纪至 16 世纪以来, 人文主义与经院哲学政治观念上的一次重要合流。视城市为"公民团体"的思潮构成了 15 世纪意大利人文主义的基本政治观,公民组成的"体"亦被赋予道德上的优先性。在这个过程中,西塞罗与亚里士多德式的概念如 politic(政治)或 republic (共和国)占据了人文主义政治思想的核心,它们代表了对法律的尊重,需要公民之间的友爱、平等、团结,倡导节制、勇敢、审慎、正义诸美德加以维系。④相反,城市中的"大人物"与普通公民之间形成的"权势"(state)关系是不具有正当性的。例如,阿尔伯蒂在《论家庭》一书中就彰显了坚守公民信念的"政治人"(politician)与"权势人"(man of state)之间的对立,后者代表了

---

① Quentin Skinner, "The State," in *Political Innovation and Conceptual Change*, Terece Ball, James Farr and Russell L.Hanson eds., Cambridge University Press, 1989, pp.91–102.

② See Quentin Skinner, "A Genealogy of the Modern State," *Proceedings of the British Academy*, Vol.162, 2008, pp.328–331.

③ Ibid., pp.337–340.

④ 关于"政治"与"权势"两套话语系统在文艺复兴时代的情况,参见[意]莫瑞兹奥·维罗里:《从善的政治到国家理由》,郑红译,吉林人民出版社,2011 年,第 94~104 页。

那些渴求权力与高高在上的优越感,进而妄图奴役普通公民的人物。①随着16世纪以来共和制的没落,人文主义思潮也经历了"现实化"的转向,"国家理性"的兴起与塔西佗著作的流行表明:高尚的道德并不足以维持城邦,"公民体"只能依靠外在的力量而存在。有着人文主义法学背景的博丹就指出:"构成城市的不是城墙也不是个人,而是在政府主权控制下的公民联合。"②

经院哲学在这一时期的转变同样推动了身体隐喻的流行。亚里士多德主义原本带有浓厚的自然主义色彩,即自然事物生长的目的在于显示它自身的性质,而城邦正表现了人类至善的本性。城邦源自人类生活的发展,是人类各种社会团体自然生长的最终形式,所以说,人类是趋向于城邦生活的动物。城邦的善来自人性,它并非外在于人类社会关系的准则,而是普遍于每一个人内心深处最完美德行的放大。经院哲学家在亚里士多德思想的基础上,发展出普遍人类共同体(universitas)的观念。按照阿奎那的观点,人同时是"政治"与"社会"的动物。然而,16世纪以来的新经院哲学家们,如维多利亚、苏亚雷兹等人,逐渐将国王代表的政治权力从人类共同体中分离而出。他们认为,人天然倾向于组成共同体,但国王却是个人权力与权威让渡之后的结果。③虽然新经院哲学家没有放弃自然主义的论说逻辑,但是主权者的属性被涂抹了浓厚的人为色调,成为人类共同体得以维持的外在力量。

总之,在16世纪至17世纪,受主权理论影响后的"国家"与共和主义理论家们理解的"国家"含义不尽相同。按照斯金纳的看法,马基雅维利与共和主义理论家区分了"共和国"与"人民",却没有区分"共和国的权力"与"人民的权力"。④国家要么属于君主,要么为人民所有,是没有自主性的。相反,在

---

① 参见[意]莫瑞兹奥·维罗里:《从善的政治到国家理由》,郑红译,吉林人民出版社,2011年,第97页。

② Quentin Skinner, "A Genealogy of the Modern State," *Proceedings of the British Academy*, Vol. 162, 2008, p.328.

③ See Franciso de Vitoria, "On Civil Law," 1.4–1.5, in *Franciso de Vitoria Political Writings*, Anthony Pagden and Jeremy Lawrance eds., Cambridge University Press, 1992; Suarez, "On Law and God the Lawgiver," III, ii, 1–3, in *Selection of Three Works of Fransico Suarez*, G.Williams ed., Oxford: The Clarendon Press, and London: Humphrey Milford, 1944, pp.372–374.

④ Quentin Skinner, "The State," in *Political Innovation and Conceptual Change*, Terece Ball, James Farr and Russell L. Hanson eds., Cambridge University Press, 1989, p.112.

主权理论的影响下,国家既然拥有自己的"身体",就理所当然地获得了"力量"。于是,"国家的权力"成了西北欧政治理论广为使用的概念,它标志着国家已经被视为拥有独立行为能力的主体。事实上,共和主义试图确保每一位公民都成为权力的主人,免于"至高权力"的统治,它从一开始就是与主权理论不兼容的。根据《查士丁尼法典》的解释,自由人享有自由,乃是因为他们处于自己的权力之中,而非处于他人的权力之下。①所以,自由在实质上要求公民动用自己的权力防止统治者权力的出现。相反,"主权"恰好意味着国家无论实行专制抑或民主,都具有抽象的、恒定的"力量"。在主权的前提下,国家的"统治"成了无法改变的常态。无论国家奉行何种政体,公民们都时刻面对着来自"至高权力"的威胁。况且,近代早期的主权观念抽象程度不够,它必须附着在单一可见的政治人物的身上,由其扮演"法人"的代理角色,这进一步强化了共和主义与主权理论的对立。尽管16世纪的人文主义者已经吸收了富有"权势"意味的"国家",却仍没有接受"至高权力"的观念。

主权理论将人民纳入国家的组成部分,利用"国民一体、君王为首"的"身体"隐喻迈开了构建抽象国家人格的第一步。马基雅维利提出了"非人格化的国家",主权理论则带来了相反的结果。②当君主化身为国家的"头颅",也就意味着他失去了自然的、私有的人格,成为抽象国家人格的形象化符号。为了延续"君主"的身份,充当主权者的那个人必须维持国家的存在;而为了借助政治权力满足自身的欲求,他只能永远躲在国家人格的面纱之后。"身体"的隐喻承认了国家的独立行动能力,不过,此时的"国家"尚处于虚拟的"自主性"状态。毕竟,"身体"只是喻体而非本体,用修辞术为国家彰显自

---

① 参见[英]昆廷·斯金纳:《霍布斯与共和主义自由》,管可秾译,上海三联书店,2011年,第2页。

② 斯金纳认为,整个共和主义理论中的"state"都体现出非人格化的特征。曼斯菲尔德对此作了批判,他把斯金纳的"非人格化国家"理解为与统治者和被统治者分离,在领土范围内确立最高权力的权威形式。他指出,马基雅维利的"state"并不比亚里士多德式的"政体"具有更多的非人格化特征,两者的区别在于:"政体"只能对应于一种不变的秩序,而"state"能容纳多种秩序,即共和制与君主制的相互取代,它们都可能属于同一个"state"。参见 Harvey C. Mansfield,"On the Impersonality of the Modern State:A Comment on Machiavelli's Use of Stato,"*American Political Science Review*,Vol. 77,1983,pp.849-857。然而曼斯菲尔德的独到见解不能构成对斯金纳的直接批评,因为斯金纳只是在概念的用法上指出共和主义者使用的"state"仅仅是政府的组织结构,不包括政治共同体中人的要素。而且斯金纳认为,马基雅维利没有构造出"国家的权力",这属于前主权学说的形态。

主性的论说表明,主权理论中的自主性意识还停留在想象状态,它并非逻辑化,更非实证化的理论体系。"身体"的隐喻将人民作为国家的躯干,意在化解现实中主权者与臣民的实质对立,否则国家就实在无法成为自主的主体。因此,16 世纪至 17 世纪各种关于主权的学说, 在凸显国家自主性方面的工作仍是不健全的,将君主化身为国家法人的设想多少有些简单化和理想化。在现实政治中,君主实存的独立人格常常会成为国家自身利益实现的障碍,所以君主总是希望让国家屈从于自己的意志, 而马基雅维利抓住的恰好就是这一现实的问题。

二、从"混合体"到国家:统治形态的转移

主权理论将人民形容为国家身体的躯干, 意在借用人民天然的公共性克制君主私人人格的壮大,防止主权沦为私权。马基雅维利不会去设计这样的包装,他并不介意把国家当成君主的私人工具。在他看来,国家的公共性问题只有在制度变迁中才有可能加以甄别, 所以他没有朝着君主身份法人化、公共化的方向努力。君主国天生属于君主,只有当君主国演变为共和国之后,公共性才是一个真问题。也许共和国确实找不到它的"法人",但这并不意味着共和国没有独立的利益取向。在马基雅维利的理论中,以制度安排体现的公共性直接关联着国家的自主性。

此外,马基雅维利的政治思想并没有离开"身体"的概念,例如,他曾经将城邦形容为能够通过新陈代谢的方式苗壮成长的生命体。不过, 城邦的"身体"在马基雅维利笔下并非隐喻修辞的喻体,而是真实的存在物,即由不同的人组成的"混合体"。在《李维史论》第 2 卷第 5 章中,马基雅维利指出,当身体聚集了大量多余的物质时,会自发地进行净化,而当人类的混合体充斥着太多的居民,产生了最严重的狡猾和邪恶后,它也会自我净化。① 罗马通过征服,使得自己的身体得到了苗壮的成长。到了第 3 卷的第 1 章,机体的新陈代谢被理解为德行上的自我更新, 共和国经常需要依靠良好的法律制度或某位杰出的、有德行的个人,将其回到原初的状态以克服腐败。正如人

---

① 参见[意]马基雅维利:《君主论·李维史论》,潘汉典、薛军译,吉林出版集团,2011 年,第 340 页。

的身体一样,混合体也会衰老直至腐朽。

必须明确的是,马基雅维利的"混合体"与"国家"不相一致。在涉及混合体的两章内容中,鲜有"国家"一词的出现。当然,与《君主论》相比,整部《李维史论》对"国家"的使用都极少,更多情况下它是作为"城邦""共和国"等概念的同义替换。所以,如果试图重复赫克斯特的工作,理清"state"一词在《李维史论》中的各种用法是徒劳的,但这并不妨碍理解马基雅维利国家观念的基本属性。在谈论"混合体"的健康问题时,马基雅维利指出,若城邦有良好的法律制度,可以借此回到初始状态以克服腐败;若是没有良好的法律制度,某个人的杰出德行也能够达到同样的目的。①由此可以推论,制度是否优良并非"身体"健康的充要条件,只要人不腐败,"混合体"仍是健康的。在谈论城邦的自我净化时,他索性用"复杂的机体"一词去定义"人类"。②由于该章是对前几章罗马征服周边城邦的总结,这里说的"人类"即生活在某个城邦中的人的总和。所以,构成"混合体"的只有不同的"人",法律和体制皆悬于"混合体"之外。它们表现了"混合体"的属性与特征,却不是"混合体"的组成部分。

"混合体"概念的提出,昭示着马基雅维利与人文主义和经院哲学思想的公开决裂。后两者都习惯于从"公民团体"的角度理解城邦,注重政治共同体中"人"的因素,而马基雅维利此时则把观测点对准了城邦内的民众而非制度。人文主义为公民赋予了极高的道德要求,经院哲学认为公民天然地就要过城邦生活,以期实现人的自我完善。但是马基雅维利显然要反驳这种论调。他在第 3 卷的第 1 章中使用了一个极为罕见的概念——"政治的或社会的组织体"作为"混合体"的同义词。③马基雅维利认为,如果硬是要把城邦理解为公民的集合体,那也只是通过制度安排的外力,绑束而成的人的集群。它很脆弱,需要培养公民后天的美德加以维护。美德不是人与生俱来的,更不是人的发展目的,城邦也不可能实现永远的至善,公民时刻都会遭遇腐化,城邦每隔一段时间就需要自我更新,公民拥有美德只是城邦实现更新的

---

① 参见[意]马基雅维利:《君主论·李维史论》,潘汉典、薛军译,吉林出版集团,2011 年,第 339~344 页。

② 同上,第 340 页。

③ 同上,第 443 页。

前提条件。虽然"混合体"的基本要素是人,它却依赖外在的制度保持着组织的机体状态。

既然人类是一种"混合体",它究竟由怎样不同的人混合而成呢?其实,马基雅维利的著作中只涉及两种人:渴望统治平民的贵族与渴望免于被统治的平民。马基雅维利坚决反对贵族对臣民的统治,换言之,他希望避免"混合体"内部出现统治关系,在这一点上他还保留着人文主义的观念。然而,这并不意味着马基雅维利反对一切统治形式。恰恰相反,《君主论》第1章的开篇已经说明,统治人类的一切国家不是君主国就是共和国,所以统治才是国家的常态。国家从"混合体"的外部施加统治,从而遏制"混合体"内部可能出现的统治。而且贵族统治平民的冲动是"良好的军队"与"良好的法律"的大敌,君主国与共和国的完善,都需要移除这一障碍。对于熟知古典政治思想的人文主义者来说,"统治"一词并不适合于共和国。亚里士多德认为,"统治"是主人在家庭中对奴隶的关系,这显然与罗马法定义的"自由"生活背道而驰。马基雅维利要求阻止贵族统治平民的观点,隐现着避免公民团体内部出现统治关系的古典价值,而他对国家统治民众的认可,又超越了古典价值。共和国与君主国在本质上是一样的,它们与人民的关系都是统治关系。君主国被君主掌控,"统治"行径尚且属于人格化的行为;共和国在没有明确"法人代表"的前提下还能实行统治,它就具备了相对于"社会"(经院哲学的话语)或"人民"(人文主义的话语)的自主性。这意味着,共和国的国家与民众之间存在着时隐时现的紧张状态。共和国的权力是其独有的,而非人民权力的简单转换,它属于一套复杂的政府机器,马基雅维利称之为"体制"或"法律"。实际上,共和国用"体制"(或"法律")与公民的对立取代了君主与人民的对立。

> 在罗马,控制公民的是政府体制,确切地说是城邦体制,此外还有法律以及官员。城邦体制是人民的权力、元老院的权力、保民官的权力、执政官的权力,竞选官员和任命官员的方式以及制定法律的方式。①

---

① [意]马基雅维利:《君主论·李维史论》,潘汉典、薛军译,吉林出版集团,2011年,第203页。

　　在这段话中,他明确了体制对公民的"控制"关系:前者不再是人民的工具,反而将"人民的权力"等一系列具体的权力吸纳为自身的一部分,公民被置于权力的客体地位。马基雅维利还曾指出,在塔克文统治罗马的时代,贵族出于对他的畏惧而受到制约,当塔克文不在时,就需要一种新的体制来发挥塔克文"统治"的功效。①在谈论罗马两位军事将领曼利乌斯和瓦勒里乌斯不同的带兵之道时,马基雅维利指出,瓦勒里乌斯治军仁慈,让军人仅遵守通常的习惯,这样军人若是受到了惩罚,只会归咎于法律和规章制度,而不会归咎于"君主"。②这里的"君主"实际上是指将领,后者被马基雅维利视为共和国中的君主因素。无论在怎样的语境下,"体制"或"法律"俨然成了君主统治人民的替代物。它们与君主的唯一不同在于所拥有的公共属性。比如,当暴力由私人运行时,这是"毁灭自由政体的力量",只有通过体制的运行才能少有或没有混乱;体制"有其确切的范围,不会越界做出可能毁灭共和国的事情"。③

　　虽然马基雅维利将"公共利益"置于价值体系的核心位置,但是马基雅维利完全否认了人民天然代表公共利益的思想。当谈到人民的反抗时,他认为那只是"私人对私人的伤害"。所以,除了君主或某个野心家的力量外,人民的力量也可能成为"私人的力量"。只有法律所表达的制度形式才能作为公共福祉的唯一主体,正如法律消除了君主的为所欲为一样,人民也不能超越法律发泄自己的愤怒。④共和国通过体制过滤了人民的意志,将人民的权力"异化"为国家自身的力量。显然,并非所有的共和国都能实现权力运作的制度化。例如,佛罗伦萨的人民就可出于对独裁者的不满而暴动,雅典更是让人民直接去行使权力。这两个共和国以不同的形式满足人民对权力的要求,但也都在很短的时间内终结了各自的共和政体。⑤所以,马基雅维利坚信,公共福祉的实现全然取决于权力运作的制度化水平,他在共和国的框架

---

① 参见[意]马基雅维利:《君主论·李维史论》,潘汉典、薛军译,吉林出版集团,2011 年,第 155 页。

② 同上,第 519 页。

③ [意]马基雅维利:《君主论·李维史论》,潘汉典、薛军译,吉林出版集团,2011 年,第 168 页。

④ 参见[意]马基雅维利:《君主论·李维史论》,潘汉典、薛军译,吉林出版集团,2011 年,第 168 页。

⑤ 同上,第 168、152 页。

内,开启了从"人民权力"向"体制权力"的过渡。当然,这一过渡远没有真正实现。因为无论体制的权力具有多高的独立性,它仍脱离不了人的意志的影响,仍然不是现代国家意义上的"主权"。但是法律本身具有的客观地位能够最大限度地化解人民意志的主观性。例如,罗马的指控权使得"公民根据法律受到压迫"[①],表面上人民在操纵制度,实际上制度在规训人民。

三、"自主性"国家的演生路径

从《君主论》开始,马基雅维利就倾向于集合不同的权力要素,探究整个权力系统与人民的动态博弈。这是相关的主权理论所缺失的洞见,它们的目光常常锁定在"主权者"的身上,相对忽略了围绕在主权者身边的制度设计对权力运作的影响。在马基雅维利看来,君主的身份是有可能丧失的,掌握了国家的君主远不如被君主控制的国家更值得关注。《君主论》放弃国家人格的意义在于,君主始终无法摆脱其自然人的身份,失去了国家就意味着一无所有甚至遭遇杀身之祸。通过这种方式,马基雅维利凸显了政府机制在权力运作中的实际角色。反之,主权理论用"主权"的公共特征覆盖了主权者的私人人格,用国王一人代表了权力系统的一切,主权者简单地被等同于政府。这一理论误区直到卢梭的"人民主权理论"出现后,才以区分政府与主权者的方式修正。在这之前,马基雅维利通过强调君主与国家的界限以图避免含混,于是他笔下的君主国表现出公共性方面的严重短缺。马基雅维利对此并不在意,因为根据他的"政治发展"理论,君主国原本就是国家演进过程中的低级形态(或共和国腐败后的形态),优良的君主国应该成长为伟大的共和国,在驱逐了君主的人为因素之后,共和国的各种权力要素无一不具有鲜明的制度色彩。

共和国用体制或法律取代了君主,从而将原先外在于国家的权力意志以制度化的形式纳入国家之中。罗穆卢斯建立的王政孕育了罗马共和国,这段史实为马基雅维利铺垫了政治理想国的衍生路径,即良好的共和国脱胎

---

① 马基雅维利通过罗马的指控权对比佛罗伦萨出现的暴乱。参见[意]马基雅维利:《君主论·李维史论》,潘汉典、薛军译,吉林出版集团,2011年,第168页。

于良好的君主国。《君主论》的一句名言精到地概括了二者之间的承接关系："如果没有良好的军队,那里就不可能有良好的法律,同时如果那里有良好的法律,那里就一定会有良好的军队。"通过组建军队来维持国家是君主的任务,因为暴力构成了一切强制力的来源,所以,《君主论》"不讨论法律问题而只谈军队问题"①。后者作为共和国的话题成了《李维史论》讲述的重点。马基雅维利认为,罗马共和国的创立来自罗马人对国王的驱逐,而它的完善则得益于平民与贵族的争斗。但是他反复强调共和国从未清除君主制度的基因。王政可能会因君主的软弱或邪恶陷入危险,罗马人通过设置执政官克服了这个危险,但他们"驱逐的是王的称号而非王的权力";共和国的组建正需要"一人独自的担当"②。通过保留君主所使用的权力和暴力,共和国从未改变国家的"统治"形态与攫取本质。

如果说君主国是共和国的种子,那么并非所有的君主国都能成为良种。因为"再没有比着手率先采取新的制度更困难的了,再没有比此事的成败更加不确定,执行起来更加危险的了。这是因为革新者使所有的旧制度之下不顺心的人都成为敌人了,而那些在新制度之下可能顺心的人却成为半心半意的拥护者"③。因此建立新制度的人必须掌握武力,才可能推行新的法律。可是,仅凭武力却不足以确保新的制度能够朝着共和国的方向演进。《君主论》当中的四位伟大君主——摩西、居鲁士、提修斯和罗穆卢斯在建立军队之后腾出手来开创了良法,可最终只有提修斯的雅典和罗穆卢斯的罗马告别了王制,而雅典又因为人民直接行使权力成了马基雅维利的批判对象。

罗穆卢斯建立的罗马是人类历史上仅存的"良种",虽然它的共和体制脱胎于人民对国王的驱逐,完善于平民对贵族的抗争,但是罗穆卢斯建国时的制度设计对于共和国的诞生仍然发挥着举足轻重的作用。抛开暴力因素不谈,君主国与共和国分别承担着开创与维持两类不同的角色:"如果君主在制定法律、建立良好的政体以及规定新的法令和制度方面优于人民,那么人民在维护那些被规制好的事务方面如此优于君主,以致他们无疑获得了

---

① [意]马基雅维利:《君主论·李维史论》,潘汉典、薛军译,吉林出版集团,2011年,第46页。

② 同上,第152、174、208、209页。

③ 同上,第22页。

和那些规制它们的人同等的荣耀。"①罗马的好运在于,身为国王的罗穆卢斯"自己保留的仅仅只是当决定打仗时统领军队,以及召集元老院的权力";罗马人建立了共和国之后,"只是以两个任期一年的执政官取代终身制的王。这证实了该城最初的所有制度更符合一种公民的且自由的政体,而不是一种专制和暴虐的政体"。②因为罗穆卢斯,共和国丝毫没有改变王权原有的属性,这恰好对应了《君主论》当中的一句看似夸张的说法:"君主除了战争、军事制度和训练之外,不应该有其他的目标、其他的思想,也不应该把其他事情作为自己的专业,因为这是进行统帅的人应有的唯一专业。"③这句话所要表达的不正是罗穆卢斯的所作所为吗? 只有君主专注于军事事务,他的国家才有可能演变为完善的共和国! 马基雅维利理想的"政治发展"路线由此更为清晰地跃然于纸上,法国的例子恰好能够佐证这一点。

"法国是我们这个时代里组织得最好、统治得最好的王国之一。"④如果简单罗列马基雅维利关于法国的尖刻评论,此言简直如同反讽。他曾批评法国人不懂政治,为法国人改用雇佣兵而感到遗憾⑤;他发现,长期征战、战将如云的法国军队,却被英国国王带着一帮没打过仗的人民击败;他还不忘讽刺法国军队涣散的纪律,他们最初作战勇猛,"后来却连女人都不如"⑥。与这些苛责相比,马基雅维利最严厉的批评来自同土耳其的对比:由于法兰西的国王需要贵族的爱戴,而贵族又拥有特权,占领这个国家容易,维持它则很困难。反之,土耳其的君主把国家划分为若干州,所有的行政官吏都是君主的奴仆,这样的国家容易统治却不容易占领。⑦既然《君主论》是要教授君主如何维持自己的国家,那么统治如此不稳固的法国当然是彻底的反面教材。为何马基雅维利没有将那个时代"治理最好的国家"授予土耳其呢? 这是因为,法国的制度安排在某种程度上其实刚好符合马基雅维利的理想蓝图。其

---

① [意]马基雅维利:《君主论·李维史论》,潘汉典、薛军译,吉林出版集团,2011年,第306页。

② 同上,第152、175页。

③ 同上,第56页。

④ 同上,第75页。

⑤ 参见[意]马基雅维利:《君主论·李维史论》,潘汉典、薛军译,吉林出版集团,2011年,第13、54页。

⑥ [意]马基雅维利:《君主论·李维史论》,潘汉典、薛军译,吉林出版集团,2011年,第221、559页。

⑦ 参见[意]马基雅维利:《君主论·李维史论》,潘汉典、薛军译,吉林出版集团,2011年,第15页。

政体在他看来具有如下三大特征：第一，由于贵族和平民具有政治能力，法国国王比当时的任何国王都更受法律的约束；①第二，平民能够在三级会议中制约贵族；②第三，法国国王仍然是战争的统帅，而且他们往往亲自率军征战。马基雅维利是明确主张君主御驾亲征的，《李维史论》有言："一个君主，为了避免这种不得不带着猜疑生活或者忘恩负义的必然性，就应该亲自去远征。"③君主统帅着军队，法律约束着君主，平民反抗着贵族。如果综合检视法国政治体制的三大特征，不难惊异地发现，这么一个饱受马基雅维利诟病的国家，其制度安排居然比当时任何一个国家都更接近于王政结束前后的罗马！由此不妨大胆地猜测，如果说罗马几近于马基雅维利的"理想国"，法国则可谓"第二等好的国家"。

四、国民争利：军队与公民身份一致性的产物

由军队代表的国家的暴力属性表现了共和国对君主国的继承，共和国的体制与法律虽然不具有明显的人格，但是它没有改变国家对公民的统治关系。关于共和国法律与体制的强制力，斯金纳认为，它在逻辑上并不与马基雅维利的自由相对立，因为强制只会让公民以"井然有序的方式"来行动，这有助于自由观念的维系。④然而斯金纳却回避了问题的要害：马基雅维利的法律（或体制）究竟代表了人民主体授权后的一种"公共利益"，还是代表了国家自身的利益？对于这个问题，马基雅维利的答案是明确的，君主国与共和国都有攫取社会资源的倾向与能力：君主国的自主性程度很低，与民争利的能力却很强；共和国的自主性程度很高，自身利益的实现却遭遇了更大的障碍，因为军队在两种政体中扮演了截然不同的角色。

君主国的军队仅仅是国家机器，它作为统治工具与作为统治对象的人民对立。透过这一对立，马基雅维利隐约发现了国家的自利性一面："如果由

① 参见［意］马基雅维利：《君主论·李维史论》，潘汉典、薛军译，吉林出版集团，2011年，第303页。
② 同上，第75页。
③ ［意］马基雅维利：《君主论·李维史论》，潘汉典、薛军译，吉林出版集团，2011年，第231页。
④ See Quentin Skinner, "Machiavelli on the Maintenance of Liberty," *Politics*, Vol.18, No.2, 1983, p.9.

于人口众多或者财力充裕能够募集足够的军队,同任何入寇者决战于疆场,他们就是能够依靠自己的力量屹立不移的人。"①"人民爱好和平,军队尚武爱战,军人喜欢贪婪残暴的君主,这样可以获得加倍的军饷。"②君主无法同时满足军队和人民,对于前者,他必须赢得爱戴,对于后者,只要不招致憎恨即可。"君主务必把担带责任的事情委诸他人办理,而把布惠施恩的事情自己掌管。"③所谓的布惠施恩,说到底就是通过满足军队建立足够的威信,从而让人民感到畏惧。然而他却悲观地看到,在自己生活的时代,人民似乎比军人更有力量,而这必然意味着国家的"积弱"。尽管国家在君主的手中不具备自主行动的能力,倘若把君主与国家合并为一个"整体"对待,统治集团仍表现出强烈的"攫取"能力。当然,从中获利的只是君主与一帮残暴的职业军人,国家的去人格化反而造成了收益分配的人格化。相反,共和国保留了君主国攫取社会财富的内在要求。它因法律的公正,降低了财富分配方面具体人的价值,于是国家被推向了利益主体的位置。

不过,作为利益主体的共和国与公民之间的关系更为繁杂。比如,罗马元老院根据卡米卢斯在征服维爱人之后立下的法律,规定战利品的 1/10 将上缴国库以祭献太阳神阿波罗。马基雅维利据此赞颂了罗马公民如数上缴的行为出自虔诚和善良的美德。他称这种行为只会发生在尚未腐化的城邦之内。④然而恰恰就是在这个尚未腐化的城邦,该法律的首倡者卡米卢斯却遭遇了罗马公民的驱逐。为什么他会受到如此对待呢?因为在征服维爱人之后,卡米卢斯将出售维爱人财产所得到的钱全部充公上缴国库,而不是作为战利品分给士兵;不仅如此,他还将士兵们已经据为己有的战利品的 1/10 拿走作为对阿波罗的祭品。士兵们出于对卡米卢斯的憎恶而驱逐了他。⑤卡米卢斯的做法后来得到了元老院的认可,最终形成了相关的法律。这种行为尽管曾引起众怒,一旦被法律化之后,罗马人还是尽心地表示遵守。马基雅维利赞美罗马人维护法律的精神品质,但这并不意味着他会原谅罗马人驱逐

① [意]马基雅维利:《君主论·李维史论》,潘汉典、薛军译,吉林出版集团,2011 年,第 41 页。

② 同上,第 76 页。

③ 同上,第 75 页。

④ 参见[意]马基雅维利:《君主论·李维史论》,潘汉典、薛军译,吉林出版集团,2011 年,第 293 页。

⑤ 同上,第 523~524 页。

卡米卢斯的行为。

　　为了国家的利益,卡米卢斯遭遇了驱逐,问题的根源在于罗马军队与公民身份的一致性。它会造成公民利用日常状态下的政治能力挟持紧急状态下国家权力的应用。共和国的自主性是在由法律体现的同时,它的实现能力反而被弱化了。法律与体制的强制力保证了权力在共和国可以得到更为规范、更为制度化的运作,却无法克服军民合一体制的先天缺陷。与君主国相比,共和国最大的变革不在于增添了繁复的制度设计与法律准则,而在于它彻底改变了军队与人民的关系。共和国通过公民兵体制防止军队对人民的剥削,公民利用政治参与不停地弱化国家通过战争实现的攫取能力,买好军人即买好公民,于是战争成了个别将领攫取私人声望的契机。

　　罗马人用执政官取代了国王掌管军事事务,派驻专门的军事将领统领征战。将领与士兵在日常状态下是平等的公民关系,进入战争状态则演变为事实上的"统治"关系,所以马基雅维利称将领们为"暂时的君主"①;为了作战,共和国"不仅应将权力集中在一人之手,而且因战争的残酷性应该抛开日常政治的法律原则,由将领们独断专行"②。"统治"关系只适用于战争的紧急状态,当回归日常状态之后,将领与士兵旋即转变为身份等同的公民。一般而言,只有战争才能激活共和国基因深处的君主属性,它无论如何不应侵蚀日常政治中的公民平等。可是马基雅维利却认为,共和国时刻存在卷入战争的可能,所以罗马"总是使军队保持战斗状态"③。换言之,紧急状态在马基雅维利的思想中已经被常态化了,将领与士兵在战场与政治中的双重关系会随时切换。因此,他不得不提醒将领们必须慎重对待这一现实。他写道,虽然塔西佗指出:"统治民众,严厉比仁爱更有效。"但是塔西佗讲述的是君主国的故事。在罗马共和国,平民与贵族拥有相同的政治权力,士兵完全能够在政治舞台上为难他们在战场上厌恶的将领。出于自身利益的考量,将领绝不能残暴无情地对待士兵,卡米卢斯就是前车之鉴。④马基雅维利详细考察了两位将领,一位是对士兵仁慈的瓦勒里乌斯,另一位是从严治军的曼利乌

---

①　[意]马基雅维利:《君主论·李维史论》,潘汉典、薛军译,吉林出版集团,2011年,第510页。

②　同上,第510、501页。

③　同上,第503页。

④　参见[意]马基雅维利:《君主论·李维史论》,潘汉典、薛军译,吉林出版集团,2011年,第510页。

斯。二人通过各自的率兵之道分别取得了各自的辉煌,那么二者的行为究竟哪一个更值得称赞呢? 站在将领个人得失的立场上,瓦勒里乌斯是当然的楷模。可是,如果站在共和国的立场,就不得不去赞扬曼利乌斯,"因为这种方式完全是为了国家的利益",对待军队严厉的将领只会让公民在军队里表现出服从,而出于对他的憎恨,公民根本不会在日常政治中和他结成朋党。①君主善待士兵才能维持自己的国家,然而,倘若共和国的将领也善待士兵则可能导致共和国的覆亡,或者国家自主性的降低,重新沦为君主的个人工具。

将领对待士兵的态度对政治走向能产生如此大的影响,这表明在共和制下,国家的利益与公民的利益之间有着难以清理的矛盾,将领们又刚好处在矛盾漩涡的中心。将领是国家的暴力工具,充当着被共和制规训后的"君主"职能,同时他又是普通的公民,扮演着与其他公民身份等同的角色。在卡米卢斯的案例中,他本人坚守国家机器的立场,让国与民之间的财富之争大白于天下。对于曼利乌斯和瓦勒里乌斯而言,虽然他们没有计较战利品的具体分配,可他们的不同治军态度会更直接地影响到国家的自主性水平——如果将领们凭借个人声望摧毁了共和制,也就意味着国家从一个具有高度自主性地位的状态退化为君主个人工具的状态。矛盾的是,由于国与民之间的利益之争永远存在,有时公民为了自身的利益会忘记自己的公民身份,忘记自由的可贵价值,使战争成为个别将领扩充政治资本的途径,严重削弱国家攫取资源的能力。

对于瓦勒里乌斯这样买好士兵的将领,马基雅维利视其为君主的榜样。就共和国而言,由于它的自主性来自成功地脱离个别杰出人物的主导,能够独立、客观地运作它的体制与法律,瓦勒里乌斯长久掌权会对自由产生不好的影响,而他之所以没有危害到共和国,那是因为罗马人追求自由的精神尚未腐败,对他保持着猜疑。然而,对于一个已经缺乏德行的城邦来说,如何防止一些"大人物"通过非正常的手段崛起呢? 马基雅维利认为有两种办法:第一,将已经有能力且有声望的人长期安排在统领战争的岗位上,这样他们不会总是心怀不平,既然已经占据了共和国重要的位置,也就没必要在战场上

---

① 参见[意]马基雅维利:《君主论·李维史论》,潘汉典、薛军译,吉林出版集团,2011 年,第 520~521 页。

故意善待士兵了;①第二,保持公民们的贫穷,让任何人都没有财富去腐化其他人。这就可以理解马基雅维利对卡米卢斯的支持,将战利品收归国库,阻断了将领利用战争收买公民兵的途径。

五、国富民穷:国家自主性与公民自由相一致

良好的共和国总是维持着国富民穷的状态,马基雅维利由此公开了国与民的对立。值得一提的是,马基雅维利并不反对公民集聚财富,因为保证公民的财富增长恰恰是共和国的基本价值之一。马基雅维利指出,一方面,古代的宗教给予公民德行强大的支撑,公民们渴望世俗的荣耀,从而精神刚毅、身体强健,从公民的心底激发出强烈的爱国热情与为国增光的荣誉感,故而将共同的利益置于政治行动的首要位置。在这种精神的驱动下,共和国能带来更为持久的领土与财富大增长,不断地扩充公共利益。②另一方面,共和国的体制使得公民不用担心自己的财产遭遇君主与军人的侵犯,这一观点构成了"自由"的基本内容。共和国可以保证公民可以安心经营农业、手工业和商业增加自己的财富,所以拥有美德的公民必然会认识到,共和国不但能促进共同利益的增长,而且也能实现个人财产的积累。或者说为了实现财富的继续积累,必须积极地维护共和制度,包括不停地壮大公共利益。

> 每个人都乐于增加自己的财富,并努力获得那些财产,因为他相信获得后自己可以享受它们。由此产生的结果是,人们竞相考虑私人的和公共的利益,从而二者都令人惊奇地不断增长。③

由于自由的体制必须依靠以公共利益优先的公民美德维持,所以就算只是为了个人的私利,公民们也不会做出损害公共利益的事情。于是,自由、美德、公共利益与私人利益之间就形成了一套相互依存的逻辑链条,共和主

---

① 参见[意]马基雅维利:《君主论·李维史论》,潘汉典、薛军译,吉林出版集团,2011年,第503页。
② 同上,第327页。
③ [意]马基雅维利:《君主论·李维史论》,潘汉典、薛军译,吉林出版集团,2011年,第329页。

义的理论框架看上去已经宣告完成。无论"共同的利益"主体是谁,是他后来反复强调的"国库"还是由全体公民构成的"混合体",抑或兼有二者,似乎都没有必要再提"国富民穷"。

然而这里有一个不容忽视的关键点:马基雅维利在谈论公民通过产业扩充个人财富的时候,并没有考虑战争对个人财富积累的影响。事实上,共和国的公民拥有两大财源,在日常生活中,他们通过各种产业累积财富。共和国的自由体制是安居乐业的前提,产业的兴旺会激发公民对共和国更大的热爱。然而,马基雅维利似乎从来没有考虑过长期的和平。在他看来,国家总是时刻面临战争,永远不可能解除紧急状态。因此,公民的第二大财源当然就是战利品,马基雅维利设想的国富民穷的状态,就是战利品悉数上缴国库后的状态。

马基雅维利支持将战利品上缴国库的做法,这样做不但维持了国家的自主性,而且更加明确了公民的"产权范围",否则共和国会在事实上被公民视为财富的侵夺者。普通的公民很难区分战利品与产品,他们把二者都看成自己的财产,所以,"剥夺士兵的战利品就等于剥夺一个人应有的东西,对于一名自由人而言,这是最让人痛恨不过的事情"①。然而,马基雅维利清醒地认识到,如果公民一味追求财富,美德是迟早要消失的。如果他们的眼中只有产品,自然会拥护自由的体制,一旦他们将征战视为财富的主要来源,必然会追随善待他们的将领。所以,马基雅维利反复宣称:战争应该做"一切对国库有利的事情";战利品不应该大量分配给士兵,而是应该充实国库,"以便不必通过向公民征税发动战争";"一个执政官如果没有通过他的辉煌胜利给国库带来大量的金银以及其它各种各样的战利品,他就认为不能享有凯旋式";那些掌控政治自由生活的人会更加相信,"增加他们城市居民的人口,结交盟友而不是使人臣服,派遣殖民去驻防所征服的国土,将战利品上缴国库,以攻击和战斗而不是围城对付敌人,国富民穷,以极大的热情坚持军事训练,是使共和国伟大以及获得霸权的正确方式"。②这一系列关于充实国库优先、主张国富民穷的主张,都根源于公民兵制度的内在弊端。

① [意]马基雅维利:《君主论·李维史论》,潘汉典、薛军译,吉林出版集团,2011年,第524页。
② 同上,第341~343、386页。

就战争本身而言，马基雅维利坚决否认金钱的支柱作用。因为他对雇佣兵深恶痛绝，而重视金钱的国家可能会使用雇佣兵作战。但他又不得不承认，好的士兵是战争的支柱，而"钱财确实是第二位必不可少的"①。而且他还注意到，战场必须远离自己的国土，如果在国内开战将会切断本国的财源，那必然意味着失败。战争离不开金钱，可国家又不能依赖金钱，解决这一矛盾的最好的办法是训练优质的公民兵，通过战争扩充财富，即以战养战。一来，在保证士兵能征善战的同时，又确保战争开销的财源不尽；二来，既然自由的公民都重视保护个人财产，通过将战利品充归国库的方式减免因战争带来的税收，不失为一种维护公民自由的有效方案。那么公民理应从战争中得到什么呢？答案是土地。马基雅维利注意到罗马人将新征服的土地分配给公民，这样可以保证国库不用增加新的国防开销。②土地对于公民而言当然意味着财富，不过这笔财富将直接从战利品转换为产品。于是，公民以个人财产为基础的自由得到了保证，战利品充归国库成了实现"共同利益"的手段，而这一切也只能在公民美德尚未败坏的环境下才能运转。自由、共同利益与公民美德之间在逻辑上仍是环环相扣的，而他的讨论盲区在于，一个时刻面对战争的城邦，公民的产业会不会经常中断？不过，这个问题不会干扰他的主旨。因为对马基雅维利来说，公民之所以安心于生产是因为他们感到共和体制能够保护他们的财产；按照这个逻辑，如果以战养战足以免除公民的赋税，上缴国库的战利品越多，国家征税的必要就越低，共和体制的优越性就愈发明显，公民的生产热情只会加倍提高，何况战争还会为公民赢得扩大产业的土地。

因此，马基雅维利的"国富民穷"只是一个相对的概念，即国家通过战争赢得财富的能力远远超过公民通过生产积聚财富的能力。虽然收获产品不如占有战利品来得丰厚，但是这个过程能使公民更加感受到维持自由体制的意义。他希望看到，公民安于从生产中实现对财富的满足，出于对共和国的热爱不会觊觎属于国库的战利品。反之，注重战利品的公民，一定会忘记自由体制对私人产品的保护作用，从而加深公民的腐败。

---

① ［意］马基雅维利：《君主论·李维史论》，潘汉典、薛军译，吉林出版集团，2011年，第354页。

② 参见［意］马基雅维利：《君主论·李维史论》，潘汉典、薛军译，吉林出版集团，2011年，第542页。

按照马基雅维利的设想，共和国本应实现国家的自主性与公民自由的统一，在国家实现收益的同时，公民的自由也得到维护。然而战利品的巨大诱惑力，导致国民之间很难就战后的分肥达成一致，由此悄悄酝酿了对自由的威胁。在这个前提下，马基雅维利不得不大谈公民美德：第一，只有公民们在日常政治生活中重视美德，才能提前将那些在政治上极具德行的公民安排在重要的岗位上[1]；第二，保持将领们的美德，所有的将领都应该像曼利乌斯与卡米卢斯那样，为了国家的利益不计个人在政治上的得失；第三，为防止杰出人士夺权，公民们需要保持清醒的判断力以及对自由生活的热爱，也就是说应该相对忽略财富。马基雅维利提出，为了不使那些拥有权势的人获得巨大声望，应尽早封锁他获取权威的途径。然而，他非常清楚，仅仅依靠公民美德根本不足以修正公民兵制度的痼疾，所以他尝试从制度设计的层面思考，如何让杰出的公民以公共的通道而非战场上的收买获得民众的支持。[2]不过，他最终没有拿出具体的设计方案。在这个意义上，提倡公民美德只是马基雅维利在发现了共和体制的弊端后的一种修补途径。

"工具化"的国家与"自主性"的国家前后承接，后者以更为复杂的制度设计与法律形式将外在于国家的君主意志内化为共和国自身的意志。在规范的意义上，共和国是比君主国更为完善的"国家"，可在实际的操作层面，国家的攫取能力却在共和制下遭遇了衰退。自由的基本观念使得马基雅维利无法割裂军队与公民的关系，设计出一套专属于共和国的职业军种方案。事实上，罗马共和国灭亡的基本原因之一正是兵源发生了改变：马略取消了参军的财产限制，依靠老兵与无业人员组建了专业化的武装。这些职业军人为了土地与战利品作战，成为武装将领的依靠。显然，他所遭遇的困境昭示了共和国最终退出西方古典历史舞台的制度症结。马基雅维利已经充分意识到，无论他如何强调体制或法律的独立性，公民兵制度就足以让共和国的"国家"与"混合体"之间的界限模糊不清。现代国家的自主性在马克思眼中突出表现为行政权对立法权的压制，这一点在今天许多奉行总统制的国家中仍然十分明显。而在马基雅维利那个时代，"立法权"的敌人与其说是行政

---

①　参见[意]马基雅维利：《君主论·李维史论》，潘汉典、薛军译，吉林出版集团，2011年，第503页。

②　同上，第536页。

权,不如说是掌控行政权的个别杰出人物,他们用私人人格取代共和国公共人格的行为,破坏了国家自主性,使得体制或法律被来自"混合体"的欲望瓦解——贵族将它们视为实现统治的障碍,平民则认为它们妨碍了"财富"的增长并威胁到自由。面对利益分配的问题,局面就变得更加复杂:既然财富成了公民自由的标志,没收战利品以及征收赋税的途径是否会威胁自由呢?马基雅维利的高明之处在于,他使用了两害相权取其轻的论说技巧,将扩充财富的欲望与杰出人物的崛起联系在一起,而这种联系之所以成立,恰恰就在于军队与公民身份的一致所导致的国家自主性的衰退。马基雅维利希望告诉公民们,国家通过赋税导致的自由损耗,远不如公民贪恋财富、依附个别将领与国争利对自由的侵蚀更为严重。在这个意义上,"国富民穷"的设计着实闪耀着智慧之光。共和主义的自由要求每一个公民掌握属于本人的力量,所以无法推演出类似于主权的观念。然而,历史的进程与马基雅维利的看法相反,具有完善自主性的国家首先是君主国。相比共和国力图保持公用性的制度设计,近代绝对主义国家将君主的私人人格法人化的手段,被历史证明是更为有效的国家建构模式,国家自主性与个人自由的关系也必然被放在全新的理论环境下去理解。

马基雅维利与"新君主"的继承问题

章永乐 *

通过《君主论》的写作，马基雅维利为政治思想史贡献了一个以自身的能力（*virtù*）与机运（*fortuna*）奋力搏斗的"新君主"的形象。这一"新君主"区别于形形色色的"旧君主"，不论它们是通过世袭产生（如法国君主）还是通过选举产生的（教皇）。对于"旧君主"来说，因为人们服从的习惯已经建立，他只要不触犯祖宗成法，在意外情况下随机应变，即可保持权力。但"新君主"则不同，作为一个革新者，他必然要面对更为复杂险恶的机运，因为"一次变革总是为另一次变革留下可以继续进行的条件的"①。《君主论》向我们展示了新君主政治环境的险恶，并教导新君主如何赢得并保持自身的权力。

然而，如果我们仔细研读《君主论》，可以发现其论题具有某种不完备性："新君主"可能在他的一生中牢牢掌握着权力，但马基雅维利并没有替"新君主"考虑"身后事"。《君主论》并没有教导"新君主"如何甄别、选择和教育他们自己的继承人。而如果没有继承方面的安排，政治权力的再生产（re-production）就缺了关键性的一环，无法变成一个可以循环往复的过程，这样的国家，也就可能只是昙花一现，无法获得永续性。这样一位伟大的政治思想家为何在自己的写作中出现这么大的一个"盲点"呢？或者，他已经注意到这个问题，但因为其他的原因而不愿在上面多费笔墨？

---

* 章永乐，北京大学法学院长聘副教授、博士生导师。
① ［意］马基雅维里：《君主论》，潘汉典译，商务印书馆，1985年，第5页。

本文试图处理的就是《君主论》中的这一重要"盲点"。这也是一个既有的马基雅维利研究文献较少讨论到的问题。列奥·施特劳斯在《思考马基雅维利》中曾比较过马基雅维利在《君主论》与《李维史论》中对于世袭君主制的处理,但在那一部分,因为施特劳斯的兴趣并不在讨论继承问题本身,这一问题并没有得到透彻的处理。[①]我在此提出的观点是:尽管马基雅维利在《君主论》中对这一问题几无触及,但如果我们注意他的其他文本,尤其是《李维史论》,就可以看到,他对"新君主"的继承问题实际上有相当深入的思考,这些思考散落在各处,似乎不成系统,但实际上存在相互呼应的关系。通过对其文本的深入解读,本文试图重构马基雅维利对于"新君主"继承的系统思考,并将其放置在思想史的脉络中进行理解。

一、旧君主国的继承

欲讨论"新君主"的继承,我们或许首先要来探讨"旧君主"的继承。在《君主论》前 11 章提供的君主分类学中,马基雅维利隐约地触及了"旧君主"的继承问题。但他的意图与其说是要讨论它,还不如说是要打发它,以便尽快将笔触集中到对"新君主"的处理上来。在第 2 章"世袭君主国"中,我们可以发现这样一个集中的评论:

> 我认为,在人们已经习惯了在君主后裔统治下生活的世袭国里保持政权,比在新的国家里困难小得多。因为君主只要不触犯他的皇宗皇祖的制度,如遇有意外事件,则随机应变,这就足够了。因此,一位君主如果具有通常的能力,依此方法,总是能够维持他的地位的,除非遇有某种异乎寻常的格外强大的力量,才可能被篡位。但是即使他被夺权了,当篡夺者一旦发生祸患的时候,他就能够光复旧物。[②]

世袭君主"得罪人民的原因与必要性都比较少",因为他们统治的时间

---

①　See Leo Strauss, *Thoughts on Machiavelli*, Glencoe, Ⅲ., Free Press, 1958, pp.25, 183, 227, 342.

②　[意]马基雅维里:《君主论》,潘汉典译,商务印书馆,1985 年,第 4 页。

已经较长,革新的记忆与原因都已经淡出,人民已经培养起服从的习惯。因世袭性而带来的政治的稳固性,甚至可以传递给新的征服者。在《君主论》第3章中,马基雅维利讨论新获得的领土的统治。他指出,在那些与进行兼并的国家属于同一地区,并曾处于君主统治之下的国家,只要灭绝过去统治他们的君主的血统,就可以牢固保有它。"由于在其他的事情上维持着他们的古老状态,而且在风俗习惯上没有不同之处,人们就会安然地生活下去。"①

马基雅维利通过对旧君主国的稳固性的强调,取消了对继承方法的讨论。换而言之,马基雅维利并不关心以下问题:在旧君主国中,君主是选举继承还是世袭继承的? 如果是世袭继承的话,是严格的男嗣继承,还是允许女性继承? 这一态度与继承问题在中世纪的重要性不成比例。在整个中世纪,继承问题始终是引发战争的最重要的原因之一。对相互通婚的欧洲各国王室来说,如果说存在一种"国际法"的话,婚姻法和王位继承法可以说是这种"国际法"的核心部分。英法的百年战争就因卡佩王朝绝嗣,争议各方坚持不同的继承原则而起;而神圣罗马帝国的皇帝选举往往引发战争、征服与领土吞并;在马基雅维利生活的时代,法国和西班牙两大强国插手意大利半岛事务,靠的也是对意大利那不勒斯王国的继承主张。

生活在王朝战争的年代,马基雅维利不可能不知道继承问题对维持旧君主国的重要性。他在文本中对这个问题的轻描淡写,在我看来,可能有两方面的解释:第一,他的意图仍然是通过新旧君主的对比,突出新君主所面临的复杂险恶的环境;第二,在16世纪的语境下,关于旧君主国继承法的讨论还会面临着一些额外困难。与罗马皇帝可以通过遗嘱指定皇位继承人不同,中世纪和现代早期的欧洲君主们受到严格的继承法的限定,在以法国为代表的一些王国通行萨利克法,即规定王位应该由男性嫡长子继承,无男性嫡长子才可以考虑其他男性继承人;而在英格兰,没有男性继承人时可以考虑女性。不同王国的不同继承顺序可能会引起王朝冲突,但对于这种冲突的源头—— 继承法,时人很难做出改变。

---

① [意]马基雅维里:《君主论》,潘汉典译,商务印书馆,1985年,第8页。

二、"新君主"的继承

《君主论》可以说基本上没有探讨已经成为"新君主"的那些人的身后继承问题，但从一个侧面触及了"新君主"对前代君主的继承。马基雅维利在第7章中讨论了依靠他人的武力或者由于幸运（fortuna）而取得的新君主国。他所举的一些例子，可以视为对继承的探讨，如切萨雷·博尔贾因其父亲教皇亚历山大六世而获得的政治基础。但马基雅维利暗示，这种继承往往反而有可能成为一种诅咒，得来容易，失去也容易。他用了一个大树的比喻来说明这个道理："遽然勃兴的国家，如同自然界迅速滋生长大的其他一切东西一样，不能够根深蒂固、枝桠交错，一旦遇到一场狂风暴雨就把它摧毁了。"①要保有机运（fortuna）所赋予的东西，一个人不得不努力为自己重新奠定基础。这种重新奠基的工作需要极大的能力，因为更新一座已经建成的建筑物的地基，很难不撼动建筑其上的一切，"这对于建筑师来说是很危险的，而且对于建筑物来说是很危险的"②。在马基雅维利眼中，切萨雷·博尔贾则是一个重新奠基的正面例子，他在父亲的安排下，依靠了法国的军队与奥尔西尼家族夺取了罗马尼阿（Romagna）。但他很快发现所依靠的力量并不可靠，很快转向依靠自己的能力与武力。他在短期内消除了对法国与奥尔西尼家族的依赖，进而取得卓越的成就。如果不是他在罗马教皇选举上出现重大失策，他有可能成就更大的功业。

与《君主论》中对"新君主"的继承问题惜墨如金形成鲜明对比的是，《李维史论》在许多地方提到了"新君主"的继承问题。马基雅维利在这本论共和的书中讨论"新君主"的继承问题，并非是作为反例来探讨。因为他并不像简单的共和派人士那样，将"君主"看作共和国的敌人。对马基雅维利来说，共和国的创建与在腐败时的自我更新，往往需要"新君主"的力量；一个像罗马共和国这样的混合政体，其中包含了君主制的因素。

让我们从马基雅维利对罗马的历史探讨切入：在《李维史论》（I.19）中，马

---

① ［意］马基雅维里：《君主论》，潘汉典译，商务印书馆，1985年，第29页。

② 同上，第30页。

基雅维利集中探讨了罗马王政时期的继承问题。在他看来，罗穆卢斯(Ro-mulus)、努马·蓬皮利乌斯(Numa Pompilius)和图卢斯·霍斯提利乌斯(Tullus Hostilius)三位君主的前后相继，形成了一个完美的继承序列：第一个国王长于武功，奠定了国家的武力基础；第二个国王长于文治，为国家创立了宗教和其他典章制度；但如果第三个国王仍然长于文治而非武功，罗马恐怕就会在邻国的蔑视中衰亡。幸运的是，罗马的第三个国王图卢斯品质卓越，"既能够利用和平又能够经受住战争"[1]，他及时对外发动战争，威震四邻，同时也将努马在宗教上的努力转化为实实在在的军事成果。

罗马王政时期的王位继承方式，用中世纪的眼光来看，接近于一种选举制。马基雅维利紧接着举了两个世袭继承的王国的例子，一个正例，一个反例。正例是土耳其人的三代苏丹：默罕默德(Mahmot)、巴耶塞特(Bajazet)、塞利姆(Selim)，他们和罗马三代君王一样，分别长于武功、文治、武功；而犹太国王大卫(David)、所罗门(Solomon)、罗波安(Rehoboam)三代君王中，只有大卫长于武功，另两位君主都比较软弱，因此国家不可避免地走向了衰败。由此得出的结论是：在一个杰出的君主之后，软弱的君主尚可自保，但如果继任者仍然是一个软弱的君主，那么国家就难以得到保全。[2]然而在这里，马基雅维利加上了一个例外："除非像法兰西王国那样，这个王国是靠它的古老的制度来维系的。"[3]这个例外指向了《君主论》中探讨的世袭君主国。这意味着，马基雅维利始终认为，在那些古老的世袭君主国中，继任君主并不需要雄才大略即可维护。但在创建不久的新君主国中，继承却是重要的。

在上述所举的例子之中，已经出现了两种继承方式：世袭的和选举的。马基雅维利更为重视哪一种？紧接着的下一章表明，马基雅维利更为支持选举继承。他举了马其顿王国的例子：腓力和亚历山大两个明君前后相继，取得了旷世伟业。但相比之下，共和国有可能取得更大的成就。"因为它通过选举制度，不仅只有两个接任，而且有无数的极具才能的君主一个接一个地接

---

①③　［意］马基雅维利：《君主论·李维史论》，潘汉典、薛军译，吉林出版集团，2011 年，第 208 页。

②　参见施特劳斯对这一比较的探讨，可参见 Leo Strauss, *Thoughts on Machiavelli*, Glencoe, Ⅲ., Free Press, 1958, p.183。

任;每个治理得好的共和国里都将总是存在这种有才能者的继任。"①

马基雅维利在这里所作的对马其顿王国与罗马共和国的比较,并非是全新的。李维在《建城以来史》(Ⅸ.17—19)中已经做过一个对亚历山大与罗马的比较。在那里,李维提出了一个反事实的虚拟问题:如果罗马与亚历山大交战,罗马的结果会是如何?他从三个方面对亚历山大与罗马人进行了比较:军队的数量和勇气、指挥者的能力(virtus, animus),以及命运(fortuna);而比较的重点落在了指挥者的能力以及命运之上。李维对亚历山大的评价并不客气,他认为亚历山大未能经历命运的逆转就死掉,因此暴得大名。但在死之前,他已经被自己的好运败坏,穿上被征服的波斯民族的衣服,采用波斯人的礼节,沉溺于酒色之中。更要命的是,那些将亚历山大与罗马进行对比的人都犯了一个错误,他们并没有意识到"他们是在拿一个人,一个年轻人的行动与一个经历 800 年战争的民族的成就相对比"(non intellegunt se hominis res gestas, et eius iuuenis, cum populi iam octingentesimum bellantis annum rebus conferre)。亚历山大不过是"一个人"(unus homo)而已,但罗马是一个具有悠久历史的共和国,并不是一个人。就单个人来看,罗马的领导人们受到体制的约束,他们的个人计划常常受到环境的阻碍。而相比之下,"国王们没有任何阻碍,他们是时间和环境的主宰,将所有的事物都纳入他们自己的计划之中"(At hercule reges non liberi solum impedimentis omnibus sed domini rerum temporumque trahunt consiliis cuncta, non sequuntur)。然而从整个帝国的风险来看,亚历山大尽管非常勇敢,但也可以说非常脆弱,因为他只不过是"独夫"。而罗马的基础更为稳固,因为"有许多人,在荣耀和事迹的伟大方面可与亚历山大相提并论,然而他们中的每个人会以生命或死亡来实现他们的命运,而不危及国家的生存"(Romani multi fuissent Alexandro uel gloria uel rerum magnitudine pares, quorum suo quisque fato sine publico discrimine uiueret morereturque)。这里的意涵是,因为罗马的安全并不依赖于"一个人",她能够更好地承受命运的变幻起伏。

熟读《建城以来史》的马基雅维利对李维的这个比较肯定不会陌生。实际上,他的整个政治观都深深地打着李维的烙印。李维认为,"一个人"无法

---

① [意]马基雅维利:《君主论·李维史论》,潘汉典、薛军译,吉林出版集团,2011 年,第 209 页。

承受命运的变幻起伏。马基雅维利的写作进一步展开了这个李维式的视角。在《君主论》第 25 章，马基雅维利指出，一个人如果能根据时势和事情本身而改变自己的自然，他的好运就不会改变。①然而我们可以推论，个人由于自身教育和经历的限制，不可能无限地改变自身的自然。在这个节骨眼上，共和国表现出了其优越性：

> 共和国比君主国有更大的生命力和长久的好运气，因为在一个共和国里，由于公民的差异性，它能更好地适应各种时机，而这是一个君主所不能做到的。因为一个人要是习惯于某种行事方式，就永远不会改变，就像说过的那样；因此必然地，一旦时机发生变化，变得与它的行事方式不符时，他就会毁灭（《李维史论》Ⅲ.9）。②

共和国之所以能做到这一点，是因为它是通过选举产生自己的君主，而且君主的任期并非终身，消除了必须忍受软弱或恶劣君主上台后可能带来的风险。因此，它可以根据机运（fortuna）的需要，随时推出能够适应时势的君主来应对时局。

选举方式不仅使罗马共和国人才辈出，它在王政与帝国时期的运用所取得的效果也优于世袭继承。在《李维史论》（Ⅰ.10）中，马基雅维利在回顾了罗马的历任君主后，归纳出一个规律："除了提图斯以外，所有通过世袭继承方式接替地位的皇帝都是坏皇帝；那些通过收养继承方式继任的皇帝都是好皇帝……当帝国被传给世袭继承人时，就重新毁灭。"③在此，马基雅维利所谓"那些通过收养继承方式继任的皇帝都是好皇帝"的判断，与史实有很大出入，他所举提图斯、涅尔瓦、图拉真、哈德良、安托尼努斯和马尔库斯五个人的例子，难免以偏概全。但我们不必苛求——马基雅维利并不是以"求真"为目的的史学家。上文看似绝对的总结，表明了他自己的鲜明立场：在"亲亲"和"尊贤"之前，他将毫不犹豫地选择"尊贤"。

---

① 参见［意］马基雅维里：《君主论》，潘汉典译，商务印书馆，1985 年，第 119 页（意大利原文为：ché, se si mutassi di natura con li tempi e con le cose, non si muterebbe fortuna）。

② ［意］马基雅维利：《君主论·李维史论》，潘汉典、薛军译，吉林出版集团，2011 年，第 481 页。

③ 同上，第 179 页。

不仅如此,马基雅维利还用为共和奠基的荣耀(gloria)来感召潜在的君主:"如果一个君主寻求获得尘世间的荣耀,那他就应该渴望占领一个腐败的城市,不是像恺撒那样彻底摧毁它,而是像罗穆卢斯那样改革它。"①然而,一个新的问题由此而生:一个"生不逢时"、继承其他"新君主"事业的君主,如何才能达到与前人足以比肩的现世荣耀? 换而言之,如何保证"新君主"的继承人仍然是"新君主",而不是成为在祖宗成法之下故步自封的"旧君主"?

三、继承者的荣耀

笔者认为,对上述问题的解答,同样需要将《君主论》与《李维史论》连接起来思考。"新君主"的继承者们未必必然成为"旧君主",这有若干种可能性:第一,继承者接班的时间,也许正是在一个国家创建或者重新创建的时刻,其前任君主完成了部分的创建或重新创建的任务,但并没有终结这一使命。如此,继承者进行的是前任"新君主"未完成的事业。如在罗马前三任君主中,努马其实是在继续创建的工作,他完成了罗马宗教的建构,从而使得国家获得了稳定的意识形态基础。第二,如果继承者并不是在以上时间接班,他们另外有一个荣耀的来源,那就是对外扩张,在新的领土上成为"新君主"。在努马之后开始对外扩张的图卢斯·霍斯提利乌斯,可以说体现了这样一种可能性。

对于第二种可能性,我们需要回到《君主论》开头对于君主国的分类:新的君主国有两类,一类是全新的,另一类是混合的,部分由继承得来,部分则是通过其他方式,获得新的领土。第3章集中讨论混合君主国中新增部分的统治。在那里,马基雅维利举了罗马人如何统治希腊的例子,而全然不顾在那个时候罗马是在共和政体之下。这说明马基雅维利认为罗马人对于这些新增领土的统治,从性质上和君主的统治没有什么两样。②正如霍恩奎斯特在其《马基雅维利与帝国》一书中指出的,马基雅维利对于罗马先例的讨论

---

① [意]马基雅维利:《君主论·李维史论》,潘汉典、薛军译,吉林出版集团,2011年,第180页。

② 霍恩奎斯特注意到了马基雅维利《君主论》中的这一段,并将之放在共和帝国的语境中进行探讨,See Mikael Hörnqvist, *Machiavelli and Empire*, Cambridge University Press, 2004, p.123.

具有隐含的时代指向,那就是佛罗伦萨共和国对于比萨的占领。二者都是共和国通过扩张,获得新的领土并进行统治。①

以此为参照,我们可以重新切入《李维史论》。马基雅维利在书中强调了罗马不仅仅是一个共和国,而且是一个建立了伟大帝国的共和国,它的扩张性与威尼斯及斯巴达形成对比。威尼斯和斯巴达为了获得稳定,依赖贵族统治,或者不扩展公民权,或者不运用平民来打仗。但罗马不同。它在军事上很大程度上依赖平民,而平民也因此提出了分享政治权力的要求,从而与贵族之间存在长久的斗争。这种斗争,产生了罗马扩张的动力——为了缓解和转移内部矛盾,罗马不得不向外扩张,用今天的话说,就是"把蛋糕做大",以便使贵族和平民都得到体面的一份。其内部的斗争与外部的扩张,存在着有机关系。

因此,对于共和国来说,对外战争具有很重要的意义。在《李维史论》(Ⅲ.16)中,马基雅维利指出,共和国在和平时期往往会埋没人才,许多俊杰得不到官职,或者屈居于才德不如自己的其他人之下,心怀不满,这就为共和国埋下了不安定的隐患。他建议的解决方案之一,就是让共和国时刻准备战争,以便让杰出人才得其所用:"那个城邦总是使军队保持战斗状态,所以总是有位置留给有能力的人,不可能剥夺某个人应该享有的某种权力,而把这种权力赋予不该得的人。"②一个时刻备战的城邦不能是偶尔被拖入战争的,它应当主动地从事战争。而这就和"帝国"的主题紧密关联在一起——只有像罗马这样一个不断扩张的帝国,才能创造足够多的战争机会,让许多人才得到名位,在新增的领土上成为"新君主"。

四、无后的"新君主"与马基雅维利的沉默

《君主论》的呈献对象洛伦佐·梅迪奇并非任何意义上的世袭的旧君主。他的家族原先只是佛罗伦萨共和国寡头统治集团中的显贵,后来通过各种权力手段取得了对共和国的控制权,进行一种"类君主"的统治,但并没有获

---

① See Mikael Hörnqvist, *Machiavelli and Empire*, Cambridge University Press, 2004, p.113.

② [意]马基雅维利:《君主论·李维史论》,潘汉典、薛军译,吉林出版集团,2011 年,第 503 页。

得君主之名。这种统治遭到了其他寡头家族的憎恶，也非常缺乏稳定性，中间遭遇了许多反复。1512 年，梅迪奇家族在外国军队支持下卷土重来，建立的也只是一种僭主统治，并没有获得合法的君主名号。正因如此，《君主论》的教导才具有直接的针对性。

马基雅维利为这位僭主提供的是一种带有"原型民族主义"（proto-nationalism）色彩的新的合法性资源：驱逐鞑虏，解放和统一意大利。与各种王朝的世袭合法性及共和主义的合法性相比，这是一种全新的合法性资源。但与各种守成的合法性资源相比，这种新的合法性资源也将为"新君主"带来沉重的任务——他必须时刻准备战争，不停地扩张，获取新的领土。这当然也使得他的继承者，不论是世袭的还是选举的，带上了某些"新君主"的色彩。

然而，这毕竟只是我们综合了《君主论》与《李维史论》的若干章节所得出的推断。《君主论》并没有公开讨论梅迪奇家族的继承问题。在探讨了古罗马的先例之后，这种沉默的意义现在可以显现出来了：罗马人以数百年的时间才统一意大利，当代的"新君主"是否有望在自己的一生中统一意大利？这一答案是不言而喻的。而《君主论》第 26 章只是提供了热情洋溢的鼓励，并没有去详细探讨这个任务的复杂性。我们可以看到，在《君主论》中呈现的是一个非常孤独的"新君主"形象：在空间上，他没有并立者；在时间上，他也没有后继者。他孤身一人与命运搏斗，在惊涛骇浪中为自己建立一个坚定的政治根基，但并不清楚这个根基是否能够永续。这种搏斗除了赢得片刻的荣耀之外，能在历史中留下什么长久的名声吗？

从逻辑上说，如果马基雅维利回避了继承的问题，而将梅迪奇家族内部的世袭继承视为当然，那么他至少还可以探讨储君的教育问题。在同时代，关于君主教育的探讨不乏其例。伊拉斯谟写给神圣罗马帝国皇帝查理五世的《论基督教君主的教育》中复兴了古罗马帝国塞涅卡所代表的针对君主的道德教育的传统。[①]然而在《君主论》中，马基雅维利只教育当代君主，对下一代君主的教育仍然保持沉默。这种沉默是出于有意还是疏漏，我们不得而

---

① 伊拉斯谟与马基雅维利的对勘，See Peter Stacey, *Roman Monarchy and the Renaissance Prince*, Cambridge University Press, 2007, pp.260–311。

知。但我们至少可以肯定,马基雅维利并没有在为梅迪奇出谋划策方面施展出其最高才能。马基雅维利或许根本不相信洛伦·梅迪奇具有足够的能力来完成这个古罗马人曾经完成的伟大事业。

相比之下,《李维史论》代表了马基雅维利更为整全的教导。它的主题覆盖面更广。不仅探讨了共和国,也探讨了君主国;不仅探讨了它们的当下运作,也探讨了其政治精英的再生产机制。马基雅维利将这部著作献给两个年轻人——或许是他心目中潜在的"新君主"。①在古代,罗马共和国的"新君主"们成为统一意大利事业的担当者。在当代,也许只有一个类似的"新君主"辈出的共和国,才足以担当这个重任。

五、空间开拓与马基雅维利模型的未来

那么,这样一个讨论要将我们引向何方? 马基雅维利在"新"与"旧"之间对"新"的赞美与颂扬,已经使他成为一个新时代的先驱。与古代和中世纪相比,现代的一个重要特色就是对"先赋"因素的贬低和对"自致"因素的张扬。今天,各种财富排行榜出台之后,往往都要附加一个说明,指出其中多少富豪是通过自身奋斗获得今天的地位的,多少是通过世袭继承而获得地位的。政治家也是如此, 出身豪门的政治家往往要费尽心思证明自己获得权力是由于才能而非血统。现代人相信可以通过自身的努力改变先赋的地位,而社会也应当为个人创造改变自身地位的条件。落实到政治和法律制度上,除了极少数君主立宪国家君主和爵位还可以世袭之外, 绝大多数国家都从正式制度上废除了政治权力和荣誉的世袭制。在财产制度上,遗产继承也面临着越来越大的限制,国家往往征收沉重的遗产税,损有余以补不足。

而马基雅维利受罗马先例激发而提出的通过共和制度和帝国扩张实现"新君主"的代代相继的政治模型,更对我们理解他身后的西方政治具有启示意义。罗马一样,共和政治与对外殖民扩张成为许多西方国家政治的一体两面,而且相互之间存在相互支持的关系:一方面,正是共和政治释放出来的平民力量,促使共和国的领导阶级不得不对外扩张,以"将蛋糕做大";另

---

① 参见[意]马基雅维利:《君主论·李维史论》,潘汉典、薛军译,吉林出版集团,2011 年,第 589 页。

一方面，一个庞大的海外帝国的存在，转移了国内阶级矛盾，在平民和贵族之间塑造出某种共同利益感，尤其是让平民得以分享某种原只属于统治阶级的尊荣，这使得平民与贵族之间的国内政治妥协成为可能。资本主义的兴起使得扩张具有了某种混合的性质——不仅仅是军事的征服，同时也是商品的征服。如果说大陆上的"新君主"拿破仑·波拿巴还过于沉迷于近代早期的领土型帝国的梦想，英国这个被康有为称为"共和爵国"①的海洋国家已经积极地运用大炮和商品两种手段，在世界各地开疆辟土，掠夺资源，倾销商品，从而造就了"日不落帝国"的盛誉。今日的美帝国则更不需要建立一个领土型的帝国，它以分布在全球的军事基地为后盾，以高科技商品和金融霸权控制着全球。海外的资源攫取缓和了国内的阶级矛盾，让帝国核心地带的工人阶级高踞于被统治国家的工人阶级之上。因此，当全球化的推进导致制造业发生转移的时候，帝国核心地带的工人阶级的第一反应是归咎于其他国家工人的竞争，而非本国统治阶级的弊政。

在国内平民政治的兴起日益束缚政治家的手脚的时候，帝国事务为政治家提供了一个仍然保有巨大自由裁量权的领域，从而让他们可以超越常规政治，做出一些不凡的事业。帝国核心的"新君主"们——如英国的迪斯雷利、格莱斯顿、丘吉尔，美国的西奥多·罗斯福、富兰克林·罗斯福、杜鲁门，等等——运筹帷幄，掌控着远方的事务。而在帝国边疆（frontier）的总督们更常常像君主一样，控制着殖民地或附庸国的大政方针。对于帝国边缘地区的被统治者来说，这种统治往往是专断与暴虐的。但从处于帝国中心地区的统治者的视角看，这种统治恰恰是光荣的，促进了世界的"文明化"，②实施统治的"新君主"们也因此赢得了荣耀。

---

① 康有为：《拟中华民国宪法草案》，载《康有为全集》（第十卷），姜义华、张华荣编校，中国人民大学出版社，2007年，第51页。

② 比如当代为英美两大帝国辩护的英国历史学家弗格森，仍然相信英美帝国实现了文明化的使命。See Niall Ferguson, *Empire: The Rise and Demise of the British World Order and the Lessons for Global Power*, Basic Books, 2003; *Empire: How Britain Made the Modern World*, Alen Lane, 2003; *Colossus: The Rise and Fall of the American Empire*, Gardners Books, 2004; See Martti Koskenniemi, *The Gentle Civilizer of Nations: The Rise and Fall of International Law, 1870–1960*, Cambridge University Press, 2002.

然而也正是在此，我们遇到了马基雅维利模型的限度。马基雅维利模型的适用性依赖于两个条件：第一，帝国的扩张仍然存在足够大的空间；第二，被统治者并不具有话语权，因而并不影响到荣耀这种"象征资本"的生产。在今天，这两个条件都处于递减的过程之中。地球的传统地理空间已几乎为帝国与民族国家的军事–资本力量瓜分殆尽，而对北极和南极的同样类型的瓜分，则可能引发环境灾难。大量前殖民地、半殖民地国家的独立以及经济崛起，使得"象征资本"的全球分配格局发生了巨大变化，弱者已经在很大程度上分享了"象征资本"的生产权，影响强者声誉的制造和维系。随着所谓"国际关系的民主化"的推进，"新君主"们在军事与外交领域的巨大自由裁量权也面临着越来越大的内外制约。长此以往，或许将出现这种可能性："新君主"们将后继无人，马基雅维利眼中的遵守祖宗成法、偶尔做些调整的法国君主们，将重新成为政治家的典型。但我们不知道科技的发展是否会开拓新的空间，从而引发新一轮的"开疆辟土"的热潮。因此马基雅维利的模型，对我们来说始终是一个必要的参照——对一些人来说是典范的模型，对另外一些人来说，是需要避免的前景。

六、结　论

本文通过在马基雅维利的文本中处于边缘地位的"新君主"的继承问题切入马基雅维利的思想。这一讨论是要厘清马基雅维利如何思考"新君主"与"新政治"的可持续性。这一对"边缘"的探讨，足以激活马基雅维利思想中的一些核心内容。从本文的探讨中，至少可以得出以下结论：

第一，马基雅维利贬低世袭政治，肯定一种更具有创造性，并能为创造行动的主体带来荣耀的新政治。在世袭继承与选举继承之间，他更偏好后者。在他看来，后者更有助于产生贤能的人才，而前者却可能会导致统治精英的衰变。在应对错综复杂的政治机运（fortuna）方面，前者更有优势。

第二，在马基雅维利看来，一个像罗马这样的共和国在应对变幻不定的机运方面具有比君主国更大的稳固性。共和国的制度有可能产生一系列"新君主"，来面对外在环境的挑战。另一个重要的保障来自对外扩张：在国内逐渐沾染"世袭"特征的共和国的君主们，在帝国的边疆仍然可以建立不朽功业。

第三,马基雅维利从罗马经验中提炼出来的政治模型,对于我们理解后来几个世纪西方的共和帝国的兴衰与资本主义的扩张,提供了重要的线索。尽管在传统的地理空间争夺中,马基雅维利模型的适用性正在递减,但新的空间的发现或许能够重新激活这一模型。因此,在当下和未来,这一模型仍然具有不可忽视的参考价值。

作为群体心理理论家的马基雅维利

刘训练　张家丹 *

> 群体心理学首先是,也最主要是一门政治科学,并且始终都是如此。
>
> ——莫斯科维奇①

马基雅维利无疑是西方思想史上最具争议性的人物之一，曾有学者用这样一段略显夸张的话来描述其思想的复杂性与多面性:"他是现代政治科学、元政治学和'国家理性'之父;他是英雄主义道德和现代喜剧、马基雅维利主义和反马基雅维利主义之父;他是激进的、批判的和自然主义的人文主义之父;他是现代意大利民族主义之父。他是支持共和主义自由的爱国者和导师,也是专制主义、恐怖主义和绝对主义的导师;他是败坏信仰的忠实传播者、一场精神大危机的制造者;他让原罪论摆脱了神学,让政治理论摆脱了神话;他是人类心灵的分析大师、历史情境第一位无情的解剖者;他首先建立了政治合作的理论,发现了政治技艺的悲怆;他是'第五纵队'的第一位理论家,又是社会管理学和数理行为学的先驱。……他是强权政治的悲剧诗人,是不管真伪只求精确的语文学家,是异端邪说者的智识教父。他是父亲、丈夫、公民、党徒、国务秘书、外交家、历史学家、剧作家——他就是马基雅维

---

　　* 刘训练,天津师范大学政治与行政学院教授,博士生导师;张家丹,天津师范大学政治与行政学院博士研究生。

　　① [法]莫斯科维奇:《群氓的时代》,许列民、薛丹云、李继红译,江苏人民出版社,2003 年,第 64 页。

利,一个极其难解的谜。"①本文则认为,这份密集而繁复的目录可能还遗漏了一个他也许当之无愧的称号,那就是"群体心理理论的先驱"。②

提到群体理论和群体心理学,人们首先会想到法国人勒邦(Gustave Le Bon,另有勒庞等多种译名),而他恰恰曾被视为"群体社会的马基雅维利"。正如有学者指出的,"勒邦未必是最具原创性的群众理论家,但他最具综合性"③,他综合了此前的泰纳(Hippolyte Taine)、西盖勒(Scipio Sighele)和塔尔德(Gabriel Tarde)等人的群体和群体心理理论,也正是他使群体心理学获得了一种崭新的面貌并使之如此广泛地深入人心。④勒邦关于群体心理的论述遍布于他的多种著作,但最基本、最重要的论述仍然集中于他那本被誉为"社会心理学领域最有影响的著作"《群体心理学》(La Psychologie des Foules,1895;英译本 The Crowd:A Study of the Popular Mind,1896;中译本多以《乌合之众》为译名⑤)。

考虑到这一点以及勒邦对马基雅维利的高度敬意(参见下文),本文将以他在《群体心理学》中关于群体心理的基本论述作为参照,看一看马基雅维利在何种意义上可以算作"群体心理理论的先驱"。

一、群体心理理论的早期发端与历史根基

在我们详细对照勒邦与马基雅维利的观点之前,仍然有必要追溯一下

---

① John Geerken, "Machiavelli Studies since 1969," *Journal of the History of Ideas*, Vol.37, 1976, p.351.

② 沃林较早地注意到了马基雅维利对"群众的发现":"马基雅维利显示出比19世纪之前的任何其他思想家对于政治群众的本质具有更深邃的洞察力。"([美]沃林:《政治与构想》,辛亨复译,上海人民出版社,2009年,第238页)麦克莱兰也指出:"马基雅弗利是真正从理论层次上研究群众的第一人。"([英]约翰·麦克莱兰:《群众与暴民:从柏拉图到卡内蒂》,何道宽译,复旦大学出版社,2014年,第100页)

③ [英]约翰·麦克莱兰:《群众与暴民:从柏拉图到卡内蒂》,第261页。

④ 勒邦在全世界范围内的影响,参见[法]莫斯科维奇:《群氓的时代》,许列民、薛丹云、李继红译,江苏人民出版社,2003年,第2章;勒邦对近现代中国的影响,参见孙隆基:《两个革命的对话:1789与1911》,载《历史学家的经线》,广西师范大学出版社,2004年;林建刚:《勒庞思想在中国的传播及其影响》,《开放时代》,2009年第11期,第79~92页。

⑤ 参见[法]古斯塔夫·勒庞(勒邦):《乌合之众》,冯克利译,中央编译出版社,2000年。以下该书的引文或归纳随文注页码,个别概念和表述依据英译本有调整。

西方群体心理理论的早期发端与相关的历史根基。

　　人类是社会性的存在，个体是以群体的形态从事和参与社会政治生活的。因此，自人类社会开始产生政治活动之日起，就一定伴随着群体现象，各个时代，无论哪个民族、哪种文化，都是如此。不过，西方古代独特的政制，使其政治生活中的群众现象较其他文化更为显著并更早受到思想家的关注。①

　　古希腊时代雅典的民主政治为群众以及群体心理在西方的首次登场提供了政治舞台。"雅典民主使群众体制化，允许群众就生死攸关的问题进行决策。……雅典的宪法使民主和群众浑然同一。"②古典时代的戏剧作品（尤其是欧里庇得斯、阿里斯托芬的作品）、史学著作（尤其是修昔底德的著作）、演说辞，更不用说柏拉图、亚里士多德的哲学和政治论著，都对民主政治中的群体心理留下了生动记载和犀利评论。"在整个公元前 5 世纪，并且在公元前 4 世纪的一部分时期，这些分析渐渐确定了民众的盲目这种弊端的特征。原因、形式、影响都被指出来，并且这样鲜明地提出了这个问题，以至于政治思考不再能忽视它，而是自问是否可能从中找到答案，或者得出结果。"③古希腊的这些文献奠定了此后西方群体心理理论的主基调，不过，它们似乎并没有被马基雅维利或勒邦所使用和强调。

　　如果说古希腊的雅典民主总体上以群众及其煽动家的压倒性优势为特征的话，那么在伴随古罗马共和政治始终的平民与贵族的阶级斗争中，平民即使不能说一直处于劣势的话，也基本上是处于被动地位。④"李维的著作述及的群众俯拾即是。他的罗马史可以这样来解读：这是政治手腕高明的贵族

---

　　① 一个总体的概述，参见刘训练：《西方群体政治心理研究的发展历程》，《南京社会科学》，2013 年第 8 期，第 83~89 页。

　　② ［英］约翰·麦克莱兰：《群众与暴民：从柏拉图到卡内蒂》，何道宽译，复旦大学出版社，2014年，第48~49页。麦克莱兰此书的第 1 章第 1 节主要分析了柏拉图的群众理论。

　　③ ［法］雅克琳娜·德·罗米伊：《希腊民主的问题》，高煜译，译林出版社，2015 年，第 46 页。罗米伊此书的第 1 章萃取了关于雅典群众及其心理特征的众多古典文献。

　　④ 即使到了罗马帝国时期，群众也没有完全从政治舞台上退却，他们以各种方式仍然发挥着在东方帝国根本无法想象的作用。参见［英］约翰·麦克莱兰：《群众与暴民：从柏拉图到卡内蒂》，何道宽译，复旦大学出版社，2014 年，第 1 章第 3~4 节。关于古罗马群众的一个镜像，参见王坚：《莎士比亚罗马剧中的群众哲学》，《政治思想史》，2011 年第 3 期，第 57~77 页。

的历史；他们为防止人民堕落为暴民的倾向，学会了种种手腕。"①当然，在此过程中，平民也表现出令人钦佩的一面，而贵族及其元老院不得不做出让步，"李维偏爱贵族，但他不鄙视人民，他情不自禁地让我们看到罗马人民创造自己的历史。"②李维的《自建城以来》是马基雅维利政治灵感的重要来源，他这种近乎衡平的态度为马基雅维利后来重新诠释罗马平民与贵族的"不和"以及对罗马平民的"去污名化"提供了原始的素材（参见下文）。

中世纪晚期意大利北部和中部的城市共和国尤其是其母邦佛罗伦萨共和国的政治史是马基雅维利政治灵感的另一个源头，而城市共和国的政治形态则为群众及其心理展示提供了空间。在马基雅维利所著的《佛罗伦萨史》中，各类政治事件（比如，1378 年的梳毛工起义）中不乏群体的出场及其与领袖的互动；更重要的是，佛罗伦萨不幸的党争和内乱与罗马相对健康、有序的平民和贵族的斗争构成了一种严格的对照，这为他重构佛罗伦萨的政制提供了正反两方面的例证，而按照他的构想，佛罗伦萨未来的政制应当是共和主义的，平民（他们始终是群体的构成主体）将在其中发挥重要的政治作用。

马基雅维利的群体心理理论的历史素材主要来自他曾长期研读的《李维罗马史》以及佛罗伦萨的史籍——对于有些事件他同时代的人尚有记忆，而比较晚近的那些事件他甚至参与其中，所以他的理论自有其现场感。同样，法国大革命以及其后法国政坛发生的一些事件直接而深刻地影响了勒邦，"在勒庞用来阐明自己这个或那个观点的五十多个具体历史事件中，大约有二十个左右说的是法国大革命的岁月，还有几个谈到了拿破仑。不过剩下的事件仍占一半左右，它们不但都发生在法国，而且都是勒庞亲眼看到的事件"③。差异仅仅在于，到了 19 世纪后期，欧洲人口激增，工人运动和社会主义运动兴起，"群众时代"才真正到来。

在转入进一步的分析之前，还要特别指出的是，与勒邦在《群体心理学》

---

① ［英］约翰·麦克莱兰：《群众与暴民：从柏拉图到卡内蒂》，何道宽译，复旦大学出版社，2014年，第 8 页。

② 同上，第 63 页。

③ 默顿：《〈乌合之众〉的得与失》，载［法］古斯塔夫·勒庞：《乌合之众》，冯克利译，中央编译出版社，2000 年，"序言"，第 45 页。勒邦后来关于法国大革命的研究，参见［法］古斯塔夫·勒庞（勒庞）：《革命心理学》，佟德志、刘训练译，广东人民出版社，2012 年。

中专门以一卷的篇幅来分析"不同群体的分类及其特点"不同,马基雅维利在他著作中从未厘清过"人民""平民"这些概念。应该说,在马基雅维利那里,有作为平民的人民(the people as plebs)和作为大多数人的人民(the people as multitude)的区分。但本文只处理作为群众、大多数人的人民,也就是说,本文侧重于分析马基雅维利笔下之人民的群体心理面向及其政治功能,而非其社会经济地位与阶级属性。

二、群众的行为与情感

按照勒邦的观点,群体心理最显著的特征则是:构成群体(crowd,群众)的个人不管是什么人,不管他们属于什么民族、职业和性别,不管他们的生活方式、性格和智力相同还是不同,他们变成群体这个事实,便使他们获得了一种"集体心智"(collective mind),这使他们的感情、思想和行为变得与他们单独一个人时颇为不同。"自觉的个性的消失,以及感情和思想转向一个不同的方向,是就要变成组织化群体的人所表现出的首要特征。"(第16页)

群体心理之所以会产生这样的特征,乃是基于如下的一些原因。

首先,从数量上说,个人形成群体之后会感觉到一种势不可挡的力量,责任感消失,这使得他敢于发泄出自本能的、当他独自一人时必须加以克制的欲望。(第20页;参见第36~37页)马基雅维利当然认识到了这一点,只不过他是以一种倒过来的方式说的。他首先引用李维的评论:"聚集在一起,他们是凶悍的;一旦落单,每个人都出于害怕而变得驯服",并指出,"这段文本再好不过地展现了大众在这方面的本性",即"所有的人联合在一起是强大的,而一旦后来每个人开始考虑自己的安危,他就会变得怯懦和软弱"。(D I 57)①

其次,"在群体中,每种感情和行动都有传染性,其程度足以使个人随时

---

① 马基雅维利原著的引文由笔者依据曼斯菲尔德等人英译本(*The Prince*,2nd edition,translated by Harvey C.Mansfield,University of Chicago Press,1998, 简称 *P*;*Discourses on Livy*,translated by Harvey C.Mansfield and Nathan Tarcov,University of Chicago Press,1996,简称 *D*;*Florentine Histories*,translated by Laura F.Banfield and Harvey C.Mansfield,Jr.,Princeton University Press,1988,简称 FH)并参照意大利"国家版"马基雅维利全集(Roma,Salerno)译出,引用时随文注明卷次、章节以及曼斯菲尔德等人英译本的段落号。

准备为集体利益牺牲他的个人利益。这是一种与他的天性极为对立的倾向，如果不是成为群体的一员，他很少具备这样的能力"（第20页）；相互传染所造成的结果就是群体中的个人"易于接受暗示"，他就像受到催眠的人一样，被带入一种完全失去人格意识的状态，"在某种暗示的影响下，他会因为难以抗拒的冲动而采取某种行动"（第21页；参见第28~29页）。

这一点马基雅维利也注意到了，只是他不可能使用暗示、传染、催眠这样的现代心理学术语。他在《佛罗伦萨史》中记述一场暴乱时写道："只要在人群中高喊一声，'到某某人家去'，或者一个手持正义大旗的人把群众引导到那里，就足够烧了那栋房子。（FH Ⅲ 14）他还描绘过一场战斗中"出现的新奇花样和听到的意外声响"所产生的效果：一位士兵在试图砸开阻挡道路的锁链时，周围的人妨碍了他抬手，他就随口说了一句"请你们后退！"这句话层层传达而被误解为撤退的指令，结果蔓延开来造成连锁反应，最终整支队伍自乱阵脚，仓皇逃窜。（D Ⅲ 14.1）

勒邦所总结的群体在情感方面的一些具体特征也被马基雅维利所观察到。

首先是群体的冲动、易变和急躁。因为群众受到无意识动机的支配，所以比较容易冲动，并且这种冲动总是极为强烈。因为他们总是受到当前刺激因素的影响，所以他们情感多变，没有长远的打算和思考；又因为他们凭借数量的优势感到自己势不可挡，一旦受阻就会急躁、愤激。（参见第25~27页）

作为例证，马基雅维利曾经记述，在1378年的梳毛工起义中，"较之任何其他事情，最引人注意的就是，人们目睹了许多人的房子被烧毁，然而就在同一天，不久之后，同样这些人又被册封为骑士，这两件事都是同一伙人干的——利益与损害居然如此接近"（FH Ⅲ 14）[1]；而他引证李维的记载，罗马人民将曼利乌斯·卡皮托利努斯判处了死刑，但很快又开始哀悼这个人并为他感到非常惋惜（D Ⅰ 58）。[2]

---

[1] 这场起义的领袖之一乔治·斯卡利在被处死之前后悔"自己不该过分轻信一群暴民，一句话、一个举动，甚至一丝怀疑就可能让他们群情激奋、怒火中烧"（FH Ⅲ 20）。

[2] 在《佛罗伦萨史》中，马基雅维利提到了米兰人对待弗朗切斯科·斯福尔扎态度的惊人转变：他"作为君主进入米兰，受到米兰人隆重热烈、盛况空前的欢迎；而就在不久之前，他们还对其恨之入骨，极尽诽谤之能事"（FH Ⅵ 24）。

其次是群体情绪的夸张与单纯,他们把事情视为一个整体,看不到它们的中间过渡状态,全然不知怀疑和不确定性为何物,所以容易陷入极端、狂暴。"群体因为夸大自己的感情,因此它只会被极端感情所打动。希望感动群体的演说家,必须一再地诉诸激烈的、断然的言辞。"(第36~37页,译文有调整)

对此,马基雅维利在《李维史论》中就曾断言"强烈的希望和强有力的诺言很容易打动人民"(D I 53):要想说服人民,你要使他们相信的那件事情乍一看表现出是获利还是损失,你采取的策略看来是勇敢的还是怯懦的。"如果在向人民提议的事情中明显可见利益(即使在其底下隐藏着损失),而且看来是勇敢的决定(即使在其底下隐藏着共和国的毁灭),那么说服大众接受它总是会很容易",反之则要使人民接受总是很困难的。他随后举了第二次布匿战争中的两个例子:罗马人民不满于法比乌斯的"拖延"策略,授权给他的骑兵长官使其可以越过法比乌斯直接发动战争,结果导致罗马战败;又相信瓦罗的夸夸其谈而任命他为执政官,导致了坎尼的溃败,几乎使罗马毁灭。(D I 53.2)

最后是群体的偏执、专横和保守。因为群体只知道简单而极端的感情,提供给他们的各种意见、想法和信念,他们或者全盘接受,或者一概拒绝,将其视为绝对真理或绝对谬论;又由于清楚地意识到自己的强大,群体便给自己的理想和偏执赋予了专横的性质。对于群体的这种情感特征,马基雅维利曾引用但丁的说法:"人民经常在死亡的关头高呼'万岁',在自己活得好好的时候高呼'去死吧'。"(D I 53.1)

另外,与其表面的革命性相反,群体的多变,只会影响到很表面的事情。事实上,他们具有强烈的保守本能,"它们对一切传统的迷恋与崇敬是绝对的,它们对一切有可能改变自身生活基本状态的新事物,有着根深蒂固的无意识恐惧"(第40页)。正是基于这一认识,马基雅维利建议改革者在改革政权时,"如果想要它被接受,并且能够维持它,让所有的人都满意,那么他必须至少保留其古代模式的外表,以便在人民看来似乎并没有改变其秩序,尽管实际上新的秩序已经完全不同于过去"(D I 25)。①

----

① 勒邦也说:"对于一个民族来说,理想的状态是保留过去的制度,只用不易察觉的方式一点一滴地加以改进。"([法]古斯塔夫·勒庞:《乌合之众》,冯克利译,中央编译出版社,2000年,第53页)

三、领袖与群众心理

有学者曾经指出:"群体心理学所研究的只是两个基本问题,即个体是如何融入群体的?领袖又是如何控制群体的。"①除了对群体心理的描述与剖析之外,勒邦群体心理学的另外一个重要方面就是领袖是如何调动和利用群众心理的。

在勒邦看来,"只要有一些生物聚集在一起,不管是动物还是人,都会本能地让自己处在一个头领的统治之下"(第97页),领袖的意志是群体形成意见并取得一致的核心,他是群体的第一要素。任何群体,一旦没有了领袖,就会变得不堪一击。就此,马基雅维利曾举过一个例子:当罗马的平民由于维尔吉尼亚事件而武装聚集在圣山上时,元老院派使者去询问他们这么做是经过了谁的授权,元老院显赫的权威使平民中无人敢挺身而出回答他们的问题,"这件事恰恰表明没有一位首领的大众是无用的"(D Ⅰ 44.1)。②

勒邦指出:"世上的一切伟人,一切宗教和帝国的建立者,一切信仰的使徒和杰出政治家……都是不自觉的心理学家,他们对于群体性格有着出自本能但往往十分可靠的了解。正是因为对这种性格有正确的了解,他们能够轻而易举地确立自己的领导地位。"(第10页)我们接下来就会看到,马基雅维利笔下的那些伟大的宗教领袖、政治家和军事统帅显然都是"高明而不自觉的群体心理学家",他们对群体的行为、情感以及意见、观念与信仰都了然于胸,应付裕如。

勒邦认为,无论文化背景、信仰或社会地位如何,群体都必须服从于一位领袖人物,这位领袖既不用理性支配他们,也不用强力主宰他们,而是以其坚强的意志和神奇的威望征服他们。领袖的主要品质是对其信仰具有坚

---

① [法]莫斯科维奇:《群氓的时代》,许列民、薛丹云、李继红译,江苏人民出版社,2003年,第138页。他还说过:"群体心理学告诉我们两件事。从他们自身的背景中找出一个领袖,并且根据他们的情感、信仰以及想象来治理他们。"([法]莫斯科维奇:《群氓的时代》,许列民、薛丹云、李继红译,江苏人民出版社,2003年,第52页)

② 参见马基雅维利在《李维史论》另外一个地方的评论:"一方面没有什么比一群不受约束且没有首领的大众更加可怕了,但另一方面也没有什么比之更加虚弱了。"(D Ⅰ 57)

定的信念,甚至充满偏执的狂热;他表现出的勇气超过才智,因为头脑敏锐和深谋远虑的天赋只会让人犹疑不决。

除了信仰和勇气之外,领袖身上还具有一种难以定义但却极为有效的特征,那就是他的超凡魅力,勒邦称之为"威望"(prestige,冯克利先生译为"名望"),它包括获得性威望和个人威望:获得性威望(acquired prestige,又称人为的威望,冯克利先生译为"先天的名望")来自称号、财富和名誉,甚至是戎装、法袍、假发之类的装饰;个人威望(personal prestige)则与一切头衔和权力无关, 而且只为极少数人所具备,"它能使他们对自己周围的人施以真正神奇的幻术,即使这些人与他们有着平等的社会地位,而且他们也不具备任何平常的统治手段"(第110页)。

获得性威望与勒邦所关注的"形象、词语和套话"(images, words and formulas)这一群体意见的"直接因素"或者说"即时成因"有很大的关系。群体擅长并在很大程度上依赖于形象思维,因此,群体意见的形成很容易受到词语和套话的影响。①对此,马基雅维利曾经举过一个生动的例子:在佛罗伦萨的一次骚乱中,武装的民众去索德里尼家里想要抢劫,碰巧当时的沃尔泰拉主教(后来的枢机主教)弗朗切斯科在家里。"他一听到喧哗声并看到人群,马上就把最体面的衣服穿在身上,并在外面套上主教法衣,然后亲自面对那些武装起来的人,凭借其外表和言辞就阻止了他们。……我得出如下结论:要制止骚动的大众, 最可靠又最必要的对策莫过于一个从外表上看来有权威并且确实值得尊敬的人出场。"(D I 54)

至于个人威望,虽然勒邦曾赋予其一种神秘主义色彩,称之为"一种神奇的力量"(马基雅维利所谓的"德能"有时也带有神秘主义色彩),但他也剖析了若干与威望的产生有关的因素, 其中就包括最重要的因素成功:"每个成功者,每个得到承认的观念,仅仅因为成功这一事实,便不再受到人们的怀疑。成功是通向威望的主要台阶,其证据就是成功一旦消失,威望几乎也总是随之消失。"(第116页)所谓"成功",转化为马基雅维利的术语就是"结

---

① 对于勒邦非常关注的词语和口号(参见[法]古斯塔夫·勒庞:《乌合之众》,冯克利译,中央编译出版社,2000年,第84~89页),马基雅维利有十分敏锐的观察,他曾经多次指出民众对自由、国王这些词汇和名号的强烈情感。参见 P V 2;D I 58.3。

果":"对于不能向法庭申诉的一切人的行动,尤其是君主们的行动,人们就注意结果。"(P XVIII 6)①

在将个人转化为群体的过程中,领袖们所要充分调动的便是群体的想象力:"掌握了影响群众想象力的艺术,也就掌握了统治他们的艺术。"(第53页)在勒邦看来,"群体形象化的想象力不但强大而活跃,并且非常敏感。一个人、一件事或一次事故在他们头脑中唤起的形象,全都栩栩如生"(第50页);而且,"影响民众想象力的,并不是事实本身,而是它们发生和引起注意的方式"(第53页)。在这个问题上,马基雅维利有着更为明确、具体的看法,他曾经建议君主(尤其是新君主)与共和国的公民"做一些肯定会使自己受到议论的引人注目和新奇的事情";"这类行为不仅仅作为开始给一个人带来声望是必不可少的,而且对于保持并增加这种声望也很必要。为了做到这一点,他必须制造新的奇迹"。(D III 34.2)②

当然,领袖们更不会忘记利用群体对各种神秘事物的迷信以及他们的信仰。勒邦说:"一切宗教或政治信条的创立者所以能够立住脚,皆因为他们成功地激起了群众想入非非的感情,他们使群众在崇拜和服从中,找到了自己的幸福,随时准备为自己的偶像赴汤蹈火。"(第56页;参见第98页)马基雅维利也总是将伟大的宗教人物与政治家相提并论甚至故意混为一谈,比如,他对摩西的独特解读。(P VI 2;D III 30.1)如果说在给教皇家族献礼的《君主论》中,马基雅维利尚不便妄议宗教的话,那么到了《李维史论》中,他则公开地对宗教做了十足政治工具主义的论述。他宣称罗马人的宗教"使得罗马元老院或者伟大人物计划从事的任何事业都更加容易"(D I 11.1),不管是立法、重建秩序,还是从事战争以及其他政治活动,都离不开宗教(誓言、占卜、奇

---

① 马基雅维利类似的表达参见:1503年10月29日的外交公函,他转述一位枢机主教的话:"在所有事情上,人们更看重结果而非手段。"1506年9月的"佩鲁贾的奇思妙想"(书信121):"根据多数人的视角,这种视角显然只看事情的结果而不是手段";"他的行动与意图必须由结果来评判"(D III 3);"所有人在这一点上都是盲目的,即根据结果判断建议的好坏"(D III 35.2)。

② 这种行事方式"对于那些想要保持自己在其君主国里的声望的君主来说也是必要的。因为,没有什么事情可以使之如此受人尊敬,只要他们以某种罕见的、符合共同利益的行为或言语来让自己做出罕见的范例,而这种言行可以显示统治者的宽宏大量、慷慨或正义,并且到了在其臣民中有口皆碑的程度"(D III 34.3;参见P XXI 2)。

迹、征兆)的支持与推助(参见 D Ⅰ 11–15)。

四、群体心理学的理论底色与政治品性

现代群体心理学的开创者勒邦曾自视为"群体理论的马基雅维利",并且他在《政治心理学》一书中称马基雅维利是在他 400 年前少数研究过政治心理的人之一。[①]前文的对照分析表明,如果倒转一下时空,起码就群体心理理论而言,那么我们不妨称马基雅维利是"文艺复兴时代的勒邦"。除了以上展现的群体心理学的两个基本面向之外,我们还可以找到二者更多的共同点以及毫不奇怪的明显差异。

勒邦与马基雅维利的相似性首先表现在他们的视角、方法与看待历史的态度上。总体上,"群体心理学反对那种以利益和理性为基础的政治思想",而"传统政治学是以理性和利益为基础的"。[②]这当然不是说,群体心理学不重视利益;也不是说,他们完全否认理性的作用。无论是马基雅维利还是勒邦,都从未否认利益的作用,但他们都认为,利益是不能离开观念而存在的。他们也没有完全否认理性[③],但在分析群体的心理和行为时,他们都认为非理性的因素发挥着更重要的作用。

在方法论层面,正如伯林指出的,将马基雅维利称作现代政治科学的奠基人实在是一种误解,"他的方法是一个由经验之谈、观察、历史知识和一般的机敏组成的大杂烩"[④];而在勒邦那里,我们看到,"他的著作从来不为系统

---

① 参见[法]莫斯科维奇:《群氓的时代》,许列民、薛丹云、李继红译,江苏人民出版社,2003 年,第 79 页;[英]约翰·麦克莱兰:《群众与暴民:从柏拉图到卡内蒂》,何道宽译,复旦大学出版社,2014 年,第 96、256 页;[法]勒朋(勒邦):《政治心理》(*Psychologie Politique*),冯承钧译,商务印书馆,1927 年,第 4 页。

② [法]莫斯科维奇:《群氓的时代》,许列民、薛丹云、李继红译,江苏人民出版社,2003 年,第 40、44 页。

③ "不能绝对地说,群体没有理性或不受理性的影响。"(参见[法]古斯塔夫·勒庞:《乌合之众》,冯克利译,中央编译出版社,2000 年,第 48 页)

④ [英]伯林:《反潮流:观念史论文集》,冯克利译,译林出版社,2002 年,第 50 页。

搜集证据所累,以便使自己的思想能够经受住公正的(即没有偏见)的检验"①。我们知道,马基雅维利事实上更热衷于政治实践而从未想过成为一名政治科学家,相反,勒邦则根据19世纪末的时尚处处以科学家自居。

就他们对历史的看法和态度而言,勒邦曾断言,"只能把史学著作当作纯粹想象的产物。它们是对观察有误的事实所做的无根据的记述,并且混杂着一些对思考结果的解释"(第34页),马基雅维利大概不会这样看待历史。但是勒邦随即又承认,那些在人类历史上发挥过重大作用的伟大人物的"真实生平对我们无关紧要。我们想要知道的,是我们的伟人在大众神话中呈现出什么形象。打动群体心灵的是神话中的英雄,而不是一时的真实英雄"(第35页)②;对此,马基雅维利肯定会于我心有戚戚焉,当他在自己的著作中信手拈来摩西、居鲁士、忒修斯等伟大人物的"事迹"并建议新君主仿效时,显然就是这么考虑的。

勒邦与马基雅维利的相似性还表现在,他们自身的政治立场即使不是暧昧不明的或者说富有争议的,那么至少也是可以从不同的角度加以发挥或者说可以吸引不同的政治派别。马基雅维利自不待言,几乎从他生前开始,对于他著作的评价就已经产生严重的分歧,特别是围绕《君主论》的写作目的以及《君主论》与《李维史论》的关系一直都是聚讼纷纭,数个世纪以来从未中断。勒邦的著作又何尝不是如此? 有学者指出,勒邦的拥护者以及阐释者,"涵盖了从左派到右派的整个政治领域,包括所有的意识形态和政治立场"③。

我们都听说过,马基雅维利和勒邦的著作同属于墨索里尼和希特勒的私藏秘籍。群体心理学关于群体行为与情感、领袖与群体的论述也确实让人

---

① 默顿:《〈乌合之众〉的得与失》,载[法]古斯塔夫·勒庞:《乌合之众》,冯克利译,中央编译出版社,2000年,第49页。

② 默顿关于勒邦看待历史之矛盾态度的分析,参见[法]古斯塔夫·勒庞:《乌合之众》,冯克利译,中央编译出版社,2000年,"序言",第46~49页。

③ [法]莫斯科维奇:《群氓的时代》,许列民、薛丹云、李继红译,江苏人民出版社,2003年,第79页。默顿也指出,勒邦的著作包含着互不协调的意识形态,而意识形态迥然不同的作家都以十分严肃的态度对待它。参见[法]古斯塔夫·勒庞:《乌合之众》,冯克利译,中央编译出版社,2000年,"序言",第28页。

产生它不支持民主政治而更倾向于揭露民主之不可靠性的印象。①但是我们也得承认,这并不妨碍读者从完善民主的角度吸取其教训,也不妨碍勒邦本人反对专制,他曾断言选民群体"既不更好也不更差",议会是"人类迄今为止已经发现的最佳统治方式"。②所以,就像莫斯科维奇指出的,认为群体心理学是"反民主,赞成个人对大多数人的统治"其实是误解,因为"群体心理学看到了民主的危机并力图预防它的崩溃"。③

那么马基雅维利又如何呢?事实上,早就有学者认为,仅仅因为马基雅维利一反古典作家鲜明地赞赏贵族、贬抑平民的态度,而肯定贵族与人民间的"平衡",就可以称他是"第一位民主思想家"④。我们注意到,当马基雅维利断言"群氓总是被外表和事物的结果所吸引,而这个世界里尽是群氓"(P ⅩⅧ 6);"大多数人沉浸于表象的程度不亚于沉浸于实质的程度"(D Ⅰ 25;参见 D Ⅰ 53)的时候,他似乎是在重复古典哲人们的观点,但与他们不同的是,他并没有因此而寄望于君主个人或作为整体的贵族。他在批评人民的同时,也承认"关于判断事情,如果人民听到两个演说者各执一词,而这二人的德能又不相上下,那么极少会看到人民不接受更好的意见或者不能明白真理在哪一边"(D Ⅰ 58.3)。⑤马基雅维利并不认为,人民拥有任何相对于

---

① 默顿认为,马基雅维利与勒邦之间的一个区别在于:马基雅维利强调了控制者(领袖),而勒邦转向了被控制者(群众)。参见[法]古斯塔夫·勒庞:《乌合之众》,冯克利译,中央编译出版社,2000年,"序言",第36页。

② [法]古斯塔夫·勒庞:《乌合之众》,冯克利译,中央编译出版社,2000年,第157、174页。

③ [法]莫斯科维奇:《群氓的时代》,许列民、薛丹云、李继红译,江苏人民出版社,2003年,第485~486页。不妨参考一下罗米伊不无绝对的论断:"是不是民主政体最热情的支持者,往往就从他们对人民斥责的严厉程度上看出来。"([法]雅克琳娜·德·罗米伊:《希腊民主的问题》,高煜译,译林出版社,2015年,第46页)

④ [法]皮埃尔·莫内:《自由主义思想文化史》,曹海军译,吉林人民出版社,2004年,第19页。类似的观点也见之于[美]列奥·施特劳斯:《关于马基雅维里的思考》,申彤译,译林出版社,2003年,第186页;[美]德·阿尔瓦热兹:《马基雅维利的事业》,贺志刚译,华东师范大学出版社,2009年,第240、242页。

⑤ "人民虽然无知,但是当一个值得信赖的人告诉他们真理时,他们能够理解真理,并很容易让步。"(D Ⅰ 1.1)

贵族的人类学或伦理上的优越性,但他确实主张在政治制度的设计中赋予平民更突出的角色。①

最后仍然回到群体心理理论上来。确切地说,群众再次成为政治舞台的主角、"群体时代"的到来是现代社会的现象,只有在现代社会中才会发生真正的大规模群众运动。宗教运动、社会革命和民族主义运动是三大群众运动,如果说宗教运动古已有之,那么社会革命与民族主义运动则是 19 世纪以降全新的政治现象,只有到了这个时期,群众的数量、能量以及重要性才大大提高,并且上述三种运动往往纠结在一起发生。虽然马基雅维利熟稔宗教运动(奇怪的是,同时代所发生的宗教改革运动在他的思想几乎没有得到任何回应),但是社会革命与民族主义运动却不可能进入他的视野(尽管他本人后来被尊为促进意大利民族意识觉醒的代表性人物之一)。因此,严格意义上的群体理论只能诞生于 19 世纪末 20 世纪初的勒邦等人那里,并且直到 20 世纪后半叶才完全凸显其政治意义。②在这个意义上,马基雅维利只能是群体以及群体心理理论的先驱,而不可能是其真正的创立者。

---

① 参见麦考米克的一项著名研究(John P. McCormick, *Machiavellian Democracy*, Cambridge University Press, 2010;中译本《马基雅维利式民主》,康向宇、韩广召译,刘训练、曹钦校,华东师范大学出版社,2019 年)。

② 参见[美]埃里克·霍弗:《狂热分子——码头工人哲学家的沉思录》,梁永安译,广西师范大学出版社,2008 年。

▼比较视野中的马基雅维利

韩非的际遇思想

——兼与马基雅维利比较

詹 康*

一、前 言

韩非哲学思考的宗旨,是如何建立一强有力的政治社会秩序,以求在国际体系中生存及扩张。他思考的结果,是以君主为核心,凭借君位之势以行赏罚,运用术以整顿官僚体系,及推行法令以统御臣民。韩非肯定国君抱法处势用术便可成功,否则便遭败亡,把理论效验讲得如此斩截,有意无意之间,挤压了理论可有的模糊空间,对理论建构而言不一定是好事。说得更明白点,机运的角色在韩非思想中颇为萎缩,而一般学者研究韩非,也很少触及机运之说。

本文的目的即在论证机运之说在韩非思想中虽然萎缩,但可以推知其存在,并且与他的君王理论有不少关联。机运存在的根据,是在于种种不同的际遇,有的际遇为人创造好运,而有的则带来厄运。如能认知到际遇制造机运并产生现实的后果,那么就有利于创造出理论必须要有的模糊性,譬如

* 詹康,台湾政治大学哲学系教授,哈佛大学东亚语言暨文明系博士。本文繁体字版刊于台湾《政治与社会哲学评论》(2002 年第 2 期),政治大学中文系刘又铭教授对本文初稿提出宝贵的改进意见,台湾大学政治系林俊宏教授与《政治与社会哲学评论》两位评审人刺激我做更深入的思考,而增加了第三、六节。此次重刊,填补了新的研究成果,并对古文加入注释。

符合法家理想的君主,能否如愿成功,还要视际遇的顺逆而定。而未达到法家理想的君主,有的也侥幸获得成功,这更要从际遇来寻求解释。政治行动会由于际遇不同而有不同的结果,此一不确定性,在韩非思想中的确存在。

比较哲学的视角也有助我们发掘韩非思想中的际遇概念和机运之说。韩非常与西方的马基雅维利相提并论,马基雅维利的思想主轴可以称为以德制命。现代中文用语里的命,有偏向命定、命运之意,但是在古代中文里,命有其他的界定。例如,荀子提出"节遇谓之命"(《荀子·正名》),所谓节遇,是偶遇①或当时所遇②之意。王充也提出:"命,吉凶之主也,自然之道,适偶之数,非有他气旁物厌胜感动使之然也。"③节遇、适偶是古语,换作今天的话来讲,可说是际遇或境遇(所遇之境)。马基雅维利所谓的命(意大利文 fortuna,英文 fortune)不是命定之义,通常是指意外事件(accident)④,因此,命是人在现实中所遇到的适然状况。在这点上,马基雅维利和中国哲人荀子、王充相似,所以我们可以把他的"fortuna"翻译为"命",而这么翻译,可以为中西政治哲学比较搭起一座新的桥梁。由于命只是际遇,尚非事件的结局,所以人的主观作为对未来应可有所影响,马基雅维利因而指出,若有超凡之德,就可履险如夷,长享成功。

在词语概念层次上,韩非与马基雅维利不同,他不把所遇之境称作命。他恐怕和荀子以外的先秦哲人一样,把人与环境遇合后应当如何作为,才称作命,关于这一层,我拟另撰文讨论。不过,论到尽一切力量对付环境现实,克服适然因素,追求事功与名誉,两人几乎是有志一同。因此,本文论述的方法,是通过马基雅维利以德制命的显性理论,来发掘韩非思想中克服际遇的隐性题材,并在适当处比较二人的差异。

---

① 王忠林:《新译荀子读本》,三民书局,1978 年,第 337 页,注 20;李涤生:《荀子集释》,学生书局,1979 年,第 509 页,注 17。

② 王先谦:《荀子集解》,中华书局,1988 年,第 413 页。

③ 《论衡·偶会》。参见唐君毅:《中国哲学原论:导论篇》,学生书局,1986 年,第 554 页。

④ Leo Strauss, *Thoughts on Machiavelli*, Seattle: University of Washington Press, 1958, pp.216, 223. 与施特劳斯之见解处于相反的两极者,为帕雷尔认为马基雅维利接受当时的宇宙观,因此天体运行的规律决定了人事发生的次序,天(宇宙)是有秩序、有目的的,不容许有意外事件。参见 Anthony J. Parel, *The Machiavellian Cosmos*, Yale University Press, 1992, ch.4。

二、韩非"自然之势"含有际遇之义

韩非对际遇的讨论,是系属于"自然之势"。自然之势与人设之势是相对的一组概念,其说仅见于《难势》篇,相关之上下文有不可通读者,历来学者均怀疑有讹夺脱误。[①]今先引其文于下[②]:

> 复应之曰:其人以势为足恃以治官(国家)。客曰"必待贤乃治",则不然矣。夫势者,名一而变无数者也。势必于自然,则无为(wèi)言于势矣。吾所为(wèi)言势者,言人之所设也。今曰:"尧舜得势而治,桀纣得势而乱。"吾非以尧、桀为不然也。虽然,非一人之所得设也。夫尧舜生而在上位,虽有十桀纣不能乱者,则势治也;桀纣亦生而在上位,虽有十尧舜而亦不能治者,则势乱也。故曰:"势治者则不可乱,而势乱者则不可治也。"此自然之势也,非人之所得设也。若吾所言,谓人之所得势也而已矣,贤何事焉?(《难势》,第 1048 页)

其中因文字脱讹而意义恍惚者,既无善本可校,不必勉强臆改求顺。但还是看得出来,从"今曰尧舜得势而治"至"而势乱者则不可治也"95 个字,是对自然之势的解释,大旨是说尧舜居于君位,则天下平治,再坏的人也无法作乱,而桀纣居于君位,则天下大乱,再贤圣的人也无法使天下复治。引文中"故曰"以下二句,又见于《商君书·定分》,原文为:"势治者不可乱,势乱者不可治。"韩非此处是否承《商君书》而发为议论,亦难以确言。

19 世纪(含)以前的《难势》篇古注对自然之势并无说明,现代学者根据上述的 95 个字而提出的对自然之势的诠释有两种,差别来自尧舜桀纣生而为君是否即为自然之势本身,抑或为自然之势的数个例子而已。前者是狭义诠释,后者是广义诠释。狭义诠释为,获得君位(指世袭,但也不排斥其他方式)的人,其天资人品如何,乃是偶然因素,因此治世和乱世也是偶然造成

---

① 参见陈奇猷:《韩非子新校注》,上海古籍出版社,2000 年,第 947 页,注 3~5。
② 本文对《韩非子》征引颇繁,所据版本为张觉的《韩非子校疏》(上海古籍出版社,2010 年),标明篇名与页码。古文中所含简注为参考众家后所作,为求简明,不写出注者姓氏。

的。陈启天是此种诠释的宗主,认为自然之势指"主权之传袭,出于自然,业经确定,莫可如何",相对于人设之势指"主权之运用,治国不可或缺,而又为人所易为力者"。①追随者甚众。②

广义诠释是把人君禀赋的偶然性看成自然之势的一个例子,因此自然之势不限于谈君主因素,而是包括世间所有偶然性。熊十力是最早从广义来诠释的人,他的发挥也最具哲学性。

> 韩子所谓"势治不可乱,与势乱不可治",此中势字,颇与后来陈同甫所谓"天下大势之所趋,天地鬼神不能易也"之势字,意义相同。虽谓之自然,而实由群力交推,成其如此,本非自然。……凡势已成,不可遽易,则谓之自然,似无不可耳。夫群力交推,不可测其端绪,亦不可诘其终究。……势之已成,不可遽易,要非不可易也。③

熊十力以后对自然之势有所阐释的还有法国学者朱利安(François Jullien),认为自然之势是压倒性的形势,如丰年或重大灾难等,所以个人力量很难扭转势治或势乱。但这些情形不常发生,在大多数时间里,环境对人所加的限

---

① 陈启天:《增订韩非子校释》,台湾商务印书馆,1969 年,第 71 页,注 4。

② 黄秀琴:《韩非学术思想》,华侨出版社,1962 年,第 107 页;赵海金:《韩非子研究》,正中书局,1966 年,第 64 页;王赞源:《韩非与马基雅维利比较研究》,幼狮文化事业公司,1972 年,第 98 页;王赞源:《中国法家哲学》,东大出版社,1989 年,第 148 页;谢云飞:《韩非子析论》,大林出版社,1973 年,第 62 页;张素贞:《韩非子思想体系》,黎明文化出版社,1974 年,第 74、187 页;封思毅:《韩非子思想散论》,台湾商务印书馆,1975 年,第 54 页;姚蒸民:《韩非子通论》,作者自印,1978 年,第 125 页;吴秀英:《韩非子研议》,文史哲出版社,1979 年,第 87 页;陈大络:《韩非思想》,正中书局,1988 年,第 45 页;郑良树:《韩非的著述及思想》,学生书局,1993 年,第 492~494 页;高柏园:《韩非哲学研究》,文史哲出版社,1994 年,第 111、193、220 页;王宏斌:《中国帝王术:〈韩非子〉与中国文化》,河南大学出版社,1995 年,第 35 页;谷方:《韩非与中国文化》,贵州人民出版社,1996 年,第 173~174 页;傅武光、赖炎元:《新译韩非子》,三民书局,1997 年,第 51~52 页;卢瑞容:《战国时代"势"概念发展探析》,《台大历史学报》,第 25 期(2000 年 6 月),第 68 页;林纬毅:《法儒兼容:韩非子的历史考察》,文津出版社,2004 年,第 127、130 页;陈蕙娟:《韩非子哲学新探》,文史哲出版社,2004 年,第 162 页等。

③ 熊十力:《韩非子评论》,学生书局,1978 年,第 64 页。

制并不严酷,因此,君主的人设之势可以产生效果。①李文标②、朱瑞祥③以时势、趋势释之。王静芝以事有必至之势释之,视为天然的限制,人只能回避或因应,无法改变。④安乐哲(Roger T.Ames)释自然之势为"不可避免的自然际遇"(inevitable natural circumstances),不在人的掌控之内,更不受人所影响。⑤穆盘石(Peter R.Moody,Jr.)亦解释是人为控制所不适用的情形。⑥此外,黄公伟提出气势、形势⑦,孙实明谈到产生某种结果、制造某种事态的客观形势、必然趋势⑧,两人虽未曾指明是对自然之势的解释,似亦可归入本类。

此外,尚有数种诠释,并不依据这 95 个字,亦应介绍。

第三种诠释是张纯、王晓波所提出,认为韩非提出自然之势是用在慎到的理论,而慎到主张主观愿望的达成,需要借助于客观条件及其规律,因此,自然之势是指客观的存在物及规律,而利用自然之势即相当于"守道"。⑨最近,李苏平除了征引慎到的学说,还从《韩非子》文本中摘寻势字的用法,企图证明韩非的势有道的意思,因此,自然之势也就是自然之道。⑩

第四种诠释根据《难势》篇第一段所引慎到的言论,将政治势位本身(如君主之位、主权等)当作自然之势,而将在位者之运用称为人设之势,唐君毅⑪、王邦雄⑫、徐汉昌⑬、许老雍⑭、蔡英文⑮、陈丽桂⑯主之。

① François Jullien, *The Propensity of Things:Toward a History of Efficacy in China*,trans.Janet Lloyd,Zone Books,1995,p.43.

② 李文标:《韩非思想体系》,幼狮文化事业公司,1977 年,第 54 页。

③ 朱瑞祥:《韩非政治思想之剖析》,黎明文化事业公司,1990 年,第 23 页。

④ 王静芝:《韩非思想体系》,辅仁大学文学院,1977 年,第 128~129 页。

⑤ [美]安乐哲:《主术:中国古代政治艺术之研究》,滕复译,北京大学出版社,1995 年,第 89 页。

⑥ Peter R.Moody,Jr.,"Rational Choice Analysis in Classical Chinese Political Thought:The Han Feizi,"*Polity*,Vol.40,2008,p.108.

⑦ 黄公伟:《法家哲学体系指归》,台湾商务印书馆,1983 年,第 402 页。

⑧ 孙实明:《韩非思想新探》,湖北人民出版社,1990 年,第 20、102 页。

⑨ 张纯、王晓波:《韩非思想的历史研究》,联经出版事业公司,1983 年,第 116 页。

⑩ 李苏平:《韩非》,东大出版社,1998 年,第 178~181 页。

⑪ 唐君毅:《中国哲学原论:原道篇弍》,学生书局,1986 年,第 521~522 页。

⑫ 王邦雄:《韩非子的哲学》,东大出版社,1977 年,第 84 页。

⑬ 徐汉昌:《韩非的法学与文学》,维新书局,1979 年,第 74 页。

⑭ 许老雍:《韩非法治思想中之势论》,《高雄师院学报》,1984 年第 12 期,第 33 页。

⑮ 蔡英文:《韩非的法治思想及其历史意义》,文史哲出版社,1986 年,第 190~193 页。

⑯ 陈丽桂:《战国时期的黄老思想》,联经出版事业公司,1991 年,第 231~232 页。

这两种诠释回归慎到的思想以求解,看似优点,实为失着。这是因为《难势》篇分三段,第一段引慎到之论,第二段设辞驳慎到,第三段再设辞驳第二段,自然之势与人设之势的区分,位于第三段,因此不见得是用于慎到。张纯、王晓波等人从《慎子》其他篇章寻绎出自然规律之说,离开《难势》篇文本太远,而唐君毅等人虽然以《难势》篇第一段为依据,但第一段未必是第三段讨论所本。总之,他们都脱离了《难势》篇第三段的那95个字,其原因或许是那95个字有脱讹舛误,所以向外寻求灵感,但从文本来讲,不免丧失了依据。

再就论证意图而言,如果依张纯、王晓波、李苏平之说,自然之势指守道,那么韩非不应该有憾辞,而另提出人设之势。唐君毅等人将制度之位与在位之人分离,以前者为自然之势,是中性的权力,视在位者之不同而可为善为恶,而将人设之势解释为自然之势与法的结合。错误出在韩非通常所说的势,就是制度之位及其附带的权力、权威,他认为,光有势不能成就善治,必须与法、术结合,因此,法术势是三个独立的概念。如果说人设之势是自然之势与法结合,那是混淆了法和势两个概念。说自然之势是制度之位,则自然之势成为势的同义赘词,没有引进新义。说慎到只知有势而不知有法,主张势的行使可以独立于法度之外,也误解了慎到。[1]

第五种诠释是日本学术界常见的,如板野长八[2]、稻田孝[3]、小野泽精一[4]等人,推测韩非指涉的是命、数、时。日本学者对命、数、时是什么意思,未作进一步说明,恐怕命定论占了其中很大的成分,而命定论却与韩非的哲学精神有所出入。

第六种诠释是刘泽华说:"自然之势指客观条件既成条件下掌权和对权力的运用,人设之势是指可能条件下能动地运用权力。"[5]大陆哲学界提出

---

① 参见胡适:《中国古代哲学史》(第三册),台湾商务印书馆,1968年,第65页;王晓波:《先秦法家思想史论》,联经出版事业公司,1991年,第254页;罗独修:《先秦势治思想探微》,中国文化大学出版部,2002年,第67~68页。

② [日]板野长八:《中国古代にちいて人间观の展开》,岩波书店,1972年,第307页。

③ [日]稻田孝:《不信の哲学———韩非子》,新人物往来社,1973年,第94页。

④ 小野泽精一:《法家思想》,收于[日]宇野精一编:《中国思想(三):墨家、法家、逻辑》,林茂松译,幼狮文化事业公司,1977年,第89~188页。

⑤ 刘泽华:《先秦政治思想史》,南开大学出版社,1984年,第296页。

"客观规律性"和"主观能动性"两个术语,前者可以概括传统哲学中的命、天、自然等概念①,刘泽华显然是将这两个术语套到自然之势与人设之势上,如此诠释,可以通吃前述五种诠释,但失之笼统。

我所见的学者中,唯有李增尝试综合各种诠释分歧。他本人倾向用"万物物性本然如此"的自然之道界定自然之势,以前者包涵后者,"前者偏重道理、性理、规律之义,后者着重在自然物所展现的'力'道之描述"。②然而他又想兼容其他诠释,所以综合提出自然之势的五种意义:①天道、地道、人性之自然规律。②物性之力能,如水能载舟等。③人之本性,如趋利避害等。④君主的天生自然资质,与君主世袭传位。⑤社会的时势、运命的趋势。③以前文区分的六种诠释来看,李增是以第三种为主,而欲兼容第一、第二种。可惜他仅是并列诸说,并未解释性理之道如何能涵摄属于偶然性的时势、运命、君主资质,可见兼容并存的解决方案也不理想。

六种诠释之中,后四种诠释皆有其不能成立之处,而前两种诠释肯定了高于主观意志的环境力量,合乎文本的意向,应为正解。其中,广义诠释又可涵盖狭义,所以较为可取。另外,考察《韩非子》书中的自然一词,绝大部分是指自然界的规律(《喻老》,第 438 页;《守道》,第 529 页;《功名》,第 554 页)④,在此之外,还有"守成理,因自然"(《大体》,第560页)两句话,其中的自然除可指自然界的规律,也可合于王充所说,"自然之道,适偶之数"。因此,狭义诠释以君主的贤愚不肖来理解自然之势,真的是取象太窄了点。

我们所肯定的广义诠释,是以不可逆转的时势、趋势来理解自然之势。依此界定,自然之势构成了人所面临的际遇,且弥天盖地,威力雄厚,由不得人抗拒抵御。按照朱利安的解释,外在环境有常态和变态的不同,变态是像丰年和重大灾难等,这就称作自然之势,常态则是外界力量尚未大到不可抗

---

① 参见萧萐父、李锦全:《中国哲学史》(上卷),人民出版社,1982 年,第 235 页。

② 李增:《先秦法家哲学思想:先秦法家法理、政治、哲学》,"国立"编译馆,2001 年,第 659~660 页。

③ 参见李增:《先秦法家哲学思想:先秦法家法理、政治、哲学》,"国立"编译馆,2001 年,第 665 页。

④ 同上,第 659 页。

拒的状况。其说可从韩非言论中得到部分印证：

> 明君之所以立功成名者四：一曰天时……非（违）天时虽十尧不能
> 冬生一穗……故得天时则不务而自生。（《功名》，第554页）

朱利安举丰年之例与韩非谈的天时，意义相去不远。丰年造成势治，也就是自然之势有利于治，即使不去努力耕种，也能坐享收成，结果物阜民丰，易于为治。反之，重大灾难造成势乱，即自然之势有利于乱，虽百般救护，亦难以为功，民生凋敝，乱自易生。

熊十力用"群力交推，成其如此"解释自然，是说每人每物都有其行动的理由或原因，彼此交叉激荡之后，织成一片盘根错节的因果网络。每个时间点上的每一位置的事态，其背后的成因是多头的锁链，分析起来没有穷尽，所以说"不可测其端绪"，而从这一时间点、这一位置往下发展，也开放接受所有因素的施力，所以结局非任何人所能逆料，"不可诘其终究"。总体情势的趋向和能量，是由无数个体贡献而来，由于能量巨大，所以不会骤然改向，"凡势已成，不可遽易"。但也由于预定的计划或终点并不存在，所以个体行动的改变，对总体造成的细微变化，日久可以导致总体的转向。渺小的个人面对总体情势时，采取回避或因应之道较为容易，但也未尝不可逆其锋而扭转之，这就需要超凡的才德方能做到。

熊十力的诠释饶有哲学的理趣，虽然犯了过度诠释之嫌，但有两个要点是应予肯定的。第一，将视野扩大到所有过去与未来的因果关系，表明背后没有单独一位命之者或主之者，这就是自然的意思。第二，过去的种种，既无从分析，未来的变化，也无从预测，因此人仅需要就当下斯须所遇，而思应对之策。际遇的重要，正在于它的"当下"性，必须立即对其反应。

三、自然之势对人的辅翼与钳制

韩非讲的自然之势是已经成形、难以更易的外在形势，对行动构成了巨大的限定作用，犹如正之不可倾、倾之不可正，遭逢此种际遇，只宜因循应付或因势利导。自然之势的概念，只在《难势》篇出现了一次，犹如灵光一闪即逝,没有任何开展。不过,除了前面举出的天时之说,韩非还有一些相关的说法和例证,可以汇集起来,阐释自然之势的若干内涵。

韩非直接用到"势"字,而与自然之势有点关系的,有以下的一段话,颇值玩味:

> 惠子曰:"置猿于柙中,则与豚同。"故势不便,非所以逞能也。(《说林下》,第 486 页)

惠施举猿做例子,或许是因为猿最接近人。韩非本人从不用猿做例子,但常用虎豹来比喻君主,其爪牙就像是君主的势,可以制服百兽。(《二柄》,第 110 页;《解老》,第 397 页;《八说》,第 1159 页;《人主》,第 1276~1277 页)我们如果把虎豹换入惠施的句中,意思仍然成立。虎豹虽然凶猛,人类可以制作樊笼,捕捉虎豹,使其无所施其爪牙,类推起来,君主的威势虽大,也不可能大到操控一切,有的时候权力会遇到阻碍,无法发挥。换言之,自然之势有时会形成君主势位有所"不便"的状况,此时君主就无法逞能。

所谓不能逞能,是主观意愿不能恣肆地加诸客观环境,而应虚心任由客观环境带动。连带而来的是,自己的智能没有发挥的舞台,即便有,能居的功也不大。韩非由当时各国国情的不同,来说明这个道理:

> 鄙谚曰:"长袖善舞,多钱善贾。"此言多资之易为工(巧)也。故治强易为谋,弱乱难为计。故用于秦者十变而谋希(通"稀")失,用于燕者一变而计希(通"稀")得,非用于秦者必智,用于燕者必愚也,盖治乱之资异也。(《五蠹》,第 1225~1226 页)

韩非认为,当时秦国已经治强,而燕国久经弱乱,所以在秦国用事的人,易于筹划,而且政策容易收效,而在燕国用事的人,难于筹谋,且计策很难奏效,两国用事的人之智商都差不多,不同的是所凭借的治乱之资。此处治乱之资,与《难势》篇谈的治乱之势,应该是指同一个事物,只是侧重有所不同:从客观的存在来讲是势,而从行动的条件来讲是资。

不同国家有不同的治乱之资、治乱之势,有时是自然给予的,有时则是

前人开创的。以秦国的情形来说,是先人的遗泽比较重要。韩非不止一次称
道秦国的治强、地广而主尊。(又见《奸劫弑臣》,第 262 页;《饰邪》,第 331页;《外储说
左上》,第 728 页)在他的理解里,秦国的治强完全是 100 年前商鞅变法(公元前
359 年)所奠立的,在商鞅入秦之前,秦国和其他国家一样,也是风俗恶劣,以
致国乱兵弱而主卑。(《奸劫弑臣》,第 262 页)从当时看来,商鞅得到秦孝公(公元
前 361 年—公元前 338 年在位)的信任,以绝大魄力改造秦国,是逆转自然
之势的成功典范,这是大大的逞能,大大地表现了个人的智慧和才华,因此
韩非尊商鞅为圣人(《奸劫弑臣》,第 261~262 页),有以然哉。这也就是熊十力说
自然之势"要非不可易也"的最佳脚注。而从事后的角度来看,商鞅变法的遗
产,成为后人治理秦国的有利资具,可以不用苦心筹谋,就坐享成果。如或不
然,即如韩非所批评的,从张仪、甘茂、穰侯、应侯到当时的用事大臣,一个个
都殉国力以图利于己,100 年来,"强秦之资"也没有削弱减少(《定法》,第 1069
页),这又得从自然之势来理解商鞅的遗产为后人所加的限制了。

　　《韩非子》书所收的《初见秦》篇,不是韩非所作,但其中的国情分析,与
韩非见解相若,可以提出来作为补充。其论秦国曰:

> 秦出号令而行赏罚,有功无功相(视)事也(有功无功,视事论定)。
> 出其父母怀衽(怀抱)之中,生(有生以来)未尝见寇耳。闻战,顿足(跌
> 足)徒(脱去上衣,露出肉体)裼(xī,露臂),犯白刃,蹈炉炭(犯火攻),断
> 死于前者皆是也。……今秦地折长补短,方数千里,名师数十百万。秦之
> 号令赏罚、地形利害,天下莫若也。以此与(通"举")天下,天下不足兼而
> 有也。(《初见秦》,第 10 页)

这里说到了秦国民风的强悍,与地形上的优势。作者拿来和赵国比较:

> 赵氏,中央之国也,杂民所居也。其民轻而难用也。号令不治,赏罚
> 不信,地形不便,下不能尽其民力。彼固亡国之形也。(《初见秦》,第 21 页)

这是从赵国人口结构、民风、政情、地理位置来分析,而认为其国应亡。这些
因素,有的是可由人为影响的,有的则否(如地理位置和地形),都可并入自

然之势的概念,成为主政者严肃面对的际遇,并从中发掘佐治之资,羽翼自己带领国家前进。

韩非对秦国发迹的理解,可以和马基雅维利论罗马史互相发明。罗马的第一任国王罗穆卢斯(Romulus)建立了法制,第二任国王努马(Numa Pompilius)建立了宗教。马基雅维利评论说:

> 考虑所有情形之后,我认为罗马城幸福的第一批原因中,包括了努马引进的宗教,因为它带来良好的秩序,良好的秩序带来好命,而好命又造成志业的幸福成功。(D. I.11,p.35)①

注意马基雅维利把命(fortuna,fortune)放在居间的地位,它是先王间接创造出来的,而又对后王有深远的影响。这与韩非理解商鞅变法,使秦国上下由混乱进入秩序,渐渐积蓄成为自然之势,使后人易于为治、难于为乱,有异曲同工之妙。马基雅维利也很注重国家的地理位置、土壤丰瘠、出海便利对国运的影响(D. I.11),这是国家先天所得到的命,可以和上引《初见秦》篇段落相辉映。

依牟宗三历史哲学式的分析,战国诸雄中,唯有秦国基于独特的民族性,中原文化积累不深,能接受法家学说,行之而有大成。②此种意见自不符合韩非的心意,他必当以为自己的学说可行于任何国家。我仍提出牟宗三的看法,为的是指出秦国的势治局面,有其更久远的历史根源、特殊的民族文化等做基础,这些线索可以更加充实自然之势的概念内涵,只是韩非没有深究而已。

韩非之时,秦国势治,山东各国势乱,是以秦国统一天下的趋势愈来愈明显。秦国本身的势治,固然是胜战之资,而山东各国的势乱,假借给秦国,也有积分加乘的效果。换言之,敌国之势乱乃是本国攻伐成功的一个助缘,也就是好的机运。回到《难势》篇原来所举的史例,是桀纣生而在上位,造成

---

① [意]马基雅维利:《李维史论》(Niccolò Machiavelli, *Discourses on Livy*, trans., Harvey C.Mansfield, Jr.and Nathan Tarcov, University of Chicago Press, 1996)以下简写为 D,罗马数字为卷次,阿拉伯数字为章节,页码为英译文页码。

② 参见牟宗三:《历史哲学》(第九版),学生书局,1988 年,第 131~137 页。

势乱,虽有关龙逢、王子比干等忠臣在朝,也挽回不了势乱之局。天下大乱,造成了其他诸侯可乘之机,最后汤武取桀纣而代之。韩非的确把汤武革命归因于桀纣作乱:"桀纣作乱,汤武夺之。"(《难二》,第972页)并对汤武以臣弑君的行为加以脱罪,提出"天子失道,诸侯代之"是应当的,是失天下的人有过,而得天下的人无罪。(《难四》,第1018页)这些看法,都可与自然之势相承接。

综上所论,自然之势供给治乱之资,共有两种通路:一种是在国内政治上,如势治则不可乱,势乱则不可治;另一种是在国际政治上,如势治之国有实力对外用兵,势乱之国只会招引邻国不断入侵。从这些例证可以看到,自然之势对行动者有巨大的限定作用,寻常的行动者只能跟随自然之势划定的动向而推波助澜,只有少数的道术之士例外,他们可以破坏既有的自然之势,创建新的自然之势,限定后人的行动。

四、际遇的应付之道

韩非的自然之势是一种特殊的际遇,是含有巨大限定能量的趋势,至于泛泛的一般局势,他基本上不做讨论。我们可以这么说,对韩非而言,际遇分成两种:非常性的际遇特称为自然之势;而平泛的际遇则没有任何名号。如此厘清以后,可以和马基雅维利做进一层的比拟。马基雅维利所说的命是际遇之命,他将命比喻为波浪汹涌奔腾不息的河流,而河水流动可以分出和缓与强暴等两种情形:

> 当它怒号时,泛滥于平原之上,冲倒树木房屋,把这一边的土卷到另一边。每个人在洪水之前惊惶逃命,每件东西臣服于水的冲力之下而无力阻挡。虽然河是如此,但这不是说当它平静之时,人不能加上堤防与水坝,以后水涨之时,就能流进运河,或其冲力不致太猛太危险。(P.25,p.98)①

---

① 译文依据何欣1966年中译本(《君王论》,"国立"编译馆),简写为P,阿拉伯数字为章节,参考曼斯菲尔德英译本(*The Prince*,trans.Harvey C.Mansfield,Jr.,2nd ed.,University of Chicago Press,1998)修改,并标注页码,下同。

同一条河流有平缓的时候,也有泛滥肆虐的时候,后者是人无能为力的,只有回避以保住自己的安全,韩非的自然之势蓄积了不可抗拒的威力,亦是如此。然而当流势平缓时,是可以接受人工整治的,这就有如一般的时势温敦祥和,容许君主借其势位作威作福。

当我们把讨论主题从自然之势扩大到一般的际遇,就立刻发现韩非和马基雅维利有理论广度的不同。马基雅维利将所有的际遇变化都纳入命的概念之下,因此,其意念的涵盖很全面,举凡地理与气候、国际政治角力、国内贵族与平民的对峙、教会与商人的势力,乃至个人的健康与子嗣等,任何牵动客观局势变化的因素,都包括在内,构成一种动态的发展,时时创造机会和限制。际遇之命是马基雅维利思想的核心之一,我们看命字在马基雅维利著作中出现之多,便知其应用之广。反观韩非仅仅提出自然之势的观念,来概括含有巨大限定能量、常人只能因循接受的趋势,至于更广泛的际遇,则缺乏名言表达,也就没有专门的讨论。

两人对际遇认知的详略不同,可从文化传统上得一同情的理解。司命之神(Fortuna)是罗马人的神祇,一方面民间崇拜之风极盛,另一方面文人骚客也多有谈论,提出德与命互为敌体的命题。在中古时代,基督教取代了罗马人的信仰,但是司命之神却保存了下来,变成奉上帝之命而行事。往后到文艺复兴时代,司命之神依旧是文学、哲学、历史、艺术中不可或缺的角色。[1]在如此长远传统的熏陶下,无怪乎马基雅维利将思考的主轴放在个人才能(德)与际遇(命)的遇合问题上,而提出一己之说。韩非比马基雅维利早生 1500 年,他接受的文化传统要比马基雅维利短得多,而且战国时代思想争鸣,对际遇的处置有不同的态度,对成败兴衰的现象也有不同的理论,很多思想理念尚未定于一尊,对他形成约束。他处在当时思想竞争的环境,而自出机杼,设计出一套兴利除弊、富国强兵的办法,我们本就不应强求他会和马基雅维利一样,会将际遇放到理论的核心位置,以此来分析问题、理解世界。

---

① See Thomas Flanagan, "The Concept of Fortuna in Machiavelli," in *The Political Calculus：Essays on Machiavelli's Philosophy*, Anthony Parel ed., University of Toronto Press, 1972, pp.130 –133; Wayne A. Rebhorn, *Foxes and Lions：Machiavelli's Confidence Man*, Cornell University Press, 1988, p.171.

虽然如此，马基雅维利承袭西洋传统中以德制命的看法，与韩非有某种形似。在前面的引文中，马基雅维利提出人的德（意大利文 *virtù*，英文 virtue）可以为命设下堤防与水坝，命只能在德没有设限之处展现其力量。至于一般、温和性的际遇，很容易处置得宜，轻松克服。因此，命与德的势力是互相消长的，当德的力量愈大，命的力量就愈小。韩非一方面承认，势乱之际，需要绝大力量才能导正，可是另一方面，又主张中等资质的君主抱法处势则国治，不要求君主贤如尧舜（《难势》，第 1051—1052 页），明白表示了资质品德并非对付际遇所必须。①两说似有矛盾。其实后一说法未必属实，韩非的中主之说，乃是为了推销其说而易之之辞，萧公权评论说：

> 韩子所谓中主，就其论法术诸端察之，殆亦为具有非常才智之人。身居至高之位，手握无上之权，而能明烛群奸，操纵百吏，不耽嗜好，不阿亲幸，不动声色，不挠议论，不出好恶，不昧利害。如此之君主，二千余年之中，求其近似者寥寥无多，屈指可数。其难能可贵殆不亚于尧舜。②

韩非的理想君主不用智能，不发议论，并不是要养成老子的朴道或慎到的土块，而是要借由精气神的充养，更加聪明睿智，了悟万理，以身合道，神鬼莫测。法术势等概念是治国的实际手段，位阶应在德之下，以德为根本。因此，韩非应如同马基雅维利，以为德愈厚者愈能与机遇周旋，只不过两人所理解的德不同，在韩非而言是"身以积精为德"（《解老》，第 407 页），而在马基雅维利而言则是有勇有谋，以成功为目的，利用道德、宗教的伪装而不受其羁绊。

从西洋医学传统来理解马基雅维利，那么他所谓的德，乃是根源于身体内的四种体液。因此，我们也可说，韩非和马基雅维利所谈的德，都有生理或物质的基础，在韩非而言是精气，而在马基雅维利而言是体液。不过，帕雷尔认为，马基雅维利对人的理解容不下理性（reason）和智能（intellect），"人一定

---

① See Jullien, *The Propensity of Things: Toward a History of Efficacy in China*, trans., Janet Lloyd, Zone Books, 1995, p.55.

② 萧公权：《中国政治思想史》，联经出版事业公司，1982 年，第 262 页。

得依自己的体液而行动"①,这却把四体液说对马基雅维利的影响推测得太过分了。我们不应该忽视马基雅维利在可以说是体液的时候,却说天性,甚至还说到习惯养成的第二天性(见下节),所以德不好理解为纯是物质性的东西。韩非方面比较没有疑义,他相信精气的累积可以使人更加聪明睿智,且还能利用别人的聪明智慧,以发生最大的功效。②德来自物质性基础,但本身并不限于物质。

马基雅维利所谓的德,必须在必要时行恶,所以对伦理道德或法律宗教皆不尊重:

> 一位君王,尤其是一位新王国的君王,不能遵行人们认为是美好的所有东西,因为他保护他的国家时,出于必要,可以不信、不慈、不仁、不敬宗教。因此他必须有一种精神,去顺应命运的风向和事物的变化,且如我上面所说,尽可能不要离开善的轨道,但在必要的时候也不辞为恶。(P.18,p.70)

马基雅维利在短短的一段话里两度强调"必要"(意大利文 *necessità*,英文ne-cessity),但是我们知道他真正的想法是不管必不必要,都需要用行恶来点缀行善。这是说,君王可以间歇性地为恶于民,以衬托他的义行;可以偶尔对臣民当赏不赏,甚至妄加处罚,这样等到臣民因功受赏时,才更珍惜君王的德惠。③

韩非虽然认为伦理道德和宗教不可作为国家的基础,但他仍认为国家需要客观的标准,这一标准就是法令。他主张法令必须明文公布,使臣民知所遵循,且赏罚必须依法执行,才能维持一切的公正性。工匠须有规矩绳墨,治国也需要有客观的标准,"法不信则君行危矣"(《有度》,第104页)。像马基雅维利主张君王必须曲法为恶,用血腥的手段震惊其人民等,非韩非所能同意,对君主而言是"罚不辜之民,非所谓明也"(《说疑》,第1075页),玷污了人君

---

① Parel, *The Machiavellian Cosmos*, Yale University Press,1992,p.98.

② 参见冯友兰:《中国哲学史新编》(第二册),蓝灯文化事业股份有限公司,1991年,第475~476页。

③ See Harvey C.Mansfield, Jr., *Machiavelli's Virtue*, University of Chicago Press,1996,p.15.

的治国能力,对人民而言是"用刑过者民不畏"(《饰邪》,第 337 页),反而收不到治效。

五、性格与际遇的顺逆

当我们进一步看君主与他们的环境如何遇合的细节, 马基雅维利提出一个规则,是德与命的顺逆:"我认为这可能是真的:命决定了我们的一半行动,但她还留下另一半左右的行动给我们支配。"这两半要如何协同呢? 有的人慎谋有耐心,做事讲求技巧,另有的人鲁莽,用直接的手段迅速达成目标,只要时机场合对,审慎操盘的人和鲁莽从事的人都可以成功。可是时机和事务是不断变化的,因此一向慎谋的人,遇到需要英勇果断的场合,却逡巡徘徊,或一向鲁莽的人,遇到需要稳扎稳打的场合,却冒险猛进,二者都会遭到失败。人不能适应时机和环境的改变,"是因为他不能背离其天性,或也因为他是走一条路而发达起来的,故而不能说服自己离开那条路",换言之,如果不是天性如此,过去成功的甜美也会造就第二天性,使人难以改变作风。只有能随时调换慎谋和鲁莽作风的人,才能永远成功,但是这种人很稀少。(P. 25, pp.98-100)

除了慎谋和鲁莽以外,马基雅维利还提出了若干种对立的作风,包括慷慨和吝啬、大方和贪婪、残酷无情和心慈面软、言而无信和忠诚可靠、懦弱胆怯和大胆勇敢、谦恭有礼和傲慢不逊、荒淫和贞洁、坦率和狡诈、刚强和柔顺、严肃和轻浮、宗教虔诚和缺乏宗教信仰(P.15)、受人爱戴和令人畏惧(P. 17)、法律与武力、人与禽兽(P.18)、道德或不道德等。这些对立的作风也应该如同慎谋和卤莽一样,最好能兼备,视时机不同而调用。但可以想见的是,一般人善于此就不善于彼,落于一偏,特别是期望自己符合道德规范,以致怯于为恶,不能尽一切手段达到目的。

如果很难期望一个人调换不同的作风, 还有一个办法可以让领袖的作风符合时机的变化,那就是共和国的领袖可以换人做。马基雅维利分析罗马与迦太基的战争,认为罗马很幸运,当年轻的汉尼拔(Hannibal,公元前 247 年—公元前 182 年)横扫意大利时,它任命法比乌斯(Fabius Maximus Cunctator,公元前 275 年—公元前 203 年)领军,其人温暾小心,正好率领罗马人与汉尼拔僵持。待后来罗马人有机会赢得胜利时,他们又很幸运地任命西庇阿(Scipio Africanus,公元前 236 年—公元前 182 年)率军远赴非洲出击,其鲁莽进取的战斗风格击败了汉尼拔。(D.Ⅲ.9,pp.239–240)

以上对马基雅维利的介绍,是成功失败要由性格与际遇的顺逆来解释,性格有两大类,际遇也有两种。在很大程度上,韩非也可作如是观。首先,在人的性格方面,韩非提出严与懦两种典型:

> 子产相郑,病将死,谓游吉曰:"我死后,子必用郑,必以严莅人。夫火形严,故人鲜灼;水形懦,人多溺。子必严子之形,无令溺子之懦。"(《内储说上》,第 597 页)

这则故事原载于《左传·昭公二十年》,原文并没有"形"的概念①,可知韩非做的更动,是把为政的宽猛系属到形相之严厉与懦弱。韩非在《亡征》篇列举国家衰亡的征兆,其中有若干是关于君主性格的,如"缓心而无成,柔茹而寡断""很刚而不和,愎谏而好胜""怯慑而弱守,蚤见而心柔懦""简侮大臣,无礼父兄,劳苦百姓,杀戮不辜""变褊而心急,轻疾而易动发""多怒而好用兵""藏怒而弗发,悬罪而弗诛"等,其中似有刚严狠燥和怯懦温厚的大区别。

严厉和懦弱的两种人格,会有不同的施政风格。我们知道在韩非思想中,治国的权力分析起来,无非赏与罚。为政的宽猛,也就是重用赏和重用罚的不同,因此这两种权力与性格有关:"凡物不并盛,阴阳是也。理相夺予,威德是也。"(《解老》,第 360 页)"威"指罚,"德"指赏。赏是赏予他人,罚是夺于他人,所以其理相反。韩非介绍了齐简公(公元前 484 年—公元前 481 年在位)和一位宋国国君,分别代表偏好行罚和偏好行赏的两种人格。齐简公"罚重而诛严,厚赋敛而杀戮民",大臣田常以宽厚接待群臣,又以谷物施予百姓,

---

① 《左传》原文为:"郑子产有疾,谓子大叔曰:'我死,子必为政。唯有德者,能以宽服民,其次莫如猛。夫火烈,民望而畏之,故鲜死焉。水懦弱,民狎而玩之,则多死焉,故宽难。'"

在官僚和民间树立私恩,得到了民心,卒弑简公。宋国国君不详其名号①,大臣子罕建议他:"夫庆赏赐予者,民之所喜也,君自行之;杀戮刑罚者,民之所恶也,臣请当之。"宋君答应了,以后有关于诛杀大臣的事,宋君都说:"问子罕。"一年以后,举国上下知道杀生大权操在子罕手上,于是子罕杀宋君而夺其国。(《二柄》,第110~111页;《外储说右下》,第894~895、897页)这两位国君正好代表两种极端的人格典型,一个专好刑杀而不事庆赏,另一个爱行庆赏而远离刑杀,说明了"理相夺予"的道理。一般正常的君主都会并用赏罚,不致像齐简公和宋君那样极端,但是人格差异还是可以观察得到的,所以韩非的人格分类应该可以成立。

懦弱善赏和严厉善罚的两种人格,是不是也与际遇有协同的问题,如果两者一致,就可相得益彰,否则就会失败?韩非对际遇也曾分出过两种情形,但两者都是负面的,乃是君王统治所受到的不同干扰。他讨论的方式是训练马匹驾车:

> 造父御四马,驰骤周旋而恣欲于马。恣欲于马者,擅辔筴之制也。然马惊于出彘,而造父不能禁制者,非辔筴之严不足也,威分于出彘也。王子于期为驸驾(使用8—16匹副马来拉车的特技表演),辔筴不用而择欲于马,擅刍水之利也。然马过于圃池而驸马(疑"驾"误)败者,非刍水之利不足也,德分于圃池也。(《外储说右下》,第891页)

此处的主题是,训练马匹驾车的方法有两种,而各有其弱点。造父所用的方

---

① 古今注释者以为是春秋时代的宋平公(公元前575年—公元前532年在位)。参见陈奇猷:《韩非子新校注》,第123~125页,注16。然而据韩非记载,宋君将刑罚权交予子罕之后一年,子罕杀宋君而夺其国(《外储说右下》,第894页;又《内储说下》,第679页,云皇喜杀宋君,皇喜亦即子罕),与宋平公获得善终的情形不合。较符合的是战国时代的宋辟公(桓侯),后为剔成所逐,其在位年间,钱穆考订为公元前380年—公元前340年(钱穆:《先秦诸子系年》(增订版),香港大学出版社,1956年,第196~198页);杨宽考订为公元前362年—约公元前355年(杨宽:《战国史料编年辑证》,台湾商务印书馆,2002年,第71~73、90、300、336~339页),与孟子同时。如为宋辟公,还需另行考证剔成与子罕为同一人,才能完全吻合韩非所述之始末。韩非称为宋君而不名,不知因何理由隐讳,《淮南子·道应训》《韩诗外传》《说苑·君道》转载韩非的记述,亦不指明宋君为何人。今依诸书之例,亦只称为宋君。

法,是用辔筴约束马匹,使其畏于鞭刺,但是马车驶出,突然遇到路旁奔出的猪,马只受到惊吓,有似于陡然吃了一鞭一刺,于是车驾就乱了。王子于期用饥渴来控制马,而车驾驶出,路过草地或水池,水草吸引马只转头过去,车驾也败了。韩非好用车马比喻君主之势(《外储说右上》,第 837 页;《外储说右下》,第918 页;《难势》,第 1047 页;《人主》,第 1276 页),因此这则故事中的辔筴等于诛罚赋敛,刍水等于慈爱宽厚,有政治的寓意。

故事中的奔豨、草圃、水塘等路况,应该都不是人谋设计,而为际遇,因此可供我们探讨际遇与人的遇合问题。故事所说的情形是,造父驾出遇到出豨,或王子于期驾出遇到圃池,平常以什么机制来训练马匹的,马匹在路上遇到相同的机制也会做同样的反应,所以猪分去了辔筴的威严,而圃池分去了刍水的仁厚。放到政治上来说,偏好行赏的懦弱君主(宋君)如果遇到田常这样的大臣,两人就形成竞争的关系,国君行赏必须根据法令,有功才能受赏,但田常施惠没有法令绑缚,无功亦可施赏,人民冀望于田常之心,便会超过其冀望于国君者。偏好行罚的严厉君主(齐简公)如果遇到子罕这样的大臣,也会形成竞争关系,子罕可以用私刑要挟人民,于是人民畏惧子罕,甚于畏惧国君。

还有一种遇合的情形,是造父驾出遇到圃池,或王子于期驾出遇到出豨。韩非认为这也同样危险,造父的马匹虽然是用辔筴训练的,看到圃池还是会想就水草而食;王子于期的马匹虽用饥渴控制,但猪来得出其不意,还是要吓一跳。齐简公与田常、宋君与子罕,正是这样的关系,齐简公等于人民的辔筴,田常就是人民向往的圃池,而宋君等于人民的刍水,子罕就是惊吓人民的出豨。(《外储说右下》,第 894~895、897 页)为政不能宽猛相济的话,君位就岌岌可危。

为什么韩非只考虑出豨和圃池这两种逆境? 这是因为他把眼光摆在君臣的紧张关系上,相信君王与其周遭人员的利益永远是敌对的(《孤愤》,第227页),"上下一日百战"(《扬攉》,第 144 页),而且君位的最主要威胁便是来自大臣,所以他把君主如何控御臣下当作最重要的问题来研究,以致很少谈到其他的际遇。如果纯粹以驾马车的例子而言,当然不可能每一趟马车都会遇上不良的路况,有时路况好的话,还可以加快速度,提前到达,这就是遇上了顺境。韩非知道君臣遇合也有传为美谈的,例如后稷、皋陶、伊尹、周公旦、太公望、管仲、百里奚、范蠡、文种等人,均是通明道法,忠勤任事,破私从公,尊主而卑己(《说疑》,第 1084 页),古代君主得到这些臣子,就相当于马车遇到好的路况。可是这种理想情形毕竟罕见,所以上策还是对臣子采取一体提防的做法。韩非以齐桓公(公元前 685 年—公元前 643 年在位)为例,齐桓公充分信任管仲,赋予全权,幸而管仲未做欺君之臣。管仲卒,桓公又以同样方式信任竖刁、易牙,二人非管仲之比,桓公死后二人逼走储君,造成五子争立,宫中无人敢为桓公殓棺,以致尸虫流出户牖(《难二》,第 968 页)。因此韩非主张君主不必一一明察臣子之贤否,只要有术以御臣,就可以令群臣尽为己用。这也就是说,君主应将自己与臣子遇合的情形永远假设为逆境,此一假设虽不总是符合实况,但是对君主所提供的行为方针则是万无一失的。

马基雅维利虽然认为天性固定之人如果不能随所遇之境而改变,就会失败,但他又补充说鲁莽比慎谋好,因为司命之神是女人,喜欢别人用暴力征服她。(P.25,p.101)同样的建议,还有残酷比仁慈好,令人畏惧比受人爱戴好。(P.17)巧合的是,韩非也曾在刑赏之间做过抉择,提议多用刑而少用赏[1],等于是推崇严酷的君主优于仁慈的君主。前面已看到子产分别用水火比喻宽严,火的形相严厉,所以很少有人灼伤,水的形相懦弱,所以溺水的人多(《内储说上》,第 597 页),比较起来是严苛之政较好。此处隐然有批评老子的意思。韩非还另有分析:

> 刑胜而(则)民静,赏繁而(则)奸生,故治民者,刑胜、治之首也,赏繁、乱之本也。(《心度》,第 1289 页)

这里,严酷的君主何以胜出呢? 韩非做的选择是,宁可社会平静,国力停滞不增长,也不要社会不安伴随着国力增长。因为不赏有功,国力就不会增长;只罚有罪,国力至少维持现状。结果人民只求不犯法,不求获赏,"是以其民重法而畏禁,愿毋抵罪而不敢胥(通"须":待)赏"(《制分》,第 1296 页)。从际遇的观点来看,韩非选择的是稳,而不选择险。马基雅维利有类似的意见,仁慈的

---

[1] 诸家中,似仅李文标提出此点(李文标:《韩非思想体系》,幼狮文化事业公司,1977 年,第 65 页)。萧公权认为,商鞅主张罚恶而不赏善,而韩非主张赏刑并重,与商鞅不同(萧公权:《中国政治思想史》,台北:联经出版事业公司,1982 年,第 253 页),此说似应修正。

作风会使乱事持续下去，不如用酷刑杀几个人示儆，可以加速促进社会团结，且反而可为君王博得仁慈之名。(P.17, p.65)

综观韩非与马基雅维利两人，均有人格理论以搭配不同的际遇，且两人的人格理论颇有相通之处，也同样推荐严酷刚猛的人格。马基雅维利对于际遇与人的顺逆关系，提出较为完整的说法，韩非则远不够周全，有意以假设性的逆境取代实际的顺境，以使君主战战兢兢，无时无刻不在思索要如何巩固自己的权势。这造就了法家君主的悲壮性格，因为下面臣奸民惰，外有大国虎视眈眈，法家君主以一人的意志逆流而行，与所有不利的因素相抗衡，法家君主的危机感、孤寂感与悲壮情怀，是马基雅维利的著作中看不到的。

六、以际遇变化重估韩非的学说

我们从韩非的自然之势出发，确立了自然之势是指超越人力的趋势，是属于际遇的一种，以此而衔接马基雅维利对际遇之命的看法。我们比较了两人克服际遇的策略，并且借助马基雅维利的提示，探索了韩非思想中性格与环境的遇合关系。撇开韩非与马基雅维利的差异不谈，本文最主要的目的是证明际遇在韩非思想中有其位置，不管是一闪即逝的也罢，或是作为隐性主题的也好，总之际遇若存在，则机运就存在，人除了需要自觉的努力，也要暗祷机运向自己送秋波，才能成事。际遇为什么重要？因为任何学说都应有些模糊性，韩非思想也不应例外，这种模糊性是人类生存经验的反映，我们平日有太多的机会反省到自己改变不了过去，也掌握不了未来。然而，一旦为韩非学说增加适度的模糊性，终必要触动我们重估韩非的学说。

我们想重估韩非的学说，是因为际遇的存在，与韩非给我们的印象不合。他反复解说法术势的内涵，鼓吹法术势的效验，把学理和经验的必然性说得十足，主张依他的学说去做，不只可以建立霸业，甚至可以"超五帝、侔三王"。(《五蠹》，第 1221 页)他刻意把他的学说塑造成完全向人开展，唯有人的面向，而没有超自然、或不可知的面向。他将人的面向推广到极致，以致成为实力政治。

> 上古竞于道德,中世逐于智谋,当今争于气力。(《五蠹》,第 1203 页)
>
> 力多则人朝,力寡则朝于人,故明君务力。(《显学》,第 1249 页)

牟宗三形容战国时代的精神是"尽物力之物量精神",意为"一任其原始的物质生命之粗狂与发扬"[1],而秦用商鞅变法,又"由物量凝结为数量,以成为否定的整齐划一之机械或浑同"[2],征诸韩非的尚力之说,正是以一可以量化的实力概念作为计较一切成败的门径。如此看来,韩非极力论证的一切,皆是清清楚楚,首尾呼应,没有一丝的模糊。

可是,自然之势的概念,纵然是一闪即逝,的确拆穿了韩非本人苦心营造之政治万能的假象。我们应该如何调和两边的落差?也许可以看成是韩非本人的论证意图与学说全貌不完全重叠,而产生的现象。

韩非的论证意图,是将一国的改革希望寄托到权力结构顶端的君主一人身上。君主一人扛起了完全的责任,而完全的责任预设了完全的能力,因此,必须否定有凌驾于君主之上的力量存在。为了拉抬君主掌控的人设之势,他说同样名为势的东西,变化有很多,如果只有自然之势,那就谈不下去了,让我们谈谈人设之势吧(原文见第二节之引文)。如此就把自然之势丢到一边了。又为了巩固君主的权位,他把后妃、近信、人臣全都设定为君主的潜在敌人,以至于君主切近的际遇已是危机重重。许多言论都是依据这样的意图而展开的。

他的学说全貌,则多少反映了政治的全貌,所以他只能把自然之势搁到旁边,却不能否定其存在。他一再恫吓国君提防身边的人,却也不能否认古今有少数道法之士是"霸王之佐"(《说疑》,第 1084 页),这些人的好是自己好,而不是因为他们的主子御下有方。[3]这就是说,际遇变化这回事是存在的。

本文开始之处曾设想两种状况:一种是法家的君主可能需要好的机运;另一种是未达到法家理想的君主,可能得到好的机运而侥幸成功。我们

---

① 牟宗三:《历史哲学》(第九版),学生书局,1988 年,第 106 页。

② 同上,第 141~142 页。

③ 参见李增:《先秦法家哲学思想:先秦法家法理、政治、哲学》,"国立"编译馆,2001 年,第 478~479 页。

在第三节已经依韩非的思想解说了第一种状况,下面要证立第二种,以兹结束本文。

我们分析的史实是三家分晋,这是结束春秋时代、开启战国时代的大事,韩非在《十过》篇详述其经过。话说晋国原有六氏重卿,智伯瑶先率领赵、韩、魏三家灭了范氏和中行氏。休兵数年以后,智伯向韩、魏、赵三家索取土地,韩康子和魏宣子畏惧智伯的军力,答应割地,独赵襄子不答应,于是智伯约了韩、魏两家伐赵。赵襄子知道智伯将要来伐,听谋臣张孟谈建议,移居晋阳,因为从前襄子的父亲简子派遣能臣董阏于把晋阳治理得很好,现在治绩仍在。襄子在晋阳储积钱粟,缮修城廓,制造甲兵,做好接战准备。三家之兵至晋阳,鏖战三月,不能拔城,遂围于城外,决晋阳之水以灌之。围了三年,晋阳财食将尽,士大夫羸病,赵襄子打算投降,张孟谈说:"如果亡不能存,危不能安,就不用以智谋为贵了。且让我潜出会见韩、魏之君。"遂至敌阵中见韩、魏之君,说明赵氏若灭,韩魏亦将不存,韩康子和魏宣子然其言,便约定时日倒戈起事。张孟谈回报赵襄子,襄子迎孟谈而再拜之,且恐且喜。后,韩、魏二君过辕门之外,智过见二君神色有异,禀告智伯:"二君貌将有变。"智伯却觉得城破在即,不必怀疑二君。次日,智过又在辕门遇到二君,入见智伯说:"君以臣之言告二主乎?"智伯说:"何以知之?"智过说:"今早二主见臣而色动,而视属臣,此必有变。君不如杀之。"智伯仍不听,智过又说:"如果不能杀之,就亲之。"智伯问什么是亲之,智过说:"透过二主的亲信家臣与二主约,破赵国之后,加封城池给二主。"智伯说:"已约好破赵后三分其地,如再加封城池给二人,则我所得者少,不行。"智过见其言不听,就离开阵地,将族人改姓为辅氏。到了约定之日的夜晚,赵氏杀智氏守堤之吏,决水灌智伯军。智伯军救水而乱,韩魏从左右击之,赵襄子率军攻其前,大败智伯军,生擒智伯而杀之。韩、魏、赵遂三分智伯之地。(《十过》,第185~188页)

赵襄子看起来不是法家理想的君主,他靠父亲的余荫,才有晋阳的城池可以坚守。张孟谈更不是法家的能臣,他用大话哄住赵襄子不要投降,怀着投机的心,希望韩、魏之君能够变节。他的计谋很行险,因为智伯的家臣智过确曾看穿韩、魏之君有变节的打算,如果智伯听用智过,狠一点杀掉韩、魏之君,或用更多的地笼络二君,那么二君有可能继续合作,围攻晋阳,张孟谈就会成为误国误君的罪魁祸首。按照韩非的定律,"国小而不处卑,力少而不畏强……可亡也"(《亡征》,第288页),赵氏本应灭亡的。符合法家思想的正确处置,应该是答应献地给智伯,换取时间,励精图治,使得国虽小,而大国不敢攻,"天下得其地则其利少,攻其国则其伤大,万乘之国莫敢自顿于坚城之下",这才是"必不亡之术"。(《五蠹》,第1226页)像张孟谈引导主君濒临灭亡的边缘,又无万全的计策转危为安,如豪赌般把命运托付给不可知的因素,非但不足取,且应该严词谴责,使后世人臣知戒。

韩非却无一言谴责张孟谈,这岂不奇怪!他得到的历史教训,是把失败者再羞辱一番,说智伯"贪愎好利,则灭国杀身之本也"(《十过》,第188页),这是说智伯舍不得几座城池,以致挽不回韩康子和魏宣子。这样的批评丧失了法家的立场,但也不无见地,那么可不可以接着说,智伯贪愎好利,转而成为赵襄子的好机运,使他亡而复存?这样讲当然合理。遇到对手,是你的际遇;对手有弱点,则是你的机运。如此一来,数量化的实力不是决定胜负的唯一依据,还有一些不能预先安排的偶然因素,启动了胜负移转的契机。

韩非以尧舜桀纣生而在上位,作为自然之势的例证,还可由智伯的败亡再加以思考。晋国六卿中智氏最强,由数代建立起势治的局面,当时任谁都以为智氏终将吞并其他五氏。然而智伯一念之差,却在一夕之间葬送自己,可见即使自然之势是势治的格局,其中的一个小罅隙,可能在最关键时刻迅速碎裂开来,造成势治格局的崩解。这一小罅隙是智伯性格上的偏狭,他并不像桀纣般暴虐无道,所以不能说他死有余辜,他只是在最关键时刻,需要做利益上的让步,而未做到,历史便把他淘汰了。若换到其他时机和处境,智伯的贪愎未必会令他丧命。反过来说,自然之势是势乱的格局,也可能在环境压力滚动倾轧之间,抓住一个脱身的空档,而侥幸生存下去。赵国不但生存了下来,而且瓜分智国三分之一的土地,成为一个强大的诸侯。因此势治与势乱的格局,有时是由贤圣如尧舜、峻恶如桀纣的君主一手造成的,但通常的君主没有大善大恶,有时是特殊的际遇放大了君主的小善小恶,而造成治乱形势的转移。

韩非说:"难之从内起,与从外作者相半也。"(《说疑》,第1096页)由内部产生的危难,与由外部产生的危难,各占一半的情形。智伯的败亡,应以外部原因为主。模仿韩非之言,我们可以说:福之从内起,与从外作者相半也。赵襄子未行法家之教而罹于祸患,他的福是智伯送来的。

　　我们重估韩非的学说,是要超越他本人的论证意图,发掘他未明讲的意涵,以追求他学说的全貌,修正我们对他的通行理解。我们提出,际遇变化与机运弄人,为法术势的万能蒙上一层模糊性,为实力政治添加不能量化的变项,也为人的向度环绕一圈不可知的薄纱,这是韩非观察政治、反省历史所应有之义。这样所理解的韩非学说,才更周延,也较为合乎普遍的经验。

为僭主出谋与为君主献策

——亚里士多德与马基雅维利论政治现实主义

刘　玮 *

一、导　言

马基雅维利的很多阐释者都非常严肃地对待《君主论》第 15 章的宣言，认为这段话标志着现代政治哲学的开端：

> 因为我的意图是要写一些对任何理解了它的人来说有用的东西，对我来说更恰当的是探寻**有效的真理**（*la verità effetuale*）而非想象的真理。很多作家都想象过从未有人看到或知道在现实中存在的共和国与君主国。在一个人如何生活与一个人应该如何生活之间存在着巨大的距离，因此任何人如果为了应该做什么放弃了实际上做什么，那么他会遭到毁灭而非自我保全。一个人如果任何时候都想要保持良善，就会在那么多不良善之人中间走向毁灭。因此，对于想要维持自己地位的君主来说，就有必要学习如何能够做到不良善，并且根据**必要性**（*la neces-*

---

* 刘玮，中国人民大学哲学院教授、伦理学与道德建设研究中心研究员。本文的英文版初稿在 2010 年 4 月美国哲学年会太平洋分会上做过报告。笔者感谢白彤东的邀请，以及欣克·胡克斯特拉（Kinch Hoekstra）与欧文·弗拉纳根（Owen Flanagan）对本文提出的意见。中文版的写作得到中国人民大学科学研究基金资助（10XNF093，亚里士多德伦理学研究），特此致谢。

sità)来决定使用或不使用这种知识。(《君主论》第 15 章)①

  这确实是一个非常有力的宣言。如果我们同时考虑《李维史论》第一卷前言中同样有力的宣言,在那里马基雅维利将自己看作"新方式与新秩序"的发现者,并将这一事业与发现"未知的海洋和大陆"相比,那么我们就会很自然地得出结论,认为马基雅维利宣称自己与整个政治哲学传统决裂,因为这个传统只关注想象中的国家。我们很容易列举这种以理想主义的方式理解政治事务的代表,比如《理想国》和《礼法》中的柏拉图、《政治学》第七、八卷中的亚里士多德、《论共和国》和《论法律》中的西塞罗、《上帝之城》中的奥古斯丁、《君主国》中的但丁,以及很多在其论文或小册子中构建想象中的共和国或君主国的文艺复兴人文主义者。

  在这个宣言之后,马基雅维利进而为君主们提供了更多具体的关于政治的"有效真理",告诫他们要如何对待自己的臣民、官员和联盟。在接下来的章节中,马基雅维利写下了他最臭名昭著的政治教导,这些教导毫不令人吃惊地给他赢得了"老尼克"(Old Nick)的绰号,以及"恶之师"的长久恶名。

  但有趣的是,作为古典理想主义的代表之一,亚里士多德在 1800 多年前也宣称过类似的新颖性。他区分了立法者或政治家的三重任务:1.在最理想的情况下,他要了解最好的或理想的政体,法律要以真正的德性和幸福为目标(但这意味着要对现有政体进行改变,有时候还是非常巨大的改变);2.

---

  ① 马基雅维利的引文均为笔者根据英文本自行翻译:《君主论》使用的英译本是曼斯菲尔德和邦达内拉的译本(*The Prince*, trans. Harvey C. Mansfield, 2nd ed., University of Chicago Press, 1998; *The Prince*, trans. Peter Bondanela, Oxford University Press, 2005),同时参考了意大利文版(Il Principe, Giorgio Inglese, ed., Einaudi, 1995)和潘汉典的中译本(商务印书馆,1985 年);《李维史论》使用的英译本是曼斯菲尔德与塔科夫的合译本和邦达内拉夫妇的译本(*Discourses on Livy*, trans. Harvey C. Mansfield and Nathan Tarcov, University of Chicago Press, 1996; *Discourses on Livy*, trans. Julia Conaway Bondanella and Peter Bondanella, Oxford University Press, 1997),同时参考了意大利文版(*Discorsi sopra la prima deca di Tito Livio*, Giorgio Inglese, ed., Biblioteca Universale Rizzoli, 1984)和冯克利的中译本(《论李维》,上海人民出版社,2005 年);马基雅维利书信使用的英译本是阿特金斯和西切斯编辑的版本(*Machiavelli and His Friends: Their Personal Correspondence*, eds. and trans. James B. Atkinson and David Sices, Northern Illinois University Press, 1996);马基雅维利的其他著作参考阿兰·吉尔伯特编辑的《马基雅维利的主要著作及其他》(*The Chief Works and Others*, ed. and trans. Al an Gilbert, 3 vols., Duke University Press, 1965)。

不那么理想、更加现实的任务是,他应该在给定的情况下为某个政体寻求最好的法律("最好"的意思是在现有情况下尽可能促进真正的德性),而不对政体做重大的改变,因为严格说来,改变一个城邦的政体就意味着毁灭一个城邦,因为政体乃是城邦的同一性所在;3.最现实的任务是,他要研究和了解如何尽可能长久地保存现有的政体,不管这个政体是多么偏离正轨,而不去试图改进它(Ⅳ.1,1288b21~35①)。主要是就后两个更为现实的方面,亚里士多德抱怨他的前人没有做出有益的探索:

> 大多数表达过有关政体观点的人,即便他们在其他方面说得很好,却都在什么是**有用的东西上**(tōn chrēsimiōn)犯了错误。因为一个人应该不仅研究最佳政体,而且要研究可能的政体,以及与此类似对所有人来说更容易和更能够达到的政体……政治家也应该能够**帮助现有的政体**(tais huparchousais politeiais…boēthein)。(Ⅳ.1,1288b35~1289a7)②

亚里士多德所说的"有用的东西"和马基雅维利所说的"有效的真理"确有异曲同工的效果,都是针对那些只将目光盯着理想的人说的,都是要把人们的目光从"应该如何"拉回到"现实如何",从设计想象中的政体拉回到"帮助现有的政体"。正是为了"帮助现有的政体",亚里士多德在《政治学》第五卷中详细讨论了导致现有政体毁灭的原因和保存现有政体的方式。在这些讨论中,最引人注目甚至令人震惊的部分就是他对君主制如何毁灭和保存的讨论(Ⅴ.10~11),因为在这部分的讨论中,亚里士多德将主要精力都集中在僭主制这种最不正当的统治形式上。亚里士多德给了僭主很多建议,告诉他们如何保全自己的统治。格外有趣的是,亚里士多德讨论中的很多内容都与

---

① 本文第一、二部分随文注均出自亚里士多德《政治学》。

② 亚里士多德的引文均由笔者根据古希腊文翻译:《政治学》的希腊文本为 *Politica*,W. D. Ross,ed.,Oxford University Press,1957;《尼各马可伦理学》的希腊文本为 *Ethica Nicomachea*,I. Bywater,ed.,Oxford University Press,1894。《政治学》参考了乔维特(Benjamin Jowett)收于《亚里士多德全集》(*The Complete Works of Aristotle*,Jonathan Barnes,ed.,Princeton University Press,1984)的英译本和吴寿彭的中译本(商务印书馆,1965 年);《尼各马可伦理学》参考了埃尔文的英译本(*Nicomachean Ethics*,trans. Terence Irwin,2ⁿᵈ ed.,Hackett,1999)和廖申白的中译本(商务印书馆,2003 年)。

马基雅维利在《君主论》中的讨论如出一辙。

二、为僭主出谋:亚里士多德教导僭主如何保全统治

亚里士多德先是在《政治学》第五卷中讨论了君主政体毁灭的原因,之后在此基础上考察了保存君主政体的方式。虽然他使用了 monarchia(君主制)这个包括了王制和僭主制的概念,但是当亚里士多德转入实际讨论的时候,他的意思很显然首先是僭主制。这其实很容易理解,因为王制是一个在德性方面非常杰出的人为了公益统治一群自愿接受统治的人,是最好的政体,因此它最不容易受到内在原因的破坏走向覆灭。而僭主制是一个喜爱专断权威和感官快乐的人为了自己的私人利益统治一群和他平等甚至比他更优秀的人,因此是最差的政体,也最容易走向衰落。亚里士多德很明确地说:"寡头制和僭主制是最短命的政体。"(V.12,1315b11~12)

僭主制结合了寡头制和民主制这另外两种偏离正轨的政体的恶。一方面,僭主对财富极其贪婪(因为财富是他通过雇佣外邦军队保卫自己以及过奢靡生活的基础),并且不信任和粗暴对待大众(因为他害怕大众的权力会推翻他),而这两点正是寡头制的主要缺陷;另一方面,僭主也仇视那些贵族和显赫的人物,视他们为自己统治的威胁,而这正是民主制的主要缺陷(V.10,1311a8~21)。因此僭主制毁灭的主要原因就包括僭主对臣民的傲慢,攫取臣民的私人财产,臣民对潜在威胁感到恐惧,对僭主生活方式的鄙视,臣民对利益、地位或名声的野心,统治家族内部的派系斗争,以及外部力量的威胁(V.10,1311a22~1312b18)。亚里士多德进而将僭主制毁灭的原因归结为仇恨(包括愤怒)和鄙视(V.10,1312b18~19)。

在处理完僭主覆灭的原因之后,亚里士多德谈论了两种保存僭主制的方式。第一种是由历史上的僭主代代相传的方式,尤其以哥林多的佩里安德(Periander of Corinth)为代表,比如铲除显赫的人物和有识之士,禁止公餐、结党和教育、反对高昂的精神(phronēma)和彼此的信任,设置间谍保证臣民中的任何事情都逃不过僭主的耳目,让臣民彼此诽谤,让臣民保持贫穷状态从而无法单独保卫自己,同时也缺少设计阴谋所需的闲暇(V.10,1313a40~b29);此外还要雇用外邦人做自己的保镖(V.11,1313b30~32,1314a9~12,另参见Ⅲ.14,1285a

22~28)。亚里士多德将这种传统的保全僭主统治的方式归结为三点：让被统治者精神衰微(*mikropsychos*)、彼此不信任、不能采取行动(Ⅴ.11,1314a15~25)。

与这种公开的暴政相对,亚里士多德谈论了第二种保存僭政的方式,并称它与前一种方式"几乎完全相反"(*schedon ex enantias*)(Ⅴ.11,1314a31)。但是,我们可以预见,因为要保存的依然是僭主的统治(因此他还是要用绝对权力统治一些不愿接受他统治的人),所以,即便亚里士多德宣称这种保全僭主统治的方式使它更像王制(Ⅴ.11,1314a34~35),它还是会非常不同于给有德君王的建议。事实证明,亚里士多德的这"第二种方式"①也不过是教导僭主虚伪和操纵,因为这种新方式的基本原则就是让僭主 "做得和**显得**(*dokein*)②像一个王制的统治者"(Ⅴ.11,1314a39~40)。更具体地讲,亚里士多德给僭主贡献了如下一些指导原则：

(1)僭主应该"**显得**关心公共收入"(*dokein phrontizein tōn koinōn*),不将金钱花在给妓女、外邦人和艺术家购买昂贵的礼物上,要显得像是城邦的管理者(Ⅴ.11,1314a40~b17)。

(2)僭主应该"**显得**不那么严酷,而要有威严"(*phainesthai mē chalepon alla semnon*),这样当人们遇到他的时候会对他心存敬意(*aideisthai*)而非心存恐惧(*phobeisthai*)(Ⅴ.11,1314b18~20)。亚里士多德承认这绝非易事,因为僭主总是受到臣民的鄙视。所以,亚里士多德建议"他可以不关心其他德性,但是必须关心军事德性,并为自己赢得这类声誉"(Ⅴ.11,1314b21~23)。看起来,军事方面的声誉能够帮助僭主抵御他人的阴谋,大概是因为这方面的声誉让阴谋者忌惮僭主会敏锐地发现正在酝酿中的阴谋。

(3)就僭主与他人的关系而言,他应该"不要**显得**以僭妄对待臣民(*phainesthai mēthena tōn archomenōn hubrizonta*),既包括对年轻人也包括对女子,而且他身边的人也要这样"(Ⅴ.11,1314b23~27,另参见Ⅴ.11,1315a14~30)。

---

① 在此我们不免会联想到马基雅维利在《李维史论》开篇处所宣称的"新方式和新秩序"。

② 凯特(David Keyt, *Aristotle's Politics*, Books Ⅴ and Ⅵ, translation and commentary, Clarendon Press, 1999, p.175)讨论了 *phainesthai* 加动名词与 *phainesthai* 加不定式之间的细微差别(前者是对感官显得如何,后者是显得在做什么),但是这种细微差别在我们目前的语境下并没有起到重要的区分作用,亚里士多德在使用这两种表达方式以及动词 *dokein* 的时候基本上是在同样的意义上使用,因此笔者将它们都翻译成"显得"。

（4）僭主应该在装饰方面有所节制，如果他一定要坚持奢靡的生活，那么他至少应该"避免在他人面前**显得**如此"（*phainesthai tois diapheugein*）（V.11,1314b33~34）。

（5）在宗教问题上，僭主"必须总是**显得**非常严肃地关心与诸神相关的事情"（*ta pros tous theous phainesthai aei spoudazonta diapherontōs*）因为阴谋者会更加忌惮对那些受到诸神保佑的人下手（V.11,1314b38~1315a2）。多少有些令人吃惊的是，亚里士多德在建议僭主要拥有虔诚者的表象之后，紧接着警告他"要**显得**是这样，但不要愚蠢"（*dei de aveu apelterias phainesthai toiouton*）（V.11,1315a3~4）。①在笔者看来，亚里士多德的意思是僭主就其是一个僭主而言，不应该愚蠢地遵守宗教信仰和实践，因为宗教的表象会帮助他维持统治，而过于虔诚的信仰则很可能会毁掉他的统治。②

（6）由于荣誉对人们来说是件好事，并且也是导致政治斗争的重要原因，所以僭主应该关心荣誉。他应该奖赏在某些方面突出的人，让他们相信从僭主那里得到的荣誉比从同胞公民那里得到的更多。在这样做的时候，僭主应该奖赏几个人而非一个人，这样他们就可以相互牵制；如果他必须要将某一个人提到其他人之上，那么他应该确保所提拔的这个人不是一个胆大妄为之徒。亚里士多德还建议僭主要自己来分配荣誉，而让自己手下的官员来施加惩罚（V.11,1315a2~13）。

（7）亚里士多德给出的最后一条建议是，僭主要在穷人和富人之间保持平衡，并且让较强的一方和他站在一起（V.11,1315a31~39）。

亚里士多德这样总结他关于保存僭主统治的新方式：

> 对这些事情做细节的讨论是多余的。目标非常清楚：他应该在被统治者面前**显得不像僭主的类型，而像一个管理者或王者的类型**，他不应该触碰属于他们的东西，而应该是一个看护者。**他应该在生活中追求节**

---

① 乔维特在《亚里士多德全集》中将其翻译成"同时他的信仰不被认为是愚蠢的"，这个译法未能准确传达这句话的含义。

② 我们从亚里士多德《形而上学》（ⅩⅡ）中得知，他心中的神乃是一个不动的推动者，与希腊文化中传统的神祇完全不同，因此亚里士多德完全可能给僭主（乃至普遍意义上的统治者）不要盲信宗教的建议。

制,而非极端;此外,他应该与显赫的人为伍,而受到大众的欢迎。有了这些事情,不仅他的统治必然会更高贵、更值得羡慕,因为他统治着比他强的人们,这些人没有受到屈辱,也不憎恨和惧怕他,而且他的统治也会延续得更久。此外,**就品格而言,他或者处在德性意义上的高贵状态,或者是半善的,他不是恶的,而是半恶的**(*eti d'auton diakeisthai kata to ēthos ētoi kalōs pros aretēn ē hēmichrēston onta,kai mē ponēron all' hēmiponēron*)(V.11,1315a40~b10)。

看起来在这种新的保全僭主统治的方式中有两个关键。第一个就是笔者已经反复强调过的正确的或君王般的表象,而非事实。虽然亚里士多德在这里并没有解释为什么表象如此重要,但是我们可以从他在其他地方的讨论推断出来:那是因为大多数人在做判断的时候凭的并不是他们的理性而是感官。①第二个关键就是要在僭主的统治中融入一些节制,而非极端。但令人有些意外的是,亚里士多德愿意称这样一个只关心表象的、有节制的僭主"半善半恶"。亚里士多德为什么在没有任何预兆的情况下,突然将讨论从表象转换到了真相或本质呢?对于这个问题,笔者会在本文第五部分里面给出一些进一步的解答。现在让我们转向马基雅维利给君主的建议,看看他的教导与亚里士多德有多么接近。

三、为君主献策:马基雅维利与亚里士多德的相似之处

如果将上面讨论的亚里士多德的文本装在头脑里去阅读马基雅维利的《君主论》,尤其是那个关于"有效真理"的宣言之后的第 16~23 章,那么我们无疑会为二者的相似性感到惊讶。《君主论》这九章给读者留下的第一印象就是马基雅维利在教导君主虚伪行事,只关心表象而非真相。马基雅维利的这种教导在第 18 章"君主应当怎样守信"中达到了顶峰。在这一章里中马基

① 亚里士多德在一段非常著名的话里面表达了对大众或庸人的鄙视,这段话可以给我们一些线索,理解这里的推断:"大众……是依据感觉生活的,他们追求各自的快乐和快乐的源泉,避免相反的痛苦,而对什么是高贵以及什么是真正的快乐完全没有概念,因为他们从来没品尝过。"(《尼各马可伦理学》X.9,1179b11~16)

雅维利教导君主要同时拥有人与野兽的本性①，而在他主张君主所要模仿的野兽中，狮子与狐狸的结合是最佳的选择。②在马基雅维利的那个时代，狐狸的狡诈在重要性上显然胜过了狮子的强力。这番讨论之后，马基雅维利在下面这段堪称"臭名昭著"的话中总结了他对君主德性与恶性的讨论：

> 因此，对君主来说拥有上面提到的所有品质是没有必要的，但是对他来说**有必要显得拥有它们**（*necessario parere di averle*）。我甚至敢说，拥有并永远遵守它们是有害的，但是**显得**遵守它们则是有用的：例如，要显得宽宏、守信、人道、诚实、虔诚，并且要这样做；但是也要做好准备，一旦有必要，他要能够和知道如何变得相反。一个人必须理解，君主，尤其是新君主，不可能遵守人们心目中的好人所做的所有事情，因为为了保持国家，他必须经常背信弃义、不讲仁慈、违反人道、反对宗教。因此他有必要准备好在命运的风向和多变的环境有所要求时转变自己。但是正如我上面说过的，在可能的情况下他不应该背离善好，但是当必要性迫使他的时候，他应该知道如何走上邪恶之路。因此，一个君主必须非常注意，不让任何违背上面提到的五种品质的话从他嘴里溜出，在那些看到和听到他的人面前，他应该总是**显得**仁慈、诚实、正直、人道和虔诚。

在马基雅维利看来，对君主来说，头等重要的必要性显然是维持国家和保持自己的统治。为了这个最高的目标，君主应该摆脱道德和德性的束缚，并时刻准备好跃入不道德和邪恶的领域。③在上面的这段文本中，我们看到了很多与亚里士多德的"新方式"相似的地方，而且马基雅维利还明确解释了为什么表象总是会发挥作用：

---

① 马基雅维利明确将这样的教导归于古代作家。在第四部分中笔者会更详细地讨论这个问题。

② 这两个动物的形象是马基雅维利从西塞罗那里借来的，但颠倒了西塞罗的意图，参见西塞罗：《论义务》（*De Officiis*, 1:41）。

③ 需要注意的是，在这个语境中，马基雅维利并未对传统的德性提出挑战，他没有说传统中的德性不是德性，或者说传统中的恶性才是德性。他所强调的仅仅是君主应该根据所处的环境和必要性的要求，在德性与恶性之间进行转换。

整体来讲人们更多依靠眼睛而非双手进行判断，每个人都可以看到，但是只有很少人可以摸到。每个人看到的是你看上去的样子，很少有人摸到你实际的样子，而那少数人不敢对抗大多数人的意见，因为后者有国家最高权威的保护。

除了强调表象这个整体上的相似之处以外，我们还能够在马基雅维利的详细讨论中看到更多与亚里士多德相似的论调。我们现在就来看看《君主论》中那些可以与《政治学》对勘的段落。①

（1）亚里士多德的第一条建议关于金钱，马基雅维利也是这样。在第16章中他讨论了慷慨的德性和吝啬的恶性，给出的建议也与亚里士多德相似。他教导君主不要挥霍金钱，不要在意吝啬的名声，而要确保有足够的收入保卫自己并推进自己的事业，在此过程中无须过分压迫和搜刮臣民。我们完全可以想象，如果一个君主这样做的话，他看上去肯定不像一个僭主，而是像一个国家的管理者。

（2）在《君主论》第17章中，马基雅维利建议君主要显得仁慈而非残忍，但是如果为了"让他的臣民保持团结和忠诚"，他应该毫不犹豫地使用残忍的手段，因为这种"残忍"实际上比国家遭受毁灭更加仁慈。随后在第19章中，马基雅维利谈到了君主受到蔑视的原因，进而建议君主要"努力使每个人在他的行动中看到伟大、精神、尊严和力量"。这些表面上的品质会确保臣民对君主充满敬畏，而不会蔑视他。只要有了这样的名声，其他人就很难设计阴谋推翻君主。至于军事德性的重要性，马基雅维利也给予了极大的强调②，在第14章开头，他不无夸张地宣称："君主除了战争、军事制度和军事

---

① 凯特（Dvaid Keyt, *Aristotle's Politics, Books V and VI*, pp.176-180）讨论了马基雅维利与亚里士多德的一些相似之处，提到了《君主论》第14、18、19和21章的内容（与笔者下面讨论的第2和第6点相关）；霍恩奎斯特（Mikael Hörnqvist, *Machiavelli and Empire*, Cambridge University Press, 2004, pp.205-208, 211-212）从整体上处理了这些相似性。而笔者这里意在给出一个更为全面、逐一对应的比较。

② 马基雅维利对军事问题的讨论，参见《君主论》第12~14、24、26章，另参见他的《战争的技艺》（*Art of War*）。

训练之外不应该有任何其他的目标和想法，也不应该将任何其他东西当作他的技艺。"（有趣的是，即便是这里的夸张也与亚里士多德如出一辙："他可以不关心其他德性，但是必须关心军事德性。"）

（3）马基雅维利讨论如何对待臣民的方式也与亚里士多德相似。马基雅维利警告君主不要被臣民憎恨，而实现这一点的最好方式就是"要远离公民和臣民的财产，以及他们的女人"，而马基雅维利再一次用满带夸张的语言加强了这一建议的力度："人们忘记父亲的死比忘记遗产的丧失更快。"（《君主论》第 17 章）他还在第 19 章中给出了一些进一步的建议，指导君主避免受到憎恨和蔑视。

（4）亚里士多德建议僭主要在身体欲望的满足上保持节制，因为奢侈的生活很容易遭到臣民的鄙视。马基雅维利并没有明确涉及这一点，但是我们不难想象，他大概不会在这一点上反对亚里士多德。因为他明确建议君主不要在乎吝啬的名声，也因为他赞赏罗马皇帝安东尼努斯（Antoninus）可以忍受任何艰苦，并且鄙视精致的食物和安逸的生活（《君主论》第 19 章）。

（5）亚里士多德要求僭主要永远显得非常虔诚，马基雅维利对宗教事务的讨论与此相合。在第 18 章，说完"在那些看到和听到他的人面前，他应该总是显得仁慈、可信、正直、人道和虔诚"之后，马基雅维利紧接着补充道，"没有什么比显得拥有这最后一种品质更必要了"。这一点还可以从马基雅维利对阿拉贡的费迪南（Ferdinand of Aragon）这位基督教世界第一君主的赞美中清楚地看到，马基雅维利称赞他"虔诚的残忍"，也就是"永远让宗教服务于他的目的"（《君主论》第 21 章）。由此我们看到马基雅维利与亚里士多德一样反对君主愚蠢地信奉宗教，并严格依照其教义行事。

（6）马基雅维利也充分认识到荣誉在政治事务中的重要性，因此当某人做出了某些超凡的事业，君主就应该奖赏他，而且他的奖赏应该在其他人中间引发讨论，这样君主就会被人们看作"拥有杰出才智的伟大人物"（《君主论》第 21 章）。君主应该给予那些好的大臣很高的荣誉，从而"使他不会欲求更多"（《君主论》第 22 章），这与亚里士多德建议僭主要给予杰出人物很高的荣誉，从而让他不能指望从人民那里得到更多如出一辙。亚里士多德建议僭主亲自授予荣誉，而将剥夺荣誉的事情交给别人去做，马基雅维利也告诫君主"必须要将令人反感的任务交给他人，而将那些令人欣喜的工作留给自己"（《君主论》第 19 章）。

（7）亚里士多德总是密切关注城邦中两个对立的要素，要求僭主要在富人和穷人之间保持平衡。在马基雅维利的时代，这两个对立的要素就是贵族和平民；而马基雅维利也在这方面给出了与亚里士多德类似，但更加详细的建议："组织良好的国家和英明的君主非常注意，不让贵族感到绝望，同时要满足人民。"[1]（《君主论》第 19 章）

亚里士多德给僭主提出的 7 条忠告我们都在马基雅维利给君主的建议中找到了对应，这不能不让人感到惊讶。我们并不确定马基雅维利对亚里士多德的整体了解到底有多少，也不确定他对亚里士多德的《政治学》是否熟悉。从马基雅维利的传记中，我们得知他的父亲曾经借阅过亚里士多德的《尼各马可伦理学》，并且拥有阿奇埃奥利（Donato Acciaioli）对亚里士多德《尼各马可伦理学》的注疏[2]，但是我们不知道《政治学》是否也在马基雅维利的早期教育中占有一席之地。马基雅维利当然也有可能在之后的职业生涯中或者在他被迫退隐乡间时阅读并熟悉了亚里士多德的《政治学》，但不争的事实是，比起提到李维、色诺芬、西塞罗、塔西佗、但丁等人的次数，马基雅维利在著作中确实极少提到亚里士多德。

在马基雅维利的作品中，亚里士多德的名字只出现过三次。第一次是马基雅维利在 1513 年 8 月 26 日写给韦托里（Francesco Vettori）的信中，他提到了对瑞士逐渐壮大的担忧："我不知道亚里士多德对这种联盟的共和国（confederated republic）说了些什么，但是我当然可以说说可能存在的、现在存在的和已经存在过的东西。"[3]这是对韦托里在 6 天前的信中对瑞士发表的评论的直接回应，在那里韦托里说："我像很多人一样对瑞士人非常恐惧，但是我不很相信他们可以变成下一个罗马人……因为如果你很好地研究了《政治学》和已经存在的共和国，你就会知道像这样一个如此划分的共和国

---

① 关于君主如何平衡贵族与平民之间的关系，另参见《君主论》第 9 章。

② See Roberto Ridolfi, *The Life of Niccolò Machiavelli*, trans., Cecil Grayson, University of Chicago Press, 1963, pp.257–258.

③ *Machiavelli and His Friends: Their Personal Correspondence*, eds. and trans., James B. Atkinson and David sices, Northern Illinois University Press, 1996, p.258.

是不可能成功的。"①至少从马基雅维利文字的**表面**上看,他似乎并不非常熟悉亚里士多德在《政治学》中的论述,他手边也很可能没有亚里士多德的这部作品。②

第二处提到亚里士多德的地方是《李维史论》(Ⅲ.26)"论国家如何因女人而覆灭"。马基雅维利讲到"在僭主倒台的首要原因中,亚里士多德提到了他们在女人方面犯下的错误,比如引诱、强奸或破坏婚姻"。从这段重要的文字看来(我们还是考虑它的字面意思),即便马基雅维利不熟悉整部《政治学》,他至少也应该对亚里士多德讨论僭主毁灭原因的部分有所熟悉,因此也就应该对亚里士多德紧接着讨论僭主保存的部分有所了解。③考虑到13世纪亚里士多德政治哲学的复兴④,及其在文艺复兴意大利人文学者之中的持续影响⑤,我们似乎有理由认为,马基雅维利即使不很熟悉《政治学》,也应该对其有所了解,至少是对某些部分。

马基雅维利作品中第三次也是最后一次提到亚里士多德的地方是在《论改革佛罗伦萨政府》(*A Discourse on Remodeling the Government of Flo-*

① *Machiavelli and His Friends:Their Personal Correspondence*,eds. and trans. James B. Atkinson and David sices,Northern Illinois University Press,1996,p.255.

② 有一些阐释者不同意这种"表面的理解",而认为这是马基雅维利的反讽,因为韦托里的话"如果你很好地研究了《政治学》","深深地激怒了马基雅维利,因为他事实上确实读过亚里士多德,但是并没有看到任何与主题相关的讨论"(参见 *Machiavelli and His Friends:Their Personal Correspondence*,eds. and trans. James B. Atkinson and David sices,Northern Illinois University Press,1996,pp.510,n.17,511,n.7)。

③ 有些学者认为马基雅维利作品中这唯一一处准确引用亚里士多德的地方"明显来自二手资料"(See James B. Aktinson and David Sices trans.,*Sweetness of Power:Machiavellis's*,*Discourses and Guicciardini's Considerations*,Northern Illionois University Press,p.336,n.4)。但是同样基于这一处引文,沃克认为马基雅维利了解《政治学》,他同时给出了另外一些论据,比如,他提到当时马基雅维利可以读到的亚里士多德《尼各马可伦理学》和《政治学》的法文和拉丁文译本(马基雅维利不懂希腊文),他同时提到了马基雅维利与亚里士多德其他一些相似之处(参见 Leslie J.Walker,*The Discouses of Niccolò Machiavelli*,2 vols.,with new Introduction and Appendices by Cecil H.Clough,Routledge & Kagan Paul,1975,Vol.Ⅱ,pp.273-277,毫无疑问,我们可以很容易地增加他找到的那些相似之处)。

④ 《政治学》的第一部拉丁文全译本是由莫尔贝克的威廉(William of Moerbeke)翻译的,大约在1260年问世,这个译本对于亚里士多德的《政治学》在此后的复兴意义重大。

⑤ 关于这一复兴及其持续影响,参见斯金纳的概要性讨论(Quentin Skinner,"Political Philosophy,"in Charles B. Schmit,Quentin Skinner,and Eckhard Kessler eds.,*The Cambridge History of Renaissance Philosophy*,Cambridge University Press,1988,pp.395-408)。

rence,大约写于 1520 年）。在这里马基雅维利多少带有点揶揄味道地将亚里士多德和柏拉图一起归入没有能力在现实中建立国家，而只能在著作中表明自己并非对此无知的人。①

由此看来，我们在上面列举的那些在亚里士多德与马基雅维利之间的相似性**有可能**是因为马基雅维利实际上从亚里士多德那里借用了一些内容，而没有提到他的名字；②他当然也有可能从其他渠道了解到这些观念（比如其他的古代作家，比如被归入"君主镜鉴"（*speculum principis*）的同时代其他作者写作的小册子③）；或者这些观念来自他自己的政治观察和实践。不过，不管怎样，在这篇论文中，笔者关心更多的并不是"实质的哲学史"，而是"虚灵的哲学史"。④对亚里士多德与马基雅维利相似性的这个初步考察确实迫使我们怀疑，我们是否应该那么轻易地承认马基雅维利**因其政治现实主义**（或者说因其教导"有效真理"）而无愧于"现代政治哲学奠基者"的殊荣。

---

① 参见《马基雅维利的主要著作及其他》(Vol.1, p.114)，在那里马基雅维利说："没有人比那些通过法律和制度重塑共和国与君主国的人更尊贵了。在诸神之后，这些人是最值得赞赏的。因为有机会这样做的人和理解如何做的人都非常稀少，因此有这种成就的人数量就非常小。有些不能够在现实中建立共和国的人，也会因为追求这种荣耀而在作品中这样做，比如亚里士多德、柏拉图和很多其他人，他们想要表明，假如他们没有像梭伦和莱库古那样建立一个自由的政治制度，那并不是因为他们无知，而是因为他们没有能力将它变成现实。"

② 考虑到文艺复兴时期的写作方式，这样的情况非常普遍。就马基雅维利而言，他从来没有或极少提到希罗多德、修昔底德、普鲁塔克、波利比乌斯、阿奎那的名字，但是学者们普遍认为这些作家都处在马基雅维利思考问题的背景之中，在马基雅维利创作他的政治论著时，他们的作品有时甚至就摆在他的案头。关于马基雅维利思想背景的讨论，See Walker, *The Discouses of Niccolò Machiavelli*, Vol. II, with new Introduction and Appendices by Cecil H. Clough, Routledge & Kagan Paul, 1975, pp. 271-304。

③ 关于马基雅维利从文艺复兴时期流行的"君主镜鉴"的文体中继承了什么的讨论，See Allan H. Gilbert, *Machiavelli's Prince and Its Forerunners：The Prince as a Typical Book de Regimine Principum*, Duke University Press, 1938。但是在笔者看来，吉尔伯特过分强调了马基雅维利的《君主论》与"君主镜鉴"的继承关系，而对这部作品的独特之处强调不足。

④ 关于这两种哲学史撰作的区分，参见关子尹：《语默无常》，牛津大学出版社，2008 年，第 318~320 页。

四、挑战马基雅维利的"现代性"

马基雅维利在《君主论》第 18 章中公开承认,在他给君主的教导中一个具有核心意义的形象,也就是君主要结合兽性与人性,乃是古代作家悄悄教导给人们的:

> 君主必须知道如何善于使用野兽和人的本性。这一点已经被古代作家们用**隐秘的方式**(copertamente)传授给了君主:他们讲到阿基里斯和很多其他的古代君主都被交给半人马喀戎抚养,并由他训练。这只能意味着,有一个半兽半人的老师,君主必须知道如何运用这两者的本性,因为只有一方面而缺乏另一方面是不能长久的。

如果将这段文本和马基雅维利在第 15 章关于教导"有效真理"从而与古代传统决裂的宣称结合起来,我们似乎可以合乎情理地得出这样的结论:即便是马基雅维利本人也认为他的新颖性并不在于发明了什么全新的教导,而在于将古代作家用隐秘的方式,或者说用象征的手法教导的东西以自己的名义明白无误地揭示出来。①因此,施特劳斯也就不无道理地用这样的方式来谈论马基雅维利的革命:

> 马基雅维利是第一个相信哲学与政治权力的结合可以通过宣传实现的哲学家,宣传可以将广泛的大众争取到新方式和新秩序那里,从而将一个人或少数人的思想转变成大众的意见,再由此转变为公共权力。马基雅维利与伟大的传统决裂,并肇始了启蒙运动。②

---

① 同样的情况似乎也适用于《李维史论》,在开篇马基雅维利也宣称了自己的新颖性,但是当我们继续阅读《李维史论》就会发现,马基雅维利推进他所谓的"新方式与新秩序"的方式乃是通过注疏和揭示古代作家(尤其是李维)在他们的叙事作品中已经暗示了的教导。

② Leo Strauss, *Thoughts on Machiavelli*, The Free Press, 1958, p.173.

笔者很快会谈到，施特劳斯认为马基雅维利**实际上的意图**是用他的政治论述去教导大众，这一点恐怕是一个没有什么根据的假设（马基雅维利还是在为很少数人写作）。但是如果考虑施特劳斯认为马基雅维利将古代作家只传授给极少数君主的隐匿教导公然揭示出来，他上面的这番言论倒是与马基雅维利作为革命者的自画像颇为相合。

绝大多数古代作家在讨论政治现实主义的问题，尤其是讨论到僭主制这种为人唾弃的政治制度时，总是带着批判的口气，即便是正面讨论也几乎不会用他们自己的名义。这一点我们在柏拉图、色诺芬和西塞罗这几个古典政治哲学的代表那里看得非常清楚。①柏拉图将赞美僭主生活和权力的话放到泰阿格斯(Theages)、波鲁斯(Polus)、特拉叙马库斯(Thrasymachus)、格劳孔(Glaucon)和阿德曼图斯(Adeimantus)口中②，而反对这种观点或谴责僭主的话则由苏格拉底说出。③色诺芬让赞美（或者说表面上赞美）僭主生活的话从诗人西蒙尼德(Simonides)的口中说出，而让抱怨僭主悲惨生活的话由一个实际在位的僭主希耶罗说出。④而西塞罗则从来没有以任何方式表达过对僭主生活的赞赏，甚至没有将这样的话放在他笔下人物的口中；怀着对罗马共和国的满腔热忱，西塞罗总是谴责僭主制和政治操纵。⑤上文提到，狮子与狐狸的类比是马基雅维利从西塞罗那里借用来的，但在西塞罗那里这两种动物所象征的统治方式都是谴责的对象，西塞罗将赤裸裸的强力与欺诈看作两种不正义的方式，而不正义是统治者首先应该避免的。马基雅维利喜爱欺诈超过强力，而西塞罗对欺诈的谴责则超过了强力。⑥

---

① 同样的情况也可以在修昔底德、李维和塔西佗这几位政治史家那里看到。

② 参见《泰阿格斯》124e，125e；《高尔吉亚》466b-e，468e，470d-471d；《理想国》Ⅰ.344a-c，Ⅱ.357a-367e。

③ 参见《高尔吉亚》466d-481b；《理想国》Ⅰ.344d-354a，Ⅷ.562a-X.588a。

④ 对僭主生活的赞美，参见《希耶罗》(Leo Strauss, *On Tyranny*, revised and expanded edition, Victor Gourevitch and Michael S. Roth eds., University of Chicago Press, 2000)I.8, 14, 16, 26；Ⅱ.1-2；Ⅶ.1-4；对僭主生活的抱怨和批评，参见Ⅰ.8, 10-13, 15, 17-25, 27-38；Ⅱ.3-Ⅳ；Ⅶ.5-10, 12-13。施特劳斯在他的《论僭政》中说，《希耶罗》标志了前现代和现代政治科学之间最切近的对照，因为这部作品是马基雅维利唯一"带着强调地提到的"唯一一部古代讨论僭政的作品(pp.25-26)。

⑤ 参见《论共和国》Ⅰ.65, 68；Ⅱ.47-51；《论义务》Ⅱ.23-26；Ⅲ.19, 23。

⑥ 参见《论义务》Ⅰ.41。

这些古代作家的共同之处是强调政治领域中德性所具有的核心地位。柏拉图在《高尔吉亚》中强调正义的德性，在《理想国》中强调勇敢、节制、正义和智慧这四种德性发挥的不同作用；色诺芬在《希耶罗》中教导僭主如何受到爱戴，如何通过获得德性使得自己的统治更令人愉快；西塞罗在《论义务》中强调正义的核心地位，同时论述了慷慨、诚信、仁慈等德性在政治生活中的地位。

这种将德性看作政治统治核心要素的古代传统在直到马基雅维利之前的文艺复兴政治思想家那里得到了充分的继承。马基雅维利前辈和同时代的人文主义者有写作政治论文的悠久传统，比如彼得拉克（Petrarch）、布鲁尼（Leonardo Bruni）、布拉奇奥里尼（Poggio Bracciolini）、里努奇尼（Cino Rinuccini）、帕米埃利（Matteo Palmieri）、帕特里奇（Francesco Patrizi）、彭塔诺（Giovanni Pontano）、卡斯蒂里奥内（Baldassare Castiglione），他们有些人的作品写给共和国的领袖，另一些人的作品写给君主和他们的朝臣，但是他们都在很大程度上依赖西塞罗《论义务》中的讨论，并且强调勇敢、节制、正义、智慧四主德，尤其是正义，对实现政治上的伟大所具有的重要作用。①

如果以这个传统的标准衡量，马基雅维利《君主论》中赤裸裸的政治现实主义，对混合使用德性、恶性和暴力的公开宣扬，以及用政治成功重新定义德性的尝试②，在他的同时代人听起来确实非常令人震惊，也必然是带有革命性的新学说。③在这个意义上，马基雅维利确实严重背离了意大利人文主义传统中的"君主镜鉴"类作品，而且似乎也严重背离了以柏拉图、色诺芬和西塞罗为代表的那个"伟大的传统"。

---

① 关于这些作家对古典德性理论的共同依赖的简要讨论，See Skinner, "Political Philosophy," in Charles B. Schmitt, Quentin Skinner, and Eckhard Kessler eds., *The Cambridge History of Renaissance Philosophy*, Cambridge University Press, 1988, pp.412–426.

② 在《君主论》中尝试重新定义德性的两个很好的例子是：1.马基雅维利在第19章中对罗马皇帝塞维鲁（Severus）赞赏有加，称他混合了狮子和狐狸的特性为"如此多的德性"；2.在第25章中马基雅维利称德性为能够征服命运的品质。

③ 我们也可以对他赞赏共和制的《李维史论》得出同样的结论。比如有一章（Ⅲ.41）的标题就是"保卫祖国应该不计荣辱、不择手段"。对马基雅维利来说，保存国家——不管这个国家是君主制还是共和制，都具有最高的必要性。

但是我们上面看到的亚里士多德的作品确实给马基雅维利所宣称的创新性以及在此宣称的基础上理解他的原创性提出了真正的疑问。①在他更具有规范性的对伦理和政治事务的讨论中,亚里士多德确实与柏拉图、色诺芬一样强调伦理德性和明智(或实践智慧,*phronēsis*)才是政治权威的真正基础。在这个意义上,不仅亚里士多德是那个"伟大的传统"的伟大子嗣,而且正是在他的著作中那个"伟大的传统"达到了高峰。但是在另一个更加经验性的维度上,亚里士多德的政治哲学已经揭示了马基雅维利"有效真理"的绝大部分,而且更重要的是,亚里士多德是以自己的名义,以一种毫不含糊、毫不模棱两可的方式揭示了这些"有效真理"。

因此,如果考虑到"有效真理"的内容,甚至是谈论这些真理的方式,那么在亚里士多德和马基雅维利之间似乎并没有什么太大的不同。那么马基雅维利是不是真的意在"启蒙"大众,从而像施特劳斯说的那样开启了现代启蒙运动呢? 笔者并不这样认为。当亚里士多德创作他的论文时,肯定没有想到要启蒙大众,而是为少数雅典的精英写作,不管他们是他学园中的学生还是雅典的贵族青年。马基雅维利的写作对象与此相似。他写作《君主论》主要是为了恢复自己的政治生涯,而他最终将它题献给了洛伦佐·德·梅迪奇这样一个佛罗伦萨的在位君主;《李维史论》则是应布昂德尔蒙蒂(Zanobi Buondelmonti)和鲁切拉伊(Cosimo Rucellai)这两位年轻人的要求写作的(根据马基雅维利在"题献信"中的说法,他甚至是被迫写作的)。而且我们知道马基雅维利在有生之年从来没有打算将这两部作品公开出版(这两部作品分别在他死后的 1532 年和 1531 年出版)。因此他的这两部集中了自己全部教导的著作都不是意在教育大众,因而如果仅仅考虑亚里士多德和马基雅维利心目中的听众和读者,这一点也还是不能将他们区分开来,也就更不能因此给马基雅维利赢得现代性之父的荣誉。

那么我们就不得不问:马基雅维利是不是只是夸大其词地宣告了政治中的"有效真理"呢? 以马基雅维利为代表的所谓"现代"政治现实主义和以

① 如果我们仅仅在背离意大利人文主义传统的意义上理解马基雅维利的创新,那么这个宣称是完全合乎情理的;但是如果我们像包括施特劳斯在内的很多学者那样将马基雅维利的宣言理解为背离整个古典政治哲学传统,那么我们就要面对这样的困难。

亚里士多德为代表的那种古代政治现实主义是否真的有什么实质性的区别呢？如果确实有别，那么这些区别又是否足以在政治哲学的历史中标示一个新的时代呢？

五、古代与"现代"的差异

在《君主论》中，马基雅维利当然也讨论了一些亚里士多德没有讨论到的问题，比如基督教君主国（《君主论》第 11 章）、是否要使用堡垒（《君主论》第 20 章）、君主的谋臣（《君主论》第 23 章）、德性与命运的关系（《君主论》第25 章）等。这些新的要素有些是因为马基雅维利所处的环境与亚里士多德相比发生了巨大的变化，有些是因为马基雅维利想要给君主提供更加具体的建议，而亚里士多德则满足于给出一个纲要（typos），正如他说的，"对这些事情做细节的讨论是多余的"。这种纲要性的特征也是亚里士多德实践哲学的整体特征。[①]因此，我们有理由在比较古代和现代政治现实主义时，将这些并不那么重要的不同之处暂时搁置一旁。但是下面的几点似乎有一定的重要性，并且值得我们更多地关注，因为它们或许最终决定了马基雅维利是不是有足够的理由在政治现实主义的意义上赢得"现代政治哲学奠基者"的殊荣。

首先，我们可以论证说亚里士多德的政治哲学不只有一个维度，而在他讨论维持僭主统治的篇章中表现出来的那种政治现实主义仅仅是其中最不重要的。这样说当然是正确的，因为亚里士多德的道德和政治哲学的主要部分还是规范性的讨论，以最佳的人类生活和最佳的政体为目标。亚里士多德和其他古典政治哲学家一样，将僭主制斥为最差的、最短命的政体，甚至不配被称为严格意义上的"政体"。[②]但是正如笔者在上一部分中提到的，在亚里士多德的政治哲学中存在这样一个现实主义的维度，不管这个维度在他整体的政治哲学中地位如何，就已经足以挑战马基雅维利自己所宣称的革

---

① 比如参见《尼各马可伦理学》I.3,1094b20~1095a1；I.7,1098a22~25；I.12,1101a27。

② 参见《尼各马可伦理学》IV.1,1122a2~7；VIII.10,1160b8；《政治学》IV.4,1292a3~37；IV.5,1292b5~10；IV.6,1293a30~34；V.12,1315b11~38。古代幸福论的（eudaimonistic）伦理学和政治学，不管在亚里士多德之前还是之后，都不认为有任何出于自利的理由去行恶，因此也就没有任何理由鼓励僭主制。

命性了。此外,在马基雅维利的政治哲学中我们也同样能够看到不止一个维度。虽然在《君主论》中马基雅维利并没有在合法君主和僭主之间做出区分,甚至没有提到"僭主"(tiranno)这个字眼①,但是在《李维史论》中它却随处可见,而且马基雅维利也在君主和僭主之间做出了明确的区分,将僭主制视为君主制的堕落形态(《李维史论》I.2)。此外,君主制恐怕也并不是马基雅维利最喜爱的政体(虽然整体来看,他并不像古典政治哲学家那样将政体看作政治哲学的核心内容,他关心的更多是在一个政体内部的权力运作,而这些要素在共和政体与君主政体中大体上是相同的)。在《君主论》中,马基雅维利避免讨论他最喜爱的政体这样一个话题,这同避免使用"僭主"一词同样可以理解。但是在《李维史论》中他可以更加畅所欲言,从而明确谈到自己心目中的理想政体——公民共和国,所有的公民都参与其中,为维护和促进这个共和国的自由和强盛做出自己的贡献。②这样看来,在政治思想存在不同维度方面,亚里士多德与马基雅维利之间并没有重大的区别。

第二,古代政治哲学家和马基雅维利的同时代人都教导君主要赢得臣民的热爱,而不让他们对君主感到恐惧。③虽然亚里士多德没有教导僭主争取臣民的热爱(这在他看来恐怕是不可能的,因为僭主的统治总是伴随着鄙视),他至少说僭主应该避免被臣民畏惧,因为畏惧将来可能发生的伤害是僭主制覆灭的一个重要原因。马基雅维利似乎与这个传统背道而驰,在《君主论》第 17 章中,他宣称君主应该让臣民畏惧而非热爱自己。这看起来

① 笔者同意施特劳斯的看法,在这部作品中提到这样的字眼对于在位的君主来说确实太刺眼了。

② 参见《李维史论》II.2。关于这种共和主义自由的概念,See Skinner, *Liberty before Liberalism*, Cambridge University Press, 1998; Skinner, "The Third Concept of Liberty", in *Proceedings of the British Academy*, Vol.117, 2002, pp.237–268。斯金纳主张在当代推行这种共和主义的自由观,从而在伯林(Isaiah Berlin)主张的积极自由和消极自由的二分之外为处理当代的自由问题寻求新的理论根据。

③ 西塞罗《论义务》(II.23–33)代表了古典政治哲学对这一问题的经典讨论,而马基雅维利的同时代人基本上都追随这一西塞罗式的讨论模式(参见彭塔诺和萨奇的相关讨论,Jill Kraye ed., *The Cambridge Translation of Renaissance Philosophy*, 2vols., Cambridge University Press, 1997, Vol.II, pp.76,94)。

似乎是马基雅维利的一个新颖的论证。①但是如果我们仔细阅读这一章,就会发现马基雅维利的观点并没有表面上看来的那么新颖。因为马基雅维利推荐恐惧胜过热爱的原因是,他认为君主应该依靠自己而非他人的力量来维系自己的统治。他也同意,对君主来说最佳选择乃是同时被热爱和畏惧;但是如果君主必须要在这两者之间进行选择的话,那么被畏惧显然比被热爱更好,因为引起畏惧的主动权在君主一方,而热爱的主动权则在臣民一方。马基雅维利总结说:"因为人们热爱君主是靠他们自己的意愿,而畏惧则是靠君主的意愿,那么明智的君主就应该将统治的基础建立在他自己的东西之上,而非建立在属于他人的东西之上。"这里还有一个要点可以帮助我们看清亚里士多德与马基雅维利之间真正的区别所在。在亚里士多德看来,臣民对僭主的恐惧足以在他们之中滋生仇恨,并使他们想要铲除僭主;而对马基雅维利来说,单纯的畏惧并没有给臣民提供足够强的动机去推翻君主,只要君主能够避免憎恨,他还是可以稳固自己的统治。马基雅维利说:"君主让人们畏惧的时候要避免憎恨……因为一个人可以很容易被人畏惧同时避免被人憎恨。只要远离公民和臣民的财产,以及他们的女人。"由此我们可以看到,亚里士多德与马基雅维利之间的区别其实是道德或政治心理学上的区别,甚至是道德或政治心理学措辞上的差别,而并不是各自学说本质上的区别。亚里士多德没有在恐惧与憎恨之间做出明确的区

---

① 霍恩奎斯特在《马基雅维利与帝国》中认为这是亚里士多德与马基雅维利在教导僭主和君主时的首要区别(Hörnqvist, *Machiavelli and Empire*, pp.207–208)。他论证说亚里士多德的"第二种方式"仅仅依赖狡诈,而且认为依靠狡诈统治与依靠强力统治是相互排斥的两种统治方式(p.207);而马基雅维利同时推荐这两种方式。但是亚里士多德所说的"另一种方式几乎与前面说到的方式相反"并不能支持霍恩奎斯特"相互排斥"的结论,因为亚里士多德的意思是这两种方式一种极端,另一种温和,因此"几乎相反"(《政治学》V.11, 1314a31–32),而并不是针对狡诈与强力本身。亚里士多德在讨论这两种方式的时候侧重点显然非常不同,但是在他那里的第一种方式同样需要狡诈,比如安置间谍,而第二种方式也同样需要强力,比如保镖和雇佣军。

分①,而马基雅维利则将它们看作截然不同的两种动机。②即便我们承认这是他们之间的一个真正的区别,这个区别似乎也没有重要到足以支持马基雅维利开创现代性的程度。

第三,我们现在可以回过头再去看看亚里士多德在总结保存僭主统治的"新方式"时说的那段非常有趣但有些令人费解的话了。正如我们上面提到的,保存僭主统治的第二个关键是节制,而亚里士多德说"就品格而言,他或者处在德性意义上的高贵状态, 或者是半善的, 他不是恶的, 而是半恶的"。僭主只要还是一个僭主,就不可能被塑造得真正高贵和富有德性,因为恶性和恶行必然总是伴随僭主的统治, 但是亚里士多德似乎相信通过实践节制,即便僭主关心的仅仅是行动的表象,他依然可以**在本质上**变得更好,也就是变成半善半恶。能够为这种看法提供依据的伦理学理论是亚里士多德关于如何获得伦理德性的讨论,因为根据他的看法,伦理德性通过教养和反复的行动获得:"我们获得德性就像我们获得其他的技艺,通过首先实践它们……我们通过做正义的行为变得正义,通过做节制的行为变得节制,通过做勇敢的行为变得勇敢。"(《尼各马可伦理学》Ⅱ.1,1103a32–b3)虽然**完全的伦理德性**还需要明智这种理智德性, 但是反复实践伦理行为至少保证了实践者可以获得某些**习惯化的伦理德性**。③虽然亚里士多德也很清楚,我们一旦习惯了某种行为模式(比如通过习惯养成)便很难改变④,但是即便如此,一个僭主依然可能通过实践更加节制的行动而变成一个比原来更好的统治者,虽然他所能够成就的不过是半善半恶。因此亚里士多德给僭主提供的建

---

① 色诺芬与亚里士多德相似,将畏惧与憎恨都看作与热爱相反的情绪(参见《希耶罗》Ⅷ–Ⅺ)。

② 我们还可以通过彼得拉克的话对马基雅维利的新颖性提出质疑。当彼得拉克论证君主应该追求被臣民热爱而非被他们畏惧(与马基雅维利的主张相反)时说:"在古代和现代的很多君主除了想要被畏惧之外什么都不想,都相信在维持权力的时候没有什么比恐惧和残忍更有用了。"(参见 Benjamin G. Kohl and Ronald G. Witt eds. and trans., *The Earthly Republic:Italian Humanists on Government and Society*,University of Pennsylvania Press,1978,p.42)据此看来,马基雅维利建议君主要被畏惧就并不是什么新鲜的主张,而不过是肯定了君主们惯常的信念和实践。

③ 在亚里士多德的伦理学中,一共有三种伦理德性:自然的德性(*phusikē aretē*)是与生俱来的,习惯化的德性(*ethistē aretē*)是通过反复的行动获得的,而完全的德性(*kuria aretē*)只能通过获得明智的理智德性才能获得。参见《尼各马可伦理学》Ⅵ.13,1144b1~17;Ⅶ.8,1151a17~19。

④ 参见《尼各马可伦理学》Ⅶ.10,1152a30~33;Ⅹ.9,1179b11~19。

议的整体方向是让僭主变得更加节制和拥有一些训练性的德性。①

马基雅维利在这个方面有所不同。在他关于政治现实主义的讨论中,除了保存君主的统治之外,马基雅维利似乎并没有更进一步的目标,他并不在意灵魂的好,也就是古典意义上的德性。②对他来说,政治是一个独立的领域,有它独立的规则;君主内心或灵魂的幸福,要么并不重要,要么完全赖于城邦的强盛。马基雅维利的某些篇章似乎还表明他在政治问题上更倾向于极端的策略。《君主论》和《李维史论》中的两个著名例子足以说明这一点。在《君主论》第 25 章总结德性与命运的关系时,马基雅维利说了这样一段非常著名的话:

> 猛烈比谨慎要好,因为命运是一个女人,如果你想要制服她就必须打击她,强迫她低头。很显然她更经常地被猛烈的男儿制服,而非那些行事冷漠的人。同样,像女人一样,命运总是年轻人的朋友,因为他们更少谨慎,更多凶猛,用更多的勇武命令她。

在《李维史论》(Ⅰ.27)中,马基雅维利抱怨说"只有很少人知道如何完全恶或完全善"。之后他详细讲述了一个例子来支持自己的结论。教皇朱利奥二世(Julius Ⅱ)素来行事迅猛,他想要驱逐佩鲁贾城的僭主巴利奥尼(Giampaolo Baglioni),几乎是只身进入了布有重兵的佩鲁贾城。令人震惊的是,这位霸占自己的妹妹、为了统治杀死了很多亲属的僭主却不敢杀死教皇,反而让教皇剥夺了自己的王位。马基雅维利为巴利奥尼错过了这样的机会而深感惋惜:

> 乔万·帕格罗不在乎乱伦和公开刺杀自己的亲属,当他有**绝佳的时**

---

① 凯特(Keyt, *Aristotle's Politics, Books V and Ⅵ*, p.181. 提到了与笔者这里讨论的相似的观点,但是他的话听起来似乎有些太过乐观了:"最坏的结果是,他会变成半善;而最好的结果是他会变得'在德性的意义上高贵',这似乎意味着他会变成完全的好人,并且最终不再是一个僭主。"亚里士多德在讨论政治学的最低任务(保全既有的统治)时恐怕不会有此奢望。

② 正如施特劳斯在《对马基雅维利的思考》中颇富洞见地指出的,马基雅维利在他的政治论著中对"灵魂"的问题只字不提。

机（*giusta occasione*）时，却不能，更准确地说是不敢，成就一项每个人都会仰慕他勇气的行动。假如这样做了，就会给他带来永世的纪念……这一行动的宏伟会胜过可能给他带来的任何污名和危险。

这样说的时候，马基雅维利显然是在劝告未来的君主（或僭主）要敢于承担刺杀教皇的罪行（我们可以想象一下在文艺复兴时代这意味着什么），并由此给自己赢得"永世的纪念"。

那么这最后一个区别是否具有实质性的意义，从而可以在政治哲学的历史上开创一个新的时代呢?笔者倾向于认为并不那么实质。一方面，亚里士多德虽然没有推荐保存僭主统治的旧方式，但他毕竟如实记录了这种方式，而这种方式正是马基雅维利笔下的极端方式，因为它包含着要铲除所有显赫人物的建议（《政治学》V.10，1311a18~21）;而僭主完全可以在必要的时候将这种旧有的方式付诸实践。另一方面，亚里士多德主张为了维持僭主统治就要让僭主显得不那么像僭主（也就是达到半善半恶），看起来同马基雅维利建议君主应该结合善恶两种特质也并没有什么实质性的差别。对此，马基雅维利说:

> 我知道每个人都承认君主如果拥有上面提到的那些被认为很好的品质（即传统中的德性）是件非常值得赞美的事情。但是由于人类状况不允许，他既不可能拥有所有这些，也不可能遵守所有这些，因此君主就必须足够明智，知道如何避免那些会让他丧国的恶名，也要在可能的时候防范那些不会使他丧国的恶性的名声;但是如果不能做到，他就应该毫不犹豫地使用这些恶性。此外，一个人不应该在意那些如果没有就很难保全自己国家的恶性。（《君主论》第 15 章）

不管马基雅维利看起来多么极端，他毕竟从来没有给君主推荐过完全邪恶的策略，而最多是建议君主要结合德性与恶性，要君主达到半人半兽、半善半恶，并依据政治形势和必要性在人与兽、善与恶之间转换。

六、结　论

通过上面的考察，笔者所能够得出的结论恐怕是**在政治现实主义的意义上**，马基雅维利在他最著名的《君主论》中提出的"有效真理"并未真正脱离前辈的道路，他教导君主的"有效真理"与亚里士多德给出的维持僭主统治的建议并没有太实质性的区别——不管是在内容上还是在教导方式上。在教导赤裸裸的政治操纵上，马基雅维利或多或少依然是亚里士多德的学生。虽然在某些方面他比亚里士多德走得更远，但是这些继续向前的脚步不过是沿着相同的方向推进了亚里士多德开创的对政治事务进行经验研究的**传统**，**在政治现实主义的意义上**，他并没有发明太过新颖的东西，从而标志着与他所继承的那个"伟大传统"的决裂。

但是这其实非常容易理解，因为"政治现实"其实立足于人的现实或者说人类的状况，而人的现实则立足于人性（humanity）或人的自然（human nature）。只要人之为人依然保持着大体的一致，纵使社会和政治环境发生沧海桑田的变化，有关政治的"有效真理"也依然不会发生什么实质性的变化。这也正是我们依然可以从包括亚里士多德和马基雅维利在内的"古人"和"现代人"那里学到很多东西的原因，在这个意义上，他们都可以被看作是我们的"同时代人"。

笔者倾向于否定在政治现实主义的意义上授予马基雅维利"现代政治哲学奠基者"的殊荣。阐释者们或许可以在马基雅维利思想的其他方面找到在政治哲学史上足以开创一个新时代的要素，从而让马基雅维利有资格获得这一殊荣。

笔者最后简要讨论一下两个可能的候选者。首先，我们可以从共和主义的意义上来理解马基雅维利对哲学史的贡献，毕竟他影响了像哈林顿、西德尼这样的英国共和主义思想家和政治家，也影响了像杰斐逊和汉密尔顿这样的一些美国国父。但是马基雅维利在《李维史论》中阐发的共和主义依然在很多方面得自于由亚里士多德开创，在罗马共和主义作家西塞罗、萨卢斯特和塔西佗那里达到高潮的古代共和主义。①这一点最清楚地体现在《李维史论》的体裁上。因此,我们可以沿着本文的思路分析马基雅维利与古典共和主义传统的相似与区别。我目前的结论大体上与本文讨论政治现实主义的结论相同,即马基雅维利与古典共和主义的相似性远远大于区别,而如果仅仅关注那些区别,我们同样很难将"现代政治哲学奠基者"的荣誉授予马基雅维利;仅仅是在将共和主义的观念变得盛极一时的意义上,我们或许可以出于方便,称马基雅维利在政治哲学史中开创了一个共和主义的时代。②

马基雅维利开创现代性的另一个可能的依据是他在政治领域和人类事务中对基督教的拒斥。但是鉴于在文艺复兴时期,基督教的势力已经由于古代异教传统的复兴而有所动摇和削弱,而且涌现出了像薄伽丘这样的猛烈抨击基督教教会和教义的思想家,我们也可以争论马基雅维利对基督教批判的强度和深度是否真的达到了一个新的高度。至少就马基雅维利作品的**表面**来看,他似乎并未试图以多么新颖的方式颠覆基督教。但是如果我们采用施特劳斯教导的隐微阅读的方式来理解和阐释马基雅维利对基督教的态度,那么我们可以肯定马基雅维利在批判的深度和全面性方面都胜过了他的前人,因此配得到"现代之父"的殊荣。③但与此同时我们应该注意,与这个意义上的"现代"相对的"前现代"就不再是以古希腊为代表的古典政治哲学,而是基督教了。

---

① 在马基雅维利之前文艺复兴共和主义思想的代表是布鲁尼,See Leonardo Bruni, *Laudatio Florentinae Urbis*(*Panegyric of the City of Florence*),in Kolh and Witt eds., *The Earthly Republic:Italian Humanists on Government and Society*.

② 关于马基雅维利对古典共和主义的继承和对现代共和主义的影响,参见 J. G. A. Pocock, *The Machiavellian Moment:Florentine Political Thought and the Atlantic Republic Tradition*,Princeton University Press,1975;Gisela Bock,Quentin Skinner,and Maurizio Viroli eds., *Machiavelli and Republicanism*,Cambridge University Press,1990;Patrick Coby, *Machiavelli's Romans:Liberty and Greatness in the Discourses on Livy*,Lexington Books,1999;Vickie B. Sullivan, *Machiavelli,Hobbes,and the Formation of a Liberal Republicanism in England*,Cambridge University Press,2004;Paul Rahe ed., *Machiavelli's Liberal Republican Legacy*,Cambridge University Press,2006.

③ 参见刘玮:《马基雅维利与基督教:重申施特劳斯的论题》,载《谁是马基雅维利》,《思想史研究》(第八辑),上海人民出版社,2010年。

马基雅维利与圭恰迪尼政治思想比较刍议

朱 兵*

一、引 言

马基雅维利和圭恰迪尼(Francesco Guicciardini,1483—1540 年)同为意大利文艺复兴时期佛罗伦萨城邦的公民,前者的命运可谓生前寂寞,身后喧嚣,而后者则是生前荣光,生后冷清。两者都既是沉思之人,亦是行动中人,即都曾在政坛穿梭,又在闲暇之时寄才艺于诗情。他们在世时,其著述皆不为当时的天主教会所容,被列入禁书,长期遭到压制。著名的意大利传记作家巴尔齐尼曾经对他们的人生轨迹进行过极为精准的比较:"这两个人物在历史上曾被如此反复地加以对比,他们的相似之处的确很多:他们都是佛罗伦萨人,几乎是同时生活在同一座城市里,都是年纪轻轻就当上了佛罗伦萨共和国的驻外大使,都从事政治,都对统治术和谋求权力感兴趣。在最终失败之后,他们都隐退到自己的乡下住宅里,研读和撰写历史著作,冥思不可抗拒的奥妙的历史规律。"①

* 朱兵,贵州大学历史与民族文化学院历史学系副教授,博士。基金项目:本文是国家社科基金重大项目"西方国别政治思想史"(13&ZD149)子课题"意大利政治思想史"的阶段性成果。

① [意]路易吉·巴尔齐尼:《意大利人》,刘万钧等译,生活·读书·新知三联书店,1986 年,第159 页。

当历史进入 19 世纪时，在意大利寻求民族复兴和国家统一的过程中，马基雅维利在《君主论》收尾处所体现出的强烈而赤诚的爱国主义精神为他赢得了不少共鸣与同情。与此相比，圭恰迪尼的著作却缺少这种所谓的时代精神和积极态度，《格言与反思》一书强烈的现实主义色彩使世人震惊与恼怒，而史学家兰克对圭恰迪尼史学创作的毁灭性批评则使其作为伟大史学家的地位大受贬损。①19 世纪意大利著名文学批评家弗朗切斯科·德·桑克蒂斯从那个时代流行的爱国主义和道德主义视角出发，用《格言与反思》中的一些表达方式和格言警句，勾勒出一个自私算计、才智超群却阴险乖僻的失败主义者形象。②由于上述诸多原因，圭恰迪尼长期处于马基雅维利的阴影之下，其政治思想的重要性未能得到恰当的审视和认可。然而在 15 世纪末 16 世纪初的亚平宁政治舞台上，圭恰迪尼的声名远高于马基雅维利，在思想高度上，圭恰迪尼也足以与马基雅维利相提并论。剑桥学派的思想史家波考克认为，圭恰迪尼具有那个时代"唯一能够接近马基雅维利那种思想高度的政治智慧"③。挪威学者克努成则指出："在政治学领域，他（马基雅维利）是当之无愧的先驱，但他对国际关系理论的直接贡献却十分有限。在这个领域，他的年轻同行弗兰西斯科·圭恰迪尼的表现更加出色。"④沙博在评价二

---

① 在圭恰迪尼的后世批判者中，有两人最具代表性：一个是意大利文学史家桑克蒂斯（Francesco de Sanctis，1817—1883 年）；另一个是德国著名史学家兰克（Leopold von Ranke，1795—1886 年）。但很多人也为圭恰迪尼进行了辩护，其中便有圭恰迪尼的传记作者里多尔菲。See Robert Ridolfi, *The Life of Francesco Guicciardini*, trans. Cecil Grayson, Knopf, 1968, p.94. 历史学家古奇也曾说道："兰克宣称，圭恰迪尼是完全徒有虚名的。在他的资料中，很多是从别的著作抄来的，很多是虚伪的，很多是不可靠的；他杜撰了演词，窜改了条约，错误地解释了重大事实。兰克佩服他优良的政治本能，他对世界的观点和他的没有宗教偏见，但否定他作为历史学家的一切优点，是有些过火的。"参见古奇：《十九世纪历史学与历史学家》（上册），耿淡如译，商务印书馆，1997 年，第 180 页。历史学家黑尔也说："兰克谴责说圭恰迪尼在有档案资料的情况下依然引用其他道听途说的材料，因此而陷入了不必要的错误。但这种说法并没有被严肃地研究过，大多数对《意大利史》有了解的人都对其准确性留下了深刻的印象。"See Francesco Guicciardini, *History of Florence and History of Italy*, trans. Cecil Grayson, John R. Hale ed., Washington Square Press, 1964, p.xxxvii.

② See Athanasios Moulakis, *Republican Realism in Renaissance Florence: Francesco Guicciardini's Discorso di Logrogno*, Lanham, Rowan and Littlefield, 1998, p.34.

③ J.G.A.Pocock, *The Machiavellian Moment: Florentine Political Thought and the Atlantic Republican Tradition*, Princeton University Press, 1975, p.121.

④ ［挪威］克努成：《国际关系理论史导论》，余万里、何宗强译，天津人民出版社，2004 年，第 36 页。

者的史学造诣时指出："比起圭恰迪尼来,在对个体事件的重建上,作为历史学家的马基雅维利有时不是那么详尽、准确,甚至不是那么敏锐。"①比较马基雅维利和圭恰迪尼生前身后的不同命运,同为马基雅维利和圭恰迪尼两人传记作者的里多尔菲可谓一语中的:"直到现在,圭恰迪尼还生活在马基雅维利的阴影之下,正如马基雅维利在有生之年生活在圭恰迪尼的阴影之下一样。"②

马基雅维利比圭恰迪尼略微年长,作为同时代人,他们一起经历了佛罗伦萨以及整个意大利乃至欧洲的转型时期。圭恰迪尼所在的家族为当时佛罗伦萨的名门望族,比起出身破落贵族家庭的马基雅维利来,他经常以一种赞助人和上司的身份出现;然而圭恰迪尼欣赏马基雅维利的才气、热情以及独创性,而马基雅维利也仰慕圭恰迪尼政治立场的坚定以及在变幻莫测的政治局势中左右逢源的行政能力。马基雅维利曾与圭恰迪尼短暂共事,他毫无保留地接受了圭恰迪尼的领导。③他们相识后,联系非常紧密,互通信件,既讨论国家大事,也议论私人琐事④,"他们对意大利和欧洲政治图景口头上的交流在通信中持续、活泼、幽默的马基雅维利使沉静严肃的圭恰迪尼迸发出罕见的幽默和乐趣"⑤。圭恰迪尼还与马基雅维利合作,把后者创作的喜剧《曼陀罗》搬上舞台。就这样,两人的才华在交往中互相砥砺、互相提升,正如费奥雷所言:"马基雅维利同时代最为敏锐的批评者是弗朗切斯科·圭恰迪尼,马基雅维利自从与他于 1521 年相见之后便保持通信,并直至逝世为止……尽

---

① Federico Chabod, *Machiavelli and the Renaissance*, trans. David Moore, Harper and Row, 1965, p.11.

② Robert Ridolfi, *The Life of Francesco Guicciardini*, trans. Cecil Grayson, Knopf, 1968, p.272.

③ See Felix Gilbert, *Machiavelli and Guicciardini: Politics and History in Sixteenth-Century Florence*, Princeton University Press, 1984, p.241.

④ 这可以马基雅维利书信集中他与圭恰迪尼的通信为证,其中马基雅维利曾和圭恰迪尼一起嘲讽教士,谈论圭恰迪尼的女儿出嫁的嫁妆问题。参见《马基雅维利全集·书信集》,段保良译,吉林出版集团,2013 年。但沙博认为,马基雅维利与圭恰迪尼之间的通信始终存在很多隔膜和保留,不如与韦托里的通信那样畅所欲言,酣畅淋漓。参见 Federico Chabod, *Machiavelli and the Renaissance*, trans. David Moore, Harper and Row, 1965, pp.114–115.

⑤ Francesco Guicciardini, *Selected Writings*, edited and introduced by Cecil Grayson, trans., Margaret Grayson, Oxford University Press, 1965, p.x.

管他们在个性、阶级意识、方法、历史观、政治与宗教观念，以及人性观上有所差异，但马基雅维利的著作所具有的那种引人深思和颇具争议的特质催生了圭恰迪尼最好的著作。"①与此相对应的是，"这种棋逢对手也激发了马基雅维利的想象力"②。

《公民马基雅维利》的作者赫利翁认为，"对天主教廷充满厌恶，热爱佛罗伦萨共和国，一套大胆的与权力和主导权相关的政治词汇，以及对拉丁文学的钦佩将马基雅维利和圭恰迪尼紧密地联系起来"③。历史学家纳杰米对马基雅维利和圭恰迪尼的思想关联则做出了这样的精要对比。

> 在这两个文艺复兴时期佛罗伦萨最杰出的政治思想家之间存在着一种尴尬的紧张，他们的人文气息是如此接近，然而在他们的政治经验、忠诚度和内心信念之间的差距又是如此之大。……圭恰迪尼在挑战——用幽默的、友善的、戏谑的然而又仍然是对抗性的词句——马基雅维利关于政治和历史研究的基本预设。④

因此，不难理解的是，在去世前两个月，马基雅维利在致友人韦托里的一封信中如是深情地说道："我爱弗朗切斯科·圭恰迪尼先生，我爱我的祖国甚于爱我的灵魂。"⑤

《论语》有云："君子和而不同，小人同而不和。"这句话非常适合用来描述马基雅维利和圭恰迪尼之间的关系。这两位思想家既有很多思想的共鸣之处，也有不少分歧，正如艾伦所指出的："将马基雅维利的观点与他的更为年轻的同时代人弗朗切斯科·圭恰迪尼的明确观点相比较是有启发性的。它至少可以说明这样一个事实，那就是马基雅维利的视角在他那个时代的意大利绝非特立独行。在16世纪上半叶的马基雅维利所有的批评者中，作为

---

① Silvia Ruffo-Fiore, *Niccolo Machiavelli*, Twayne Publishers, 1982, pp.133-134.

② 《马基雅维利全集·书信集》(上)，段保良译，吉林出版集团，2013年，第13页。

③ Mark Hulliung, *Citizen Machiavelli*, Princeton University Press, 1983, p.8.

④ John Najemy ed., *The Cambridge Companion to Machiavelli*, Cambridge University Press, 2010, pp.2,4.

⑤ 《马基雅维利全集·书信集》(下)，段保良译，吉林出版集团，2013年，第782页。

外交家、行政官、政治家和历史学家的圭恰迪尼，曾是其中最有分量的，而且也是到现代为止最有才气的一位。更加具有启发性的是他的批评，因为他的视角与马基雅维利是如此之像。极其愤世嫉俗，贪恋权位、荣耀和金钱，诡计多端而寡廉鲜耻，如若他是一位君主而非君主臣仆的话，他可能已经成为马基雅维利的一个样板。"①鉴于此，如果说"研究马基雅维利的思想十分有必要对照奎恰迪尼的思想同时进行"②，那么同样，"马基雅维利可以帮助我们理解圭恰迪尼"③。只有这样才能在一种"他者"的视野观照下凸显彼此思想的诸多独特与关联之处、他们的思想与之前思想的继承和断裂以及他们对后世政治思想的启发和影响。

二、人性论与命运观之比较

对人性的洞察是理解政治活动的前提和基础，因为政治本质上是由人参与和运作的。马基雅维利和圭恰迪尼身处多难之秋、世事变迁的意大利15、16世纪之交，他们对人类本性和命运的认识，都不如15世纪处于相对宁静环境中的人文主义者那样乐观与惬意。在马基雅维利和圭恰迪尼的著述中，对人性的剖析比比皆是，各种鞭辟入里、发人深思的论述信手拈来。④在《格言与反思》中，圭恰迪尼说道："得到一个充满怀疑和不信任的声名当然是不可欲的。然而人在他们的阴谋诡计中是如此虚假、阴险、虚伪和狡猾，如此热衷于他们自身的利益，以及对他人的利益如此不在意，如果你不抱那么多的信任的话，你就不会犯错。"⑤在对马基雅维利《李维史论》一书部分篇章的释读中，圭恰迪尼如是陈述道：

---

① J. W. Allen, *A History of Political Thought in the Sixteenth Century*, Butler and Tanner, 1957, p. 495.

② 周春生：《阿诺河畔的人文吟唱——人文主义者及其观念研究》，天津教育出版社，2011年，第138页。

③ Robert Ridolfi, *The Life of Francesco Guicciardini*, trans. Cecil Grayson, Knopf, 1968, pp. 1-2.

④ 关于马基雅维利的人性观，参见[意]马基雅维利：《君主论·李维史论》，潘汉典、薛军译，吉林出版集团，2011年，第65、66、264页。

⑤ Francesco Guicciardini, *Maxims and Reflections of a Renaissance Statesman*, trans., Mario Domandi, Harper Torchbooks, 1965, p. 81.

在创建一个共和国和所有的其他活动中,这一点是真实无疑的,那就是事情应该以这样一种方式进行安排,以致任何想行坏事的人都不能为之,这不是因为所有的人都总是邪恶的,而是为那些可能邪恶的人做好准备。在这种背景下,我们应该考虑到,所有的人在天性上都倾向于行善,如果所有的事情都是均等的话,他们偏向于善而非恶。如果有些人有不同的倾向,那是与其他人的习俗以及自然设定在我们面前的主要目标如此背离,以至于对他们只能冠以怪物之称,而非人类。因此,人人在天性上都是倾向于行善,但因为我们的天性是柔弱的,并且在人们生活中的每一个步骤我们都会遇到那些可能会将我们带离善好的机会,诸如感官享乐、野心以及贪婪,无论在任何时候,明智的人在遇到这种危险时,假使能够将人们从行恶的能力中解脱出来,他们都会如此行事。在任何他们不能够绝对这样做的情况下,因为这不是总能够完成的,并且确实这样的情况很少发生,他们便添加了另一个补救方案:通过奖赏诱使人们行善,而用惩罚惊骇他们,使其远离邪恶。①

因此,关于马基雅维利与圭恰迪尼的人性观,正如艾伦所观察到的:"圭恰迪尼对人性的判断比起马基雅维利来甚至更加愤世嫉俗。确实,在《格言与反思》中,他着重而且不止一次地宣称人在本性上倾向于善,甚至说谁没有这种倾向谁就是畸形。然而他的意思却不是那么清晰。尽管他宣称'人在本性上都更加倾向于善而非恶',他的著述却表明,至少在政治世界很少见到那种自然倾向的迹象。"②菲利普斯也指出:"人类首当其冲的是出于自我利益而行动,这是圭恰迪尼人性观的核心,因此也是他历史观的核心。"③

---

①　*The Sweetness of Power,Machiavelli's Discourses & Guicciardini's Considerations*,trans.,James V. Atkinson and David Sices,Northern Illinois University Press,2002,p.392;亦可参见 Guicciardini,*Maxims and Reflections of a Renaissance Statesman*,trans.Mario Domandi,Harper Torchbooks,1965,p.75.

②　J.W.Allen,*A History of Political Thought in the Sixteenth Century*,Butler and Tanner,1957,p.498.

③　Mark Phillips,*Francesco Guicciardini:The Historian's Craft*,University of Toronto Press,1977,p.75.

如同马基雅维利将他对政治生活和人性的细致入微的观察总结在《君主论》一书中一样，圭恰迪尼将他对社会和人生洞烛幽微的观察以格言的形式记载在《格言与反思》一书中。《格言与反思》一书的英译者指出："圭恰迪尼的著作写作于一个危机四伏、幻想破灭的时代，古典传统与机构被连根拔起，荡然无存，无论通过光明正大或肮脏下流的手段，个人的自我保存必须处于优先考虑的地位。他的这部著作反映了他对这个不断变化的世界的应答。与他每天的所作所为结合得如此紧密，其实这也反映了他政治思想中一些独一无二的特征。"①曾为马基雅维利和萨沃纳罗拉作传的意大利著名历史学家维拉里认为，圭恰迪尼在此书中体现了极强的原创性，他在其中对个人经验进行了反思，体现出深厚的关于人和公共事务的知识，这部著述"在观察、记忆和记载事实方面都有一种甚至超过马基雅维利的精确度，因为后者过度迷恋于编造理论，追求虚幻的理念"②。

的确，由于《格言与反思》充满一种冷峻的现实主义格调，对荣誉和自我利益的关切着墨甚多，而较少提及公共福利和国家前途之类的话题，因此上文提及的桑克蒂斯对圭恰迪尼的批评在很大程度上也源于对这部著作的解读。"对桑克蒂斯而言，圭恰迪尼是使意大利在文艺复兴时期丧失独立的心灵状态的标志，这种状态也正在妨碍并威胁着其光辉重现。主要源自对《格言与反思》这部圭恰迪尼的著作中那些最悲哀和愤世嫉俗的对政治生活的反思所做出的归纳，桑克蒂斯建构了一个自私自利、摇摆不定以及失败主义者的形象，一座道德败坏的纪念塔，这是意大利当时所需的那种慷慨的、自我牺牲的爱国主义者的反面。"③然而如果我们结合具体的历史环境来考察便会发现，这样的判断有失公允。"首先和最为重要的是，《格言与反思》必须置于那个动荡的时代之中以及圭恰迪尼在其中所扮演的角色予以解读和判断，这不是作为一种托词，而是必要的解释所必需的。它们也不能被看作包

---

① Francesco Guicciardini, *Maxims and Reflections of a Renaissance Statesman*, trans., Mario Domandi, Harper Torchbooks, 1965, pp.11—12.

② Pasquale Villari, *The Life and Times of Niccolo Machiavelli*, Vol.2, trans. Linda Villari, T. Fisher Unwin, 1898, p.71.

③ Francesco Guicciardini, *History of Florence and History of Italy*, trans. Cecil Grayson, John R. Hale ed., Washington Square Press, 1964, p.viii.

含一种系统或哲学的有机整体,而是在不同的时代所作的私人注解,反映了许多不同的经验。"①圭恰迪尼这部著作不是为发表而写作,而是对现实政治透彻骨髓的反思与提炼,是对现实世界客观冷静的分析,体现了他思想中强烈的现实主义色彩,这种精神虽然没有乌托邦的憧憬那般美妙动听,却在很大程度上反映了社会的现实,是认识和理解那个时代的一把钥匙。

对于马基雅维利和圭恰迪尼的人性观与命运观,文艺复兴史家布鲁克尔如是归纳道:"他们把人看成自私自利的生物,首先关心的是自身的利益,如果不是绝无,也是在极少有的情况下,人才会做些宽厚无私之事。为了统治这些人,宗教和道德原理都无济于事,权力才是首要之务。除了反对人文主义(以及基督教)的人性本善的信念而外,这些佛罗伦萨人还对理性可以有效指导人类事务表示怀疑。他们指出,人是太经常地为热情和激情所左右;更有甚者,以理智用于人类问题并不能保证成功。马基雅维利和圭恰迪尼都爱做理性分析,但他们也都相信在历史中时运和机会将起着重大的、主要的作用,睿智有识之士偶然也会被他们不能控制的势力压得粉碎。1494 年以后,他们两人就生活于非理性和难以逆料之物主宰的世界。他们的著作以非常直率和直接的方式反映了这种体验。"②可见,两人虽然秉承之前的人文主义者那种对个体精神的肯定和理性的弘扬,但在客观而冷酷的现实面前,他们对人类的能力和缺陷都有非常清醒的认识。尽管如此,他们并不宣扬彻底地屈从于命运,相反,人应该尽最大可能运用理性和德性与命运抗衡。在《君主论》中,马基雅维利认为,命运与德性各占有一半的领域,而在圭恰迪尼看来,尽管德性在万物流动不居、瞬息万变的世界中更显微妙与无力,但他也充分肯定人性的力量,在其《意大利史》中,对于维护亚平宁半岛长久均势的洛伦佐·德·梅迪奇(Lorenzo de'Medici,1449—1492 年,亦称"豪华者"洛伦佐),圭恰迪尼是不吝颂美之辞的。

对于命运的看法,圭恰迪尼在《格言与反思》中有详细的表述:

---

① Francesco Guicciardini, *Selected Writings*, edited and introduced by Cecil Grayson, trans., Margaret Grayson, Oxford University Press, 1965, p.xiv.

② 〔美〕布鲁克尔:《文艺复兴时期的佛罗伦萨》,朱龙华译,生活·读书·新知三联书店,1985 年,第 391~392 页。

如果你仔细地思索事物,你便不能否认,命运对人类事务有重大的影响力。我们看到,这些事务不断受到人们既不能预见也不能避免的偶然环境的影响。尽管明智和审慎可以完成许多事情,然而它们却并不足够。人们也需要好的命运。①

尽管我们可以按照最佳的建议行事,未来是如此地不确定以至于结果往往是背道而驰。然而,我们不能因此屈服,像动物一样成为命运的猎物。相反,我们必须像人一样遵从理性。真正的明智之人应该更加满足于依照好的建议行事,尽管它产生了坏的效果,而非依照坏的建议行事而收获了好的结果。②

可见,与马基雅维利比较起来,在宦海中浮沉更深、更久的圭恰迪尼对命运有更加清醒的认识,正如克努成所言:"在这一点上,圭恰迪尼与马基雅维利发生了分歧。在关于'美德'与'命运'的相对作用的大辩论中,马基雅维利强调了前者,而圭恰迪尼更侧重后者。……因此,圭恰迪尼对人生境遇的看法比马基雅维利悲观。他更多地看到了人类理想的局限。他对人通过历史和观察政治事件来学习的能力表示怀疑。"③

三、政治现实主义之比较

在《李维史论》中,马基雅维利通过对李维《罗马史》的评论,表现出对古罗马深深的崇拜,他坚信人类历史处于循环之中,认为可以通过对历史,尤其是对古罗马历史的研究找到理解任何政治形势的钥匙,由此为意大利重振雄风寻找药方。在此书中,虽然他相信在某些时候尤其是在存亡危急之秋一人强力执政的必要性,但马基雅维利也表现出了强烈的共和主义热情以

---

① Francesco Guicciardini, *Maxims and Reflections of a Renaissance Statesman*, trans., Mario Domandi, Harper Torchbooks, 1965, p.49.

② Ibid., p.135.

③ [挪威]克努成:《国际关系理论史导论》,余万里、何宗强译,天津人民出版社,2004年,第54页。

及对民主政体的信心,对普通民众的智慧和判断力也有很高的评价。①针对马基雅维利的这本书,圭恰迪尼写就了《对马基雅维利〈李维史论〉的思考》,如同马基雅维利对李维著作的评论一样,圭恰迪尼不打算纵览作为一个整体的《李维史论》,而是仅仅讨论了全书 142 章中的 38 章。圭恰迪尼依照其独特的经验主义和现实主义视角,对这部著作的方法论以及结论提出了诸多质疑。圭恰迪尼不相信马基雅维利的虚玄理论和预言,他坚持个体环境的不可化约性(irreducibility),着力强调偶然因素的重要性。因此,波考克说道:"在《对马基雅维利〈李维史论〉的思考》中,充斥着圭恰迪尼对马基雅维利的批判,尤其是马基雅维利对待罗马历史的态度,一个反复出现的主题就是认为在条件极其不同的条件下模仿罗马是非常幼稚的。"②

圭恰迪尼认为,事情千差万别,人们不可能预见未来,也不可能用不变的理论来指导多变的实践,只能对具体问题进行具体分析,这样才会行之有效,不然会陷入时代误置的错误。"那些言必称罗马的人是多么自欺欺人呀! 要让任何比较成立的话,必须有一座与罗马的条件相似的城市,然后,按照罗马人的样子管理它,如果说是一座拥有不同特征的城市的话,这样的比较是完全不合情理的,就像期待一头毛驴像马一样赛跑。"③因此,圭恰迪尼对马基雅维利的诸多思维方式提出了根本性的批评,诸如乌托邦主义、极端主义、过于简化、未能在事务之间做出区分,以及对罗马历史神话般的使用,等等。④

关于两人对古代以及现实世界的态度差异,艾伦进行了非常详尽的比较。

① See Francesco Guicciardini, *Selected Writings*, edited and introduced by Cecil Grayson, trans. Margaret Grayson, Oxford Unviersity Press, 1965, pp.xv–xvi.

② J.G.A.Pocock, *The Machiavellian Moment: Florentine Political Thought and the Atlantic Republican Tradition*, Princeton University Press, 1975, p.269.

③ Francesco Guicciardini, *Maxims and Reflections of a Renaissance Statesman*, trans. Mario Domadi, Harper Torchbooks, 1965, p.69.

④ See Mark Phillips, *Francesco Guicciardini: The Historian's Craft*, University of Toronto Press, 1977, p.93.

圭恰迪尼与马基雅维利之间的同异究竟孰重孰轻，或许有点难以道出。基本上，圭恰迪尼对马基雅维利的著作的批评是一种对他审视政治问题的批评。这种批评奠基于一种对于建立在事务的经验或是对过往政治事件的认识的任何结论之可靠性的质疑之上。的确，圭恰迪尼赞同马基雅维利的观点，那就是人除了在表面之外不会发生变化，以及事件会重演。他说道，人的外表和事物的外貌会变化，然而同样的事情将再次发生，现在发生的任何事情都没有不曾发生过。但是，尽管有这样的相同之处，他对马基雅维利以罗马的经验而立论有所批评，宣称他太过绝对地得出结论。事实上，他否认任何关于现在应该做的以及现在最佳的可靠的结论可以从过去的经验中总结而来。他否认从人的经验中获取任何类型的有效的行为规则或运动法则是可能的。他这样写道："绝对地谈论这个世界的事务，或是不加区别以及泛泛而论是一种弥天大错，因为由于环境的多样性，几乎每一种规则都有其限制性条件和例外。"①

可见，马基雅维利在其著述中体现出对人和事的深邃理解和洞察力，而圭恰迪尼则通过亲身实践和丰富阅历，表现出对这个世界更加透彻的理解。在热烈与冷静之间，圭恰迪尼比马基雅维利显得更加沉稳、淡定，"或许他（马基雅维利）不是总能成功地用那种冷静而傲然的气度来抑制住他的炽热情感，而这是圭恰迪尼的特性"②。

在圭恰迪尼的两部重要政治著作《洛格罗尼奥论集》和《关于佛罗伦萨政府的对话》中，他的政治现实主义思想以"理性效率"（rational efficiency）的面貌呈现出来。

通常的人文主义政论著作与《洛格罗尼奥论集》的重要差别就是，

① J. W. Allen, *A History of Political Thought in the Sixteenth Century*, Butler and Tanner, 1957, p.496.

② Federico Chabod, *Machiavelli and the Renaissance*, trans. David Moore, Harper and Row, 1965, pp.67-68.

圭恰迪尼总是把存在于佛罗伦萨的实际情况铭记在心,例如,他意识到佛罗伦萨的形势决定了哪种类型的改革是可能或必要的。……与人文主义者对古典世界的理想化论断相比,圭恰迪尼认为过往的人和制度并不比他所在的那个时代完美。圭恰迪尼对古代制度的本质和运作进行了批判的审视,他在选择那些值得模仿的对象方面颇为挑剔。古典时代特殊的法律或制度的存在并不是他们自身具有可供借鉴的价值的证据;圭恰迪尼所关注的问题是其如何运作以及具有什么样的功效。政治制度得以衡量的标准是理性效率……甚至圭恰迪尼最为关注的东西——在政府中重建贵族统治——也是作为理性效率的需要而呈现出来的。……就《洛格罗尼奥论集》而言,其中对传统价值的认可无足轻重。圭恰迪尼表明,当公民能够在法律治理下安全地生活时,便是获得了自由,他并不把正义视为一项无所不包的任务,而是政府的诸多职能之一。虽然说他欲图在佛罗伦萨保持一种共和政府的形式,他暗示说并不认为这种政府形式是神圣的。相反,他认为要想引入其他的政府形式是困难的,因为公民已经习惯于一个共和国。更为重要的是,只有共和国能为贵族特殊禀赋的发展提供机会——这种禀赋是有序的政府所需要的,圭恰迪尼使用了一种建立在佛罗伦萨的特殊形势所要求的实际条件之上的理性正当性。①

圭恰迪尼在《洛格罗尼奥论集》中采用了"理性效率"的标准,以此作为唯一的可能导致实际政治效果的有效方法,这种观念也在《关于佛罗伦萨政府的对话》中得到了清晰明了的阐述。正如吉尔伯特所指出的:"根据圭恰迪尼的理解,没有政府能够在不使用武力的条件下存在,因此讨论一个国家是否为僭主制与此并不相关。唯一可用的标准就是一个政府对共同体福祉的影响。任何形式的政府的效率取决于存在于每一个社会中的特殊环境;因此,在一个特殊的政治社会中对政府机制运行的讨论是必要的。"②

---

① Felix Gilbert, *Machiavelli and Guicciardini:Politics and History in Sixteenth-Century Florence*, Princeton University Press, 1984, pp.95–99.

② Ibid., pp.118–119.

反观马基雅维利,我们可以发现,在马基雅维利的政治思想框架中,德性(virtue)是一个非常重要且复杂的概念。曼斯菲尔德认为,马基雅维利对德性的理解不再是一种抽象的概念,而应该与行动相结合起来进行评价,也就是"实效真理"(effectual truth)。因为在马基雅维利看来,德性完全是一种社会性的东西,能够给人留下深刻印象的德性是政治化的德性,政治效果是人们理解德性的依据。德性必须暴露在光天化日之下,必须产生一种可见的效果。统治的实效真理要求君主通过制造一种效果,从而获得这种效果;这里的效果具有双重意涵,它不仅能够产生实效,而且引人注目。在马基雅维利看来,无论是古典的、中世纪的还是人文主义的哲学传统,都建立在一种"立誓行善"而不是实效真理的基础之上。①曼斯菲尔德对马基雅维利的德性观进行了彻底的除魅工作,他认为,马基雅维利的德性寻求的是一种真正意义上的现世伦理,它源自一种试图指导未来的历史分析,与古典思想家如亚里士多德所论及的德性有较大的差别。因此,马基雅维利所言的"实效真理"一词"大致体现了人们所说的马基雅维利的现实主义"②。

可见,在圭恰迪尼和马基雅维利那里,政治现实主义分别以"理性效率"和"实效真理"的面貌呈现出来,而圭恰迪尼在这种现实主义的彻底性上更胜一筹。美国著名的文艺复兴史家、曾著《文艺复兴的消褪》一书的鲍斯玛曾言:"马基雅维利和圭恰迪尼摒弃了抽象的和普遍的事物而偏向具体的和特殊的事物,摒弃了理论的而偏爱经验性的,圭恰迪尼更加一以贯之。"③与马基雅维利的著作不同,圭恰迪尼的著作通常与佛罗伦萨政治的特殊背景相联系,缺乏马基雅维利那种理论上的以及遐想推测的自由,但显得更加符合客观实际。在一个强力和务实的时代,圭恰迪尼认为马基雅维利"太抽象和柔弱了"。剑桥学派的思想史家维罗里甚至认为,马基雅维利的现实主义是一种带有理想主义的现实主义,与圭恰迪尼庸俗的现实主义不能相提并论。

---

① 参见[美]曼斯菲尔德:《马基雅维利的 Virtue》,宗成河、任军锋译,载《共和主义:古典与现代(思想史研究第二辑)》,上海人民出版社,2006 年,第 111~133 页。

② [美]曼斯菲尔德:《马基雅维利的 Virtue》,宗成河、任军锋译,载《共和主义:古典与现代(思想史研究第二辑)》,上海人民出版社,2006 年,第 109 页。

③ William Bouwsma, *Venice and the Defense of Republican Liberty:Renaissance Values in the Age of the Counter Reformation*, University of California Press,1984,p.10.

他指出："如果说在马基雅维利的研究者中有一个共同点的话，那就是都认为他是现实主义的政治思想家。然而如果我们阅读16世纪的现实主义的真正大师弗朗切斯科·圭恰迪尼的著作的话，我们将会发现，他将他的朋友马基雅维利视为具有诸多品质的人，但却不是一个真正的现实主义者。对他而言，马基雅维利是一个太热切进行归纳以及通过抽象的模型和源自古代的例证来理解政治现实的政治思想家。"①

与马基雅维利一样，圭恰迪尼宣告了现代世界与中世纪基督教世界的决裂，以及"政治与道德之间联姻的破裂"，颠覆了古典政治理论中的许多假定。他们的现实主义政治观鲜明地浓缩在一个词汇之中，那就是"国家理性"。他们对于这个学说的兴起都有自己的贡献，正如维罗里所言："圭恰迪尼可以与马基雅维利一起被视为从政治话语到国家理性话语之转型时代的象征。他们都通过广泛地借鉴国家艺术的话语，以整合公民哲学的话语。圭恰迪尼将国家艺术的语言发展到史无前例的思想精度，而且后来将'国家理性'这一表述介绍为新的对政治学领悟的核心。与圭恰迪尼的《格言与反思》和《对马基雅维利〈李维史论〉的思考》相比，更早的作家关于国家艺术的论述显得令人惊讶的粗糙。即使是《君主论》看起来也是出自某位对政治理解很多但并非全部的人之手。"②这种基于现实主义考量的"国家理性"学说将在近代欧洲政治话语的变迁与国家功能的整合中发挥重要的作用，也会在后世的现实政治世界中获得一种主导性的话语权，对此，圭恰迪尼和马基雅维利都功不可没。

四、共和主义之比较

马基雅维利和圭恰迪尼都是文艺复兴时期共和主义思想的代表人物。晚近有学者以"圭恰迪尼时刻"取代波考克所谓的"马基雅维利时刻"，由此

---

① Maurizio Viroli, "Machiavelli's Realism," *Constellations*, Vol.14, No.4, 2007, p.466.

② Maurizio Viroli, *From Politics to Reason of State：The Acquisition and Transformation of the Language of Politics 1250–1600*, Cambridge University Press, 1992, p.178.

来凸显圭恰迪尼与共和主义的切近性。①艾伦指出:"圭恰迪尼似乎与马基雅维利一起持有对一种共和主义政府形式的偏爱,至少对他的母邦佛罗伦萨而言是如此。毫无疑问的是,他拒绝将这种偏爱普遍化。在他的《关于佛罗伦萨政府的对话》中,他强烈地批评了梅迪奇家族的治理,声称民主政府证明自身至少同样无能和令人难以忍受,而由贵族所掌控的政府是最糟糕的。依照他的看法,佛罗伦萨需要的是混合政体,某种依照威尼斯的模式而建立起来的东西。他当然没有马基雅维利那种对平民政府之优越性的信心,他反复地表达了对平民的蔑视。……然而他青睐共和主义的'自由',作为反抗压迫的最好保护措施。"②惠特菲尔德也回应说:"作为萨沃拉罗纳的同时代人,詹诺蒂、马基雅维利和圭恰迪尼都对1494年之后佛罗伦萨应该建立何种形式的政府做出了自己的回应。这种对政府形式的探讨都是在面对自由丧失的境遇之下,他们从罗马的历史以及佛罗伦萨和意大利的历史之中寻找启发。他们得出的一致结论是,这种政府形式应该是一种共和制度:僭主不会从中产生,将贵族对荣誉的渴求和民众对自由的欲求结合起来。"③

但是圭恰迪尼与马基雅维利的共和主义也存在很大差异。圭恰迪尼倡导贵族共和,而马基雅维利主张平民共和,平民共和主义的权力中枢在于"大委员会"(也译"大议会"),而贵族共和主义的权力中枢则在元老院。基于

---

① [美]麦考米克:《马基雅维里反对共和主义:论剑桥学派的"圭恰尔迪尼时刻"》,郑红译,刘训练校,载应奇、刘训练编:《共和的黄昏——自由主义、社群主义和共和主义》,吉林出版集团,2007年,第121页。朱杰维奇对麦考米克的观点进行了回应:"因为马基雅维利的声名以及波考克关于佛罗伦萨政治思想与共和主义传统的著作更晚近的影响,我们倾向于依照一种'马基雅维利时刻'来思考15世纪晚期和16世纪早期。但是在一种重要但却很少得到审视的意义上,如果将1494年梅迪奇家族首次被放逐和1530年他们最终回归之间的年代理解为一种'圭恰迪尼时刻',那将会更加准确。……将佛罗伦萨16世纪的政治危机界定为一种'马基雅维利时刻'恰当地强调了那个时候政治思考中的重要方面,但是我们不应该忘记一个同样普遍的'圭恰迪尼时刻'的存在,这是一个贵族式的存在危机,比起它更加著名的平民主义对应物而言,显得更加焦虑,对自身的脆弱性认识更加充分。"See Mark Jurdjevic, "*The Guicciardinian Moment:The Discorsi Palleschi, Humanism, and Aristocratic Republicanism in Sixteenth-Century Florence,*"in *Humanism and Creativity in the Renaissance:Essays in Honor of Ronald G. Witt*, Christopher S. Celenza and Kenneth Gouwens eds., Brill, 2006, pp.134, 139.

② J. W. Allen, *A History of Political Thought in the Sixteenth Century*, Butler and Tanner, 1957, p. 497.

③ J. H. Whitfield, *Machiavelli*, Basis Blackwell, 1947, p.87.

现实主义的考虑，圭恰迪尼也意识到了平民参政的重要性。在《格言与反思》中，他曾这样说道："既然他们尝到了大委员会的滋味……而且他们是如此地依恋于他们的自由，再也不能使他们忘记它了。"①在《关于佛罗伦萨政府的对话》中，他认为："既然人们尝到自由的甜头以及一个人人认为他都有机会参与的政权，要回归到一种权力限制于少数人的政权而不被人民大众所憎恶，这是不可能的。"②但是圭恰迪尼对普通大众能力的评价决定了其政治倾向。圭恰迪尼一直对普通民众的能力持较低评价，在《关于佛罗伦萨政府的对话》的一部分，他批评新的"大委员会"鼓励贩夫走卒和工匠进入政府。在接下来引述罗马的例子后，他想要一个扩大的委员会成员任命官职，但这些成员本身并没有资格担任这些官职。在此书的第二部分，他允许"大委员会"通过任何法律，但是他主张剥夺它任何其他的权力，"因为我不相信人民的判断，我也不主张他们被允许决定任何重要的事务"③。他轻视他们喜欢君王的"节日庆典、比武大会及公共竞技"以及其宫廷的豪华，认为"只有那些低等阶级的人才会对这些感兴趣"④。在《格言与反思》中，圭恰迪尼对民众也有较多的贬损："谈到人民实际上就是谈到疯狂的野兽，他们塞满了一千零一个错误以及混乱，缺乏品味、愉悦感和稳定性。""人民的欲求和决定是如此地不稳定，被偶然决定的程度比被理性决定的程度要大得多，因此，对于任何人而言，将获取权力的希望寄托在他们的身上都是毫无意义的。要想猜透人民想要的是什么更大程度上是与机遇相关的事情，而不是智慧。"⑤

圭恰迪尼对民众的消极观点同马基雅维利比较起来更加明显。马基雅维利在《李维史论》中赞赏罗马平民与贵族之间的争斗、平民领袖的角色以及公民兵，圭恰迪尼则认为这些冲突极具破坏性，保民官比起国王来，在保

①　Francesco Guicciardini, *Maxims and Reflections of a Renaissance Statesman*, trans. Mario Domandi, Harper Torchbooks, 1965, p.52.

②　Francesco Guicciardini, *Dialogue on the Government of Florence*, Alison Brown ed.（中国政法大学出版社，2003 年影印本），p.141.

③　Ibid., p.153.

④　Ibid., p.160.

⑤　Francesco Guicciardini, *Maxims and Reflections of a Renaissance Statesman*, trans. Mario Domandi, Harper Torchbooks, 1965, p.76.

护人民以及增进其福利方面毫无效率，军队的成功也是因为在国王的领导下建立的，如果佛罗伦萨想建立一支人民军队的话，这不能达到同样的效果，因为保民官以及公民兵都是平民政府的象征。上述这些观点都体现出圭恰迪尼强烈的贵族立场。"我们可以观察到，在其《李维史论》中，马基雅维利在几处对罗马和佛罗伦萨的党派史都有准确而深刻的评论，并得出结论说党派之争在佛罗伦萨是具有毁灭性的，因为人民的胜利意味着高贵者的灭亡；但是在罗马，党派之争是有益处的，因为人民总是限定于为自己的正当权利而斗争，在取得胜利后，与贵族一起共同治理政府……但圭恰迪尼认为不是斗争使罗马强大，相反，如果贵族能够立即给人民在政府中分配一定的份额将会好得多。赞美分裂就像为了证明后来为其选择的药方而赞美疾病一样。"①在《对马基雅维利〈李维史论〉的思考》中，圭恰迪尼激烈地抨击马基雅维利的观点，认为共和国应交给最佳精英掌管，因为"他们'肯定比广大民众更有智慧地和更为审慎地治理共和国'，因为他们肯定'更为审慎而且素质优秀'"②。因此，正如吉尔伯特所言："圭恰迪尼的优越意识缩减了他的共和主义信仰告白的分量，他当然不喜欢佛罗伦萨的梅迪奇统治者，他想看到一种共和主义形式的政府的建立，但他是一个贵族，目标是建立一个贵族也能进行统治的共和国……圭恰迪尼具有这种贵族信念，认为其阶级可以比任何其他人更明白如何进行统治，因为他们都在政府艺术中磨砺训练。经验对这些管理事务的人而言是最为必备的。不要让人相信有自然的才智，以至于认为没有经验的帮助也是足够的。无论其自然天赋如何，任何担任职务的人都知道有很多东西仅仅凭借自然天赋是实现不了的。"③

与此同时，虽然马基雅维利和圭恰迪尼都有深深的共和主义信仰，但两者的参照对象却有所差异，马基雅维利将目光瞄向古罗马，而圭恰迪尼则将

---

① Pasquale Villari, *The Life and Times of Niccolo Machiavelli*, Vol.2, trans. Linda Villari, T. Fisher Unwin, 1898, p.148.

② ［美］昆廷·斯金纳:《近代政治思想的基础·文艺复兴卷》，奚瑞森、亚方译，商务印书馆，2002年，第252页。

③ Felix Gilbert, *Machiavelli and Guicciardini:Politics and History in Sixteenth-Century Florence*, Princeton Unviersity Press, 1984, pp.278-280.

目光转向同时代的威尼斯。"尽管两人都同意一种循环历史观,而且相信共和政府形式的更好价值,他们在许多重要的事务上有所分歧。其中一件事情便是,圭恰迪尼对他的朋友那种将过去视为现在的向导之信仰是非常不满的。他承认模式可能存在,但是坚持认为,在过去与现在的政治形式之间明确的比附无论如何也没有实用价值。他也不分享马基雅维利的看法,那就是罗马共和国的政治组织应该作为当代的政府机构的一种模型。"①圭恰迪尼认为,罗马并不能提供一个完美的政治模式,他反对马基雅维利把古罗马共和国作为共和制的榜样以及与此相伴的对古罗马和古代文明的盲目崇拜。相反,在《关于佛罗伦萨政府的对话》中,圭恰迪尼对威尼斯的共和模式推崇备至。

> 对我而言,作为一个没有武装的城市,威尼斯堪与有史以来的任何自由共和国相媲美。这不仅可以由我们的经验得到证实,正如每个人所熟知的,仅仅从其已经繁荣稳固几百年之久的事实中便可一目了然,这不能简单地归因于运气和机遇。

> 如果我没有弄错的话,威尼斯政府是一座城市所能享有的最精良最完美的政府,不仅是在我们这个时代,而且在古代可能亦是如此,这是因为它从所有不同的政府类型中广泛借鉴,诸如一个人、少数人以及多数人的统治,并由三者加以调和,以至于吸收了每种类型的大多数优点,避免了其大多数弱点。②

而马基雅维利则摒弃了同时代思想家对威尼斯政体模式的向往,"马基雅维利是唯一一位非威尼斯崇拜者的佛罗伦萨政治思想家……这是自然而然的,那就是作为一位民主主义者,马基雅维利急于摧毁将奉行贵族政体的威尼斯作为一个理想共和国的形象"③。

---

① Victor Anthony Rudowski, *The Prince: A Historical Critique*, Twayne Publishers, 1992, p.13.

② Francesco Guicciardini, *Dialogue on the Government of Florence*, Alison Brown ed.(中国政法大学出版社,2003 年影印本),pp.102–103.

③ Felix Gilbert, *History: Choice and Commitment*, The Belknap Press of Harvard University Press, 1977, p.203.

此外,我们还需要理解在二者那里现实主义与共和主义的关系。圭恰迪尼内心对共和主义有很深的信仰,但在现实生活中,如同马基雅维利一样,圭恰迪尼考虑的是一个"必然性"的世界,而非一个"应然"的世界。由于圭恰迪尼的共和主义与现实主义有密切的关系,因此有学者称之为"共和现实主义"。对圭恰迪尼不同类型的政论著作的理解和对比会使我们产生这样的疑问:他究竟是共和主义者还是梅迪奇的朋友,是自由还是僭主的支持者? 而这在他本人看来可能根本不是一个矛盾的问题。他直率地告诉我们,他的科学和处世之道在于如何在任何形式的政府之下一路向前。他的论集、思考都是通过对人和事务的研究,发现一种确定的方式使这条道路畅通无阻。当他在隐退之后进行研究、握笔在手时,他公开承认自由比僭主更优,是人们自然渴望的政府形式。[1]但作为一个具有强烈现实主义的思想家,圭恰迪尼认为, 只有把崇高理想当成是自己私下的偏见, 才不会让理想妨碍个人的成功。"他可以跟几个知心朋友谈起忠诚、荣誉、自由、正义、道德以及把意大利从外族压迫下解放出来的愿望, 并以此教导儿孙;把这些写在自己的日记里,写时还要锁起大门,四望无人才行。他在这个世界上所做的决定不受改造世界的愿望的支配。他可以把自己比作一个饱经风霜的船长,从主观愿望上当然想在平静的海面上航行,乘着顺风奔向正确的方向,但他总是准备好去适应无论哪一种实际起作用的条件。他唯一的目标是完全到达目的地,而不管气候如何。"[2]

总之,如同对马基雅维利的解读不能仅仅拘泥于《君主论》而认为其崇尚君主制,而应通过对《李维史论》进行辩证的考察而得出其思想中有明显的共和制倾向一样,对圭恰迪尼政治思想的把握也应力求全面和客观。

五、国家统一观之比较

在意大利统一问题上,圭恰迪尼没有但丁、马基雅维利之类的人文主义

---

[1]　See Pasquale Villari,*The Life and Times of Niccolo Machiavelli*,trans. Cecil Grayson,Knopf,1968,pp.78-79.

[2]　[意]巴尔齐尼:《意大利人》,刘万钧等译,生活·读书·新知三联书店,1986年,第165页。

者那种杜鹃啼血般的深情呼唤。圭恰迪尼的爱国主义不是囊括全意大利的爱国主义，而是城邦爱国主义。虽然具有广泛的社会阅历与开阔的政治视野，但圭恰迪尼所向往的并不是新兴的统一民族国家，而是古希腊时代那种欣欣向荣的城邦国家，他最为关注的是其母邦佛罗伦萨，冀图为其发展繁华贡献力量，建立梦寐以求的混合政体。圭恰迪尼曾经在《格言与反思》中写到，在他有生之年希望看到三件事实现："我希望在我们的城市里看见一个治理良好的共和国，意大利从所有的蛮族手中解放出来，以及世界从这些邪恶教士的暴政之中解脱出来。"①

圭恰迪尼观察道，意大利的自由仅仅取决于各式各样的意大利城市国家，它们在法国和德意志微妙的、不断变化的均势和裂缝之间周旋。从《意大利史》这一书名中，我们似乎很容易得出这样的结论，那就是圭恰迪尼的观念已经超越了狭隘的城邦而扩展至整个意大利以及欧洲，这反映了圭恰迪尼渴求意大利统一的思想，但实际情况并非如此。"我们把圭恰迪尼的著作称为《意大利史》，这是其通常的名称。然而圭恰迪尼自身从来没有使用过这个名称，他说这是一部'关于意大利事务'的历史，他对内容的模糊描述也是有原因的。他认为意大利由于文化的优越性而不同于欧洲其它国家，但他不认为意大利是一个政治单元，也不认为意大利应该联合起来。因此，《意大利史》的题材不是作为一个政治单元的意大利，而是意大利半岛上所发生的事情。存在于意大利的不同力量不适合作为分开的历史题材，因为每个国家内部的发展不可避免地与其它国家联系起来；同样，所有发生在意大利的事件同欧洲其它部分所发生的事件联系起来，圭恰迪尼认为他必须讨论发生在其他民族的事情，'因为那里的思虑与事情通常与这里的事情联系起来'。"②可见，圭恰迪尼的整体史观只是为凸显其思想主旨和方便进行历史叙述的权宜之计，而不能表明他已经像马基雅维利一样具有了主张统一意大利的观念。

在其各类著述中，圭恰迪尼丝毫不掩饰他对教廷的敌视，但那是基于对

---

① Francesco Guicciardini, *Maxims and Reflections of a Renaissance Statesman*, trans. Mario Domandi, Harper Torchbooks, 1965, p.101.

② Felix Gilbert, *Machiavelli and Guicciardini: Politics and History in Sixteenth-Century Florence*, Princeton University Press, 1984, pp.294-295.

教会腐败的义愤,而不是基于其阻碍了意大利的统一。"在谈到民族统一的时候,他也承认教会是建立统一、强盛的意大利王国的最大障碍,但是他不承认分裂的意大利对意大利人民是一种不幸。他认为,意大利各地区、各城市要求自由和独立的愿望是强烈的,因而尽管古罗马人使用武力,也只是不彻底地统一了意大利。由此可见,反对建立统一的意大利的教廷,不但对意大利人民无害,而且有利于使意大利人民按照最符合他们习惯的、最古老的方式生活。如此一来,马基雅维利的民族统一的理想被否定了,马基雅维利的理论也被看成是不考虑意大利人民实际感情和愿望的抽象概念了。"[1]在国家统一这个问题上,马基雅维利与圭恰迪尼的差别可谓最为明显,这也是19世纪马基雅维利的地位提升而圭恰迪尼饱受指摘的重要原因。对于二者的统一观,艾伦做了如下精练的概括和总结。

很明显,对圭恰迪尼而言,马基雅维利是一个乐观的空想家。他赞同马基雅维利的看法,那就是将外国人逐出意大利是非常值得向往的事情,然而他完全不同意《君主论》中的那个论断,即这样做的时间和机会已经到来。他也同意,教皇国的权力和政策是使意大利未能统一的主要因素,但他否认意大利的分裂是一种不幸。他说到,要不是因为教廷,意大利可能已经成为一个君主国,但是这对这个国家而言福兮祸兮至少是很有疑问的。他说到,意大利如果统一的话,可能在不同的时间不会经历如此多的磨难。但是,在另一方面,在一座城市建立一个中央政府将会抑制所有其它的城市,而且意大利肯定不会如实际所发生的那样发展起如此多欣欣向荣的城市。基于这个原因,他总结到,统一将会是一种不幸。对于这个事情的观点似乎与马基雅维利的观点一样相当合理。……实际上,圭恰迪尼看起来比马基雅维利更称得上是马基雅维利主义者。这个措词或许没有什么意义,但无论如何,我认为这两位伟大的意大利人的相同之处是实质性和根本性的,而他们的不同之处则相对不是那么重要。圭恰迪尼更加冷峻和审慎的性情以及他的更加超

---

① 王军、徐秀云编著:《意大利文学史——中世纪和文艺复兴时期》,外语教学与研究出版社,1997年,第222页。

然的态度,使得他能够在某些事情上比马基雅维利看得更加清楚。他能够看清,将外国人逐出意大利机会渺渺,甚至没有机会。他也能够发现,这个国家的一种更早的政治统一可能已经压制或熄灭了意大利城市国家那种生气蓬勃、绚丽多姿而硕果累累的生活。这并不意味着他没有发现外国人和小暴君的统治可能有相似的后果。很少有人具有这样的不使自身受到欺骗的能力。[①]

可见,圭恰迪尼强烈的现实主义特征不仅削减了他共和主义信仰的坚定性,也让他在新的民族国家兴起时的目光显得比马基雅维利更为狭隘,这是圭恰迪尼不及马基雅维利之处。但我们也可以从另一个方面指出,圭恰迪尼的民族主义毋宁是一种文化民族主义而非政治民族主义,这也在一定程度上间接地为塑造以后意大利统一的文化基础做出了贡献。

六、小 结

对于马基雅维利和圭恰迪尼思想之间的同与异究竟孰轻孰重,研究者们仁者见仁、智者见智。艾伦认为,马基雅维利和圭恰迪尼之间的同大于异:"圭恰迪尼的判断与马基雅维利的判断相比只有度的不同而非类的不同。两者的思想都与实际发生的事件相关联,而且在很大程度上都是与当下实际发生的事件相关联。两者都避开所有的终极问题,都完全依赖于观察和经验而得出结论。尽管圭恰迪尼批评马基雅维利的方法,然而这种方法也是他自身所持有的。两者都相信人性是亘古不变的,都将国家视为一件完全世俗的事情。在两者的心目中,都没有任何与'自然法'这个词相对应的概念。两者似乎都对真正的职责没有任何意识或信仰,而且两者都必定不会带着这种观念思考国家。自然而然地,两者都将国家视为在通常情况下是极其不稳定的。"[②]

---

① J. W. Allen, *A History of Political Thought in the Sixteenth Century*, Butler and Tanner, 1957, pp.497–500.

② Ibid., p.500.

　　但另外很多学者则认为,二者的异大于同。比如,20 世纪意大利著名思想家葛兰西便对他的两位同胞下了如是判决:"在政治科学上,圭恰迪尼比马基雅弗利落后一步。这就是圭恰迪尼的更为高明的'悲观主义'的全部意义。圭恰迪尼退化为纯粹的意大利思想,而马基雅弗利则获得了欧洲的思想。理解马基雅弗利就必须认识到他把意大利的经验汇入欧洲(在他的时代,欧洲就是国际的同义词)的经验:如果没有欧洲的经验,他的'意志'就是乌托邦的空想。因此同一个'人性'的概念在两个例子中具有不同的含义。……与其说圭恰迪尼的作品属于政治科学,不如说它们是某一特定历史时期的写照。"①

　　通过上文所述,我们确实可以看出,圭恰迪尼和马基雅维利的思维秉性有很大的差异,比起充满理想主义情怀、直率和敢于推陈出新的马基雅维利来,圭恰迪尼显得更为务实、审慎和内敛。正如马基雅维利的传记作者维拉里所指出的:"圭恰迪尼当然拥有更高的指挥天赋,对人类和事务的更广阔的认识,尤其是在国家事务上,他享有丰富得多的经验。同样如我们所看到的,他没有任何真正的政治立场以及伟大的理念需求,而仅仅关心如何在这个世界一路向前,他通常是一个精确实际的观察者,绝不被那些古怪的设想引入歧途。除了马基雅维利之外,他看起来是常识的天才,微笑着思考马基雅维利那些太鲁莽的跨越,太大胆的天才的想象和创造力,他用知识和审慎记录其不准确之处,谴责其草率、危险的步伐,但是从来不完全理解其目标的有力与威严。马基雅维利自身从来不听从审慎的建议,他仅仅满足于攀越一些新的、无人探索过的路径,在那里他有时被摔得鼻青脸肿,但从来没有失去重新攀缘的精力。"②然而,马基雅维利和圭恰迪尼同为文艺复兴时期人文主义传统的继承者,同为佛罗伦萨城邦的公民,同样对共和主义理念持有信仰,同为沉思之人和行动之人的典范,同为时代转型的见证者,同为多才多艺的文艺复兴式巨人,而且是惺惺相惜的挚友,借用维特根斯坦的话说,注定有诸多"家族相似",在文风、方法和使命上的诸多差异背后,"马基雅维

　　① ［意]安东尼奥·葛兰西:《狱中札记》,曹雷雨等译,中国社会科学出版社,2000 年,第 136~138 页。

　　② Pasquale Villari, *The Life and Times of Niccolo Machiavelli*, Vol.2, trans. Linda Villari, T. Fisher Unwin, 1898, p.144.

利和圭恰迪尼之间存在着一种根本性的联结(fundamental bond)"①。可见,将马基雅维利与圭恰迪尼思想之间的诸多面相进行对照,有助于我们从"他者"的视角来厘清两者政治思想中的独特内涵,使得他们对于人性、命运、现实主义、共和主义与国家统一的诸多论点变得更加清晰明了。与此同时,这对于我们认识和理解文艺复兴那个欧洲历史上特殊的转型时期的政治思潮嬗变和人文精神变迁也是大有裨益的。

---

① Mark Phillips, *Francesco Guicciardini: The Historian's Craft*, University of Toronto Press, 1977, p.90.

▼马基雅维利的当代诠释

马基雅维利与当代共和主义的两种典范阐释

王寅丽 *

共和主义在当代的复兴，既是对当代政治思想过分依赖个人权利话语的批判，也是一场对西方政治思想传统的智识重建，从 20 世纪 60 年代开始,这场思想史重建运动主要由剑桥学派思想史家波考克和斯金纳发起。他们详细考察了 16 世纪意大利城市共和国的公民人文主义思潮,发现马基雅维利是共和主义从古典到现代发展的关键人物，对马基雅维利的重新发现使共和思想史家们得以坚持古典共和主义连续性的主张，并且在共和主义谱系上重写了英国和美国的革命话语。[①]波考克和斯金纳对马基雅维利的阐释分别体现了理解共和主义传统的两种模式:一种是波考克所称的"公民人文主义"(civic humanism),一种是斯金纳所称的"公民共和主义"或"古典共和主义",赫尔德将这两种模式区分为"发展型"(developmental)的共和主义和"保护型"(protective)的共和主义。"发展型理论家强调的是政治参与对公民作为人的发展的内在价值，而保护型理论家强调的是保护公民目的和目

---

* 王寅丽,上海科技大学人文科学研究院教授。

①   J. G. A. Pocock, "The Machiavellian Moment Revisited: A Study in History and Ideology," *The Journal of Modern History*, Vol.53, No.1(March, 1981), p.69;波考克:《从佛罗伦萨到费城—— 一部共和国与其替代方案之间的辩证史》,载《共和主义:古典与现代》,任军锋译,上海人民出版社,2006 年;Quentin Skinner: "Machiavelli's *Discorsi* and the Pre-Humanist Origins of Republican Ideas," *Machiavelli and Republicanism*, Gisela Rock, Quentin Skinner, Maurizio Viroli eds., Cambridge University Press, 1990.

标,例如其人身自由的工具性意义。"①赫尔德接下来指出,发展型共和主义以雅典民主遗产和古希腊城邦哲学家的命题为基础,视政治参与为自我实现的途径和优良生活的必要组成部分;保护型共和主义理论可以追溯到罗马共和制及其历史学家的影响,后者主张全体公民参与决策乃是保障公民人身自由的重要手段。波考克和斯金纳对马基雅维利的不同解读,造成了当代共和主义论述分别以"德行"和"法律"为核心的典范之争②:前者强调公民德行的践履,重视公民生活及教育对塑造德行的作用;后者主张通过宪政制度和法律来维护政治自由,使德行变得不那么重要。

马基雅维利是一个具有多重面向的思想家,本文比较波考克和斯金纳对马基雅维利阐释的一些关键之点,借此来显示当代共和主义的两种典范是如何围绕着马基雅维利的论说建构起来的,通过这种比较,我们对当代共和主义的特征也能获得一些更为细致的把握。

一、波考克对两论一致性的论证

共和国在传统政体的意义上指与王权相对的国家,西塞罗在《论共和国》一书中,把共和国(res publica)解释为"人民的事业"(res Populi),"但人民不是人民某种随意聚合而成的集合体,而是许多人基于法的一致和利益的共同而结合起来的集合体"③。根据西塞罗的定义,共和主义是一种关于如何构建政府(res)以服务于公众(publica)利益的制度设计,政府想要真实地反映公共利益,就应当采取人民联合起来结成共同体的自治形式。对古典共和主义思想家来说,共和政体可借鉴的思想资源主要有两个,一个是古希腊的积极公民理想,一个是亚氏最早提出、后被波利比乌斯重述的混合制衡政体理论。但共和主义思想都只在古希腊和古罗马历史上的短暂时期成为现

---

① David Held, *Models of Democracy*, Polity Press, 2006, p.35. 赫尔德以马基雅维利为保护型共和主义理论家的代表,卢梭为发展型共和主义理论家代表。

② 参见萧高彦:《史金纳与当代共和主义之典范竞争》,(台湾)《东吴政治学报》,2002 年第 15卷,第 33~59 页。

③ Cicero, *On the Commonwealth and on the Laws*, James E.G. Zetzel ed., Cambridge University Press, 1999, p.18;[古罗马]西塞罗:《论共和国论法律》,王焕生译,中国政法大学出版社,1997 年,第39 页。

实,此后长久地湮没在中世纪的神权统治和君主制下。不过,在文艺复兴时期意大利城市国家争取独立的斗争中, 一个独立的国家是否应当采取自治共和的政体,成为佛罗伦萨公民人文主义者讨论的中心,他们意识到"专制统治和人民的自由(*libertas populi*)是一个根本的反题,后一个古典术语被15 世纪的人文主义者代之以 commonwealth(共同福利),即 *res publica*"①。

美国历史学家汉斯·巴龙在其《早期意大利文艺复兴的危机》一书中,最早从公民人文主义的角度来看待佛罗伦萨政治思想的嬗变,此后,当代共和主义者都十分推崇这位佛罗伦萨的政治家、思想家马基雅维利,将之视为在现代早期的转折点上,恢复政治自由、公民德行之古典价值的革命性人物。但对马基雅维利做共和主义的阅读,就不得不面对克罗齐称之为"马基雅维利之谜"的两面性难题,比如,在这里的问题是,他到底是一个君主主义者还是共和主义者? 因为他差不多写于同一时期(1513—1517 年)的《君主论》和《论李维》,至少在表面上分别采取了支持君主制与共和制的不同立场。显然,当代共和主义思想家在这个问题上难以采取所谓"现实政治"的路径来处理两论的分歧②,他们从共和主义角度给出了各种解释,例如巴龙认为,透过人文主义的眼光,《君主论》中理所当然地被视为前提的国家自主性,已成为罗马和古代世界政治框架内一个政治机体的内在特质。③本文下面并不打算从文本或历史的角度来内在地分析马基雅维利的两论本身是否一致的问题,而是聚焦于波考克和斯金纳对两论之一致性的看法。在笔者看来,波考克给出了一致性问题的较强立场:他不仅以"政治革新论"来诠释两者的基本主题,而且以《君主论》中分析得出的概念框架来阐释《论李维》;斯金纳对一致性问题持较弱立场,他不认为两论在内容和主题上是一体或互补的,仅仅认为两论的基本价值是一致的。

---

① Nicolai Rubinstein, "Machiavelli and Florentine Republican Experience," *Machiavelli and Republicanism*, Gisela Rock, Quentin Skinner, Maurizio Viroli eds., Cambridge University Press, 1990, p.4.

② 比如,沃林认为马基雅维利的新政治科学是一种暴力经济学,政治对他来说是有效减少社会暴力的形式;曼斯菲尔德认为马基雅维利关心的是政治获取的"实效真理"。参见[美]谢尔顿·沃林:《政治与构想》,辛亨复译,上海人民出版社,2009 年;[美]曼斯菲尔德:《马基雅维利的 *virtue*》,载《共和主义:古典与现代》,宗成河、任军锋译,上海人民出版社,2006 年。

③ See Hans Baron, "Machiavelli:The Republic Citizen and the Author of 'the Prince'," *The English Historical Review*, Vol.76, No.299(April, 1961), p.251.

　　波考克在《马基雅维利时刻》中展开对《君主论》的诠释之前,首先铺陈了马基雅维利在重构 virtù 时有意吸取的道德话语背景。他指出,罗马的"德性"(virtus)概念始终有着跟"命运"(fortuna)相抗衡的含义,一个成功的行动者有掌控好运的品质,也能高贵地面对命运带给他的一切。这种掌控命运的能力,在罗马共和国和帝国的政治氛围中就意味着"有德性"(virtus),是政治和军事统治阶级具有的品质能力。德性跟命运的对立常被比喻为一种性关系:"一种男子气的主动智慧,它寻求掌控女人被动的变幻无常。后者或屈服于他的力量而给他报偿,或背叛他来报复他的软弱。Virtus 因而带有众多男子气概的含义,在词源学上二者也是有联系的:vir 意即男人。"①罗马的 virtus 与古希腊指德性的词 aretē 结合在一起,后者的基本含义是自然本性的充分实现,在苏格拉底学派那里获得道德含义。波考克通过对德性语言发展的研究指出,早期公民人文主义者在使用罗马德性概念时,同时从亚里士多德那里吸取了"人在本质上是一个政治动物"的观点,从而德性被理解为以行动来实现人的政治本性的力量和品质。"Aretē 和 virtus 以同样的方式首先意味着,个人或团体在公民环境内有效行动的力量;其次,使人格或要素成为它之所是的本质属性;再次,让一个人在城邦或宇宙中成为他所应当成为的人的道德善。'德性'(virtue)及其在不同语言中对应的词所携带的以上多重含义,一直延续到古代西方思想终结,这个词在构成马基雅维利知识背景的所有书中都明显很重要。"②在波考克看来,Aretē 和 virtus 融合所形成的公民德性概念,在现代早期力图摆脱基督教政治的世俗政治中,成为公民人文主义者诉诸的一个政治道德语言范式。在此背景下,德性和命运的关系也演变成为亚里士多德的形式和质料的关系,德性在某种程度上意指共和国的架构,它把人的质料塑造成人的形式。"靠着 virtus——作为一个男人(vir)的特质——实现的公民行动,抓住了命运抛来的无定型状况并塑造它,把命运自身塑造成人类生活应当是的完全状态:公民身份和城邦生活。"③

　　在铺陈了"德性–命运"的语言背景后,波考克通过对《君主论》中大肆赞

---

　　①② J. G. A. Pocock, *The Machiavellian Moment: Florentine Political Thought and the Atlantic Republican Tradition*, Princeton University Press, 1975, p.37.

　　③ Ibid., p.41.

美的"新君主"的解读,把 virtù 定义为政治革新(political innovation)的行动及力量, 他认为这一概念是马基雅维利对公民人文主义德性语言的革命性变革。①

依照波考克的分析,《君主论》开篇对历史上"一切国家,一切政权"的划分(见图1),乃是为了提出第6章的"论依靠自己的武力和能力(virtù)获得的新君主国"。

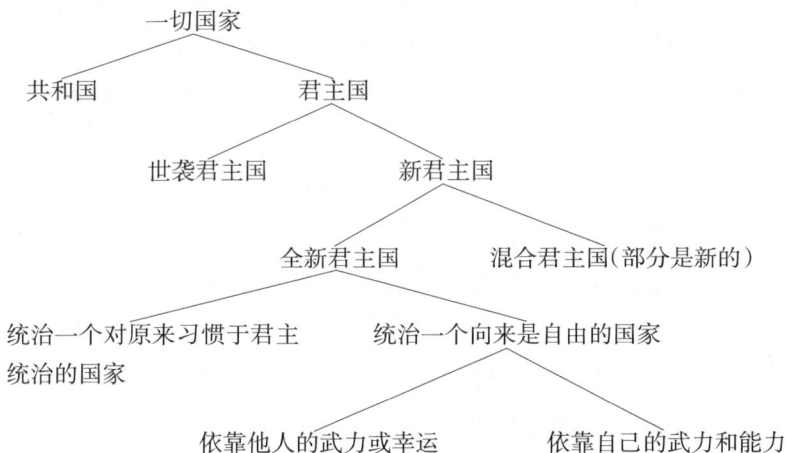

```
                      一切国家
              ┌──────────┴──────────┐
          共和国                  君主国
                          ┌──────────┴──────────┐
                    世袭君主国              新君主国
                                  ┌──────────┴──────────┐
                            全新君主国          混合君主国(部分是新的)
                ┌──────────────┴──────────────┐
        统治一个对原来习惯于君主          统治一个向来是自由的国家
        统治的国家              ┌──────────────┴──────────────┐
                        依靠他人的武力或幸运          依靠自己的武力和能力
```

图1　马基雅维利在《君主论》中对国家的分类

波考克指出,"世袭君主国"和"混合君主国"在第2、3章给出简单说明后就被放在一边,可见马基雅维利真正要论述的是一个"全新君主国"。接着马基雅维利在第5章提出要征服一个原来已习惯在君主统治下生活的国家较为容易,因为那里的人民惯于服从,不是服从这个君主就是服从那个,但要征服一个向来是自由的国家就很困难,因为在共和国里"有一种较强的生命力,较大的仇恨和较切的复仇心"②,人民缅怀过去的自由,总是想揭竿而起,以自由的名义和古老秩序为借口叛乱。接下来的第6章,马基雅维利大

---

① See J. G. A. Pocock, "Custom & Grace, Form & Mater: An Approach to Machiavelli's Concept of Innovation," *Machiavelli and the Nature Political Thought*, Martin Fleischer ed., Atheneum, 1972.

② 本文所引用的《君主论》和《论李维》文本,分别为潘汉典译《君主论》(商务印书馆,2011年)和冯克利译《论李维》(上海人民出版社,2005年),《论李维》有的地方根据波考克和斯金纳的引文略有改动。

肆赞美依靠自己的武力和德行获得新君主国的君主，可见其之前对君主国的一系列划分都是为了指向这样的"全新君主国"，即君主依靠自己的德行，统治一个有着古老自由、而今陷入混乱的国家，马基雅维利寻求的新君主，乃是一个真正意义上的"政治革新者"（political innovator），而非绝对君主制下的君王。①

波考克对这部分的诠释提醒读者注意到两个要点。

一则，对马基雅维利来说，公民自由似乎不是某种习得的第二天性，而是人的真正本性，因为依赖"习用"（usage）和"经验"（experience）的自由会随着时间淡化，而不可能留下不可磨灭的痕迹。可见公民自由的经验要么以习俗无法实现的方式改变了人的本性，要么真正契合了人的本性。"习俗充其量能改变人的第二或习得的天性（acquired nature），但如果作为一个公民或政治动物是人的目的的话，它就是借助公民生活（vivere civile）的经验发展出的，并且不可逆地发展出的原初本性或 prima forma（第一形式）。"②

二则，virtù 跟 fortuna 之间的对抗关系在政治革新的巨大困难上得到了解释。建立新君主国既要打破原有的传统习俗和体制结构，又要把一种新的法律、形式强加在原来的质料之上，这样，"virtù 跟 fortuna 之间的关系就不仅仅是个反题的关系，一方面我们革新所用的 virtù 释放了超出我们预料和控制的偶然性序列，以至于我们被 fortuna 捕获；另一方面，virtù 是内在于我们自身的东西，我们用其来抵抗 fortuna，并给她强加上秩序模式，后者甚至成为道德秩序的模式。"③创新越大，创新者比守成者或旧君主更易暴露在反复无常的命运前，他所需的德性就越巨大。因此，马基雅维利在第 6 章宣布依靠自己的 virtù 而非依靠 fortuna 成为君主的理想类型，是摩西、居鲁士、罗穆卢斯、提修斯之类的人。④政治革新者的 virtù 为一个丧失了合法性的世界强

---

① See J. G. A. Pocock, *The Machiavellian Moment：Florentine Political Thought and the Atlantic Republican Tradition*, Princeton University Press, 1975, pp.159–160.

② J. G. A. Pocock, *The Machiavellian Moment：Florentine Political Thought and the Atlantic Republican Tradition*, Princeton University Press, 1975, p.184.

③ Ibid., p.167.

④ See J. G. A. Pocock, *The Machiavellian Moment：Florentine Political Thought and the Atlantic Republican Tradition*, Princeton University Press, 1975, p.168.

加了一种新的合法性,波考克认为,这也解释了在马基雅维利那里政治和道德的错位,"德性的政治化导致一种原罪的政治化版本的发现"①,从第 6 章开始,马基雅维利步入了一个道德上暧昧的政治领域,大谈新君主在必要的时候应如何作恶。

波考克透过《君主论》阐释了 virtù 概念的两个重要含义,一是亚氏所谓的人之政治本性的实现,共和国被看作公民德性的一种稳固的建制化形式,"把人的原始材料组织起来,发展朝向作为人之目的的政治生活";另一个是政治革新者的 virtù 跟 fortuna 之间的对抗和回应关系——德行唤起命运,又建构着命运,命运成为德行的一部分,他认为,这两个方面都部分地包含在马基雅维利同时代的公民人文主义思想中,但马基雅维利在对"政治革新"的论述中奇特地将之熔为一炉,波考克明确指出,这些他从《君主论》阐释中发展出的概念框架将被用于他对《论李维》的分析。②

再者,波考克在对《君主论》后三章的解读中指出,政治革新者的极端和理想类型是一个"创建新的法律和制度"的立法者,"立法者"的 virtù 在两方面不同于普通意义的新君主:一方面,立法者把新形式加于无序的质料(有待塑造的大众)身上,从事秩序的彻底革新,另一方面,立法者寻求的并非普通权势,而是立国久远的行动,因为着眼未来的德行才带来荣耀。③他认为马基雅维利在《君主论》最后一章正是在为意大利呼吁这样的立法者,但马基雅维利同时寄希望于超凡脱俗人物(马基雅维利在这章开头所举的新君主例子都是摩西、居鲁士、提修斯这类神意眷顾的人物,可是他的德行–命运概念已摆脱了神意体系)的做法,又暗示了他忧虑没有人能真正承担这样的大任,始终成功地战胜命运。

综合以上分析,虽然通常解释者都认为马基雅维利思想有专制与共和的双重性格,但波考克却大胆提出《君主论》是马基雅维利借助"德行—命运"

---

① J. G. A. Pocock, *The Machiavellian Moment: Florentine Political Thought and the Atlantic Republican Tradition*, Princeton University Press, 1975, p.167.

② See J. G. A. Pocock, *The Machiavellian Moment: Florentine Political Thought and the Atlantic Republican Tradition*, Princeton University Press, 1975, p.184.

③ Ibid., p.175.

语言框架暗中进行的、从君主制语言向共和制语言的过渡："马基雅维利的历史革新大部分建立在他在《君主论》中对 virtù 概念所做的变革上；但一旦他决定革新者无法改变人继承下来的天性，他的思想就转向共和国，因为现在传统共同体内的唯一可取之道就是公民德性的共同体。我们在《君主论》中发现的、被归入理想类型的立法者课题，也通过另一个事实得到证明，即《论李维》的基本主题是一个共和国如何能在立法者不存在或立法者不完美的情况下兴盛起来。"①

二、波考克:"公民生活"及腐化

波考克在研究早期人文主义者的政治论说时关注的语言范式转换是：以"公民生活"为中心的德性语言是如何战胜了基督教时代以"沉思生活"为中心的道德和政治语言的？"公民生活"(vivere civile)一词是文艺复兴时期对古典术语"积极生活"(vita activa)的翻译，而后者又是中世纪对于亚里士多德的"政治生活"(bios politiko)一词的标准翻译，并与"沉思生活"构成一组基本的二元对立。②"但在后期佛罗伦萨的思想中，有大量赞成'积极生活'，特别是一种'公民生活'的论说，即一种把自己交付给公民事务和(彻底政治性)公民资格活动的生活方式"③。波考克认为，"沉思生活"和"公民生活"不仅是旨趣相异的两种生活方式，也蕴含着根本的认识论断裂和价值冲突。前者意味着，特殊性、个体和偶然事件是没有价值的，真实存在的东西乃是普遍，普遍的东西才能成为知识的对象，从而大多数人理应受少数有闲知识阶

---

① J. G. A. Pocock, "Custom& Grace, Form& Matter," *Machiavelli and the Nature Political Thought*, Martin Fleischered., Atheneum, 1972, p.174.

② "理论生活"(*bios theoria*)在中世纪被译作"沉思生活"(*vita comtemplativa*)(参见[美]汉娜·阿伦特:《人的境况》，王寅丽译，上海人民出版社，2008 年，第 5~6 页)。在波考克将"沉思生活"与"公民生活"视为两种政治上对立的生活方式时，他忽略了阿伦特对中世纪翻译所造成的这一对立持批评态度，阿伦特认为在前哲学的城邦中，理论生活与政治生活并不是对立的，并且她晚年试图回到"心灵生活"(the life of mind)来寻求政治的道德基础。

③ J. G. A. Pocock, *The Machiavellian Moment: Florentine Political Thought and the Atlantic Republican Tradition*, Princeton University Press, 1975, p.56.

级的统治；而后者主张个体行动有真正的伦理价值，从而意味着对特殊性、偶然性的承认和对无时间的永恒秩序的破除。因此，在他看来，意大利公民人文主义者对共和国的赞许，体现了一种现代早期历史主义哲学的政治选择："一个'沉思生活'的实践者会选择去静观存在的不变等级，去寻找他在君主治下永恒秩序中的位置，这个君主作为永恒秩序的维护者，扮演着具体而微的上帝的角色；而'公民生活'的支持者倡导在个人能大展拳脚的社会结构内的参与和行动，由此倡导在某种类型的城邦中的公民资格，以致后来'公民生活'变成一个指具有广泛民众基础的公民宪政的专门术语。"①

根据波考克的历史研究，公民人文主义的出现乃是与基督教世界观及其政治秩序决裂的结果，同时亚里士多德主义的复活导致了公民身份的重新发现。波考克把意大利早期公民人文主义看作亚里士多德思想在如下观点上的复兴：①政治、道德和经济上自主的公民的理想；②在共同的参与决策中意识到自身和他人处于普遍联系之中的公民身份；③城邦或共和国体现了一种权威的广泛和平等分配的理想。

运用《君主论》发展出的概念框架，在对《论李维》的诠释中，他集中探讨了公民自我创建的问题以及公民参与的途径。马基雅维利在《论李维》第一卷第9章中提出的"一人创建，众人维护"的共和国缔造模式，历来受到后世思想家的重视。但波考克发现，对马基雅维利来说，共和国奠基之初有无一个立法者或立法是否完美，对于共和国的繁荣并非要件。在第一卷第2章中，马基雅维利以有无完美的立法者为出发点区分了四种建国模式：斯巴达模式、佛罗伦萨模式、雅典模式和罗马模式。在接下来的一章里，他不点名地引用了波利比乌斯的政体循环论，从而意味深长地前进到罗马模式：在没有立法者的情况下，从贵族与平民的纷争中产生出的混合政府。"《论李维》通篇都聚焦于这样的处境：由于立法者不完美或不存在，公民被唤起改革他们自己的秩序(ordini)和他们自身，在此处境下质料将自身改变为形式。"②马基雅维利在论到罗马时说："建城之初，它没有一个利库尔戈斯为它建立使其

---

① J. G. A. Pocock, *The Machiavellian Moment*, :*Florentine Political Thought and the Atlantic Republican Tradition*, Princeton University Press, 1975, pp.56–57.

② Ibid., p.188.

长期得享自由的秩序,但平民和元老院的不和却触发了种种事变,使得统治者未做之事,竟因机缘而产生。"并说罗马的法律虽不是某个人一次性赋予的,但却由于各种机缘,在不同的时间,经由各种变故而臻于完美(《论李维》第一卷第 2 章)。这里的"机缘"(occasione)一词,在《君主论》第 6 章以摩西为新君主的典范时也出现过①,波考克在解释《君主论》第 6 章时就提出,马基雅维利有意把 Fortuna 和 Occasione 这两个古代女神的形象融合在一起,表明政治创新者可以通过行动把时间中无序、偶然的事件变成对自身有利的条件。②他认为马基雅维利关于罗马共和国诞生的论述,可以说是在世俗化的层面上进行的一个激烈实验:证明公民德性和公民生活可以从许多人无序的、追求自我欲望的非理性活动中产生出来, 而无须站在时间之外的行为者的干预③,这样,公民在自发的政治参与中从《君主论》里被动的质料变成了积极能动的形式。

在传统的共和主义论述中,"腐化"被认为是共和国的自然倾向,不仅人性易于腐化, 而且治乱循环是人类事务的本性,"对波利比乌斯来说循环是一种自然(physis),一种共和国注定要经历的诞生、成长和死亡的自然循环"④。但波考克从共和国内在的政治性格上来看待腐化。一方面他把共和国视为一个经由特殊善的联合而实现普遍善的设计,一个"普遍实体"⑤,从而,在那里,"每个人的德性都严重依赖于他邻居的德性,公民身份是平等者(在亚里士多德所用的这个词的意义上)之间的一种关系。如果我的邻居不关心公共善,他就要么变成我的主人,要么变成我的奴仆,两种情况都危害了我的德性实践"⑥。另一方面,腐化也内在于政治创新的困难,内在于德行和命运的

---

① "当我们研究他们的行迹和生活的时候就会知道:除了获得机会之外,他们并没有依靠什么幸运,机会给他们提供物力,让他们把它塑造成为他们认为最好的那种形式。"

② See J. G. A. Pocock, *The Machiavellian Moment:Florentine Political Thought and the Atlantic Republican Tradition*,Princeton University Press,1975,pp.168–169.

③ Ibid.,p.190.

④ J. G. A. Pocock, *The Machiavellian Moment:Florentine Political Thought and the Atlantic Republican Tradition*,Princeton University Press,1975,p.77.

⑤ Ibid.,p.66.

⑥ J. G. A. Pocock,Martin Fleischer ed.,Atheneum,1972,"Custom & Grace,Form & Matter," *Machiavelli and the Nature Political Thought*,p.160.

对抗,因为"命运不是在德行之外的一个词,它是对德性的应答"①。从而,命运不再是传统上人所面临的社会和道德境遇,而是一个共和国的政治境遇。

> fortuna 命名的是一种将万物归于时间中的无序的毁形力量;她力量的一个重要来源,是人类理性无法将时间中的存在归结于合理性的无能;在我的模式中,这种殊相的非理性(this irrationality of particular)是中世纪后期或文艺复兴关于政治思考的基本特征。这就是公民人文主义价值引发的理论。德性加于命运的形式是共和国,有德公民追求普遍善而非特殊善的政体,这种政体只有在权威广泛和平等分配的条件下才是可能的。但是这种公民生活(vivere civile)的形式受到命运的威胁,其遭受的内在不稳定性来自于:(1)人们不能控制他们的特殊本性或停止将特殊善置于普遍善之上;(2)他们不能预见或控制特殊事件或问题。②

这里我们就看到,在波考克看来,建立在公民的广泛参与基础上并以实现人的政治本性为目的的共和国,随时面临着腐化的危险,从而使政治革新成了一个持续的要求。腐化的危险既来自质料(民众)自身的腐败,也来自内部不平等的增长,还来自对外关系上邻国的威胁③,波考克认为,马基雅维利最终期望以军事化组织起来的公民来克服腐化,因为首先,战士和公民的经济独立是抵抗腐化的前提条件④,这一点可以说是对亚氏的自足公民理想的继承⑤;二则与亚氏不同的是,马基雅维利的共和主义始终强调的是命运、行动、创新,他说"一个城市有罗马那样的制度和武装"是为了"让公民每天在

---

① J. G. A. Pocock, "Custom & Grace, Form & Matter," *Machiavelli and the Nature Political Thought*, Martin Fleischer ed., Atheneum, 1972, p.194.

② Ibid., p.161.

③ See J. G. A. Pocock, "Custom & Grace, Form & Matter," *Machiavelli and the Nature Political Thought*, Martin Fleischer ed., Atheneum, 1972, pp.207–211.

④ Ibid., p.210.

⑤ 亚里士多德认为一个人只有在生活上获得了自给自足,才具备有享有政治自由的条件,参见《政治学》第一卷第 4 章。

个人和公共事务中,体验自己的德性和命运的力量",反之,"假如他们不事武备,坐等命运的光顾而不靠自己的德性,他们就会随命运的变化而变化,总是表现得和威尼斯人一样。"(《论李维》第三卷第31章)波考克敏锐地指出,在马基雅维利那里,能动的、基于意志的公民德性取代了亚氏那里的审慎的、基于知识的公民德性,"公民—战士"(civil-solider)机制使古典政治在少数人和多数人之间的区分变得不必要。

他在罗马德性中找到了一种新的、为所有人具备的积极德性形式,这种德性存在于武装人民并给予他们公民权利的有活力的战士国家当中;加上他受惠于佛罗伦萨理论中的民兵传统,以及他在索德里尼治下组织民兵的经验,这些都促使他把公民身份建立在军事德性的基础上,以至于让后者推动前者。平民作为罗马公民,与其说在制定决议中扮演一定角色,不如说是受到公民宗教和军事训练的教化而把自己献身于祖国并把这种爱国精神带入公民事务。从而,这样的公民符合了马基雅维利式的展示 virtù 的革新者和亚里士多德式的践履公共善的公民的双重模式。①

三、斯金纳:基本价值、法律与自由

斯金纳对共和主义的诠释不是从《君主论》出发,而是以《论李维》为文本佐证②,但在《近代政治思想基础》的第5、6章和他撰写的介绍马基雅维利的小册子中, 他立足于马基雅维利跟他同时代的人文主义者所持的德性观的断裂,分析了两论在基本价值上的一致性。

---

① J. G. A. Pocock, "Custom & Grace, Form & Matter," *Machiavelli and the Nature Political Thought*, Martin Fleischer ed., Atheneum, 1972, p.203.

② 这方面的主要文本是"Machiavelli's *Discorsi* and the Pre-Humanist Origins of Republican Ideas," (*Machiavelli and Republicanism*) 和 "Machiavelli on the Maintenance of Liberty," (Politics, Vol.18, No. 2, 1983, pp.3–15)后者的修订版收入 *Visions of Politics*, Vol.2: *Renaissance Virtues*, Cambridge University Press, 2002.

我们前面提到,马基雅维利的 *virtù* 一词取自罗马的 *virtus*,具有跟命运相抗衡的含义,指政治和军事统治阶级具有的优异品质,斯金纳认为 *virtù* 作为政治德性,在《君主论》和《论李维》中用于不同的对象。在《君主论》中指统治者德性,"依循其古典和人文主义的权威看法,他把它处理为这样的品质——让一个君主能经受命运的打击,吸引幸运女神的垂青,上升到君主声名的顶点,为他自身赢得荣誉、荣耀,并为他的国家带来安全"①。在《论李维》中指公民美德,包括始终将公共利益置于私人利益之上,保卫国家不受外部敌人征服和奴役的勇气和决心等。②在《君主论》中,马基雅维利把这种品质赋予伟大的政治领袖和军事首领,在《论李维》中他则清楚地主张,一个城市要赢得伟大,这种品质就必须为作为整体的公民实体(the citizen body as a whole)所拥有。③但他发现马基雅维利跟古典以及他同时代的人文主义者在看待政治德性上的一个根本决裂是,人文主义者假定诸美德是整体性的,具有了一种美德就具有了所有主德(cardinal virtues),例如,一个勇敢的人同时就是智慧的、节制的和正义的。所以如果一位统治者希望"维护他的国家"并获得荣誉、荣耀和名声,"他首先需要培养的不仅是全部道义的美德,而且是全部基督教的美德"④。而对马基雅维利来说,"他接受了 *virtù* 的传统假定,把它看作与命运联手来获得荣誉、荣耀和声名的所有能力的集合,但他让这个词的含义不再与主要美德或君主美德有任何必然联系。反之,他论证了君主德性的典型特征是为了达到其最高目的,愿意做必然性所要求的任何事——无论碰巧是恶的还是善的"⑤。在马基雅维利那里,一个统治者为了实现其政治目的,根本无须考虑一般所谓的道德,包括基督教道德和传统上假定君主应该具有的美德,如慷慨、仁慈、诚信等,虽然君主有责任培养这些美德,但他的为人行事必须依时而动,顺势而变。斯金纳认为,摆脱了古典德性的整体性假定,在 *virtù* 和诸美德(virtues)之间做出鲜明区分,是两论特有

---

① Quentin Skinner, *Machiavelli: A Very Short Introduction*, Oxford University Press, 2000, p.40.

② 参见[英]昆廷·斯金纳:《共和主义的政治自由理想》,载应奇、刘训练编:《公民共和主义》,东方出版社,2006 年,第 72~73 页。

③ See Quentin Skinner, *Machiavelli: A Very Short Introduction*, pp.60–61.

④ [英]昆廷·斯金纳:《近代政治思想的基础》,奚瑞森、亚方译,商务印书馆,2002 年,第 208 页。

⑤ Quentin Skinner, *Machiavelli: A Very Short Introduction*, Oxford University Press, 2000, p.44.

的、革命性的政治德性的基础。①

　　其次，斯金纳把马基雅维利的 *virtù* 解释为一个受政治目标指引的手段性力量。他认为两论的一致性都在于教导人如何赢得政治自身的伟大和荣耀，在不顾一切实现政治目标上二者是并行不悖的，虽然两论的政治目标有所不同：《君主论》中政治的最高目标是国家安全，然后是君主自身的荣誉、荣耀和名声，《论李维》中自由的价值被放在了首位。②德行是做任何能赢得政治的伟大和光荣之事，为此马基雅维利督促人们毫不犹豫地采取一切手段，无论是为善还是作恶。比如，他对罗穆卢斯最初奠定罗马城的弑兄一事辩护说，他这样做乃是出于公益，而非个人野心，应当得到谅解。在所有情况下，他为这种"'可谴责'行动提出的辩护理由都是：倘若要成功地维护共和国的自由这种种行动都是不可避免的。"③

　　以上两方面对斯金纳来说是一致的，其要点在于，马基雅维利斩断了 *virtù* 一词与传统美德观之间的任何必然联系，"他只不过将美德这个观念与在实践中'拯救我们国家的生存和维护其自由'所需要的一切品质等同起来"④。政治目标，即国家的安全和自由，对马基雅维利来说是最高价值，斯金纳以此来解释 *virtù* 的非道德性格。

　　在基本价值层面之外，斯金纳对马基雅维利共和主义的论述主要依赖对《论李维》的诠释。在"马基雅维利论 *virtù* 和自由的维系"这一重要文献中，他援引《论李维》第一卷第 16 章，第二卷第 2 章的重要段落来展示共和主义对自由的理解：人民渴望过一种自由的生活，用马基雅维利的话说，免于"依附和奴役"。自由生活的好处是"不必担心自己的祖业被侵夺，知道自己生而为自由人而不是奴隶，并且能够因自己的德行而成为统治者"。同时，一个自由国家是保证或实现个人自由的必要条件，自由国家意味着采取公民自治共和的政体，不受任何特殊个人或集团的宰制。在他看来，马基雅维利重述了古典共和主义的这样一种独特的政治观：要实现个人自由，即不受干预、

---

① See Quentin Skinner, *The Foundations of Modern Political Thought*, Vol.1：The Renaissance, University of Cambridge Press, 1978, p.156.

② 参见[英]昆廷·斯金纳：《近代政治思想的基础》，奚瑞林、亚方译，商务印书馆，2002 年，第 246 页。

③ [英]昆廷·斯金纳：《近代政治思想的基础》，奚瑞林、亚方译，商务印书馆，2002 年，第 285 页。

④ 同上，第 286 页。

没有惧怕地生活，只有在公民所有人都全心全意地服务于一个自治共同体时才是可能的；我们可以列举出种种 *virtù* 或公民品德，诸如审慎、勇毅、节制等，但其核心则是爱国主义，"愿意将共同体之善置于所有私人利益和通常所谓的道德之上"①。

斯金纳也认为腐化是马基雅维利共和思想着重要解决的课题，但腐化对波考克而言是共和国的历史命运，而斯金纳视之为人性的必然（necessity）。他认为，马基雅维利对腐化的看法基于他对人性恶的洞察：大多数公民都有腐败的自然倾向，如果不受节制的话，人总是倾向于把私人利益置于公共善之上，在贵族身上体现为追求个人权势的野心（ambizone），在平民身上体现为只顾自己活得安稳，对公共事务漠不关心的怠惰（ozioso）。②但与自由主义把人的自利欲望仅仅作为政治出发点的一个基本事实接受下来不同，在斯金纳看来，腐化对马基雅维利来说是人的一种理性挫败，即人认识不到自己真正的利益所在，而总是受假象的蒙蔽（《论李维》第一卷第 53 章）。也就是说，一方面人有充分的理由（理性）让我们的私人利益服从于公共善，这些理由（理性）并不外在于人的自我，另一方面，人性深植的自私倾向又使他易于自我欺骗。③他援引了《论李维》第一卷第 3 章来显示马基雅维利对人性的悲观看法："探究公民生活（*vivere civile*）之道的人皆已证实，史书亦充满这类事例，就是任何创立共和国并为其制定法律者，必须把人人设想为恶棍，他们一有时机就会利用自己灵魂中的恶念。"

斯金纳依次引证《论李维》显示出，伟大人物之范例、公民教育、宗教都不能真正实现改变人性的任务，从而他得出，对马基雅维利来说，防止腐化的不可或缺手段是唤起法律的强制力量，古典共和主义是一种运用法律来强制人们从私人利益转向公共利益，即强制我们自由的政治形式。这听上去更像一个卢梭式的结论，但斯金纳同时指出马基雅维利并未诉诸一个更高级的自我或理性自我，对人性的悲观看法亦使他并不指望宪政和法律能完成

---

① Quentin Skinner, *Machiavelli: A Very Short Introduction*, Oxford University Press, 2000, p.61.

② See Quentin Skinner, *Visions of Politics*, Vol.2: *Renaissance Virtues*, Cambridge University Press, 2002, pp.163–164.

③ See Quentin Skinner, *Visions of Politics*, Vol.2: *Renaissance Virtues*, Cambridge University Press, 2002, p.168.

塑造公民的任务，而是"设计一些机制，来防止这些不可避免的腐化动机造成自然的但却是自我破坏的效果"①。法律的强制路线并不试图改造人性，"法律以这样的方式强制或指导我们，即，即使我们继续从腐化欲望出发，去不管不顾地推动个人或党派利益，我们的动机也会被强制到服务于公共善"②。

但斯金纳并未对"公共善"与"公共利益"两词的意义加以区分，如果公共善不是私人利益朝向更高层次的转化，而就是众多私人利益的调和的话，那么他理解的共和主义就跟自由主义没有实质的区别。他在援引马基雅维利来论证古典共和主义时，也考虑了如此理解的共和主义跟自由主义的区别：与罗尔斯的自由主义相比，马基雅维利共和主义从对人性的悲观假定出发，而罗尔斯把人的自利倾向视为一个中立因素，采取无知之幕的假设性步骤，使之不影响正义原则的推出③；与契约论和一般自由主义思想相比，古典共和主义的主要特色在于它对法律和自由之关系的独特理解，例如，在霍布斯和洛克看来，法律是消极地保护我们自由的方式，法律划出了一个不容他人侵犯以尊重我的自由的界限，反过来也同样阻止我去干涉他人的自由。但对于马基雅维利而言，法律以强制我们摆脱利己行为，充分履行公民义务的方式，保护和造成着我们的自由。④换言之，斯金纳力图证成法律和公民自由之间的一种更积极联系，但这个策略在智识上是否令人满意，始终是自由主义与当代共和主义之间争议的焦点。并且他也承认，虽然出发点不同，"罗尔斯的假设性契约和马基雅维利的历史反思的结果被证明是相同的"，"他们得到的结论都是，一个自由政府的最佳法制基石是建立在两院制立法机关基础上的共和宪政，只是马基雅维利会加上需要一个强大的咨议或总统部

---

① Quentin Skinner, *Visions of Politics*, Vol.2: *Renaissance Virtues*, Cambridge University Press, 2002, p.165.

② Ibid., pp.177–178.

③ See Quentin Skinner, *Visions of Politics*, Vol.2: *Renaissance Virtues*, Cambridge University Press, 2002, p.178.

④ 参见［英］昆廷·斯金纳：《共和主义的政治自由理想》，载应奇、刘训练编：《公民共和主义》，东方出版社，2006年，第75页。

门,而罗尔斯强调还需要一个独立的司法机关"。[①]

四、结　论

波考克和斯金纳是当代西方政治思想史研究中"剑桥学派"的代表人物,这一派虽无明确的共同纲领,但都关注从文艺复兴到现代早期的政治思想。在方法上,他们都注重语言分析方法的应用,把政治思想看作思想家参与的一场政治论说(political discourse),即"在历史中得到表演的政治言说行动"[②];在理论上,他们对政治语言的历史研究本身蕴含着积极的理论建构目的,其以马基雅维利阐释为主轴建立起的共和主义史学也取得了相当丰硕的成果。

波考克和斯金纳对马基雅维利的共和主义解读有颇多一致之处,比如他们都强调 virtù 和命运的相互吸引和对抗,都把马基雅维利的德行观视为与基督教传统道德的彻底决裂,他们都指出在马基雅维利看来,优良的军事是国家安全和自由的基础,古罗马平民和贵族的纷争是公民积极参政的结果,等等。但波考克从《君主论》解读中发展出的"政治革新论",揭示了马基雅维利政治思想的一大特色,就是超常态行动不仅对共和国的创建来说是必要的,而且共和国要持存下去也需要创新行动的不时更新,持续地改革原有秩序,如果公民失去了古典政治所要求的勇气,那种不顾一切去行动的德行,沉溺于个人权利话语,公益的政治就面临着被党派或集团利益绑架的危险。而斯金纳把解读的重点放在政治自由的维系和法律在常态时期中的作用,回避了马基雅维利政治思想最有原创性的这个方面,如萧高彦先生指出的,

---

① Quentin Skinner, *Visions of Politics*, Vol.2: *Renaissance Virtues*, Cambridge University Press, 2002, p.179.罗尔斯也认为,如果一种古典共和主义不预设某种完备性的哲学或道德学说,而是说要保卫公民个人的自由,需要培养有政治美德的公民和实现公民实体对民主政治的广泛参与,那么这样理解的共和主义跟他的政治自由主义没有根本分歧,最多只是在一些制度设计上存在某些差异而已。参见[美]约翰·罗尔斯:《政治自由主义》,万俊人译,译林出版社,2000 年,第 217~218 页。

② J. G. A. Pocock, "Quentin Skinner: The History of Politics and the Politics of History," *Political Thought and History: Essays on Theory and Method*, Cambridge University Press, 2009, p.123.

斯金纳关于政治自由维系的论述实际上是"一种驯化的马基维利主义"①。

波考克认为,马基雅维利跟他同时代的人文主义者一起,继承了亚里士多德对人之目的的看法,公民德性是人之目的的实现,"藉由公民德性的制度化,共和国或城邦在时间中得以持存,并使构成人的原始质料导向作为人之目的的政治生活"②。但在斯金纳看来,马基雅维利不可能设想一种作为人之目的的"应当",其在《君主论》一开头就一心要确立这样的主张,"人们实际上怎样生活与人们应当怎样生活之间存在宽广的鸿沟,以致那种为了应该做什么而忽略了实际做什么的人是在渐渐走向自我毁灭而不是自我保存"③。斯金纳坚称,马基雅维利的 virtù 所体现的古典共和主义公民德性,跟人作为道德存在的充分实现这一古希腊理想没有任何联系。④

波考克对《马基雅维利时刻》一书做过这样的总结:"根据汉娜·阿伦特所建议的或从她那里借来的语言,本书讲述的是'政治人'(homo politicus,即亚里士多德的'政治动物')——借政治行动来肯定他的存在和德性——的古代理念在西方现代早期经历复兴的故事。"⑤波考克确实相当成功地建构了一个足以与西方自由主义传统相抗衡的共和主义叙事,不过我们若细究马基雅维利文本,就会发现要证成这个观念还相当牵强。例如,他用来支持"借政治行动来肯定人的存在和德性"的一个重要理据,是所谓人民渴望自由的原初本性或"第一自然",德行对命运的征服,在于以制度、习俗的"第二自然"去顺应、教化人的"第一自然",但马基雅维利本人并不支持这一说法,他下面一段文本反而更支持斯金纳对自由所持的"工具论"主张:在《论李维》第一卷第 16 章中马基雅维利明确说,君主考察人民向往自由的原因就会发现,只有少数人是为了支配权而有自由的欲望,其他大多数人要求自

① 萧高彦:《史金纳与当代共和主义之典范竞争》,《东吴政治学报》,2002 年第 15 卷。

② J. G. A. Pocock, *The Machiavellian Moment: Florentine Political Thought and the Atlantic Republican Tradition*, Princeton University Press, 1975, pp.183–184.

③ [意]马基雅维利:《君主论》第 15 章,见[英]昆廷·斯金纳:《近代政治思想的基础》,奚瑞森、亚方译,商务印书馆,2002 年,第 211 页。

④ 参见[英]昆廷·斯金纳:《共和主义的政治自由理想》,载应奇、刘训练编:《公民共和主义》,东方出版社,2006 年,第 77 页。

⑤ J. G. A. Pocock, *The Machiavellian Moment: Florentine Political Thought and the Atlantic Republican Tradition*, Princeton University Press, 1975, p.550.

由，只是为了活得安稳。所以对于那些只想平安度日的人，君主只要运用自己的权力，建立起确保普遍安全的秩序与法律，就可以让他们满意。再例如，马基雅维利在《论李维》中多处谈到人本性的邪恶和易于腐败，他对宗教以及各项制度举措的考察，读来更倾向于把它们当成蒙蔽、欺诈、强制以实现公益的手段，而非波考克所谓的以"公民德性的制度化"来塑造成熟、负责任的公民的方式。波考克的另一个关键阐释之点，即共和国德行在于持续的创新行动，也难以从马基雅维利那里找到哲学上的支持，因为至少马基雅维利表面上接受了古代的宇宙循环论，而对循环论来说不存在真正新的事情。

与波考克坚持的亚里士多德主义相比，斯金纳从人性恶的假定中得出腐化的必然性，以及视法律为强制公民服务于公善的主张，反较易从《论李维》中得到文本支持。但在"马基雅维利论 virtù 与自由的维系"这一诠释马基雅维利共和主义的关键文本中，他并没有很好地说明"人性"跟"自由"有何关系，一方面他对自由做了一个接近于消极自由的定义：个人免于依附或奴役，做自己喜欢做的事；另一方面，又从人天性关心私利而不关心公益的假定，得出必须靠法律强制而自由的观点，"自由是一种服务的形式，投身公共事业是保持个人自由的必要条件"①，从而认可了一种较为积极的自由观，而后者难以免除伯林所批评的，积极自由观蕴含了某种关于人的更高级、更真实自我的假定，他在后来的文章中则尝试从理论分析来阐明作为共和主义独特主题的政治自由的重要性。②

---

① Quentin Skinner, *Visions of Politics*, Vol.2: *Renaissance Virtues*, Cambridge University Press, 2002, p.163.

② See Quentin Skinner, "The Idea of Negative Liberty: Philosophical and Historical Perspectives," in Richard Rorty et. al. eds., *Philosophy in History: Essay on the Historiography of Philososphy*, Cambridge University Press, 1984; *Liberty before Liberalism*, Cambridge University Press, 1998.

"革命的乌托邦"的政治宣言

——阿尔都塞对马基雅维利的"另类"解读

王时中 *

马基雅维利在西方政治思想史上的重要地位毋庸置疑，近代以来的许多思想家如黑格尔、马克思、葛兰西与施特劳斯等都从他那里获取过思想资源。有人甚至认为，如果说伽利略的《关于两门新兴科学的对话》奠定了现代自然科学的基础，那么马基雅维利的《君主论》则为现代政治科学开辟了一条新的道路，但由于"他在历史上总是被一大群势同水火的反对者、支持者以及殷勤周到的评论家包围"，因此对马基雅维利的各种解读从来未取得过一致意见。①但反过来说，我们可以将马基雅维利作为透视不同思想家之间的"最小公倍数"，以之作为参照来考察各种不同的、甚至正相反的理论进路，进而"折射"出西方政治思想史的演进风貌。

本文以法国马克思主义哲学家阿尔都塞的《马基雅维利和我们》为主要对象，考察阿尔都塞对马基雅维利政治科学的关注视角与阐释路向，并试图将马克思主义纳入马基雅维利以来的政治科学发展路线图中，以拓展国内马克思主义政治哲学的研究视野。

马基雅维利在阿尔都塞的思想历程中占据着举足轻重的地位：早在1962

---

* 王时中，南开大学哲学院教授。基金项目：教育部哲学社会科学研究重大课题攻关项目"当代中国马克思主义的基本理论特征研究"（项目编号：08JZD001）与国家社科基金项目"意大利马克思主义哲学的发展逻辑研究"（项目批准号：10CZX002）。

① 参见［德］恩斯特·卡西尔：《国家的神话》，范进等译，华夏出版社，1990年，第162页。

年他就开设了关于马基雅维利的课程，在 1977 年法国政治科学学会做过
《马基雅维利的孤独》的讲演，在 1985 年的自传《来日方长》中还专辟一章对
马基雅维利加以论述，在 1986 年他又写了《哲学家马基雅维利》的手稿，而
在另一篇《关于相遇的唯物主义潜流》的文章中，阿尔都塞明确地提出马基
雅维利属于"一个在哲学史上几乎完全不被认可的唯物主义传统"，即"偶然
相遇的唯物主义传统"。由此可见，阿尔都塞对马基雅维利的关注是持久的，
也是越来越深入的。

一、"理论"与"实践"的错位：政治难题的表述困难

在西方思想史上，很少有一部书如《君主论》那般备受争议。这本像刀片
一样锋利的小书，其思想卓尔不群，令人着迷又困惑。

在阿尔都塞看来，《君主论》令人着迷的原因在于其主题与思路的独创
性。马基雅维利在该书中明确声称："我觉得最好去表述事物在实际上的真
相，而不是它们的想象方面。"[①]他在这里将"事物的实际上的真相"与"想象
的、主观的表述"对立起来，实质上是将"政治实践"与对政治的"想象性表
述"、政治的"意识形态"对立起来："明摆着的是，马基雅维利把自己看作是
一种史无前例的理论的奠基人，而在流行的对历史与政治的想象性表述和
关于事物在实际上的真相的知识之间存在着一道鸿沟，一种由于拉开距离
而留出的空白，一种不能不令人惊讶的空白"。(第 382 页)正是在这个意义上，
阿尔都塞认为，"马基雅维利是独创的，他是一位奠基人，他完成了一种与整
个占统治地位的意识形态对立的思想——正是这一点，足以使马基雅维利
对我们具有吸引力"。(第 383 页)

那么，什么是"事物的实际上的真相"呢？在阿尔都塞看来，马基雅维利
所谓"事物的真相"就是如何使意大利统一的"政治难题"："马基雅维利认识
到，重商主义和资本主义的资产阶级最初发展的历史一旦提出在明确的地
理、语言和文化区域里创制和定义民族的这个难题，它就强加了一个解决办

---

① ［法］阿尔都塞：《哲学与政治——阿尔都塞读本》，陈越译，吉林人民出版社，2003 年，第 382
页(后文凡引此书，皆随文注出页码)。

法：民族只有通过国家——民族国家——的手段才能得到创制"（第387页）。但是创建民族国家的"需要"是一回事，是否具备实现的条件完全是另外一回事。"因为民族实现的可能性与限度，都依赖于一整套因素，不仅有经济的，而且有地理的、历史的、语言的、文化的这些事先存在的因素，它们在某种意义上事先构成了一个偶然的空间，而民族只有在这些空间里才能形成"（第387页）。更重要的是，民族的创制不是自发自愿的，而需要一种工具来塑造统一。"这种工具就是独一的民族国家。这个国家只有在同时承担着政治、法律、经济和意识形态功能的条件下，才能完成它进行统一、防卫和征服的军事功能。"（第388页）

值得注意的是，阿尔都塞认为，马基雅维利所谓"事情上的真相"并不是一种关于达致民族统一的、具有普遍意义的"历史法则"或"政治法则"。因为我们在《君主论》中找不到任何放之四海而皆准的"政治法则"，最多也不过是一些 "地方性的知识"："虽说我们显然面对的是非常严格的理论思想，却永远也找不到把一切事物联系在一起的那个中心点，我们不可能对这个理论做出系统的、无矛盾的和完整的阐述"（第392页）。究其缘由，乃是因为《君主论》中的"理论"是以令人感到陌生的"碎片"的形式存在着，这些"碎片"来自一个被认为是"未完成"（克罗齐语）的整体、一个看似缺席的整体；也正由于这些"碎片"被安排到一个陌生的变形空间里，任何结构均不足以将其囊括或拢聚成一个完美的统一体："仿佛马基雅维利的思想形式里有某种东西逃避了常规。……它使我们不能不怀疑自己最初的想法，不能不追问这些文本是否有一种存在方式，和对'历史法则'的陈述截然不同"。（第392页）

那么，这些碎片是如何"规整"起来的？阿尔都塞明确将马基雅维利与孟德斯鸠区分开来。孟德斯鸠在论及自己的政治原则时曾说，"我建立了一些原则，我看见了：个别的情况是服从这些原则的，仿佛是由原则引申而出的；所有各国的历史都不过是由这些原则而来的结果；每一个个别的法律都和另一个法律联系着；或者依赖于一个更具有一般性的法律"[①]。与之不同，"马基雅维利的对象不是关于历史法则或政治法则的知识，而是提出了一个具体的政治难题"。（第393页）这个"政治难题"就是一切问题的中心，"所有理论

---

① ［法］孟德斯鸠：《论法的精神》，张雁深译，商务印书馆，1961年，第7页。

要素(随便多少法则)都被安排来作为这个中心的政治难题性的功能"。(第393页)阿尔都塞因此认为,只有基于政治实践的难题性,我们才可以理解马基雅维利为什么不做出一般的、体系化的阐述;而只是调动那些理论的碎片,我们才能明确地提出和理解那种独一无二的具体情况;也只有反过来从这种"政治实践"出发,"才能确定与政治理论要素的关系的形态,才能确定政治理论要素本身的形态与配置"。(第395页)正是从这个意义说,以"理论"改造"实践"的传统匹配方式被马基雅维利"错位"了。而这种"错位"所产生的"实践效应"是不可低估的,这也是引起众多思想家关注《君主论》之独创性的原因所在。葛兰西就认为,《君主论》的根本特征在于,它不是什么成体系的论述,而是"活生生"的书:"政治意识形态和政治科学在这里以戏剧系的神话形式融为一体"①;卡西尔则认为,马基雅维利的《君主论》"不是一部供学者们研究和政治哲学家们评论的纯粹的学究式论著,也不能理解为只是为了满足一种理智好奇心。马基雅维利的《君主论》一经交到他的第一批读者手中,立即被付诸实践之中。在我们现代世界的伟大政治斗争中,它被用作一件具有威胁性的强大武器,它的效力是确定无疑的"②。

综上所述,阿尔都塞的结论是:马基雅维利的《君主论》之所以具有如此的吸引力,但是又使人迷惑,是因为作为文本的《君主论》不同于其他的理论文本,这个文本使得传统的理论空间由于某种安排和配置而被扭曲改变了,而"这种安排和配置不仅和政治有关,不仅和历史形式及其任务有关,而且首先是和政治实践及其所包含的阶级观点有关。这种关系深刻地影响了理论的经典形态,打乱了它的配置,以一种特有的形势对它进行了分解与重构,以至于我们再也不能用传统的哲学范畴来理解它了"。(第408页)如果仅将《君主论》作为某种传统的政治法则来读,显然错失了马基雅维利寻求解决意大利政治难题的良苦用心。

---

① [意]安东尼奥·葛兰西:《现代君主论》,陈越译,上海人民出版社,2006年,第1页。

② [德]恩斯特·卡西尔:《国家的神话》,范进等译,华夏出版社,1990年,第143页。

二、"君主"与"人民"的错位：政治空间的双重位置

马基雅维利提出的"政治难题"是要实现民族统一，将意大利创制为民族国家，而难题的解决，则需要"新君主"来实现。既如此，《君主论》的以下篇章就应该围绕"新君主"政治目标，以寻求可能的实现形式、手段与步骤等，而为了目的不择手段，不正是后来作为政治上尔虞我诈与背信弃义之同义语的"马基雅维利主义"吗？

然而阿尔都塞发现，《君主论》虽名曰"君主"，但"君主"的立场却迅速被马基雅维利自己否定掉了。因为在《君主论》的献词中，马基雅维利移步换形，在一个"拓扑学"空间中确立了一个全新的立场："我想，一个身居卑位的人，敢于探讨和指点君主的政务，不应该被看作僭妄，因为正如那些绘风景画的人们，为了考察山峦和高地的性质便厕身于平原，而为了考察平原便高踞山顶一样。同理，深深地认识人民的性质的人应该是统治者，而深深地认识统治者的性质的人应属于人民。"①这就意味着，尽管"君主"被规定为具有决定意义的政治实践的主体，但是作为《君主论》作者的马基雅维利在《君主论》中的位置，却并不是"君主"，而是"人民"。正如卢梭所言："他自称是给国王讲课，其实他是在给人民讲大课。他的《君主论》乃是共和党人的教科书。"（第412页）那么，这里如何理解《君主论》中"君主"与"人民"之间的双重位置呢？

阿尔都塞以《共产党宣言》为参照，通过"政治意识形态"与"政治实践中的阶级斗争"的区分以揭示《君主论》中"君主"与"人民"之间的双重位置：如果说《共产党宣言》一方面将自身定位为"政治意识形态"，以与其他形形色色的社会主义划清界限，另一方面又将自身定位为"无产阶级的立场"，以召唤无产阶级和其他被剥削阶级组成无产阶级的政党。而这两个区分的位置实质上是相对的，因为"指导《宣言》写作的阶级观点，从意识形态上说是无产阶级的观点。阶级观点和阶级政党属于同一个阶级：无产阶级"。（第406页）然而《君主论》中的"君主"与"人民"之间却因为缺失了类似于"无产阶级"这

---

① ［意］马基雅维里：《君主论》，潘汉典译，商务印书馆，1985年，第2页。

样现实的"联通中介"而出现了"错位":马基雅维利虽然在《君主论》中采用了"人民"的观点,认为担负着意大利民族统一使命的"君主"也必须成为"人民君主",但"君主"本身却不是"人民";同样,"人民"也并没有被召唤成"君主"。这就意味着,在"君主"与"人民"之间,"在政治观点的位置和政治力量与实践的位置之间、在人民这个政治观点的'主体'和君主这个政治实践的'主体'之间,产生了一个不可化约的二重性"。(第 406 页)

在阿尔都塞看来,之所以产生了这个"二重性",是因为在《君主论》中"阶级的观点"与"政治实践的位置"是脱节的,因此才敞开了"乌托邦的真空",使得"君主"与"人民"始终无法重合或化约。后来者误读了《君主论》的原因,也恰恰是忽视了这个二重性,因为"如果只谈君主,而没有认识到对他的思考是从人民的观点出发的,就会陷入'马基雅维利主义':暴政和恶行之道。……如果只谈人民,就像所谓'民主派'的阐释那样,虽然揭开了君主的面具,但却陷入了另一个矛盾:在斥责君主的同时,又要呼唤他去完成意大利的统一大业——这又是君主实际在场的后果"。(第 413 页)

正是基于此二重性,阿尔都塞借用葛兰西的观点认为,作为意大利民族统一的宣言书,《君主论》既是"革命的",也是"乌托邦的"(第 390 页):之所以是"革命的",是因为马基雅维利明确了解"提上议事日程"的革命任务是创制民族国家,并从"人民"的观点提出了这个难题;之所以是"乌托邦的",是因为马基雅维利将实现民族统一的使命托付给了与"人民"相异的"别人",而这个人始终不能事先确定。"因此,位置和'主体'方面的二重性导致了乌托邦的可能性,并将民族统一的事先托付给了一个神话式的个人:君主。"(第 407~408 页)

施特劳斯也深刻地认识到了马基雅维利为实现意大利民族统一的"爱国主义"思想中的二重性:"马基雅维利其实属于一种类型独特的爱国者:他对于拯救他的祖国,比对于拯救他自己的灵魂,更为牵肠挂肚。因此,他的爱国主义,前提是在祖国的位置分量和灵魂的位置分量之间,做出全面的权衡。正是这种全面的权衡,而不是单纯的爱国主义,才是马基雅维利思想的核心。也正是这个全面的权衡,而不是他的爱国主义,为他造成了显赫声誉,使他桃李满天下。"①

在阿尔都塞看来，马基雅维利基于此二重性展开的"革命的乌托邦"具有极为深远的意义。首先，马基雅维利在"政治实践的空间内"明确地提出君主与人民的"错位"，使得他的"乌托邦"设置与"资产阶级意识形态"区别开来。如果说法国大革命时期的资产阶级借助于罗马共和国的意识形态去掩盖"资产阶级革命实际内容的狭隘"，以之作为反对封建主义的思想武器，"因为不借助于罗马在自由、平等、博爱方面神话般的典范成就，不借助于关于罗马政治德性的意识形态，资产阶级革命的领袖和主角们就不可能动员起群众，就不可能动员起他们自己，去实行革命并把它进行到底"。(第436页)很显然，在资产阶级的意识形态中，"事物在实际上的真相"总是被有意识地涂抹掉，法国革命的领导阶级不愿意也不可能给出"法国革命的理论根据"，他们总是把自己既定的统治地位连同占统治地位的"理念""当作出发点"，把原本只是"历史的结果"的东西"当成了'历史的原因'"。而君主与人民之间的"错位"则表明，"马基雅维利是站在这种意识形态的对立面上的。他在罗马寻找的不是道德意识形态的要素，而是完全相反的东西：尤其是必须让道德从属于政治的证据。他寻找的不是德性，而是能力，这里没有道德的内容，指的只是君主非凡的政治能力和智力"。(第436页)

其次，马基雅维利提出的"人民立场"，为政治难题的解决开辟了一个全新的空间。在阿尔都塞看来，马基雅维利所提出的政治任务无法预期而只能以"革命的乌托邦"形式出现，原因正在于"政治实践空间内的"所有立场中，唯有"人民"的立场是最难以占据的。因为这个立场是对一个"什么也不是"的东西的思考：这个"东西"既非概念(它只是"质料")，也非对象(它只是"关于整体的一个混沌的表象")；既非主体(谁是人民？)，也非客体(谁代表人民？)。而在原有意识形态基础上思考这个立场之"不可能"，即是意味着"这个立场"既不可能在"知性统一性"之上被客观地"反思"(作为"对象"被"反映")，也不可能在"理性统一性"之下被辩证地"推论"(作为"纯粹理性"的矛盾、"二律背反"被"整合")；更不可能被当作一个先天的概念或"理念"来"认同"。这意味着，为了思考"人民"，就要站在"人民的立场"上思考，因此必须

---

① [美]利奥·施特劳斯：《关于马基雅维里的思考》，申彤译，译林出版社，2003年，第3页。

放弃把"绝对统一"强加给思维的"条件"(主体和客体、概念和对象,等等)的那些"理念"。①

正是在马基雅维利提出的"人民立场"之上,330 年后的马克思开始认真思考能够成为"改变世界"的力量的人民和他们手中的"武器";也正是沿着"人民的自我反思"的道路,葛兰西也"再现"了马基雅维利的这个立场。葛兰西在《关于马基雅维利的政治学札记》中高度评价了马基雅维利《君主论》中的革命"乌托邦"形式:"它表现出来的形式既非冷漠的乌托邦,也非说理,而是通过创造具体的幻象,影响四分五裂的人民,唤起和组织他们的集体意志。《君主论》的乌托邦特征在于,那个君主其实并没有在历史现实中存在,他不是直接出现在意大利人民的面前,而是一个纯理论的抽象,一个领袖和理想首领的象征。"②在葛兰西看来,虽然马基雅维利在《君主论》中讨论的是"君主"应该如何带领"人民"奠定"新国家"之路,但是临到结尾的时候,"马基雅维利自己成了人民,与人民融为一体;但这不是'一般'意义的人民,而是马基雅维利通过前文的论证已经说服的人民,他成了他们自觉的喉舌,并且他也感觉到这一点,他感觉到他们的认同"③。

综上所述,阿尔都塞高度评价马基雅维利提出的"革命的乌托邦"的历史意义,认为他在"君主"与"人民"之间的"错位"关系中所打开的政治实践空间,既与资产阶级意识形态划清了界限,也通过"人民的立场"引领了马克思与葛兰西的政治方向。但由于完成政治任务的具体条件还不能确定,马基雅维利所设置的"乌托邦"实质上是"对一个无法完成的任务的可能性条件的思考,是对无法思考的事物的思考"。(第 439 页)因此马基雅维利才承受着如此大的困难去思考那无法思考的事物并卷进了那些空前的思想形式中。如果说资产阶级意识形态的矛盾是"社会政治内容"的狭隘与"道德意识形态"的必然普遍幻觉之间的不一致,那么马基雅维利面对的则是在"必要的政治任务"和"实现它的条件"之间的不一致。从这个意义上说,马克思与葛兰西也正好可以置入马基雅维利的同一个思想空间,也正因为这个内在的

---

① 陈越:《葛兰西和孤独》,载《现代君主论》附录,上海人民出版社,第 151 页。
②③ [意]安东尼奥·葛兰西:《现代君主论》,陈越译,上海人民出版社,2006 年,第 3 页。

矛盾,我们今日在重读马基雅维利时,才会发现他在给我们带来了无尽困惑的同时,也充满了极大的诱惑。

三、对"否定之否定"的否定:政治实践的理论配置

在揭示了"理论"与"实践"、"君主"与"人民"之间的双重错位关系之后,现在的问题是:马基雅维利如何在此复杂关系中进行理论配置? 换言之,他如何生产出"事物在实际上的真相"?

阿尔都塞总结了马基雅维利的三个论点:第一个论点,马基雅维利认为自然和人类事物的进程是永恒的。(第416页)这似乎是一个错误的命题。因为如果承认世界是永恒的,那么它又怎能被改变呢? 第二个论点,马基雅维利认为"所有事物都变动不居",一切都是变动无常的,一切都服从于无法预言、变化莫测的必然性,这似乎正与第一个论点矛盾。第三个论点,马基雅维利将"事物的永恒秩序"和它们的"变动不居"特性加以综合,认为"人类历史总是无休止地经历着必然的循环, 从一种政体过渡到另一种政体;它是一种政体循环论,而不是政体类型学;它只把政府归为两大类:好的和坏的"。(第419页)具体来说,在人类历史的政体形式中,首先是君主制,当君主制退化到暴政,就过渡到贵族制,而当贵族制退化到寡头制,便过渡到民主制,而当民主制退化成无政府,则又重新回到君主制。这似乎是对前面两个论点的综合。

从表面上看,马基雅维利的理论配置就是庸俗黑格尔主义的正-反-合公式,其实质不过是一个"历史循环论"而已,卑之无甚高论! 但阿尔都塞却认为,这些命题不是作为"历史的理论"或"科学命题",而是作为"哲学论点"发挥功能,即具有极强的实践取向与政治意蕴。具体就第一个命题来说,"一方面,这个论点说明了将要形成的科学命题的客观性与普遍性,另一方面,这个论点建立了对各种'情况'进行实验性比较的可能性——马基雅维利就是在这种比较的基础上生产了他的理论命题。如果人类世界并不是同样的,那么就不可能在古今之间进行比较——既不可能比较古代的各种事件和形式,也不可能比较现在的各种事件和形式(例如意大利和法国),最终也不可能在两类形势之间进行比较。如果它不是同样的、恒常的,也就不可能分离

出各种常量、'法则',或毋宁说,分离出它们的'不变式',那么,也就不可能认识它"。(第416页)第二个命题也是一个"哲学论点":"这一回它建立的不是客观历史知识和比较实验方法的可能性,而是比较之下各种变化的可能性,以及革命的可能性"。(第417页)

阿尔都塞还特别注意到,在谈到"政体类型(即君主制、贵族制与民主制等)无休止的循环"之后,马基雅维利接着就宣称:"因此我可以说,上面提到的所有政体都是有缺陷的,因为那三种'好'政体不能持久,而那三种'坏'政体本性邪恶。审慎制定法律的人们认识到了这样的缺陷,于是他们避免单独采用任何一种政体,而选择一种兼而有之的政体,并认为它更牢固也更稳定。因为同一个城市中有君主制、贵族制和民主制,它们就会保持相互的监督"。(第421页)由此可见,马基雅维利"历史循环论"与黑格尔的三段论具有根本性的差别:"马基雅维利感兴趣的不是单纯作为政府的政府,不是在类型学里讨论的单纯形式,而是作为国家的政府;马基雅维利之所以对这些政体感兴趣,是因为——并且仅仅是因为——它们可以解决关于国家的难题。而国家,则是与一个纯粹的政府不同的现实"。(第422~423页)如果说一般人总是纠缠于什么是"好的"政府或"坏的"政府,马基雅维利则径直宣称它们都是有缺陷的:"坏政府有缺陷是因为它们都是坏的,而好政体有缺陷则是由于它们'无法持久'!"(第423页)换言之,马基雅维利只对一种政体感兴趣,即那种使得国家得以维持并持久的政体。而以"能否持久"作为标准,已经不是原来传统政体类型学的问题结构,而是具有极强的实践意蕴与政治取向!

正由于马基雅维利要建立的不是转瞬即逝的任何类型的政府,而是一个持久的国家,他要构想的"对象"实际上是一个明确的"目标",即不是事物的自然秩序(一种现存的永恒性),而是"一种有待建立的秩序、一种有待形成的持久、一种有待确立的永恒性——总之,是一项政治事业或政治革新"。(第426页)基于建立"持久国家"的目标,无休止的政体循环(从君主制到贵族制、民主制的循环)被否定掉了,但这种否定又不是单纯的"否弃",而是三个政体的某种"复合形式"。所以,"这次否定是非常特殊的"。(第425页)

阿尔都塞正是在这里将马基雅维利貌似"历史循环论"的理论配置与黑格尔辩证法之"否定之否定"形式相比照,认为马基雅维利的"历史循环论"是对"否定之否定"的"否定"。但这种"否定""不是无休止的、周而复始的循环，而是想要通过依靠它来摆脱它——是希望从同一类革命的无休止循环的永恒必然性中解放出来，以便创建长久的国家，而不是某个必将通过退化来为后继者铺平道路的政府"。（第425页）这一次否定也不是以"-A"否定"A"，而是包含了一种积极的对立立场："在那里，新的否定项不是单纯形式上的否定，而是由不同的内容来规定的——虽然它是在否定的形式下被提出的"。（第425页）

具体而言，如果说黑格尔的"否定之否定"在"思维"中达致了某种的"具体"，但"马基雅维利在依靠历史循环论的同时又跟它划清了界限"（第423页）。因为马基雅维利第二个论点对第一个论点的否定并没有构成"一个本意上的、单纯的矛盾"，不如说，"它体现了否定的连接作用、游戏和——斯宾诺莎主义意义上的——积极的规定性"。（第423页）阿尔都塞甚至认为，第一个论点的提出在马基雅维利的话语中发挥着唯物主义的客观性论点的功能，第二个论点的功能在于对这种客观性做出偶然的、辩证的规定。没有第一个论点，第二个论点就只能以主观相对主义的会议方式发挥功能。"有了第一个论点（客观性），那么第二个论点作为对它的否定，才构成了对它的规定，也就是说，构成了对客观性的规定：它假定客观性——换言之，即可理解性——是普遍变化着的"。（第424页）而第三个论点作为第二个论点的否定，又给它附加了一个新的规定："客观的普遍变化的发生，是以那些形式——政体——的情况为转移的，而那些形式是在革命的无休止循环的永恒性中被构想的。因此，它体现了前两个论点的综合（循环），其代价是附加了对政府的那些（牢固的/不牢固的）形式的思考"。（第423页）

由上可见，与黑格尔辩证法的理论结构相比，对"否定之否定"的"否定"就意味着马基雅维利再也不能用经典的理论来投机，或从一种理论和另一种理论的相争中"渔利"了，而是要拉开距离，"踏上那条由他开辟出来的、还没有人走过的道路，因为还没有人提出过他的这个愿望"。（第426页）换言之，马基雅维利要从一般的关于革命无休止循环的理论当中得到一种手段，来摆脱这种理论的"地心引力"，把自己送进一个未知的探险空间。显然，马基雅维利在这个空间中始终围绕着实现意大利"民族国家"之统一性的政治实践难题而展开其理论配置。

四、在"形式"与"质料"之间：政治实践的法律框架

由于马基雅维利明确提出的政治难题是创制意大利民族的统一体，因此，必须具体地分析意大利"此时此刻"的客观形势与发展趋势。阿尔都塞借用"质料"与"形式"这对范畴来表达意大利的"形势"与"趋势"："形式就是新君主统治下的新君主国，这位君主不是以僭主的名义，而是以实行合法统治的国王的名义来统一国家。而这种质料是指意大利'此时此刻'的条件，换言之，是一种以三重特征为主导的形势"。（第441页）

具体在阿尔都塞看来，马基雅维利所谓"此时此刻"的条件具有三个特征："一是意大利的极度不幸，它陷入了对历史无能为力的深渊"，（第441页）或者说，意大利已经丧失了一切形式，已经成为一块不成样子的、蛮野的质料。因此，"它远比一个已经成型的国家更容易接受新的雕塑家的塑造，像一张白纸，新君主可以在上面随意书写"。（第441页）第二个特征是这块蛮野质料中的人民已经达成一致，准备追随新君主。"这个政治真空对政治的存在有着巨大的渴望——它表明了期待与普遍的一致。"（第441页）第三个条件是单个的意大利人有能力，"他们只是缺乏领袖方面的军事能力和君主方面的政治能力"。（第42页）万事俱备，只欠东风！意大利这块质料所等待的只是一种能够统一全民族的恰当形式，而这一切都有待于"新君主"这个解放者的干预。

但是在"形式"与"质料"之间，在新君主的"政治目标"与"现实条件"之间，马基雅维利很快就发现了"新君主"所必然面对的"两难困境"：一方面，新的民族国家的奠基事业只有独自一人才能实现："这个事业要求他拥有不被分割的权力，众人不可能有所建树，他们认不清事物的善，这是因为他们众说纷纭的缘故"。（第455页）但另一方面，如果他任意行使这种绝对权力，那么他无非是个暴君，而暴政注定是不会持久的。那么如何避免传统政治类型学的循环，协调新国家的"奠基"与"持久"之间的矛盾呢？值得注意的是，马基雅维利将视角投向了"法律"："要成为一个国家（名副其实）的奠基人，他（新君主——引者注）就需要为国家立法，并通过这些法律让出他独揽的权力，从孤独中脱身而出"。（第455页）

阿尔都塞具体将"新君主"的困境及其解决方式归纳为两个"环节"：第一个环节是"绝对的开始"，"他必然是独自一人的、'唯一的个人'的行为。但是这个环节本身是不稳定的，因为它到头来既可以成为真正的国家，也很任意成为暴政"。（第455页）第二个环节是"持久"，"它须要通过双重过程来保证：确立法律和从孤独中脱身——也就是结束那个唯一的个人的绝对权力"。（第455页）而法律对于建立新君主国具有的深远意义体现在："在时间上，法律被放到了社会开始之后，放在了最强有力的人的统治之后，但是又被放在君主制建立之前。而马基雅维利把司法意义和政治意义的法律放在一个如此显赫的位置，并不是偶然的"。（第419页）

那么，为什么法律可以消解新君主的两难困境，实现新国家的长治久安呢？在马基雅维利看来，法律体现了阶级斗争的力量对比："从它们的结果看，这些法律稳定了阶级之间的力量的对比"。（第448页）由此可见，法律体系在这里是作为社会各阶级之间斗争的暂时性结果与制度性框架而发挥作用的。如果说，要赋予新的国家以持久乃至扩张的能力，阶级斗争是必不可少的，但是如果新的国家也必须是长存的国家，它就必须具备法律。"被无数法律所约束的君主的政府，就是在人民与贵族的斗争中站在人民这边的君主的政府。"（第449页）也正是通过法律，新君主国才能扎根于"人民"。由此可见，在马基雅维利那里，"法律"对于马基雅维利建立复合政府形式的政治目标来说是必不可少的。也正是在法律平台上，复合政府的政治目标才可能建立，新的民族国家才可能持久！正如马克思所说，从马基雅维利以后，权力就成为国家和法律的基础，政治理论的概念就摆脱了道德，剩下来的就是独立研究政治主张，再没有其他什么了。[①]

正是基于新君主政治实践的法律平台，阿尔都塞重新考察了《君主论》与《论李维》之间的关系，他认为这两部著作具有深刻的统一性，并非如学界所纠缠的"君主主义"与"共和主义"之间的对立：如果说《君主论》把重点放在第一个环节，即绝对权力、绝对君主制，那么《论李维》将重点放在第二个环节，"这个环节所具有的各种形式可以使国家政权通过法律的中介扎根于人民，使得国家能够持久与扩张，因而能够经受时间与空间的考验"。（第456

---

① 参见《马克思恩格斯全集》（第1卷），人民出版社，1956年，第127页。

页)与前一个环节相比,奠基环节之后的这个时期,重点不再是绝对权力,而是复合政府、法律与人民。"我们可以用非常图式化的方式说,国家只能由唯一的个人,也就是由某个国王来奠定基业(在这一点上马基雅维利绝对是一个君主主义者),但同是这个国家,它要在时间上持久,在空间上扩张,就得改造它的体制,使权力在人民那里的根基制度化"。(第457页)

五、在"暴力"与"意识形态"之间:政治实践的运作策略

如果说任何国家机器的建立与维持都离不开三个要素:一是以军队为代表的"暴力的机器",与之相对的一级是以宗教等意识形态为代表的"同意的机器",在这两极之间的是"政治–法律机器"。在前面探讨了新君主政治实践的"法律框架"之后,他接着探讨了建立新君主国所必需的"暴力"与"意识形态"的结合方式。

在马基雅维利看来,由于君主特殊的立场与政治目标,因此他的政治实践必然是"超常规的"。君主必须独自一人奠定事业,因此他必须依靠自己的力量,做自己力量的完全的主人。因此,就军队的组成而言,他一开始就否定了雇佣军、援军与混合军三种类型的军队。原因很简单,即他们都不是"依靠他自己的人组成的军队"。(第482页)而属于自己的新军队必将是"人民的军队":"这不仅是一个种类名称的问题,而且还包括政治的规定性"。(第483页)正是通过在军队中扭转政治力量的对比,而使此军队"成为人民统一体的学校与熔炉……这就开创了一个社会的和政治的融合过程"。(第483页)显然,这样建立起来的"人民军队",作为与政治相应的、实现了的"形式",已经不是原来意义上作为"暴力机器"的军队了。这里似乎出现了悖论:"军队一方面作为国家中的暴力,与各种同意形式对比鲜明、判然有别,另一方面又不只是暴力而已。它同样可以结合成为一种制度,从社会和政治方面影响士兵和人民的态度,因此它也是一种用来形成同意的制度"。(第486~487页)由此可见,在新君主的政治实践的这种形式中,军事机器本身就可以同时行使着意识形态的功能,而意识形态作为君主权力的另一种手段,就这样体现在军队本身当中。

同时,与从"军队"出发融合"暴力"与"意识形态"的配置相应,马基雅维

利又从"意识形态"出发,继续探讨了融合"宗教"与"政治"、"道德"与"骗术"的配置方式。

与一般探讨宗教的路径不同,马基雅维利从政治观点出发,基于奠定与创制国家并使之持久的考量,将"宗教"这种意识形态视为可以与"军队"相提并论的一种工具,"他把它当作一种需要从政治功能来定义的现实存在。和以往一样,他也只是给它提出了一个政治的问题,即对宗教加以利用、改造的条件与形式的问题"。(第486页)既然宗教乃是人民对神的畏惧,而畏惧正是意识形态最经济和最可靠的形式,而如果无须暴力便可以得到人民的普遍同意,显然,这种"附和"与"普遍的同意"对于军队与法律功能的发挥是必不可少的。既如此,就可以建立一种"政治宗教","这种宗教不再让人隐忍,让人懦弱,而是让人获得力量,让人行动,一句话,让人获得能力"。(第489页)换言之,就可以将宗教理解为"大众政治"和"道德"的二维意识形态:一方面是"畏惧",用于保持臣民的服从;另一方面是"能力",用于激发他们做出符合国家利益的举动和行为,而君主正好可以通过宗教这种特殊的意识形态在人民中表述自己的意见。

与宗教一样,道德这种意识形态也可以作为君主政治实践的手段。在阿尔都塞看来,由于马基雅维利所谓的"君主"追求的是一个历史的目标,即一个持久国家的奠基、巩固和扩张,因此评判君主的唯一标准只能是成功而不是"恶行"或者"德性"这样的道德范畴。而君主的能力与道德德性也不是同一个序列的范畴:"能力不是道德德性的反面,因为它属于另一重秩序。它不排除道德德性;如果我们有能力像这样放在与德性相对的位置上,那么它就既包括了德性,同时又超越了德性。而君主是通过政治能力拥有道德德性的"。(第490页)正是基于这个区分,才可以理解马基雅维利所谓的君主做不道德事情的缘由。"尽可能多做道德的事情,但为了某种政治结果也得被迫做不道德的事情,只要是出于能力就好:因能力而道德,也因能力而不道德——这就是君主,这就是那个不再是平民的独一无二的个人。正因为此,君主个人的能力与某种个人主义的道德感或道德力量无关"。(第491页)

具体就君主的行为机制来说,马基雅维利区分了通过军队与法律形式进行统治的第三种统治方式,即君主的"骗术"。与前两者相比,"骗术"是以法律或暴力为基础的进而统治其他两种统治形式的方式。因此,骗术打开了一个空间,这个空间超越了法律与暴力,并转移了他们的存在,"暴力与法律在这个空间被替换,被冒充,被歪曲,被钻了空子"。(第494页)谙于骗术使得君主高高在上,从而使他能够随心所欲地摆弄暴力与法律的存在,对它们加以利用和冒充。"当骗术利用军队的时候,它就叫计谋,利用法律的时候,它就叫政治诡计"。(第494页)

这种骗术运用于意识形态,就是新君主基于政治上的考量,在尊重各种习俗、宗教与道德的基础上对其加以改造与利用。"政治目标的功能决定着对政治恶行或者德性的选择,以及必要时对它们的冒充。"(第499页)但这同时也要求君主在他的行为和实践的每一个细节上都要符合人民的自发的意识形态。"他必须理顺他的行为和对这种行为的表述,并在政治上加以控制。"(第498页)这样做的目的,即是借助对君主形象的表述,在君主和人民之间建立一种"正确的"意识形态关系。而最好的结局就是使得人民对君主形成一种"不带憎恨的畏惧"(第500页)的情绪:"君主必须不惜一切代价避免受到人民的憎恨,谨防与人民离心离德的最大维系……但同时,又意味着君主与贵族划清界限,并站在人们一边来反对他们"。(第500~501页)而通过"不带憎恨的畏惧"的意识形态构建,以使得君主赢得人民的好感。这实际上是希望形成君主与人民相统一的一个最低限度的政治基础。值得注意的是,这个骗术只有在法律存在并得到普遍承认的条件下才有意义。"法律指的是道德法则或道德德性,要想借助法律搞阴谋诡计,现有法律的存在,就必须得到普遍承认,以至于不可忽视。"(第495页)由此看来,这种"骗术"实际上是某种"政治智慧"。

由上可见,在阿尔都塞看来,马基雅维利的政治目标不是在现有国家的形式框架内修修补补,而是要创制一个全新的政治基础,即"创制一个新的人民国家,这个国家必将承担其统一意大利的历史任务"。(第502~503页)

六、结　语

在西方政治思想史的主流视角中,马基雅维利一般被视为君主专制主义者,而"马基雅维利主义"则被视为现实主义与功利主义的代名词,其出彩之处最多也不过是其"国家学说"。①与此相比，阿尔都塞在《马基雅维利和我们》中对马基雅维利的解读就显得较为"另类"了。但是借助阿尔都塞的"另类"解读视角，我们却可以对马基雅维利在西方政治思想史上的种种形象有更为深刻、更为连贯的把握。正如阿尔都塞所阐发的，马基雅维利基于实现意大利民族统一的政治难题所展开的"革命的乌托邦"政治话语，既是作为政治科学奠基人的马基雅维利的诱惑之处，也是被作为政治权术代言人的马基雅维利被长期曲解的根源所在。近代以来的政治思想家无不利用马基雅维利这个"革命的乌托邦"的思想空隙展开各式各样的理论发挥。如黑格尔之所以思考马基雅维利，是因为他同样面临当时德国四分五裂、分崩离析与萎靡不振的政治局势，进而希望创制新的民族国家。但是由于黑格尔关心的是国家的理念，因此他实质上是使马基雅维利服从其客观精神自我实现过程中概念的展开。葛兰西以"现代君主"，即马克思列宁主义的无产阶级政党来取代马基雅维利的"新君主"试图继续实现"革命乌托邦"的事业的时候，借用列宁的话说，这里"被提上议事日程的不再是民族统一，而是无产阶级革命与建立社会主义，达到这个目的的手段不再是崇高的个人，而是由集合成为工人阶级和被剥削阶级先锋队的政党武装起来的人民群众"。（第389页）正如阿尔都塞所说，虽然葛兰西嘲笑黑格尔式的"国家的理念"，也嘲笑"把无国家的人民拔高到国家的历史高度和哲学高度的那种理性的必然性"。（第385页）但是在葛兰西这里，马基雅维利的"革命的乌托邦"依然是"在场"并以"现在时态"说话的。而施特劳斯之所以在1957年继续讨论马基雅维利，原因在于"美利坚合众国可以说是世界上仅有的一个国家，奠基于明显与马基雅维利主义相对应的原则之上"②。其具体表现为：作为世界上最为文明遐迩的国度的缔造者，其实却是一个同室操戈的弑弟罪犯。而政治上的伟大，其基础必然在于为非作歹、杀人越货的罪行。"美国的现实与美国的理想密不可分，至少在这个意义上，我们不懂得与之截然对立的马基雅维利主义，就不会懂得美国的体制。"③

---

① 参见[德]弗里德里希·迈内克：《马基雅维里主义》，时殷弘译，商务印书馆，2008年。
② [美]利奥·施特劳斯：《关于马基雅维里的思考》，申彤译，译林出版社，2003年，第6页。
③ 同上，第7页。

　　由此可见,阿尔都塞将马基雅维利政治科学定位为一种"革命的乌托邦"的政治宣言是切中肯綮的。也正是基于马基雅维利在《君主论》与《论李维》中所蕴含的"革命的乌托邦"的现实指向与政治意蕴,我们可以获得一个从整体上观照包括马克思主义政治哲学在内的西方政治思想史的理论视角。

"马基雅维利式民主"还是"麦考米克式民主"？
——评麦考米克著《马基雅维利式民主》

章永乐 *

马基雅维利的精神正在当代获得新的延续。芝加哥大学教授约翰·麦考米克在其出版于 2010 年的著作《马基雅维利式民主》①中指出，当代的选举式民主无法避免经济精英垄断政权，必须在选举之外赋予平民以额外的制度支持，才能平衡富人的力量；而马基雅维利恰恰为解决这一问题提供了基本原理和制度方案。根据他总结的"马基雅维利式民主"原理，麦考米克为当代美国设计了一个"保民院"，这个保民院由 51 个随机选取的非富人阶层的公民组成，具有否决权、公投提案权、弹劾权三项基本宪法权力，承担起守护共和国自由的使命。(pp.183–184)

麦考米克教授的政治思想史研究一直具有强烈的当代关怀，其马基雅维利解释尤以"平民主义"(populist)路径而著称。②在解释路径上，麦考米克教授与剑桥共和主义学派存在严重的分歧。麦考米克批评斯金纳、维罗里、

＊ 章永乐，北京大学法学院长聘副教授，博士生导师。

① John P. McCormick, *Machiavellian Democracy*, Cambridge University Press, 2010.以下随文注页码。

② 麦考米克对马基雅维利的"平民主义"解释，至少可以追溯到以下论文："Machiavellian Democracy:Controlling Elites with Ferocious Populism," *American Political Science Review*, Vol.95, No. 2, 2001, pp.297 –314; "Machiavelli against Republicanism:On the Cambridge School's 'Guicciardinian Moments'," *Political Theory*, Vol.31, No.5, 2003, pp.615–643. (这两篇文章的中译文参见:《马基雅维里的民主》,陈华文译,《中大政治学评论》,第 5 辑,上海人民出版社,2011 年;《马基雅维里反对共和主义》,郑红译,载应奇、刘训练编:《共和的黄昏》,吉林出版集团,2007 年。——编者注)

佩蒂特等剑桥学派学者过多地将马基雅维利放在古典共和主义复兴的语境中进行解释,赋予其过强的精英主义色彩,而未能注意到马基雅维利的思想具有强烈的激进性和创新性。在麦考米克看来,马基雅维利的政治思想具有强烈的平民立场,试图在一个贵族与君主主导的时代对平民进行赋权。[1]这一观点当然不是全新的。早在 18 世纪,卢梭就曾指出,马基雅维利其实是在给人民上大课,《君主论》是共和党人的教科书,其真正目的并不是给君主出谋划策,而是向人民揭示君主的阴谋诡计。[2]但卢梭并没有在学术上完成这个证明。卢梭以后的平民主义者们继续受到马基雅维利的激励与启发,尤其是两位共产党人——意大利的葛兰西和法国的阿尔都塞。葛兰西在《君主论》中读到了马基雅维利对当代"新君主"共产党的告诫[3],而阿尔都塞则将马基雅维利视为一位孤悬在 16 世纪, 与 19 世纪的共产党人气息相通的思想家。[4]同样,这两位天才的思想家也没有对马基雅维利的文本进行足够深入和细致的学术解读。

《马基雅维利式民主》则在学院派学术的意义上对"马基雅维利=平民主义者"这一命题进行了证明。在这本著作中,麦考米克主要基于《君主论》《李维史论》与《佛罗伦萨史》三部作品,阐发了"马基雅维利式民主"的原理,并对其制度形式进行了深入探讨。"马基雅维利式民主"原理的根本之处就在于对平民(popolo)与"大人物"(ottimati 或 grandi [5])之间差异的深刻理解。在马基雅维利看来,每一个政治共同体里都存在两种不同的脾性(umori),"大人物"的脾性倾向于压迫,平民则试图摆脱"大人物"的压迫;既然"大人物"的野心并没有止境,平民在摆脱为必然性(necessità)而斗争之后,仍然要为对抗"大人物"的野心而斗争。如果说守护某物的责任应当被放在对其最缺

---

[1]　See McCormick, "Machiavelli against Republicanism: On the Cambridge School's 'Guicciardinian Moments'".

[2]　参见[法]卢梭:《社会契约论》,何兆武译,商务印书馆,2005 年,第 91 页。

[3]　参见[意]安东尼奥·葛兰西:《现代君主论》,陈越译,上海人民出版社,2006 年,第 23 页。

[4]　参见[法]阿尔都塞:《马基雅维利和我们》,载陈越编:《哲学与政治:阿尔都塞读本》,吉林人民出版社,2003 年。

[5]　在马基雅维利笔下,*ottimati* 意为"显贵",*grandi* 意为"大人物",意义基本相同,指向以雄厚的经济实力为基础,并获得显赫社会与政治地位的阶层,其反面是平民(*popolo*)。下文直接用意大利原文,不一一交代。

乏占有欲望的人身上的话,那么守护共和国自由的责任应当被赋予平民。在马基雅维利笔下,罗马提供了一个值得效仿的范例,在那里保民官具有否决权,平民具有立法权和对共和国官员进行公开指控的权力。这些制度比选举更有助于维持平民的政治影响力,因为"大人物"很容易俘获选举制度,将其变成实现自己利益的工具。在麦考米克看来,马基雅维利所构想的制度模式,完全可以应用到当代世界,尤其是美国。为了论证马基雅维利式民主与当代的关联,麦考米克不能不注意到当代世界与 16 世纪在情境上的不同:在当代世界,帝国主义已经臭名昭著。因此,如果他所阐发的马基雅维利式民主与帝国扩张之间存在着必然的关联,那么这一模式自然也就无法在当代世界获得足够的正当性。因此,麦考米克努力对马基雅维利式民主做出"去帝国化"的处理。

在我看来,麦考米克的努力包含了两个层面:第一,提出一种对当代具有启发意义的民主模式;第二,论证马基雅维利是这种民主模式的思想教父。这两个层面事实上可以相对分离。即便没有第二个层面的证明,哪怕我们将第一个层面的民主模式称为"麦考米克"模式,它对当代政治实践,尤其是中国的政治实践仍然具有非常重要的启发意义。然而如果审视麦考米克在第二个层面上所作的思想史证明,这部作品的薄弱之处很快就会暴露出来。麦考米克对马基雅维利作为"平民主义者"的形象塑造,是以压制马基雅维利文本中的另外一些重要主题作为代价的,其中最重要的主题就是帝国扩张的主题,以及与之相关的对"大人物"正面作用的思考。

本文将对这两个层面进行探讨。首先讨论麦考米克的文本解释路径,揭示其长处与不足,这同时也是一个反复界定麦考米克所赞成的民主模式的实践指向的过程。然后,讨论将转向这种民主模式的实践启发意义。既然我并不认为麦考米克忠实概括了马基雅维利的民主模式,那么我同时需要说明,准确意义上的"马基雅维利式民主"又具有哪些要素和实践意义。我将证明,麦考米克所赞同的民主模式是对真正意义上的"马基雅维利式民主"的批判式发展,二者并不能相互等同。

一、麦考米克的解释方法

麦考米克对马基雅维利的"平民主义"解释，基本立足点就在于马基雅维利对贵族（ottimati）/大人物（grandi）与平民（popolo）两种不同脾性的区分，即前者倾向于压迫，而后者仅仅是要逃避压迫。然而一般解释家首先注意到的不是马基雅维利的这个区分，而是马基雅维利那些看似愤世嫉俗的对人类自然（natura）的全称判断。比如，在《君主论》第17章中的这个判断："关于人类，一般的可以这样说：他们是忘恩负义、容易变心的，是伪装者、冒牌货，是逃避危险、追逐利益的。"①在《李维史论》第1卷第37章中，他又指出："自然创造人类，使其能够欲求每个事物，却不能得到每个事物；如此一来，由于欲求总是大于获取的能力，结果是对现在所拥有的不满意，从中得不到什么满足感。由此导致他们命运的不同，因为一方面有些人欲求拥有更多，另外有些人害怕失去他们已经获得的一切，最终走向敌对和战争，由战争导致一个地区的毁灭和另一个地区的成功。"②

解释家如果重视马基雅维利对于人性的这些一般描述，通常会很快将此与马基雅维利的战争观与帝国观联系在一起：因为人是贪婪的，欲求无度的，战争也就不可避免，而在扩张和征服中就会出现帝国。这一解释看起来也符合《李维史论》第1卷第37章那段话的字面意思。但努力对马基雅维利"去帝国化"的麦考米克并不愿意接受这一解释方向。麦考米克认为，马基雅维利关于人性的一般教诲不应按照其字面意义来理解，真正值得重视的是他对于"大人物"和平民的区分。他引用了《李维史论》第1卷第5章最后几句话，在那里，马基雅维利指出，大多数时候骚乱是由"大人物"引起的："大人物"既希望获得更多的资源，又害怕失去手中已有的资源，同时，他们可用以作恶的资源也更多。是"大人物"的"不端和有野心的行为举止"，在那些不拥有这些事物的人心中燃起占有的欲望。换言之，"大人物"拥有资源，首先不是为了自己的享受或公共福利，而是为了压迫比他们低的阶层；而平民并

① ［意］马基雅维利：《君主论·李维史论》，潘汉典、薛军译，吉林出版集团，2011年，第65页。
② 同上，第247页。

不天然嫉妒"大人物",只是在受到"大人物"压迫的时候,他们的欲望才被激发出来。用麦考米克自己的概括来说,少数人和多数人"分别被不同质的欲望所驱动"(p.5)。因此,马基雅维利对两种脾性的区分,而非对人性的一般描述,才更具有实质意义。

更具体地看,"大人物"到底是被什么欲望所驱动的呢？在传统解释看来,这些"大人物"之所以压迫平民,是因为他们对荣耀具有极大的渴望。但麦考米克对此提出异议,认为马基雅维利眼里的"ottimati"或"grandi",其主体其实并不是追求荣耀的世袭贵族,而只是跻身权贵的富裕阶级,他们的首要渴望是攫取更多的财富,甚至罗马的贵族也表现出这一倾向。麦考米克着重引用了马基雅维利在《李维史论》第 1 卷第 37 章中对罗马贵族的评论:"罗马贵族在涉及政治职位时,总是同意平民的要求,而没有引起对公民政体过分的骚动;但是,当涉及财物时,贵族是如此顽固地保护。"罗马贵族为了阻止格拉古兄弟的土地改革,最终采取了谋杀这样极不光彩的手段,这说明他们首要的欲求对象并非荣耀,而是财富。(pp.4–5)麦考米克进一步指出,从古代和近代早期的城市国家的历史来看,多数贵族也并不追求罗马式荣耀,他们更倾向于采取消极的防御政策,而非积极的帝国扩张政策;更倾向于维持国内秩序的和谐与稳定,而非阶级斗争。(p.56)由此他推出,马基雅维利对"大人物"本性的认定,是符合历史事实的。

麦考米克将"ottimati"或"grandi"解释为富人,当然是为了在当代推广"马基雅维利式民主"模式这一实践目的。在近代革命之前,"大人物"往往拥有许多身份性特权,而不仅仅是在财富上存在差异;而当代的"大人物"与大众之间很少会在法律身份上出现不平等,但他们可以运用自身优越的经济社会资源,获得更大的政治影响力,以利于攫取更多的物质资源。因此要让"马基雅维利式民主"模式与当代无缝对接,就要论证"马基雅维利式民主"所针对的对象,从根本上还是社会的富裕阶层。

在厘清"ottimati"或"grandi"的含义后,麦考米克告诉我们,理解《李维史论》的关键是理解这部作品所呈献的两位青年人:科西莫·鲁切拉伊(Cosimo Rucela i)与扎诺比·布昂德尔蒙蒂(Zanobi Buondelmonti)。解释家们对《君主论》的呈现对象大做文章,通过理解梅迪奇来理解马基雅维利的意图,然而很少有人在《李维史论》上花同样的精力,也许是因为解释家们觉得《李维史论》的呈献对象比较简单。过去一般的解释将这两位青年人解释为共和政体的同情者,而"共和之友"自然地等同于"平民之友"。但麦考米克却提醒我们,"共和之友"未必是"平民之友",因为共和国里存在着"大人物"和平民之分。这两位青年人"出身于拥有相当财富和名声的家庭,凭借着家族谱系、教育和才能,有望在政治体中占据显要的位置"(pp.36-37)。从低于他们的社会等级人士的眼光来看,他们就是 ottimati 或 grandi 的一分子,也分享了 ottimati 或 grandi 攫取财富和压迫平民的倾向。

在《马基雅维利式民主》中,麦考米克将两位青年人的"大人物"身份之重要性强调到了无以复加的地步。正因为他们身上有"大人物"的本性,马基雅维利的教育就只能顺势而为,将有违"大人物"利益的政制方案巧妙地包裹在复杂的修辞之下。简单地说,马基雅维利采取了"胡萝卜加大棒"的策略,"胡萝卜"是建立帝国的不朽功业,而"大棒"则是所谓"必然性"(necessità)。

正如上文已指出的,为了论证"马基雅维利式民主"在当代的适用性,麦考米克不能不大力对"马基雅维利式民主"和在当代已缺乏正当性的帝国主义做出切割。这就要论证,马基雅维利对帝国荣耀的强调,只不过是用来引诱"大人物"家庭出身的青年人的修辞,并不完全是他内心的信念。"大人物"的攫取倾向是无法消除的,问题就在于将其导向何方。让青年人对建立帝国的不朽荣耀感兴趣,就可以将他们的攫取倾向导向政治共同体之外,从而为平民主义政制的引入提供条件。马基雅维利对威尼斯、斯巴达与罗马的比较就服务于这样一个目的。罗马建立了一个伟大的帝国,功业远胜过前两个城邦。但罗马建立帝国的手段,是将平民武装起来,并允许他们在政治生活中进行实质的参与。一个青年人如果对罗马帝国不朽的荣耀感兴趣,那就必须认真考虑罗马为达到这一目的所采取的政制手段。这一手段至少在国内来说,是不利于"大人物"对平民施加压迫的。这就类似于将毒药包裹在糖衣里,让两位青年人服下。

马基雅维利自己是怎么看帝国扩张的呢?麦考米克认为:"考虑到帝国扩张在马基雅维利关于自由的消亡与共和国的覆灭的叙事中所占据的决定性角色,它可能并不是最可取的。"(p.38)除威尼斯、斯巴达与罗马之外,对另外两个共和国例子的处理,表明马基雅维利对帝国扩张弊端的认识。第一个是雅典,马基雅维利在多处赞美雅典的强大,然而雅典正是由于帝国的扩张而导致对希腊的奴役以及自身内政的崩溃。(p.58)第二个是瑞士联邦,瑞士人过着自由的共和国生活,军事上也很强大——马基雅维利甚至在《李维史论》第 2 卷第 30 章中说,今天的法国国王都向瑞士人进贡①——但瑞士人并不进行罗马式的帝国扩张。在麦考米克看来,瑞士这样的国家的存在,表明在罗马帝国模式之外,还存在别的共和强国模式。②但在《李维史论》中,马基雅维利并没有将这一模式推荐给两位青年人,正因为这一模式给了平民以充分的自由和平等,但并没有给贵族相应的补偿,如果向两位青年人推荐瑞士模式,恐怕不会引起他们的兴趣。

除了帝国事业这根"胡萝卜"之外,马基雅维利还抡起了"必然性"的大棒。最集中的讨论是在《李维史论》第 1 卷第 6 章中:"由于人类的一切事务都处于运动中,不能保持静止不动,它们必然地要么上升要么下降;许多事情是理性没有促使你去做,而必然性却促使你去做的;因此,即使组建了一个能够不扩张而维持自身的共和国,但必然性促使它扩张,便会逐渐销蚀其根基,使它更快毁灭。"③然而即便在这里,麦考米克也找到了一处说明马基雅维利的教导具有高度修辞性的证据。"必然性促使它扩张"对应的英文译文是:"if indeed necessity brings(a republic)to expand…"麦考米克给"if needed"打上了斜体,指出这表明马基雅维利或许对自己所说的这个主题并没有绝对的信心。(p.57)

不仅如此,麦考米克还注意到,马基雅维利所描绘的罗马,与李维所描绘的罗马以及今天我们通过各种史料重构的罗马,实际上存在比较大的差别。马基雅维利通常会比较忠实地转述李维对罗马贵族如何欺骗和控制平民的报道,但马基雅维利对罗马平民德性的赞美和对他们错误的辩护,基本

① 参见[意]马基雅维利:《君主论·李维史论》,潘汉典、薛军译,吉林出版集团,2011 年,第 425 页。

② 麦考米克这一立场相比于巴龙与维罗里来说要温和得多,后两位学者居然认为马基雅维利最赞许的并不是罗马式的帝国主义,而是托斯卡纳式的共和国联盟。See Hans Baron, "The Principe and the Puzzle of the Date of Chapter 26," *Journal of Medieval and Renaissance Studies*, Vol.21, 1991, p.102; Baron, *In Search of Florentine Civic Humanism: Essays on the Transition from Medieval to Modern Thought*, 2Vols., Princeton University Press, 1988, Vol. II, pp.148-150; Maurizio Viroli, *From Politics to Reason of State: The Acquisition and Transformation of the Language of Politics 1250-1600*, Cambridge University Press, p.162.

③ [意]马基雅维利:《君主论·李维史论》,潘汉典、薛军译,吉林出版集团,2011 年,第 166 页。

上不见于李维的文本。(p.61)在李维那里,保民官也根本不具备在马基雅维利这里如此重要的功能。马基雅维利也根本不谈平民在罗马的"百人团大会"投票中所居的劣势地位——在这个决定最重要的官员选举和其他国家重大事项的大会里,头两个等级如果足够团结,他们的投票就基本上可以决定结果,后面的平民等级的投票几乎是可有可无的,而这本来就是一种寡头制色彩十足的政制安排。此外,罗马"部落大会"和"平民会议"开会时并不审议,而只是表决通过既有的议案,但在马基雅维利的笔下,审议成为会议非常重要的功能,这使得平民可以揭露贵族的不合理图谋并加以遏制。马基雅维利对"平民会议"的讨论也没有注意到,"平民会议"的决议是到较晚时期才具有约束全体罗马人的法律效力的。在麦考米克看来,马基雅维利对李维的偏离,应当被看成一种积极主动的解释行为。马基雅维利就是要对李维所提供的材料进行筛选,编织出一幅符合他自己政治理念的罗马图景,至于它是否符合史实,对马基雅维利来说一点都不重要。

麦考米克进一步论证,平民可以通过马基雅维利对贵族如何控制平民的描述,识别贵族利用帝国扩张来压迫平民的图谋,从而最后实现对帝国扩张的超越。这一论证具有双重的意涵:第一,平民的觉醒最后可以实现国内民主与帝国扩张之间的分离;第二,马基雅维利的《李维史论》另有别的隐含读者,那就是平民。(p.59)后者接近于卢梭的解释路径,即马基雅维利的《君主论》是在给人民上大课,里面给君主的建议,最终是对人民的启蒙。

二、"去帝国化"能否成功

本节将从不同层面上对麦考米克的马基雅维利解释提出质疑,但所有这些质疑最终都指向一个问题:对马基雅维利民主观"去帝国化"的努力,是否经得起文本与情境的考验?

麦考米克正确地指出,马基雅维利对人性的一般判断与其对"大人物"和平民不同脾性的判断之间存在明显紧张。他认为,马基雅维利对于人性的一般判断缺乏实质意义,真正值得重视的是他对"大人物"与平民不同脾性的判断。"大人物"具有无限扩张的贪欲,而平民的欲望却是有限的,二者是两种质地不同的欲望。然而麦考米克对这两个层面之间的关系的断定过于轻率,缺乏详细的文本分析作为支撑。问题的核心在于,这两个层面是否不可调和?在我看来,情况未必如此。马基雅维利只是没有清晰地点出这两个层面之间的连接点,即人类贪婪欲望在行动中的体现受制于具体环境,以及在具体环境中所形成的政治心理结构。但他的文本为寻找这样的连接点提供了线索。在《李维史论》第1卷第58章对民众与君主的比较中,马基雅维利指出,在作为个体考虑的君主和在人民身上,变化无常、出尔反尔、忘恩负义等罪恶并无两样,人的本性是一样的,但对于法律尊重的多寡却造成了行为的变化。[①]而我们知道,在马基雅维利那里,尊重法律从来都不只是个人自愿与否的问题,而是首先与外在的必然性相关。由此,一种可能的解释是:平民欲望表面上的有限性,只是因为"大人物"对他们的长期压迫,构成他们不得不面对的必然性——他们占有的资源有限,欲望的扩张受挫,反过来对欲望本身形成限制。近代之前,欧洲极其微弱的社会流动,使得平民无法期望更多;而"大人物"则不存在这个问题,因而可以更加直接地表现出欲望的扩张。但在极少数情况下,当平民的欲望被激发出来时,同样可以呈现出强烈的扩张倾向。马基雅维利在《佛罗伦萨史》第3卷第1章中提供了一个较为复杂的案例。按照麦考米克所总结的马基雅维利式民主原理,平民欲求某种东西,往往是由于受到贵族的压迫,从复仇的欲望中产生。但同样由贵族压迫而起,佛罗伦萨平民发动斗争,不是像罗马平民那样满足于和贵族共享最高职位,而是要将贵族排除出最高职位,并对他们进行羞辱,在放逐反抗的贵族之后,他们所制定的法律也是完全有利于胜利者一方的。[②]在文本中,马基雅维利没有对佛罗伦萨平民何以产生这样的垄断权力的欲望进行进一步的解释。但如果对语境进行分析,也许我们可以看到,佛罗伦萨平民欲望扩张的前提,恰恰在于佛罗伦萨贵族本身的孱弱。而在罗马共和国早期,罗马平民在受到贵族压迫时只是进行撤离,这与贵族的团结和强大有着很大的关系。当然,这些假设还需要更为细致的文本分析来证明。但至少,麦考米克有必要以更为复杂的方式来处理马基雅维利两层教诲之间的关系,而不是武断地宣布其中一层缺乏实质意义。

---

① 参见[意]马基雅维利:《君主论·李维史论》,潘汉典、薛军译,吉林出版集团,2011年,第304页。
② 参见[意]马基雅维利:《佛罗伦萨史》,王永忠译,吉林出版集团,2011年,第111页。

进一步看,麦考米克对《李维史论》进行的"去帝国化"解释,在很大程度上依赖于他对解释前提的设定:《李维史论》是写给两个"大人物"家庭出身的青年的,因此马基雅维利必须集中全部精力,利用两位青年的"大人物"倾向来进行自己的论证。如果把一切都还原到这个说服的情境中来,即便马基雅维利在文中对人类社会的一般状况做出比较绝对化的判断,也都不能从它们的字面意义来理解,而必须进行"目的解释"。正是按照这样一种方法,马基雅维利对帝国扩张的诸多判断就被解释成为引诱两位青年的 "胡萝卜",而关于"必然性"的强势陈述,则被理解成为恐吓他们的"大棒"。

然而当麦考米克暗示平民可以通过马基雅维利对贵族如何控制平民的揭露,最终实现对帝国扩张的超越,实际上又在不经意中超出了他所设定的前提假设,使论述变得更为复杂。因为这意味着,《李维史论》除了两位青年人之外,还有别的预期读者,尤其是平民读者。这一假设符合我们的常识,但作为一个学术假设,它仍然需要学术的证明。我们需要考虑一个事实:《李维史论》并没有在马基雅维利生前出版,尽管里面的很多观点,在他所参加过的佛罗伦萨贵族青年奥里切拉里花园聚会上陈述过。因此马基雅维利希望后人如何对待他的《李维史论》,这本身就是一个需要探讨的问题。即便能证明马基雅维利有这样的意图,这些平民读者与两位受献者之间是什么关系?马基雅维利如何在文本中通过复杂的笔法,对不同的言说对象传递不同的教诲又变成非常复杂的解释问题。这都超出了这本书所能承载的重量。

让我们暂时先抛开预期的平民读者,而专注于麦考米克对两个青年性格与倾向的探讨。应该说,麦考米克注意到这两个青年的贵族出身,比以往学者对两位青年比较泛泛的"共和之友"认识有很大的进步。然而关键仍然在于如何解释两位青年的贵族出身与他们的政治倾向之间的关联。麦考米克的著作在这方面的处理存在很大的跳跃,基本上可以说采取了出身论或血统论的解释路径,推定两个出身"大人物"家庭的青年必然是"大人物"的倾向。出身论、血统论在概率统计的意义上当然是有很大道理的,但要用它作为一个单一规则来引导所有解释,无疑还需要辅助的证据。我们不清楚的是,两位与马基雅维利有长期交往的青年是在其人生的什么阶段碰到马基雅维利的,在马基雅维利将作品呈献给他们之前,他们已经接受了什么样的教育?他们父辈的政治倾向是什么?而他们又在多大程度上与他们父辈的倾向保持一致？之所以提出这个问题，是因为在现实中经常存在更为复杂的情况，举两个例子：第一个例子是，美国很多贫困白人可能因为宗教的原因而支持共和党而非民主党，但这一态度可能恰恰有违他们的经济利益；第二个例子是，在 18 世纪，卢梭多愁善感的文字竟能打动如此多的贵族，使他们也开始津津乐道"高贵的野蛮人"与所谓自然平等，但这种理论实际上与他们的阶级利益完全相反。这两个例子都超越了简单的出身论和血统论。

因此，麦考米克如果要夯实其解释前提，就需要做进一步的微观史(micro-history)研究，从一切可能的文本踪迹中重构两个青年人的形象，勾勒出其性格与政治倾向。这同样是一项非常艰难的工程，如果能成功实施，我敢说可以贡献另一部微观史杰作；但这样同样超出了该书所能承载的重量。

下面要进一步探讨的是麦考米克对马基雅维利的"胡萝卜"和"大棒"的探讨。"胡萝卜"与"大棒"都是具体语境中的话语工具，但问题就在于马基雅维利在《李维史论》中所表述的帝国观和自然观仅仅是针对两位青年人的话语工具，还是已经构成了马基雅维利自己比较牢固的基本信念？

要回答这一问题，比较便捷的切入点有两个方面：一是看马基雅维利的个人政治经验，二是看马基雅维利在具有不同修辞对象的其他文本中是否表述过类似的观念。马基雅维利个人的生平与帝国扩张的政治经验之间存在千丝万缕的关联。佛罗伦萨本来就是一个有建立帝国野心的共和国，统治着若干附庸城市以及广阔的乡村地区。这位共和国前秘书厅秘书长在很长一段时间内，所关心的事情就是如何将 1494 年因法国人入侵而失去的附庸城市比萨夺回佛罗伦萨人手里，并通过建立一支国民军，成功地逼迫比萨人臣服。马基雅维利大量关于雇佣军、援军和国民军的讨论，包括他的《用兵之道》，都与他重新征服比萨的政治经验密切相关。在他任职期间，他还探讨过如何处理附属城镇的叛乱问题。在一篇作于 1503 年秋天、题为"关于基亚纳谷地叛民的处理方式"的备忘录中，马基雅维利批评佛罗伦萨人在前一年对待阿雷佐的叛乱时，没有学习罗马人在征服其他共和国时摧毁其继续反抗的力量，而只是对阿雷佐人进行了羞辱，这必然会激起当地人更大的仇恨。

在这里，他公开表示了对罗马人行事模式的欣赏①；而《君主论》中关于如何统治新征服的领土，尤其是原来生活在共和制度下的领土的讨论，则进一步展开了对这一模式的详细阐述。

作为一个有帝国野心的共和国，佛罗伦萨又处于其他有帝国野心的列强的压迫之下。马基雅维利政治经历的很大一部分，就是和周边以及意大利地区之外的列强打交道。他出访过法国宫廷、罗马教廷、神圣罗马帝国宫廷，与瓦伦蒂诺公爵切萨雷·博尔贾近距离接触过，而这些都是一度威胁佛罗伦萨的势力。马基雅维利所说的必然性迫使一个国家扩张，放在当时的语境中非常容易理解，最大的必然性就是被大国吞并的压力。在邦国林立、列强环峙的意大利，佛罗伦萨并没有资本置身于霸权战争之外。这一认识集中体现为他对佛罗伦萨是否应在大国冲突中保持中立的讨论。在《君主论》第 21 章评论索德里尼政府在 1512 年的外交政策时，马基雅维利认为，像佛罗伦萨这样的国家受到必然性的驱使，需要和比自己更为强大的国家结盟，在当时两大阵营的对立中，应当毫不犹豫地支持其中一方。中立政策只有对极其虚弱的国家才有意义，对佛罗伦萨这样试图追求伟大事物的共和国来说，只有旗帜鲜明，才能赢得真正的朋友。在《李维史论》第 2 卷第 15 章中，他又对索德里尼政府在 1499 年法国与米兰的卢多维科·斯福尔扎之间的争端中行动迟缓提出了尖锐的批评。②在马基雅维利看来，一个具有一定实力的国家在冲突中保持中立，看起来不得罪别人，但实际上却会引起别人的猜忌，无法赢得真正的朋友。一个虚弱的国家，因为别人对其无所期待，当然也不会猜忌。但是在列国争霸时代，一个虚弱国家的生存却会成为基本的问题。因此，必然性会迫使佛罗伦萨这样的地缘政治环境恶劣的国家不断扩展自己的力量。

麦考米克针对马基雅维利的罗马模式崇拜提出了若干质疑，其中一个观点就是，瑞士模式与雅典模式在他的写作中占据着一定地位，尤其是享有

---

① 参见［意］马基雅维利：《关于基亚纳谷地叛民的处理方式》（"Del modo di trattare i popoli della Valdichiana ribellati,"in Machiavelli, *Opere*, Vol. II , Vivanti ed., pp.22–26）；中译文见《马基雅维利全集·政务与外交著作》（下卷），王永忠等译，吉林出版集团，2013 年，第 901~902 页。

② 参见［意］马基雅维利：《君主论·李维史论》，潘汉典、薛军译，吉林出版集团，2011 年，第 369 页。

自由平等但又缺乏帝国扩张野心的瑞士模式，或许可以成为罗马模式的一种替代。然而麦考米克只看到了马基雅维利对瑞士的赞许，却没有看到他在其他地方从帝国建构的角度对瑞士所提出的批评。在《李维史论》第 2 卷第 4 章中，马基雅维利比较了帝国扩张的三种方式：一种是像古代托斯卡纳的小共和国那样结成联盟；一种是为自己寻求盟友，但同时保留在盟友中的霸权地位；第三种就是像斯巴达与雅典那样直接征服。在这里，马基雅维利将瑞士作为联盟方式的当代代表。然而他对托斯卡纳(伊特鲁利亚)联盟的批评却是非常严厉的，这个由 12 个城邦组成的联盟没有能力将自己的势力扩展到意大利之外，最终将自己控制下的伦巴第丢给了高卢人。托斯卡纳联盟的问题就在于，一方面它决策非常缓慢，另一方面，由于集体获取新的领土会带来十分麻烦的内部分配问题，在高昂的商议成本的约束下，他们甚至丧失了对外扩张的欲望。因此，当他们的力量增长到可以自保的程度的时候，就既没有"必然性"的压力，也没有意愿让扩张的过程持续下去。他们接下来的事情就是接纳保护国，收保护费，因为保护费比领土更容易在内部分配；另一件事情就是给别的城邦当雇佣军——马基雅维利在这里提到了瑞士。[1]因而对托斯卡纳联盟的批评中，同时也隐含了马基雅维利对瑞士的批评。

当然，在《李维史论》第 2 卷第 4 章的论述中，马基雅维利也写道："如果对罗马人的仿效看来可能是困难的，那么对古代托斯卡纳人的仿效就不应该看来是如此，尤其是对于现代的托斯卡纳人来说更是如此。"[2]但这是否意味着马基雅维利虽然认为托斯卡纳模式不是最佳的，但可能对当代佛罗伦萨来说是最现实的？恐怕也不是。须知在第 1 卷"前言"中，马基雅维利反复强调今人虽然口头上崇拜古人，却并不认真虚心地学习他们的治国之道。[3]"如果对罗马人的仿效看来可能是困难的"指的不是客观条件不允许佛罗伦萨人去模仿罗马，而是佛罗伦萨人缺乏模仿罗马人的主观意愿。

抱有"平民主义"情怀的麦考米克也对直接民主的雅典表示了高度好感，并认为马基雅维利对雅典也抱有好感，证据是，马基雅维利在不少地方

---

① 参见[意]马基雅维利：《君主论·李维史论》，潘汉典、薛军译，吉林出版集团，2011 年，第 334~336 页。

② [意]马基雅维利：《君主论·李维史论》，潘汉典、薛军译，吉林出版集团，2011 年，第 337 页。

③ 参见[意]马基雅维利：《君主论·李维史论》，潘汉典、薛军译，吉林出版集团，2011 年，第 142 页。

称许雅典的武力。然而在《李维史论》第 2 卷第 4 章中，雅典是通过直接征服获取臣民的典范之一，马基雅维利告诉我们，这样的征服是无效的，雅典人很快就失去了他们的征服成果。①这两个方面比他在字里行间偶尔闪现的对雅典的赞许更值得我们认真对待，因为后者服务于更小的语境论证的需要，而这两个方面则关系到马基雅维利的理论框架。

至于马基雅维利对人世间事物变动不居、起伏不定的观念，可以说是贯穿在他的所有作品中，绝不仅仅是在《君主论》与《李维史论》中。在其长诗《论机运》中，马基雅维利描绘了一个多变与反复无常的机运女神形象，她转动着命运之轮，碾压着凡夫俗子："而那些轮盘日夜不停地转着/因为老天愿意（谁也不能与它作对）/懒散和必然性围着它们盘绕。"必然性（necessità）从机运女神（fortuna②）的轮盘的转动中呈现。没有人可以预测她的行踪，"因此就应该把她当成自己的明星/而且尽我们之所能，每时每刻/按它的千变万化使自己得到适应"③。这里所呼应的正是《君主论》第 25 章对 fortuna 的讨论：人应当改变自己的自然（natura），以做到与时俱进。适应 fortuna 的过程，从行动者的角度来说，也就意味着要根据必然性行事。在长诗的后面，马基雅维利回顾了世界上各帝国兴衰更替的历史，从埃及兴起到罗马帝国的覆灭。没有人能够长久"获得她欢心"，即便是罗马帝国高贵而神圣的功业最终也分崩离析。然而这并不是给帝国事业泼冷水，而是揭示，不管人们是否热爱这个事业，都会被迫加入其中。

当然，这首诗呈献的对象是焦万·巴蒂斯塔·索德里尼（Giovan Battista Soderini），佛罗伦萨共和国时任领袖皮耶罗·索德里尼的侄子。也许在此麦考米克会要求运用对《李维史论》的解释规则：既然这位青年人也是"大人物"

①　参见[意]马基雅维利：《君主论·李维史论》，潘汉典、薛军译，吉林出版集团，2011 年，第 334 页。

②　在罗马神话中，fortuna 是一位女神，掌管着人世间财富、权力与荣耀等外物诸善的分配，其意图不可为凡人所猜度。作为神灵，fortuna 有两个常见形象：一个形象是一手掌舵，一手握着象征着丰饶的羊角；另一个形象是转动所谓"命运之轮"，碾压过凡人的血肉。在马基雅维利的用法中，fortuna 保留着其罗马神话背景，根据不同语境可被翻译成"命运""机运"或"好运"。下文直接用意大利原文，不一一交代。

③　[意]马基雅维利：《马基雅维利全集·论机运》，徐卫翔等译，吉林出版集团，2013 年，第 297、299 页。

家庭出身,那么马基雅维利献给他的诗歌也不应当从字面意义上来理解,如果《李维史论》是以"胡萝卜"为主的话,那么这首诗里马基雅维利主要用的是"大棒",用 fortuna 来威吓这位青年人走上他的道路。然而不能不指出的是,因为马基雅维利交往的对象几乎都是当世的"大人物",将麦考米克式解释规则运用于马基雅维利的所有文字,必然会带来"不可证伪"的问题。我们或许可以得到一种自圆其说的解释,但它从本质上是一种信仰。

如果帝国的事业并非无关紧要,邦国亦无法自决是否从事扩张,那么帝国建构就不能被完全归结为"大人物"的阴谋,在很多时候,它和整个共和国的共同利益紧密关联。此时,我们就需要重新思考马基雅维利对"大人物"的态度。我们不能不考虑《佛罗伦萨史》第 3 卷第 1 章中对贵族与平民关系的评论:平民拒绝与贵族分享权力,而贵族为了重新取得一部分权力,不得不在外表上装作平民的样子,在言谈举止、思想认识、生活方式等方面,都要向平民看齐。其结果是,"贵族身上原有的尚武精神和宽宏气质也就丧失殆尽"。而如果与贵族分享权力,平民是可以从贵族那里学到很多东西的。马基雅维利引用罗马的例子指出,"平民能够同贵族的领袖们一道参与官吏、军队与政权的管理,贵族的精神气质也潜移默化地影响着平民";但由于拒绝贵族在政府中发挥作用,佛罗伦萨发展到这样一个地步,"任何一位明智的立法者都可以轻而易举地将其重组为任何形式的政府"①。这一结果比罗马贵族的堕落造成的结果要严重得多。马基雅维利实际上在告诉我们,佛罗伦萨平民并不具备掌舵的能力。②

麦考米克在对《李维史论》的解释中,努力论证马基雅维利对平民政治能力的肯定。在我看来,麦考米克的论证确实证明平民具有成为自由守护者的能力,但胜任自由守护者并不一定意味着胜任国家的掌舵者。从罗马的历史来看,罗马平民是逐渐获得选举共和国高级官吏的权力的,这一渐进过程本身也是平民向贵族学习治国才能的过程。如马基雅维利在《佛罗伦萨史》中指出的,共同掌权使得"贵族的精神气质也潜移默化地影响着平民"。这

---

① [意]马基雅维利:《佛罗伦萨史》,王永忠译,吉林出版集团,2011 年,第 111~112 页。

② 当然,这些文字也许有修辞上的考虑,因为《佛罗伦萨史》是马基雅维利为梅迪奇家族所做的"课题"成果。然而即便是在最亲平民的《李维史论》中,马基雅维利也没有论证平民具有掌舵能力。

个学习的过程，在麦考米克的分析中并没有获得呈现，更谈不上理论上的重视了。

更重要的是，马基雅维利探讨平民的政治能力的前提是，平民已经被整合到一个纪律严明、尊重法律的政治共同体之内。正如他在《李维史论》第 1 卷第 58 章对君主与人民的比较中指出，"一个为所欲为的君主是个疯子，一个为所欲为的人民是不明智的"；而如果人民是受到法律约束的，那就可以表现出比君主更大的明智。①那么平民又是如何被整合进政治共同体，并被置于法律的约束之下？

这里我们就触碰到一个在《马基雅维利式民主》中很少探讨的主题：宗教。麦考米克的著作只在三处用到"religion"（宗教）一词，倾向于将宗教视为"大人物"操纵平民的工具，并且暗示马基雅维利对贵族操纵手段的揭露，有助于平民摆脱这些操纵。然而在马基雅维利那里，难道宗教就是处于这样一种消极的地位吗？只要对比一下马基雅维利自己的论述，就可以看到他如何重视宗教对于统合政治共同体的意义。《李维史论》有云，宗教对于"派遣军队、集合平民、使人良善、使恶人感到羞愧"起到极大的作用，以致作者认为，罗马应该对立教的努马比对罗穆卢斯更为感恩，因为"在有宗教的地方，可以很容易地建立武力；而在有武力而没有宗教的地方，却要经历艰难的努力才能创立宗教"，努马的使命要比罗穆卢斯更为艰难。但是立教的结果是一连串的积极反应：宗教导致好的法律，好的法律产生好的运气，好的运气又产生事业的美满成功。②

当然，罗马人对宗教的利用是单向的，操纵者是贵族，平民始终是被引导者。宗教上的操纵用于防止平民向贵族夺权，以及在战争中鼓励士气。③如果说马基雅维利对罗马的帝国事业持有非常积极的看法的话，没有理由认为他对贵族在战场上的操纵持完全消极的态度。贵族用宗教来阻止平民在城墙之外对执政官施加约束，最终也与帝国扩张事业相关——如果罗马城内平民对于贵族的制约关系被扩展到城外，那么在战斗中，平民可能会随时

---

① 参见［意］马基雅维利：《君主论·李维史论》，潘汉典、薛军译，吉林出版集团，2011 年，第 306 页。

② 同上，第 182~183 页。

③ 同上，第 188~193 页。

对他们的贵族指挥官发难,后者的权威就会发生动摇,这样就难以打造一支令行禁止的军队,从而推进帝国扩张的事业。

如果像麦考米克暗示的那样,马基雅维利要搞"启蒙",把贵族操纵宗教的秘密公之于众,公民宗教必然很难发挥作用。这时候新的问题就会出来:用什么东西来凝聚人心,使平民服从法律与纪律呢?如果没有整合平民的手段,平民就会沦为一盘散沙,麦考米克所讨论的平民的德性与政治能力也就无从说起了。尽管有许多人将马基雅维利视为民族主义理论的源头之一,但16世纪的马基雅维利还很难想象19世纪民族主义的盛况,更难想象无所不包的马克思主义理论的诞生。马基雅维利会为自己制造额外的问题吗?这似乎还不是一个可以轻易下结论的问题。

三、当代朝向:"马基雅维利式民主"与"麦考米克式民主"

在我看来,麦考米克从"马基雅维利式民主"中剔除帝国扩张追求,并将其归结为马基雅维利自己的意图,恐怕得不到足够的文本与情境支持。这种剔除可以说是麦考米克自己的理论创新。因此有必要区分"马基雅维利式民主"与"麦考米克式民主"。前者包含了帝国扩张的倾向,后者剔除了这一倾向;前者使得贵族与平民都成为帝国事业的利益相关方,二者既斗争又合作,在"混合政体"中相互平衡,而在后者的模型中,强调的是平民对贵族野心的制约。

马基雅维利既没有世界和平的设想,也不是什么"正义战争"理论家。他从政的时候服务于佛罗伦萨的帝国建构事业,他的写作也将共和主义与帝国扩张紧密联系在一起。因此全面意义上的"马基雅维利式民主",需要一个被剥削和压迫的外部空间。"马基雅维利式民主"所内含的国内政治与国际政治交织的逻辑,对于我们理解近代西方的政治发展有很大的帮助。我们可以看到,许多欧洲列强正是通过对外扩张与殖民,才得以释放国内的社会压力,获得足够的资源来缓和国内的阶级矛盾。当下层阶级也成为帝国事业的利益相关者,他们与上层阶级之间的关系也就得到了改善。英美两国都是这一政治逻辑的范例。英国的权贵们掌握的东印度公司在海外扩展英国的国家利益,大量失地失业的贫民被送往或者自行前往新大陆寻觅生计,大量罪犯被流放到澳大利亚,节省了英国本土的管治成本。于是在 19 世纪,英国的议会改革得以顺利进行,选举权范围扩大,政治改革过程中并没有发生阶级战争。英国的工人也被纳入贵族文化的领导权之下,流行于欧洲大陆的《共产党宣言》在英国却处处碰壁,在这里,下层人士也乐于阅读莎士比亚。而美国从建国开始就处于不停地向西扩张过程中,从 18 世纪到 20 世纪,美国经历了从领土型扩张向霸权型扩张的转变,当代美国的霸权体现在军事、货币、能源、粮食等各个方面,尤其是通过美元霸权,向全世界收取铸币税,由全世界承担滥发美元所带来的消极后果。当上层阶级的野心与贪欲能在境外获得更大满足的时候,通过所谓"涓滴效应",下层阶级也能在一定程度上获益,从而成为帝国事业的利益相关方,并在参与过程中获得一定的政治效能感。

但"马基雅维利式民主"的限度也就在于,它的良好运作需要将"做大蛋糕"的过程不断持续下去,当扩张丧失后劲的时候,这一模式就会造成很大的反弹。因为这时候精英既然不能制造增量,就会与平民来争夺既有的资源存量,压迫就会进一步加重。同样以美国为例,2011 年发生的"占领华尔街"运动是美国下层阶级对权贵阶级所发出的抗议,尤其指向华尔街的金融寡头们。金融危机的发生,其源头可以追溯到克林顿时期的金融管制放松,而克林顿政府之所以放松金融管制,恰恰又是因为互联网经济泡沫破灭,"做大蛋糕"缺乏后劲,经济需要新的增长点。但金融自由化并没有真正推进美国在国外的利益扩张,金融业的虚假繁荣,反而加速了美国制造业的外流,等到金融泡沫一破灭,美国的平民就遭受惨重的损失,华尔街的高管们却照样可以领到天价的花红。在后金融危机时代,美国已经丧失了制造业第一大国与货物贸易第一大国的地位,美元的霸权地位也遭到了欧元与人民币的冲击。一旦"做蛋糕"的进程停滞不前,债台高筑的美国开始削减政府开支,所谓"柿子捡软的捏",首先会砍的就是与谈判能力最弱的平民相关的项目经费,而这会使得诸多社会矛盾加速爆发。

当麦考米克提出他的民主模式时,美国的全球扩张已经遭到重大挫折,进入一个收缩和调整期。在这一时期,与帝国扩张脱钩的"麦考米克式民主"的针对性就变得非常强了:无法在外部获得足够资源的精英们对下层阶级的压迫会更加明显,下层阶级也需要更多的手段来制约精英阶级。"麦考米克式民主"为下层阶级的斗争提供了新的制度想象:必须在现有的竞争性选举之外,获得更实质的对下层阶级利益的制度保障。但即便是在现有的体制下,奥巴马要推进全民医保这一政策都遭到美国上层阶级如此激烈的反对,如果要从政策层面的改革走向体制层面的改革,必将引起精英更为激烈的反弹。"麦考米克式民主"在美国的前景并不乐观。

对于帝制中国而言,"马基雅维利式民主"原本是一个完全没有现实性的政治模式。中国早熟的国家很早就统治着辽阔的疆域,"普天之下,莫非王土;率土之滨,莫非王臣"。在古代的技术条件下,要保有这些疆域本身就有很大的困难,进一步扩张已经丧失动力。在这种情况下,中国的政治逻辑更近似于斯巴达和威尼斯而非罗马,要求上层阶级节制欲望,同时也要求下层阶级服从上层阶级,这种服从后来又从科举制所提供的社会流动渠道中得到补偿。如果没有"克己复礼",没有对欲望的节制,任由精英与平民的欲望横流,在当时的技术条件下,收获的极有可能是战争与分裂。

然而从 19 世纪开始,中国回归列国时代,直到今天,我们仍身在其中。按照梁启超在《新民说》里的说法,中国所遭遇到的不是一般的帝国主义,而是具有强大内部动员能力的"民族帝国主义",压迫中国的不仅仅是若干外国君主和贵族,而是一个个虎视眈眈的民族。[①]因此,中国的政府必须具有远远超越帝制时代的动员能力,才有可能抵挡得住这种外部的压力。于是,威尼斯式或斯巴达式的共和国,因其避免动员下层社会,就不再适应这个时代。这在中国的语境下,就是由皇帝和士绅所构成的传统政治秩序,或者康梁等立宪派曾经设想的由"中流阶级"(士绅)所领导的共和国,均告失败。兴起的是新式政党,用马基雅维利的话说,是"武装的先知",将武装斗争、土地革命、政权建设熔于一炉,将最基层的民众动员和武装起来。这是一场人类历史上少有的平民革命,其激进程度远远超过了"马基雅维利式民主"。然而随后在计划经济体系下建立起庞大的官僚体系,形成了新的社会分层。革命的平民主义传统与工业化驱动的官僚化之间的矛盾变得日益尖锐,并以革命的平民主义传统的挫败而告终。

在中国新的 ottimati 或 grandi 势力日益增长之时,无论是"马基雅维利

---

① 参见梁启超:《新民说》,辽宁人民出版社,1994 年,第 6 页。

式民主"，还是"麦考米克式民主"，在中国都可以体现出比其在美国更大的针对性。这可以从两个方面来考虑。

一方面，已经卷入资本主义全球化的中国恐怕很难逃脱世界霸权更迭的政治逻辑。只有中国资本顺利扩张，持续"做大蛋糕"，国内的社会矛盾才可能避免过于激化，精英阶层才能感觉平民政治参与的扩大不至于威胁到自身的既得利益。

另一方面，"马基雅维利式民主"/"麦考米克式民主"内部包含的非选举的大众政治参与模式，在一党长期执政的体系下，恰恰可以对许多制度建构有启发。如果我们不满足于熊彼特所界定的精英竞争的民主模式，而是希望政府治理能真正体现出对大众的回应性，那么就需要谨慎对待很容易被资本俘获的竞争性选举，同时探索其他增强政府回应性的制度手段。麦考米克提出的由抽签（而非选举）产生的平民代表对精英进行评价和制约的做法，非常值得引入当下的干部选拔任用制度，这可以大大加强执政党的"群众路线"。

对照以上的分析，我们还可以看到麦考米克分析框架的另外一个薄弱之处。他提供的仍然只是对 ottimati 与 popolo 的静态分析模型，而没有为思考当代 ottimati 与 popolo 的生成机制提供理论框架。在全球化的背景下，社会分层和冲突都呈现出不同的态势。要认清楚这个逻辑，就必须对当代资本主义进行深入的剖析。然而麦考米克虽然表现出了"平民主义"倾向，但毕竟似乎在有意地避开马克思主义。氏著只有一处出现"资本主义"，而且是在"参考文献"部分所引的熊彼特的《资本主义、社会主义与民主》一书书名。在一个全球化的时代，资本精英已经具有了全球化的特征，所谓制约资本精英，也就需要一个全球的面向。如此，源于"马基雅维利式民主"的"麦考米克模式"就很难避免和另一个马氏——马克思——发生关联。

四、结　论

麦考米克的《马基雅维利式民主》是一本既深刻又片面的书，而且恰恰因为片面，才达到了深刻。其深刻之处在于，通过解释马基雅维利，麦考米克对选举民主的局限性进行了反思，建构出一个有助于平民制约本国经济精英的政治控制力的制度模型，而这在全球多数国家都出现贫富分化加剧局面的今天，具有重要的积极意义。然而，认为马基雅维利本人就是这样一个模型的原作者，则面临着许多文本解释上的困难。在我看来，麦考米克运用了过于简单的解释规则，将说服精英青年接受更为平民主义的政制作为马基雅维利写作《李维史论》的根本目的，而帝国建构仅仅是说服的话语工具。然而这一解释低估了帝国建构在马基雅维利的理论中的重要地位，从而也未能展现出有德性的"大人物"在政治共同体中的积极作用。因此，有必要区分"马基雅维利式民主"与"麦考米克式民主"，后者发展了前者，但不能与前者相等同。

无论是"马基雅维利式民主"，还是"麦考米克式民主"，在当代都具有很大的现实针对性和解释力。然而为了理解当代 ottimati/grandi 与 popolo 的分化是如何形成的，政治经济学的维度必不可少，而这是后来者可以在麦考米克基础上继续进行下去的探究。我们期待麦考米克所起的话头不断有人回应和接续，更期待中国的政治经验能在这种回应和接续中，为世界各国提供启迪。